GÉO[illegible]

UNIVERS[illegible]

OU

DESCRIPTION DE TOUTES LES [illegible]

PAR

MALTE-BRUN

[illegible] d'une histoire complète de la Géographie, dans tous les temps et chez tous les peuples[illegible]
et d'un résumé de la Géographie mathématique et physique.

NOUVELLE ÉDITION

REVUE, CORRIGÉE ET AUGMENTÉE DE TOUTES LES DÉCOUVERTES LES PLUS RÉCENTES[illegible]

ILLUSTRÉE DE MAGNIFIQUES VIGNETTES SUR ACIER

Représentant des vues et des sites remarquables, exécutées par les meilleurs artistes, sous la direction de M. LECHARD.

TOME PREMIER.

PARIS

ADMINISTRATION DES PUBLICATIONS POPULAIRES

Rue de Richelieu, 27.

1851

GÉOGRAPHIE

UNIVERSELLE.

POISSY, TYPOGRAPHIE ARBIEU.

GÉOGRAPHIE
UNIVERSELLE

OU

DESCRIPTION DE TOUTES LES PARTIES DU MONDE

PAR

MALTE-BRUN

Précédée d'une histoire complète de la Géographie, dans tous les temps et chez tous les peuples, et d'un résumé de la Géographie mathématique et physique.

NOUVELLE ÉDITION

REVUE, CORRIGÉE ET AUGMENTÉE DE TOUTES LES DÉCOUVERTES LES PLUS RÉCENTES,

ILLUSTRÉE DE MAGNIFIQUES VIGNETTES SUR ACIER

Représentant des vues et des sites remarquables, exécutées par les meilleurs artistes, sous la direction de M. LECHARD.

TOME PREMIER.

Histoire de la Géographie. — Géographie mathématique.

PARIS

ADMINISTRATION DES PUBLICATIONS POPULAIRES

Rue de Richelieu, 27.

1851

PRÉCIS

DE LA

GÉOGRAPHIE UNIVERSELLE.

INTRODUCTION.

Sur l'étude de la Géographie en général, et sur le but, le plan et les divisions de cet ouvrage en particulier. — Dignité et utilité de la Géographie. — Plan de cet ouvrage. — Divers genres de Géographie spéciale. — Limites de la Géographie. — Sources de cette science.

Nous nous proposons de renfermer dans une suite de discours historiques, l'ensemble de la géographie ancienne et moderne, de manière à laisser, dans l'esprit d'un lecteur attentif, l'image vivante de la terre entière, avec toutes ses contrées diverses et avec les lieux mémorables qu'elles renferment et les peuples qui les ont habitées ou les habitent encore. Cette tâche paraît immense, si nous considérons combien de détails variés il faut réunir dans un tableau de peu d'étendue; ce dessein paraît même téméraire, si nous réfléchissons sur la nature de la matière que nous devons traiter, matière qui ayant été abandonnée, chez les modernes, à des plumes plus doctes qu'élégantes, passe généralement pour n'admettre ni l'éclat des compositions littéraires, ni la profondeur des méditations philosophiques.

Toutefois, la défiance que devait nous inspirer la considération de tant de difficultés, a cédé à une conviction intime qui nous faisait entrevoir, dans la science géographique, moins ce qu'elle était que ce qu'elle pouvait et devait être. Nous nous sommes dit : La géographie n'est-elle pas la sœur et l'émule de l'histoire ? Si l'une règne sur tous les siècles, l'autre n'embrasse-t-elle pas tous les lieux ? Si l'une a le pouvoir de ressusciter les générations passées, l'autre ne saurait-elle fixer, dans une image immobile, le tableau mouvant de l'histoire, en retraçant à la pensée cet éternel théâtre de nos courtes misères, cette vaste scène, jonchée de débris de tant d'empires, et cette immuable nature, toujours occupée à réparer par ses bienfaits les ravages de nos discordes ? Et cette description du globe n'est-elle pas intimement liée à l'étude de l'homme, à celle des mœurs et des institutions? n'offre-t-elle pas à toutes les sciences politiques des renseignements précieux ? aux diverses branches de l'histoire naturelle un complément nécessaire ? à la littérature elle-même un vaste trésor de sensations et d'images? C'est ainsi que nous avons été entraîné par l'espoir d'élever à la géographie un monument qui ne fût pas trop indigne de figurer à côté de ceux dont s'énorgueillit l'histoire.

Voici l'économie de notre ouvrage. Nous commençons par le tableau historique des progrès de la géographie. Nous prenons cette science à son berceau. Moïse et Homère nous présentent d'abord les mappemondes de deux peuples antiques. Bientôt, à la clarté des étoiles, le navigateur phénicien traverse la Méditerranée et découvre l'Océan. Hérodote raconte aux Grecs ce qu'il a vu et ce qu'il a entendu dire. Le vaste système colonial de Carthage et les courses aventureuses de Pythéas de Marseille, font connaître l'occident et deviner le nord. La gloire d'Alexandre répand une vive lumière sur les contrées de l'orient. Les Romains héritent de la plupart des découvertes qu'avaient faites les nations policées de l'antiquité. Les Eratosthène, les Strabon, les Pline, les Ptolémée cherchent à coordonner ces matériaux encore imparfaits et incomplets. Puis la grande migration des peuples vient renverser tout l'édifice de l'ancienne géographie : c'est en périssant que les Grecs et les Romains apprennent combien le monde était plus étendu que leurs systèmes ne le faisaient paraître. Peu à peu ce chaos se débrouille, et, avec une nouvelle Europe, naissent les éléments d'une géographie nouvelle. L'esprit des voyages se réveille ;

déjà il avait inutilement conduit les Arabes et les Scandinaves, ceux-là aux Moluques, ceux-ci en Amérique ; la science n'était point là pour recueillir le fruit de ces courses audacieuses. Plus instruits et non moins courageux, les Italiens et les Portugais, à l'aide de l'aiguille aimantée, parcourent avec sûreté la haute mer. De toutes parts tombent les barrières qu'avaient élevées les préjugés et qui rétrécissaient l'horizon de la géographie. Colomb nous donne le Nouveau-Monde. Par mer et par terre, tous les peuples s'élancent dans la carrière des découvertes, et, par leurs efforts réunis, le vaste ensemble du globe, malgré quelques ombres partielles, est enfin ouvert aux regards de la science.

Après avoir retracé ces époques de la géographie, nous en rechercherons les principes mathématiques, physiques et politiques. Nous emprunterons à l'astronomie ce qu'il faut nécessairement savoir sur la figure, la grandeur et les mouvements de notre planète ; à la géométrie, les notions les plus nécessaires sur l'art de représenter, dans les bornes d'un dessin peu étendu, la forme exacte des terres et des mers; nous dirons comment on détermine la distance des lieux, et comment on compare les mesures diverses, usitées dans les divers pays. Passant ensuite au tableau physique du globe, nous contemplerons les grands traits de la nature, les montagnes dont se hérisse la surface de la terre, les mers qui la ceignent, les fleuves et les vallées qui la sillonnent ; nous descendrons dans les cavernes et dans les mines ; nous nous pencherons sur les bords du cratère fumant ; en un mot, nous étudierons la structure du globe.

Après avoir pris connaissance des mouvements de l'atmosphère et de la loi des températures, nous distribuerons dans leurs régions natales, les animaux, les végétaux, tous les êtres enfin que nourrit le sein inépuisable de la terre. Nous finirons par considérer l'homme dans son état naturel et politique ; nous classerons les races humaines, d'après les caractères physiologiques qui les distinguent, d'après les langues qu'elles parlent, les croyances qui les consolent ou les enchaînent, et les lois qui marquent l'essor de leur civilisation ou la profondeur de leur abrutissement.

Le globe terrestre a-t-il toujours été dans l'état que nous décrivons? C'est une question qui n'intéresse pas moins l'histoire de l'homme que celle de la nature; mais est-ce une question de géographie physique? est-ce même une question que, dans l'état actuel des sciences, on puisse discuter avec fruit? Nous n'entreprendrons point de la résoudre; nous nous contenterons d'exposer les faits positifs sur lesquels les géographes ont édifié leurs brillants systèmes.

Cette introduction générale terminée, nous passerons à la description successive de toutes les parties du monde. C'est ici qu'il nous a fallu de longues méditations, avant d'avoir pu trouver et arrêter la méthode qui réunit le plus de solidité et le plus d'agrément. Un ordre purement géographique paraissait devoir anéantir les liaisons politiques et morales des divers tableaux que nous avions à présenter; un ordre purement politique aurait nui à la description des montagnes, des mers, des fleuves, des climats. Comment concilier, en quelque sorte, ces deux méthodes? Il faut tenter plus d'une voie, il faut varier les moyens selon les obstacles qu'on se propose de vaincre. Esquissons, dans des introductions particulières, ces traits généraux qui appartiennent en commun à une partie du monde; plaçons, par exemple, le tableau des Alpes à la tête de la description de l'Europe, et celui des Cordilières, au commencement de la section consacrée à l'Amérique méridionale. Plusieurs peuples, séparés dans l'ordre politique, ont-ils une origine, une langue, une histoire communes? réunissons-les sous un seul point de vue; cherchons à former partout des masses bien arrondies et faciles à embrasser d'un seul coup-d'œil; rassemblons en groupes naturels les petits états, et distribuons les provinces des grands empires, d'après la direction des montagnes et des fleuves; enfin, que toutes les comparaisons des divisions, au lieu d'embarrasser le discours, soient rejetées dans des tableaux synoptiques et analytiques.

Outre la disposition générale, il a fallu encore trouver la méthode particulière pour la description de chaque pays. Après avoir examiné toutes les prétendues classifications des objets de la géographie spéciale, nous avons reconnu que c'est précisément l'emploi trop rigoureux de ces méthodes abstraites qui donne aux livres de géographie tant de sécheresse. Grâces à ce vain appareil de science, la géographie, cette image vivante de l'univers, ne semble en être que la froide et triste anatomie. Variant d'après la nature des objets, non-seulement le ton, mais même l'ordre de la description, nous avons cherché à inventer, pour la peinture de chaque pays, un cadre particulier qui convînt à la grandeur relative des objets. Un pays offre-t-il le spectacle d'une riante culture? nous en détaillons avec soin les diverses productions. Est-il inculte? nous retraçons plus en grand le caractère que la nature lui a imprimé. Ici, dans un voyage supposé, nous énumérons sans sécheresse les villes de l'intérieur; là, navigateurs sans péril, nous voguons de port en port, d'île en île. Une nation joue-t-elle un grand rôle dans le monde civilisé? nous indiquons ses forces, ses ressources, ses intérêts. S'agit-il d'une peuplade sauvage? nous nous attachons davantage à peindre ses mœurs et sa manière de vivre.

Le choix des villes et des lieux remarquables que nous décrirons, sera déterminé, tantôt d'après l'importance politique, tantôt d'après la célébrité historique. Nous prendrons souvent la liberté de discuter, en passant, un point de géographie critique, de résoudre un doute, de relever une erreur; nous ne nous interdirons pas non plus le plaisir de semer, au milieu d'une description topographique, des traits d'histoire ou des anecdotes relatives aux mœurs, et qui servent à fixer dans la mémoire les noms les plus difficiles à retenir. Pourquoi dédaigner de cueillir une fleur qui se présente à nos regards? Pourquoi une description du Monde ne ressemblerait-elle pas à notre terre elle-même, où les déserts les plus arides offrent de temps à autre une source limpide et de frais ombrages? En un mot, nous avons voulu faire un livre et non une table des matières.

Toutefois, en adoptant ce plan pour notre Géographie universelle, nous sommes loin de nier le mérite des méthodes différentes de la nôtre. Qu'un nouveau *Varénius*, dans une géographie purement *mathématique*, fasse usage de toutes les ressources de la haute géométrie; qu'un autre *Bergmann* discute, dans le langage de la chimie et de l'histoire naturelle, les éléments d'une nouvelle *géographie physique*; que les naturalistes subdivisent même la géographie physique en plusieurs sciences particulières, telle que la géographie des plantes, la géographie minéralogique, etc.; que d'autres rassemblent avec une patience infatigable les matériaux de la *chorographie* et de la *topographie*, qui ont pour but la description particulière d'une contrée, d'un canton, d'une ville; qu'ils étalent en d'immenses colonnes de chiffres, les détails de cette branche de *géographie politique*, qui, de nos jours, a acquis tant d'importance sous le nom de *statistique;* que de laborieux érudits approfondissent d'autres parties, telles que la critique comparative des anciens géographes, ou l'histoire des voyages et des découvertes : rien de plus utile à la science que ces travaux consacrés à un objet particulier; rien de plus juste que de donner à chacune de ses branches les formes les plus exactes, les plus rigoureuses, les plus scientifiques que leur nature particulière puisse admettre. Mais une géographie universelle ne pouvant, sans tomber dans le défaut d'une étendue démesurée, embrasser tous les détails des diverses branches de la science du géographe, doit se borner à cueillir la fleur et le fruit de ces savantes discussions et de ces pénibles recherches.

Il y a encore un point de vue qu'il nous paraît nécessaire d'indiquer aux lecteurs de cet ouvrage. Les principes mathématiques et physiques de la géographie sont immuables, mais l'état des connaissances humaines varie; les peuples s'éteignent, les royaumes s'écroulent, les villes tombent en ruines, et finissent par ne point laisser de trace de leur existence. On peut donc se figurer une série de géographies, dont chacune, très-différente de celles qui la précèdent ou qui la suivent, serait pourtant vraie, exacte et complète pour l'année ou même pour le siècle auquel elle appartiendrait. L'usage a consacré, en quelque sorte, une triple partition de la science, sous ce rapport; on comprend dans la *Géographie ancienne* tout ce qui est antérieur à l'an 500 de J. C. ou à la grande migration des peuples; la *Géographie du moyen âge* descend jusqu'à la découverte de l'Amérique; le reste est regardé comme le domaine de la *Géographie moderne*. Mais si l'on voulait mettre dans le langage une rigueur scientifique, on devrait distinguer autant de géographies qu'il y a eu de nations et de siècles marquants. Ces géographies peuvent être considérées chacune à part comme une science particulière; ce ne sont à la vérité que des systèmes incomplets et erronés, en comparaison de la géographie de notre siècle; mais il est intéressant, d'avoir une idée de cette marche lente et quelquefois rétrograde de la science. Nous allons tracer à grands traits cette histoire des découvertes et des systèmes géographiques, avant de commencer l'exposé de la géographie moderne; mais ce n'est toutefois que cette dernière partie que nous promettons de traiter d'une manière détaillée, et dont nous faisons l'objet principal de cet ouvrage.

Nous circonscrirons même la géographie moderne dans de justes limites, qui, sans la réduire à une aride et insignifiante nomenclature, l'empêcheront de se confondre avec d'autres sciences. Les discussions de politique, de religion, de morale; les recherches d'histoire, de chronologie et d'antiquités qui ne touchent pas directement aux changements géographiques; les calculs de haute géométrie; les applications superflues des thèses de physique et de géologie; les détails d'histoire naturelle qui ne sauraient être exprimés qu'en termes de naturaliste, ou qui ne forment point un trait essentiel dans le tableau physique d'un pays; toutes ces choses sortent entièrement du cadre d'une bonne géographie universelle, quoique plusieurs puissent entrer convenablement dans des traités spéciaux de géographie mathématique, physique ou politique.

Elle est assez vaste, sans tout cet attirail étranger, la science du géographe; elle offre assez de difficultés, assez d'épines. Quand on aurait lu, comparé, jugé toutes les relations des voyageurs de toutes les nations, quand on aurait analysé un immense nombre d'itinéraires, d'observations astronomiques, de dissertations, de descriptions et notices, de recensements et tableaux officiels, d'estimations et de calculs faits par des particuliers; quand on aurait cherché péniblement quelque renseignement géographique perdu dans un mémoire d'histoire naturelle, dans une topographie médicale, minéralogique ou botanique, souvent même dans des almanachs de commerce et des journaux de politique, on n'aurait pas encore épuisé toutes les sources de la géographie, et il resterait encore à découvrir tout ce qui est caché dans les archives des gouvernements, ou enterré dans les portefeuilles des particuliers, et tout ce qui, bien qu'étalé à nos yeux dans le grand livre de la nature, n'a pas encore trouvé un observateur attentif.

HISTOIRE

DE

LA GÉOGRAPHIE.

CHAPITRE PREMIER.

Histoire de la Géographie. — Commencement de cette science. — Connaissances de Moïse et d'Homère. — Voyages des Argonautes.

La marche des connaissances géographiques ne nous est connue qu'à l'égard d'un petit nombre de peuples, dont l'histoire nous a été conservée avec quelque degré de certitude. D'ailleurs, les progrès des découvertes ont dû être plus ou moins rapides, selon le caractère des nations et leur manière de vivre. Les peuples agricoles ne sortent guère des fertiles contrées qui les nourrissent; voilà pourquoi les anciennes mappemondes des Indous ne présentent de clairement tracé que l'Indostan, la Perse, le Thibet, et l'île de Ceylan. La même raison doit faire rejeter les obscures traditions qui tendent à placer le berceau de la géographie sur les bords du Nil. Les Egyptiens ont pu tracer des méridiennes; les inondations périodiques ont pu leur rendre nécessaire l'art de lever des plans topographiques; mais cette application de la géométrie ne suppose point des idées géographiques chez un peuple qui avait la mer et la navigation en horreur. Il faut avouer que nous n'avons pas de système géographique, digne d'attention, qui soit antérieur à celui de Moïse (A. M. 2,460.) Les livres de cet historien, et ceux de ses successeurs, contiennent les notions des Hébreux, des Phéniciens, des Arabes, et des autres peuples de l'Asie occidentale. Après Moïse, le plus ancien auteur qui nous fournisse l'idée d'une géographie, est Homère (A. M. 3,000.); il nous fait parcourir toute la sphère des connaissances, des traditions et des fables répandues en Grèce et dans l'Asie-Mineure.

Les bases communes aux premières géographies, furent presque toutes prises dans les préjugés des siècles peu éclairés qui les virent naître. D'abord chaque peuple se crut naturellement placé au centre du monde habité. Cette idée était si généralement répandue, que chez les Indous, voisins de l'équateur, et chez les Scandinaves, rapprochés du pôle, deux mots et même deux mots assez semblables, *midhiama* et *midgard*, signifiant tous les deux *la demeure du milieu*, étaient souvent employés pour désigner les contrées qu'habitaient ces deux peuples. L'Olympe des Grecs passait, comme le mont Mérou des Indous, pour le centre de toute la terre : on se représentait le monde habité comme un vaste disque, borné de tous les côtés par un Océan merveilleux et inaccessible; aux extrémités de la terre, on plaçait des pays imaginaires, des îles fortunées, et des peuples de Géants ou de Pygmées. La voûte du firmament était supportée par des montagnes énormes ou par des colonnes mystérieuses.

Ces rêves d'une imagination active ne pouvaient être dissipés par les premiers voyageurs ou navigateurs. « Trop de dangers attendaient » jadis celui qui eût voulu pénétrer aux extrémités de la terre. Y » parvînt-il même, il était bien difficile de faire soi-même des obser- » vations au milieu des déserts ou des peuples sauvages; il l'était » encore plus d'apprendre quelque chose de gens dont on n'entendait » pas la langue; étant enfin de retour, une nouvelle lutte attendait le » voyageur; il fallait résister à l'esprit général et se respecter assez » soi-même pour ne pas débiter des fables que tout le monde était » prêt à accueillir. » Ce témoignage positif du judicieux Polybe s'accorde parfaitement avec l'opinion d'Eratosthène, ce savant bibliothécaire d'Alexandrie qui disait aux érudits de son temps, aussi mauvais critiques que les nôtres : « Ou reconnaissez qu'Homère a conté des » fables sur les pays visités par Ulysse, ou allez nous retrouver Eole » avec le sac dans lequel tous les vents étaient renfermés. »

La seule nation qui sût naviguer en haute mer, la seule qui eût parcouru la Méditerranée et pénétré dans l'Océan, cachait avec soin ses découvertes, ses entreprises et ses colonies. Les Phéniciens, déjà fondateurs, à l'époque dont nous parlons (A. M. 3,000), d'Utique, de Carthage, de Gades et d'autres colonies, employaient tous les moyens possibles pour empêcher les autres nations de suivre leurs traces. Les Carthaginois faisaient jeter à la mer tout navigateur étranger qui s'approchait des côtes de la Sardaigne. Moins jaloux d'un peuple agricole et pasteur, les Phéniciens de Tyr associèrent les Hébreux à quelques-unes de leurs expéditions maritimes; mais ces liaisons ne furent pas d'assez longue durée pour agrandir considérablement la sphère des connaissances de ceux-ci.

Il ne faut donc chercher dans les livres de Moïse et dans les autres anciens écrits des Hébreux, que quelques indications sur le siége primitif des nations de l'Asie occidentale. L'auteur de la Genèse n'a pas voulu faire une géographie ; il ne s'explique point sur la structure générale de la terre; il n'indique d'une manière reconnaissable d'autres grands fleuves que le *Phrat* ou l'Euphrate et le Nil, qu'il appelle fleuve de Mizraïm ou d'Egypte. Une chaîne de montagnes est nommée *Ararat*; si l'on compare tous les passages où il en est parlé, on reste persuadé que c'est dans les branches du Taurus, répandues en Arménie et en Curdistan, qu'il faut chercher ces fameuses montagnes près desquelles l'historien hébreu place le second berceau du genre humain.

Toutes les nations de l'Asie occidentale, que Moïse a connues, sont ramenées à trois familles : l'une, celle de *Sem*, comprend des peuples pasteurs, habitant sous des tentes; l'autre se compose des nations industrieuses et commerçantes, dont *Cham* est la souche ; enfin, au nord des autres, la race de *Japhet* établit ses belliqueux empires.

Sur un de ces points, l'antique tradition des nations les plus éclairées, coïncide d'une manière frappante avec les récits de Moïse. Cet auteur et plusieurs autres écrivains hébreux disent positivement que les contrées riveraines de la Méditerranée, les *îles des Gentils* furent peuplées par les descendants de Japhet. Or les Grecs et les Romains font descendre tout le genre humain, c'est-à-dire, toutes les nations à eux connues, de *Japetus*, dont le nom ne diffère pas essentiellement de celui de Japhet.

Encouragés par cet accord surprenant, des érudits ont cherché à fixer le nom et le siége primitif de chaque peuple descendant de Japhet, de Sem, et de Cham ; mais comment supposer que des noms de familles aient été conservés à travers les vicissitudes des siècles? Comment reconnaître les demeures ou les traces de nations errantes qui n'élevaient aucun monument?

On reconnaît l'Ion ou *Iaon* des Grecs, père des Ioniens, dans *Iavan*, et *Madaï* désigne vraisemblablement les Mèdes. Il y a d'autres noms d'une interprétation plus difficile; tels sont ceux de *Gomer*, de *Magog*, et autres : ils paraissent désigner des peuples voisins du Pont-Euxin et du Caucase. Cette mer inhospitalière, ces montagnes redoutables semblent être les limites de la géographie mosaïque du côté du nord; Cependant *Thiras* pourrait bien avoir du rapport avec les Thraces, si voisins de l'Asie.

Un des descendants de Japhet, par Javan, est nommé *Tharschich*, et serait, selon Josephe, la souche des Ciliciens, dont Tarsus était la ville principale ; mais il est impossible de voir dans ce Tharsis de la Genèse, le pays lointain dont les richesses furent l'objet des voyages entrepris en société par les Hébreux et les Phéniciens, du temps de Salomon. Saint Jérôme a observé, et notre savant Gosselin a complétement prouvé que le mot *Tharschich*, dans les passages où il est question des voyages que les Phéniciens et les Hébreux faisaient en partant du port d'*Eziongeber* sur la mer Rouge, ne dénote autre chose que la grande mer. Quant à l'*Ophir* d'où les flottes de Salomon rapportaient les trésors de l'Indostan et l'*Ophir* dont parle Moïse, c'étaient deux contrées absolument différentes, comme la différence orthographique des deux noms hébraïques aurait dû le faire voir, d'autant plus que, dans la version des Septante, l'Ophir de Moïse est rendu par *Oupheir* et celui des temps de Salomon par *Soopheira*. Le premier était sans doute une contrée de l'Arabie heureuse ; mais l'autre, la patrie des pierres-gemmes, des bois odoriférants, de l'or et de l'étain, semble devoir être cherché dans les Indes orientales.

Passons maintenant à l'examen des pays désignés comme le séjour des Sémites ou descendants de Sem. Les Hébreux étaient à même de bien les connaître, puisque c'étaient leurs frères et leurs voisins. Aussi, cette partie de la géographie hébraïque est bien précieuse ; elle indique l'identité d'origine de presque tous les anciens peuples des bords de l'Euphrate, d'une partie de l'Asie-Mineure, de la Syrie et de l'Arabie, identité parfaitement constatée par la ressemblance de leurs langues; car l'arabe, l'hébreu, l'araméen ou ancien syriaque ont autant de rapport entr'eux que l'italien, l'espagnol et le français.

L'*Elam*, l'Elymaïs des Grecs, longtemps un royaume indépendant, l'*Assur* ou l'*Assyrie* et l'*Aram*, qui est la Syrie, rappellent incontestablement trois noms des fils de Sem; le dernier était connu d'Homère qui en a fait ses *Arimi*. Mais on ne s'accorde pas aussi bien sur *Lud* qui nous paraît être la nation des Lydiens, si puissante dans l'Asie-Mineure. On dispute aussi pour savoir si les *Chaldéens* descendent d'*Arphacsad*, qui est la souche des Hébreux et de tant d'autres peuples sémitiques, et qui paraît s'être d'abord établi dans l'Arménie et la Haute-Assyrie, où l'on trouve une province *Arrapachitis*. On a même cherché à retrouver les Chaldéens tantôt dans les *Chalybes* des Grecs, tantôt dans les Scythes qui firent une invasion dans l'Asie; enfin on en a voulu faire une race indigène qui serait la souche des Arméniens et des Curdes.

C'est dans l'Asie occidentale que la géographie hébraïque, d'accord avec tous les auteurs profanes, indique les plus anciens empires que nous connaissions. Leurs immenses capitales, *Babel* ou Babylone, et *Ninive* ou Ninus, ont disparu; mais le souvenir des Assyriens et des Chaldéens est conservé par l'histoire des peuples qu'ils ont soumis. Alors, plus encore qu'aujourd'hui, les ravages de la guerre changeaient l'état et les limites des pays qui devenaient la proie d'un conquérant. On amenait en captivité des nations entières; on leur assignait de nouvelles demeures.

Au midi des empires de Ninive et de Babylone, plusieurs peuples, amis de la liberté, changeaient de domicile au gré de leur humeur inquiète. La géographie des siècles les plus reculés distingue déjà les *Edomites*, connus des Grecs sous le nom d'Iduméens; les *Madianites*, très-anciennement adonnés au commerce, mais dont le nom disparaît bientôt; les *Nabaioths* ou Nabathéens des Grecs et des Romains, tribu principale parmi celles du nord-ouest de l'Arabie, qui font remonter leur origine à Ismaël; beaucoup d'autres tribus arabes du centre et du midi, qui regardent comme leur souche, *Joctan*, et parmi lesquelles les *Homérites* établirent, dans l'Yemen, un empire longtemps heureux et puissant; enfin, les célèbres *Hébreux* qui se disent, comme tous ces peuples, descendants de Sem, par Arphacsad, assertion que la ressemblance des langues élève au rang d'une vérité historique.

Moïse connaissait même les noms de *Hadramauth* ou Hazarmaveth, et de *Chavilah* ou Chaulan, deux contrées d'Arabie encore ainsi nommées de nos jours. Semblables aux Bédouins modernes, la plupart des anciens Arabes, et les Hébreux eux-mêmes, menaient une vie errante; rois de leurs déserts, au milieu de leur heureuse famille et de leurs troupeaux innombrables, ces patriarches n'avaient rien à envier aux monarques de la terre. Il y avait aussi des tribus agricoles; les Homérites élevèrent des digues pour retenir les torrents des montagnes, et des aqueducs pour en distribuer les eaux dans les champs. D'autres tribus ayant dompté le chameau, employèrent ce navire du désert à transporter en Syrie, à Babylone et en Egypte, les parfums et les pierres fines de l'Arabie heureuse, et plus tard, les produits de l'Inde, que le commerce maritime amenait sur les côtes de l'Arabie.

La troisième race d'hommes connue à Moïse et aux Hébreux, est représentée comme la postérité de Cham ou Ham, troisième fils de Noë, et les malédictions dont tous les écrivains hébreux la chargent, semblent prouver qu'elle a dû différer des peuples sémitiques, soit par sa constitution physique, soit par sa langue et ses mœurs. Le nom même de Ham ou Cham signifie en hébreu ou la couleur foncée de ces peuples, ou la chaleur du climat sous lequel ils habitent. Ce nom se retrouve évidemment dans celui de *Cham* ou *Chamia*, donné à l'Egypte par les indigènes dans les temps anciens et modernes. Il est également incontestable que le nom d'un des fils de Ham, Mizr (au pluriel Mizraïm), le même que chez les Arabes et les Turcs, désigne encore aujourd'hui l'Egypte, principalement le Delta. Ce point de la géographie mosaïque semble donc très-clair, et s'il nous est impossible de retrouver d'une manière certaine tous les peuples indiqués comme descendants de Mizraïm, il nous est pourtant permis de croire que les Hébreux connaissaient toute l'Egypte et une partie des côtes africaines du golfe arabique. On ne peut guère non plus douter que le nom de *Kusch*, donné à un des fils de Ham, ne désigne les peuples de l'Arabie méridionale et orientale, où les géographes grecs et romains connurent les villes ou peuples de Saba, de Sabbatha, de Rhegma, et autres que les auteurs hébreux donnent à quelques-uns des descendants de Kusch.

La géographie des Hébreux présente des lumières bien plus sûres quand elle nous retrace l'ancien état de la Palestine. Cette contrée, théâtre d'une des plus anciennes révolutions physiques consacrées par l'histoire, de celle qui fit écrouler Sodôme et Gomorrhe dans les abîmes de la mer Morte, devait le nom sous lequel les Grecs la connurent, aux *Philistins*, peuple sorti de l'Egypte et qui avait d'abord cherché un asyle en Chypre. La Palestine était encore habitée par une foule d'autres tribus qui toutes descendaient de *Chanaan*, fils de Ham. Cette circonstance pourrait servir à expliquer pourquoi les Phéniciens qui parlaient la langue cananéenne, trouvèrent tant de facilité à se répandre en Afrique. Le commerce florissant de Tyr et de Sidon étonne moins lorsqu'on se rappelle combien les auteurs hébreux nomment de villes murées dans la Palestine et dans la Syrie. *Damas, Hémath, Hébron, Jéricho* existaient longtemps avant Athènes ; *Sidon* est déjà célébrée par Homère, et la superbe *Tyr*, la reine des mers, nommée par les écrivains hébreux du tems de David (A. M. 2,950) , a dû préparer pendant plusieurs siècles cette grandeur commerciale, dont le prophète Ezéchiel traça le brillant tableau à une époque où Rome, sous le premier des Tarquins (A. M. 3,385), commençait à changer ses chaumières en maisons. Les cèdres du Liban, les chênes de la Bazanée, les bois les plus précieux de *Chittim* (Citium en Chypre) servaient à la construction des flottes de Tyr ; son port était le marché de l'Asie, de l'Egypte et de la Grèce ; les caravanes de l'Arabie heureuse, venues d'*Aden*, de *Cane* et d'autres villes, y apportaient les pierres-gemmes, les épiceries et les étoffes de l'Inde ; l'Egyptien y vendait ses toiles fines ; Damas y envoyait ses laines d'une blancheur éblouissante ; l'argent, l'étain, le plomb, tous les métaux de l'Asie-mineure y arrivaient par les vaisseaux de *Tarschisch* qui peut désigner ici Tarsus en Cilicie ; les Ioniens y achetaient des esclaves et probablement toute sorte d'ouvrages de manufacture.

Placés dans le voisinage d'une ville où refluaient tant de nations, les Hébreux qui eux-mêmes vendaient aux Tyriens leurs blés, leurs huiles et les autres productions de leur sol, ne purent rester absolument étrangers aux connaissances géographiques répandues dans la capitale de la Phénicie. Mais en restreignant la sphère de la géographie hébraïque dans une limite qui ne dépasse guère le Caucase au nord, l'archipel de la Grèce à l'ouest et l'embouchure du golfe Arabique au midi, nous avons cru mieux apprécier le véritable esprit des antiques monuments de la Judée, que ne l'ont fait ces commentateurs trop zélés, selon lesquels Moïse aurait prétendu nous enseigner comment toute la terre habitable fut divisée par lots entre les descendants de Noë, et comment Gomer vint directement de Babel, en Basse-Bretagne, pour y fonder la nation celtique. Comment attribuer à Moïse des notions sur le nord et l'occident de l'Europe, lorsque chez des écrivains hébreux, Jérémie et Isaïe, qui lui sont postérieurs de six à huit siècles, les Chaldéens et les Mèdes, originaires des régions où sourdit l'Euphrate, sont dépeints comme des peuples qui habitent dans *le pays de la mi-nuit,* aux derniers confins des cieux et de la terre?

On s'attend peut-être à nous voir passer à la géographie des Phéniciens, voisins des Hébreux, et dont les grands voyages, selon l'opinion commune, remontent à l'époque où le Canaan fut envahi par Josuah. Quoi qu'il en soit de ces voyages, leur histoire détaillée n'ayant été tracée par aucun écrit contemporain d'une authenticité prouvée, nous croyons devoir passer à l'examen des premières idées géographiques d'un peuple à qui nous devons à peu près tout ce que nous savons de positif sur les découvertes des Phéniciens eux-mêmes. Je veux parler des Grecs.

Les premiers éléments de la géographie des Grecs se trouvent dans deux poèmes nationaux et en quelque sorte sacrés, l'Iliade et l'Odyssée. Tel était le profond respect des Grecs pour la géographie d'Homère, que l'on vit, même dans les siècles les plus éclairés, les savants discuter gravement jusqu'aux détails les plus évidemment fabuleux du voyage d'Ulysse. Si quelques esprits supérieurs, un Hérodote, un Polybe, un Eratosthène osèrent secouer le joug de l'opinion commune en distinguant dans Homère les détails topographiques exacts et vrais, mais circonscrits dans des limites tres-étroites, d'avec les idées absurdes sur la structure du monde, et d'avec les aperçus vagues, contradictoires ou fabuleux, qui changeaient les régions éloignées en autant de pays de féeries et de merveilles; d'un autre côté, les écrivains les plus élégants et les plus goûtés du public, Strabon à leur tête, mirent leur esprit à la torture pour concilier les idées cosmographiques les plus fausses de leur poète chéri avec les découvertes plus modernes. Il en résulte que toute la géographie ancienne est une énigme inexplicable si l'on ne la fait précéder d'un exposé de ces idées poétiques dont elle ne sut jamais se dégager.

Le bouclier d'Achille, forgé par Vulcain et décrit dans le dix-huitième chant de l'Iliade, nous présente d'une manière authentique l'idée-mère de la cosmographie de ces siècles. La terre y est figurée comme un disque, environné de tous les côtés par le *Fleuve Océan*. Quelque extraordinaire que nous puisse sembler la dénomination de *fleuve* appliquée à l'Océan, elle revient trop souvent chez Homère et chez les anciens poètes, pour qu'on ne la croie pas littéralement conforme aux idées alors reçues. Hésiode décrit même les sources de l'Océan, placées à l'extrémité occidentale du monde, et la peinture de ces sources est conservée d'âge en âge chez des auteurs postérieurs à Homère de plus d'un millier d'années. Hérodote nous dit clairement que les géographes de son temps dessinaient leur mappemonde d'après les mêmes idées ; la terre y était figurée comme un disque parfaitement arrondi, et l'Océan comme une rivière qui la baignait de toutes parts.

Le rond de la terre, l'*orbis terrarum*, était, selon Homère, couvert d'une voûte solide, d'un firmament sous lequel les astres du jour et de la nuit roulaient sur des chars portés par les nuages ; le matin, le soleil sortait de l'Océan oriental ; le soir, il s'y précipitait vers l'occident ; un vaisseau d'or, ouvrage mystérieux de Vulcain, le ramenait rapidement par le nord vers l'orient. Au-dessous de la terre Homère place, non pas les demeures des morts, les cavernes de *Hades*, mais une voûte nommée le *Tartarus*, et qui correspondait à celle du firmament. Là vivaient les Titans, ennemis des Dieux ; ni le souffle des vents, ni les rayons du jour ne pénétraient dans ce monde souterrain. Des écrivains, postérieurs à Homère d'un siècle, ont même déterminé la hauteur du firmament et la profondeur du Tartare. Une enclume, disaient-ils, serait neuf jours à tomber des cieux à la terre, et autant pour descendre de la terre au fond du Tartare.

Les limites du monde, dans la cosmographie homérique, sont naturellement entourées de beaucoup d'obscurité. Les colonnes du ciel et de la terre, dont *Atlas* est le gardien, portent on ne sait pas trop sur quel fondement ; aussi disparaissent-elles dans les systèmes postérieurs à Homère. Cette même idée se retrouve chez les Indiens et chez les Hébreux. Hors de cette enceinte mystérieuse, « où finissait la terre, où commençait le ciel, » s'étendait indéfiniment le chaos, mélange confus de la vie et du néant, gouffre « où tous les éléments du ciel, du Tartare, de la terre et de la mer se trouvent ensemble, gouffre redouté des dieux eux-mêmes. »

Telles étaient, du temps d'Homère et long-temps après, les idées des Grecs sur la structure du monde, idées qui, même après que les géomètres et les astronomes eurent reconnu la forme sphérique de la terre, continuèrent à influer sur les relations des voyageurs, des géographes et des historiens, idées renouvelées et consacrées par les premiers géographes chrétiens, et qui encore aujourd'hui dominent dans le langage vulgaire de toutes les nations.

Le rond de la terre, tel qu'Homère le concevait, était partagé par le Pont-Euxin, la mer Egée et la Méditerranée en deux parties, l'une septentrionale, l'autre méridionale, auxquelles, plus tard, Anaximandre appliqua les noms d'*Europe* et d'*Asie*, pris auparavant, dans un sens plus étroit. Cette division nous fait comprendre pourquoi tant d'auteurs anciens ont pris le fleuve *Phasis* pour la limite de l'Europe et de l'Asie. Ce fleuve était censé former la communication du Pont-Euxin avec l'Océan oriental, comme *le détroit d'Hercule* formait celle de la Méditerranée avec l'Océan occidental. Hecatée, en regardant le Nil (*le fleuve Ægyptos* d'Homère) comme un troisième canal de communication entre l'Océan et la mer Intérieure, fit naître la première idée d'une troisième partie du monde, de la Libye, nommée ensuite *Afrique*; mais quatre siècles après Homère, le père de l'histoire regardait l'Europe comme égale en grandeur à l'Asie et à la Libye, prises ensemble.

Le milieu du disque de la terre était occupé par le continent et les îles de la *Grèce*, qui, du temps d'Homère, n'avait pas encore de nom général. Le centre de la Grèce passait par conséquent pour être celui du monde entier; dans le système d'Homère, c'était le mont *Olympe*, en Thessalie; mais les prêtres du célèbre temple d'Apollon, à *Delphes*, surent bientôt accréditer une tradition, selon laquelle ce lieu sacré fut regardé comme le vrai milieu de la terre habitable. Au nord de ce point central, les contrées qui furent plus tard comprises sous la dénomination de Thessalie, semblent désignées chez Homère sous celle de la plaine des Pélasges, *Argos Pelasgicum*. Les Pélasges paraissent avoir été les plus anciens habitants de la Grèce. Parmi les nombreuses tribus de la Thessalie, il y en avait une qui portait le nom d'*Hellènes*, devenu dans la suite commun à tous les Grecs. Le Pénée, aux flots argentins, bornait au nord les nations grecques. Les parties les plus occidentales étaient l'Etolie, comprise sous le nom de Calydon qui en était la ville principale: et le royaume du prudent Ulysse, composé des îles de Same, nommée depuis Cephalenié, Ithaque, Zacynthe, aujourd'hui Zante, et autres, ainsi que de la partie du continent où fut depuis l'Acarnanie; car le séjour des voluptueux Phéaciens, l'île *Scheria*, depuis Corcyre et Corfou, était déjà hors de la Grèce; c'est la contrée la plus occidentale qu'Homère ait connue en détail, il la fait presque voisine de l'Océan. Les habitants de ces îles donnaient à la côte du continent de Grèce, le nom d'Epire, c'est-à-dire, Terre-Ferme.

En allant de Delphes au sud, Homère indique en détail les nombreuses tribus de Béotie, quoiqu'il ne prononce pas le nom de cette province; l'Attique lui est connue sous le nom d'*Athènes*, et il remarque que les habitants étaient des Ioniens. Les anciens affirment qu'il a désigné tout le Peloponèse sous le nom d'*Argos*. Il y distingue pourtant expressément l'Arcadie, l'Elide, le petit Etat de Pylus, gouverné par le sage Nestor, et la ville de *Lacédémone* ou Sparte, capitale d'un Etat qui comprenait tout le tiers méridional de la presqu'île. Il ne parle ici ni des Pélasges, ni des Doriens, et ne fournit aucun renseignement sur les rapports qui ont dû exister entre ces deux anciennes races. Parmi les îles de l'Archipel, le poète connaît, en allant du nord au sud, Samothrace avec sa haute montagne, Lemnos, Ténédos, Lesbos aux belles femmes, Eubée habitée par les Abantes qui avaient d'autres armes et d'autres mœurs que les Grecs, Delos, Chios, Samos, Rhodos et quelques autres; il vante la grande île de Crète, peuplée de nations qui parlaient des langues différentes, entre autres de Pélasges et de Doriens; il donne à la Crète dans un endroit quatre-vingt-dix, et dans un autre cent villes, c'est-à-dire cantons indépendants.

Au nord de la Grèce, le poète nous montre les vastes régions de la *Thrace*, dans lesquelles il semble comprendre les contrées de Piérie, d'Emathie et de Péonie, qui dans la suite formèrent la Macédoine. Les fleuves Axius et Strymon lui sont connus, mais il ne nomme point l'Hébrus; il n'a aucune idée du Danube, indiqué un siècle plus tard chez Hésiode sous le nom d'*Ister*. Les peuples qui, selon Homère, vivaient du lait de leurs cavales, sont, aux yeux de Strabon, des Scythes, mais le poète paraît du moins avoir ignoré leur nom.

Nous avons vu l'île de Corcyre placée par le poète au bout du monde civilisé, à l'extrémité de la mer immense. On ne peut donc pas s'étonner de ce que les côtes méridionales de l'Italie n'apparaissent aux regards d'Homère que dans un lointain obscur. Le *Temese*, où il fait aller les navigateurs de Taphos, île voisine d'Ithaque, pour échanger du fer contre du cuivre, peut aussi bien être Tamesa en Chypre, que Tempsa en Calabre.

Le détroit qui sépare l'Italie de la Sicile, est, pour ainsi dire, le vestibule du monde fabuleux d'Homère. Le triple flux et reflux, les hurlements du monstre Scylla, les tourbillons de Charybde, les roches flottantes, tout nous avertit que nous quittons les régions de la vérité et qu'il est temps de fermer nos oreilles aux chants de la sirène homérique. La Sicile elle-même, quoique déjà connue sous les noms de *Thrinacia* (depuis Thrinacria), est peuplée de merveilles; là, les troupeaux du soleil errent dans une charmante solitude, sous la garde des Nymphes ; ici les Cyclopes, munis d'un seul œil, et les Lestrygons antropophages éloignent le voyageur d'une terre d'alleurs fertile en blé et en vin. Deux peuples vraiment historiques sont placés par Homère en Sicile ; ce sont les *Sicaniens* et les *Siceli*, ou Siculi ; il n'est pas toutefois décidé si les *Siceli* d'Homère demeuraient déjà dans l'île qui reçut d'eux son nom le plus usité, ou s'ils habitaient encore l'Italie, leur ancienne patrie ; tout ce que nous savons par le poète, c'est que les Grecs faisaient avec ce peuple un grand commerce d'esclaves.

A l'occident de la Sicile, nous nous trouvons au milieu de la région des fables. Les îles enchantées de Circé et de Calypso, ainsi que l'île flottante d'Eole, ne doivent point être cherchées dans le monde réel. La position arbitraire donnée par le poète à ces terres, nous apprend toutefois que la Sicile, dans son système, tournait une de ses trois pointes vers le nord, l'autre vers l'orient et la troisième vers le midi, de sorte que sa côte septentrionale devenait occidentale. Or, ce déplacement du triangle de la Sicile se retrouve précisément dans tous les systèmes des géographes grecs, et forme une de ces bases élementaires sans lesquelles on ne comprend pas du tout la géographie ancienne.

La mer Méditerranée au-delà de la Sicile est tellement retrécie dans le système d'Homère, qu'un seul jour suffit à Ulysse pour aller de l'île de Circé à l'entrée de l'Océan, et qu'il revient ensuite, dans une seule journée, du séjour de cette magicienne au détroit de Sicile.

Longtemps encore après Homère, les historiens et les géographes continuèrent à placer l'entrée de la Méditerranée très-près de la Sicile. Hérodote ne connaît aucun endroit entre Carthage et les colonnes d'Hercule ; un disciple d'Aristote, Héraclide de Pont, parlait de Rome comme d'une ville voisine de l'Océan. Dicéarque, autre élève d'Aristote, ne trouvait encore que sept mille stades de la Sicile aux colonnes, distance que du temps de Strabon on évaluait à treize mille stades.

La mappemonde homérique se terminait à l'occident par deux contrées fabuleuses. Près de l'entrée de l'Océan, et non loin des sombres cavernes où se rassemblent les morts, Ulysse trouve les *Cimmériens*, « peuple malheureux qui, toujours environné d'épaisses ténèbres, » ne jouit jamais des rayons du soleil, ni quand cet astre monte aux » cieux ni quand il descend vers la terre. » Plus loin, dans l'Océan même, et par conséquent, hors des limites de la terre, hors de l'empire des vents et des saisons, le poète nous dépeint un pays fortuné qu'il nomme *Elysium*, « pays où l'on ne connaît ni les tempêtes, ni l'hiver, » où murmure toujours un doux zéphyr, et où les élus de Jupiter, » arrachés au sort commun des mortels, goûtent une félicité éter» nelle. »

Que ces fictions aient eu pour base une allégorie morale, ou la relation obscure d'un navigateur égaré ; qu'elles soient nées en Grèce, ou, comme l'étymologie hébraïque du nom des Cimmériens pourrait le faire présumer, dans l'orient et plus principalement en Phénicie ; toujours est-il certain que les grandes images qu'elles présentent, transférées mal à propos dans le monde réel, appliquées successivement à divers pays et embrouillées par des explications contradictoires, ont pendant des siècles singulièrement embarrassé la géographie et l'histoire. Les Phéniciens qui, déjà du temps d'Homère, avaient fondé *Gades* sur les bords de l'Océan et qui tiraient l'ambre jaune du nord de l'Europe, se gardaient bien de dissiper des préjugés si propres à rehausser le prix de leurs découvertes et surtout celui de leurs marchandises. Au contraire, leurs pompeux mensonges étaient passés en proverbe, même parmi les Grecs. L'occident resta donc le pays des fables. Lorsque, plus de deux siècles après Homère, la course aventureuse de Colœus de Samos (A. M. 3,300) eut procuré quelques notions sur les *Tyrrhènes* et les *Ligyes* (Liguriens), ainsi que sur *Tartessus*, le Pérou de ces temps, on se flatta d'avoir découvert la situation précise des îles enchantées de Circé et du royaume flottant d'Eole; on l'avait vue, cette redoutable entrée de l'Océan. On ne voulait point revenir du voisinage de l'Elysée sans avoir visité des peuples bénis du ciel, doués d'une stature élevée, ornés de toutes les vertus, et qui, dans ces heureuses contrées de l'occident, voyaient leur vie se prolonger jusqu'à mille ans, au moins. « Le nectar des fleurs était leur nourriture, et la rosée du ciel leur boisson. » Ces *Macrobiens* ou hommes à longue vie ont dans la suite été transférés sous tous les climats, au gré de l'imagination des écrivains. Les fables se multipliaient. A l'Elysée d'Homère succédèrent plusieurs îles Fortunées, et quoique écloses dans la tête des poètes, elles se maintinrent victorieusement dans l'histoire de la géographie; les voyageurs romains, dans un siècle plus éclairé, crurent même les reconnaître dans le groupe d'îles à l'ouest de l'Afrique, désignées aujourd'hui sous le nom de Canaries; et bien que ces observateurs y eussent en vain cherché les charmes que la tradition leur prêtait, cette fable, augmentée des fictions philosophiques de Platon et de Théopompe sur l'*Atlantide* et la *Méropide*, s'est perpétuée jusqu'à nos jours, et sert encore de thème à des rêves historiques.

L'éclat que jetaient les îles Fortunées, engagea la plupart des écrivains à rapprocher d'un climat aussi heureux les *Hyperboréens*, peuple merveilleux qui, d'un accord unanime, est représenté comme habitant au nord des monts Riphéens, demeure ordinaire du vent Borée, tant redouté des Grecs. D'après une très-mauvaise physique, on les croyait, par cette position, à l'abri du froid souffle des vents du nord : c'est ce que veut dire leur nom. Mais ces monts Riphéens n'étaient qu'un composé imaginaire d'objets réels en eux-mêmes; les monts de la Thrace, où le Strymon prend sa source; les régions où naît le Danube; les Alpes, les Pyrénées, les monts Hercyniens et, en un mot, toutes les montagnes successivement connues en Europe; que dis-je, le Caucase même et le mont Taurus en Asie, furent confondus sous cette dénomination générale, qui ne paraît être qu'un terme appellatif pour toutes sortes de montagnes, emprunté à quelqu'idiôme septentrional. Quand on eut commencé à distinguer les Pyrénées et plus tard les Alpes, on fut obligé de reléguer vers la Scythie, les monts Riphéens avec tout leur cortége de fables. Il paraît qu'Hérodote y chercha les Hyperboréens; il regrette beaucoup de n'avoir pu en découvrir la moindre trace. Il eût bien voulu demander de leurs nouvelles à leurs voisins, les *Arimaspes*, gens très clairvoyants, quoique n'ayant qu'un seul œil; mais on ne sut pas non plus lui indiquer la demeure de ceux-ci.

Il nous apprend que c'était à Hésiode qu'on devait les premières notions sur ces peuples merveilleux, ce qui est confirmé par un scholiaste qui attribue au même poète les premiers contes sur les *Griphons*, qui, non loin des Hyperboréens et des Arimaspes, gardaient les métaux précieux des monts Riphéens. Les relations d'Hésiode sont perdues; mais les auteurs les plus rapprochés de son siècle placent les Hyperboréens, non pas au nord, mais à l'occident. C'est vers les sources de l'Ister que Pindare conduit les pas errants d'Hercule et de Persée lorsqu'ils allèrent visiter ces peuples, qui, chéris d'Apollon, couronnés de laurier, passaient leur vie en danses et festins, exempts de maladies et de vieillesse; c'est de là, dit-il, que la Grèce reçut le premier plant d'olivier; peinture qui ne convient certainement pas aussi bien à la Scythie qu'aux régions voisines de l'extrémité occidentale des monts Riphéens. Aussi les îles enchantées, où les Hespérides gardaient les pommes d'or et que toute l'antiquité place à l'occident, non loin des îles Fortunées, sont-elles appelées *Hyperboréennes* par des auteurs très-versés dans les anciennes traditions.

Tant de merveilles éclatantes, accumulées dans la partie occidentale de la mappemonde primitive des Grecs, en firent disparaître les Cimmériens et leurs ténèbres éternelles. A mesure que l'occident s'éclaircit par les rapports des navigateurs, on voit les historiens et les géographes pousser les Cimmériens au nord, et comme il s'est trouvé dans l'Asie-Mineure et en Germanie deux peuples d'un nom assez semblable, les anciens ont cherché à combiner le peu qu'ils apprirent sur les courses de ces nations avec les anciennes descriptions poétiques; de tout cela il est résulté une telle masse de contradictions et d'obscurité, que l'on peut avec un avantage égal soutenir tout ce qu'on voudra sur l'origine, les migrations et l'extinction des Cimmériens ou Cimbres, dès qu'on les regarde, à l'exemple des anciens, comme un seul et même peuple. Ce n'est pas la seule énigme géographique née des anciennes traditions fabuleuses. Les Hyperboréens furent à leur tour, impitoyablement chassés de leurs jardins Hespériens par des voyageurs et des géographes mieux informés. Quand les noms historiques des Ibériens et des Celtes eurent rempli la partie occidentale de l'Europe, on assigna aux Hyperboréens une île singulièrement fertile et située dans l'Océan, vis-à-vis de la Celtique, île qui répond à peu près à la Grande-Bretagne. Albion étant, à son tour, trop connue pour fournir un asyle à des fables, les géographes, comme Pline et Pomponius-Mela, transportèrent les Hyperboréens tout à fait aux extrémités septentrionales de la terre, en leur donnant un pays très-chaud et très-agréable, quoique situé sous le pôle même, puisque les jours et les nuits étaient de six mois ; au surplus ils vivaient toujours au sein de la paix, de l'innocence et de toutes les vertus ; ils ne connaissaient ni guerre, ni maladie ; seulement ils s'ennuyaient quelquefois de trop de bonheur : alors, après un festin, la tête couronnée de fleurs, ils se donnaient la mort en se précipitant dans la mer du haut d'un certain rocher.

Chez un auteur, fidèle aux anciennes traditions, Avienus, la douce température dont jouissait le pays des Hyperboréens, est expliquée par la proximité momentanée du soleil, lorsque, d'après les idées d'Homère, il passe pendant la nuit par l'Océan septentrional pour retourner à son palais dans l'orient. Tacite lui-même ne rougit pas de rapporter que, dans les extrémités de la Germanie, on croyait entendre le bruit que faisait le char du soleil en se plongeant dans la mer, qu'on distinguait les rayons de sa tête, qu'on y voyait même apparaître les autres dieux ; enfin, ajoute-t-il : « je croirais volontiers que de même que le » soleil dans l'orient fait naître l'encens et les baumes, sa plus grande » proximité, dans les régions où il se couche, fait transpirer les sucs » les plus précieux de la terre, pour former le succin. » C'est ce que dénotait la belle allégorie d'après laquelle le succin était les larmes d'or répandues par Apollon lorsqu'il était allé chez les Hyperboréens pleurer la mort de son fils Esculape, ou par les sœurs de Phaëton, changées en peupliers ; c'est ce que dénote le nom grec de l'ambre jaune, *électron*, pierre du soleil. Les savants grecs, longtemps avant Tacite, avaient dit que cette matière si précieuse était une exhalaison de la terre, produite et durcie par la force des rayons du soleil, plus grande, selon eux, dans l'occident et le nord. Toute cette docte théorie est évidemment puisée dans le système cosmographique d'Homère ; elle vaut toujours autant que les explications moins merveilleuses, mais non moins fausses, que plusieurs historiens et géographes anciens tentèrent de donner de cette production naturelle, explications qui varièrent autant que leurs opinions sur le fleuve *Eridan*, aux bords duquel on trouvait le succin.

Dans les premières traditions recueillies par Hésiode, l'Eridan se montre dans les espaces vagues et obscurs qui occupent tout le nord-ouest de la mappemonde de ce siècle; et l'idée de cet Eridan fabuleux qui s'écoulait dans l'Océan en traversant ce qu'on nomma plus tard la Celtique, se maintint dans toute l'antiquité. Cependant quelques Grecs qui voulaient être mieux informés, appliquèrent successivement ce nom au Pô, au Rhône, au Rhin, en réunissant même quelquefois ces trois rivières d'une manière qui nous doit paraître absurde, mais qui, rapportée à leur système, se conçoit aisément. Quand les voyageurs envoyés par Néron eurent fait connaître à peu près la vraie position du pays où naît l'ambre jaune, le nom d'Eridan resta comme un souvenir des siècles poétiques et fabuleux; le Pô en hérita.

Les connaissances primitives des Grecs sur l'Asie étaient singulièrement limitées. On sait qu'Homère décrit avec exactitude les lieux qui servirent de théâtre aux combats des Grecs et des Troyens. La ville d'*Ilion*, assise, avec sa citadelle *Pergama*, sur un des gradins inférieurs du mont *Ida*, au haut d'une belle plaine que baignent le *Simoïs*, venu des parties centrales de l'Ida, et le *Scamandre* ou *Xanthus*, né sous les murs de la ville de deux sources, l'une chaude, l'autre froide; les changements que le cours de ces rivières a subis vers leur embouchure, changements qui, déjà avant le siècle de Strabon, avaient donné lieu à les faire confondre l'une avec l'autre; le *royaume de Troie* avec ses neuf provinces, parmi lesquelles sont comprises les contrées habitées par les Lyciens, les Dardaniens, les Lelèges et les Ciliciens, vassaux de Priam; tous ces objets, dis-je, ont fourni matière à de longues et savantes recherches faites sur les lieux, et dont le résultat a prouvé la scrupuleuse exactitude du poète dans tout ce qui regarde le théâtre immédiat des scènes décrites dans l'Italie. Les *Dardaniens* habitèrent les rivages du canal connu aujourd'hui sous le nom de détroit des Dardanelles, et alors sous celui d'Hellespont. Homère paraît avoir compris la Propontide et le Bosphore, ou canal de Constantinople, sous la seule dénomination d'Hellespont. Il ne nomme pas non plus le Pont-Euxin ; mais il connaît, le long des bords de cette mer, les *Caucones*, les *Paphlagoniens*, parmi lesquels les *Henéti* formaient la principale tribu ; et les *Halizoni*, probablement voisins du fleuve Halys, et dont le pays, riche en mines d'argent, s'appelait *Alybe* : nom dans lequel Strabon croit voir les Chalybes.

En se rapprochant de l'extrémité de la mer Noire, la géographie homérique prend de nouveau une teinte fabuleuse. Les *Amazones*, objet de tant d'opinions différentes, appartiennent encore en partie à l'histoire ; mais la Colchide, le royaume du sage Aëtes ne se montre aux regards du poète que dans un lointain vague ; il y place le palais du soleil et le théâtre des amours de ce dieu avec une fille de l'*Océan*, Perse, dont le nom rappelle un peuple célèbre. Dans son système, l'Océan baignait les limites orientales du monde non loin de la Colchide ; toutefois le *lac du Soleil* dont parle Homère, pourrait paraître une obscure allusion à la mer Caspienne.

En allant de Troie vers le midi, nous trouvons les connaissances du poète bien plus étendues : il connaît l'*Hermus*, le *Méandre* et les autres fleuves principaux qui baignent les côtes occidentales de l'Asie-Mineure. Le nom d'*Asie* semble borné par Homère à une petite contrée sur les bords de la rivière *Caystrus* ; c'est là que les traditions des Grecs et des Asiatiques placent la demeure des personnages historico-allégoriques auxquels ils attribuent l'origine du nom d'Asie ; on y retrouve même plus tard une nation appelée *Asiones* ; enfin, tout concourt à faire croire que le nom de ce canton délicieux, un des premiers habités par les Ioniens, est devenu, par une extension successive, celui d'une vaste partie du monde. Homère nous montre les *Pélasges* et les *Méoniens* comme les principales nations de l'Asie occidentale : plus au sud-ouest, étaient les *Cares* ou *Cariens*, déjà fondateurs de l'ancienne Milet, ville qui, rebâtie par les Ioniens, fut le premier siége de la navigation et du commerce des Grecs. Les *Lyciens* et les *Solymi* habitèrent la côte méridionale au pied du Mont-Taurus ; la plaine *Aleïenne* d'Homère a été retrouvée par des géographes grecs dans la Cilicie ; mais on ne saurait garantir cette explication. Le centre de l'Asie-Mineure était occupé par les *Phrygiens*, nation nombreuse dont le territoire s'étendait alors jusqu'aux bords de l'Hellespont.

Hors de l'Asie-Mineure, et même dès qu'on a passé le cap Chélidonium, la géographie primitive des Grecs reprend un caractère vague. Les *Arimi* paraissent être les Araméens ou Syriens ; mais est-ce de ceux de la Syrie, ou de ceux de la Cilicie, que parle Homère ? Dès cette époque les Grecs entretenaient des relations avec les *Phéniciens*, dont *Sidon* était alors la ville principale. Leurs étoffes teintes en pourpre, leurs ouvrages en or et cuivre, leur science navale, leur avidité, leurs ruses, fournissent à Homère plusieurs de ces traits moraux dont il aime à varier ses tableaux.

L'antique réputation de l'Egypte avait frappé les oreilles d'Homère : il vante souvent la science médicale des Egyptiens : ils sont tous à ses yeux des enfants d'Esculape ; il leur attribue même le talent précieux de savoir guérir les maladies de l'ame, au moyen d'un suc qui n'est probablement que celui de l'opium. Homère sait même nommer *Thèbes* aux cent portes ; mais il ne connaît le Nil que sous le nom d'*Ægyptos*. A une journée de navigation d'une des embouchures du *fleuve Ægyptos*, le poète connaissait le port et l'île de *Pharos*, séparés alors du continent par un canal de sept stades : les phoques se jouaient sur cette plage déserte, où brilla dans la suite la riche Alexandrie. Homère connaît une faible portion de l'Afrique sous le nom de Libye, « pays, dit-il, où « les agneaux naissent avec des cornes, où les brebis mettent bas trois « fois l'année. » Il connaît aussi l'usage que les Africains font du fruit du *lotus*, et il conduit Ulysse dans une île habitée par des *Lotophages*, ou mangeurs de lotos ; île que les géographes ont prétendu retrouver dans celle de *Zerbi*, voisine de la petite Syrte. Un voyage vers ces côtes si voisines de la Grèce paraissait, du temps d'Homère, une entreprise héroïque ; Ménélas employa huit ans à visiter l'île de Chypre, la Phénicie, l'Egypte et la Libye ; il n'y avait que des pirates qui, « *au risque de leur vie*, » allaient droit de l'île de Crète en Egypte.

Moins un siècle possède de connaissances positives, et plus il met de hardiesse dans les systèmes qu'il se crée. Les Grecs du temps d'Homère remplissaient l'orient et le midi de leur mappemonde, comme nous les avons vu en remplir l'occident et le nord, par des traditions obscures ou des fables amusantes. Depuis la communication supposée du Phasis avec l'Océan, jusqu'à l'autre entrée occidentale du même Océan, Homère place sur les bords du disque de la terre les *Ethiopiens*, « les plus

» reculés des hommes, divisés en deux parties, l'une vers le lever du so-
» leil, l'autre vers son coucher. » Parmi ces Ethiopiens habitaient les *Pygmées*, également répandus tout autour du bord méridional de la terre. Les *Erembes*, voisins des Phéniciens et des Egyptiens, semblent être les Arabes, dont le nom oriental s'écrit aussi *Ereb*. Les successeurs d'Homère comprirent successivement sous la dénomination générale d'Ethiopiens les Céphènes, c'est-à-dire, les Perses, les Bactriens, les Indiens, enfin tous les peuples qu'on découvrit à l'orient et au midi ; Hérodote même parle encore d'Ethiopiens d'Asie, et on a prétendu qu'il désignait sous ce nom les Colchiens. Enfin ces idées vagues des Grecs primitifs sur les peuples d'une couleur foncée, qu'ils regardaient tous comme une seule nation, n'ont jamais été entièrement effacées de la mémoire des générations suivantes.

L'ensemble de la géographie homérique, tel que nous venons de l'exposer, peut seul rendre intelligibles les traditions à moitié historiques, à moitié fabuleuses, par lesquelles nous connaissons la première navigation de long cours faite par les Grecs, le fameux voyage des *Argonautes*, qui, chargés de la toison d'or et ne pouvant, à cause des troupes colchiques, regagner la mer Noire par le Phasis, passèrent cependant pour avoir effectué leur retour en Grèce (A. M. 2,700). La plus ancienne tradition, parfaitement conforme au système homérique, fait arriver Jason et ses compagnons par le Phasis dans l'Océan oriental ; ils font ensuite le tour du pays des Ethiopiens, et comme il n'y avait pas probablement de golfe Arabique sur les mappemondes de ce temps, les héros traversent la Libye par terre, traînant leur vaisseau avec eux, et parviennent, après un trajet de douze jours, aux rivages du golfe Syrtique et de la mer Méditerranée. Tant l'Afrique était facile à traverser dans ce beau siècle des fables ! Un peu plus tard, Hécatée de Milet, ayant entendu ou cru entendre de la bouche des prêtres égyptiens, que le Nil venait de l'Océan, ramena les Argonautes par cette route, en apparence plus raisonnable. Personne ne pensa à les faire arriver par le golfe Arabique, car les premiers Grecs qui en eurent quelque notion, le prirent pour un lac fermé de tous les côtés. Des poètes et des historiens plus modernes, voulant mettre d'accord ces anciennes traditions avec les découvertes de leur siècle, conduisent les Argonautes par la *Palus-Méotide* et le *Tanaïs*, dans l'Océan septentrional et ensuite autour des limites supposées du monde, par les contrées des Hyperboréens et des Cimmériens, jusqu'au détroit d'Hercule par lequel ils entrent dans la Méditerranée et arrivent à l'île Scheria. Telle est la route imaginée par le faux Orphée, qui parle déjà de l'île *Ierne*, notre Irlande, des Alpes et du promontoire *Sacré*, comme de la pointe occidentale de l'Europe : notions reçues sans doute par les Phocéens, et qui prouvent que cet auteur ne saurait guère être antérieur à Hérodote. Enfin, quand les navigateurs Milésiens et Athéniens eurent constaté la non-existence du prétendu canal de communication entre la Palus-Méotide et l'Océan, les Argonautes furent censés avoir remonté l'Ister ou le Danube qui, même aux yeux des savants, passait pour se diviser en deux bras dont l'un s'écoulait dans le Pont-Euxin et l'autre dans l'Adriatique ; c'est au moyen de ce fleuve à double cours qu'Apollonius de Rhodes ramène les héros grecs dans leur patrie, en dépit de la géographie et de la flotte de Colchiens qui bloquait le Bosphore.

Voilà, ce me semble, un exemple frappant de la marche progressive et lente des connaissances géographiques. Voilà en même temps une preuve incontestable de l'autorité dont jouissait le système demi-fabuleux dans lequel Homère a puisé ses notions cosmographiques. Si les Grecs ne s'étaient pas figuré la terre comme un disque rond, baigné par le fleuve Océan, partagé en deux par le Phasis et le détroit d'Hercule, comment les poëtes argonautiques auraient-ils pu imaginer les routes par lesquelles ils conduisent leur héros? Tout, au contraire, s'explique en admettant que la cosmographie imaginaire d'Homère fut celle de son siècle et même celle de plusieurs générations suivantes.

CHAPITRE DEUXIÈME.

Voyages et connaissances d'Hérodote. — Analyse des principaux points de la géographie de son siècle.

Les vagues traditions et les contes merveilleux qui régnaient dans la géographie primitive des Grecs, auraient longtemps perpétué leur empire, si des guerres extérieures et intestines n'eussent forcé une partie des habitants de la Grèce à chercher dans des contrées éloignées une nouvelle patrie, ou du moins une source de richesses et de puissance. Les Milésiens et les Mégaréens fondèrent des colonies de commerce tout autour de la mer Noire. Corinthe inventa les *trirèmes*, et peupla la Sicile de colonies; l'Italie méridionale reçut d'eux le nom de *Grande Grèce*. Les Phocéens firent connaître la Sardaigne, la Corse, la Gaule, où Marseille devint le terme de leurs destinées errantes; le Samien Coléus, entraîné par une tempête, passa le détroit des Colonnes, et fut le premier des Grecs qui navigua sur le véritable Océan. Coléus rapporta de *Tartessus*, pays de l'Espagne méridionale, des richesses qui enflammèrent le courage des navigateurs. Le jaloux Phénicien voulut en vain arrêter cet essor; il paraît que les Grecs surent même parvenir à se procurer quelques-unes des cartes géographiques et nautiques qui avaient servi à guider les vaisseaux phéniciens. Le Milésien *Anaximandre*, disciple de Thalès, indiqua, dit-on, la grandeur de la terre, composa même une sphère, et traça la première mappemonde connue : son compatriote *Hécatée* corrigea cette carte et l'accompagna d'un itinéraire du monde.

Mais, comme Hérodote nous dit expressément que les géographes de son temps figuraient la terre comme un disque exactement rond, baigné par l'Océan, il devient fort probable que la mappemonde des Milésiens ne s'éloigna point ou peu de cette idée reçue. Plutarque nous apprend qu'Anaximandre comparait la terre à un cylindre; Leucippe en fit un tambour, Héraclide un bateau; d'autres préféraient la forme cubique ; il y en avait qui, avec Xénophane et Anaximène, regardaient la terre comme une haute montagne, dont la base s'étendait à l'infini, tandis que les astres en éclairaient les différentes parties en circulant autour d'elle. Tous ces tâtonnements prouvent combien la science géographique des philosophes ioniens était vague et obscure.

Dans une semblable situation des esprits, c'était un phénomène que de voir s'élever un homme d'un jugement assez sain et assez ferme pour rejeter toutes les idées reçues, et n'ajouter foi qu'à ce qu'il avait vu de ses propres yeux ou appris de témoins oculaires. Cet homme extraordinaire, né à Halicarnasse (A. M. 3530), se nommait *Hérodote*; citoyen distingué d'une petite république commerçante, il est à présumer qu'il fut lui-même négociant. Quoi qu'il en ait été, Hérodote sut s'ouvrir des routes inconnues avant lui ; il pénétra chez les Péoniens qui paraissent alors avoir habité la Servie actuelle ; il visita les colonies grecques du Pont-Euxin, et affirme avoir lui-même mesuré l'étendue de cette mer du Bosphore au Phasis ; il parcourut l'intérieur des pays situés entre le Borysthène et l'Hypanis, qui font partie de la Russie méridionale ; peut-être fit-il la route de la Palus-Méotide au Phasis, ou du moins il se procura sur cette route, ainsi que sur l'étendue de la mer Caspienne, les renseignements les plus exacts. A l'orient, ses voyages ont dû s'étendre jusqu'à Babylone et à Suza, capitale de la monarchie persanne ; il indique les moindres détails de la route, et parle souvent en témoin oculaire ; le reste de la Perse lui était connu par les dénombrements officiels des armées et des gouvernements dont il eut connaissance. Au midi, ses courses s'étendirent probablement aux extrémités de l'Egypte ; il décrit les choses mémorables du pays, de manière à prouver qu'il y a fait un long séjour ; il semble même connaître les routes commerciales des caravanes venant de l'Afrique intérieure, tant il sut capter la confiance ou flatter les intérêts des prêtres égyptiens. Hérodote visita les colons grecs de Cyrène, et tira d'eux quelques renseignements utiles. Il avait certainement vu de ses propres yeux la Grèce d'Europe, sa description du célèbre défilé des Thermopyles étant la plus claire qui nous en soit restée. Enfin, il termina sa carrière dans l'Italie méridionale ou la Grande Grèce, et c'est probablement là qu'il acheva sa précieuse histoire.

Une seule nation refusa de communiquer à cet infatigable voyageur, des découvertes qu'elle regardait comme le secret de sa propre grandeur. Hérodote visita Tyr; mais l'extrême faiblesse de ses connaissances sur l'occident de l'Europe et de l'Afrique, prouve assez qu'il ne put obtenir aucun renseignement des Phéniciens ni de leurs colons.

Dépourvu, comme tous ses contemporains, de connaissances astronomiques et mathématiques, Hérodote ne pense pas à réunir dans un système ses nombreuses découvertes partielles; seulement, il sent que ces découvertes s'accordent mal avec les idées reçues; il se trouve à l'étroit dans le monde d'Homère; il se permet même des railleries sur le *fleuve Océan*, qu'il n'a jamais pu trouver, dit-il, et sur la rotondité du disque de la terre, dont il n'a aperçu aucun indice. Il ne sait pas, et croit qu'aucun homme de bonne foi ne peut prétendre savoir si la terre est, ou non, entourée d'eau de toutes parts. On l'a dit, ajoute-t-il, mais on ne l'a jamais prouvé. Ces doutes, parfaitement raisonnables dans la position où se trouvait Hérodote, ne l'ont pourtant pas empêché de retomber lui-même dans le système homérique, lorsqu'il veut donner quelques idées générales et positives. Il admet, en hésitant, trois parties du monde; mais l'Europe, séparée selon lui de l'Asie par les fleuves Phasis et Araxès et par la mer Caspienne, lui paraît plus longue que l'Asie et la Libye ou l'Afrique, prises ensemble : il n'en connaît les bornes ni à l'est ni au nord : pour l'Asie, au contraire, il croit qu'une flotte envoyée par Darius en a fait le tour depuis l'Indus jusqu'aux confins de l'Egypte. Un autre voyage, exécuté par les Phéniciens, sous les auspices du roi Nechos, a démontré, dit-il, que la Libye ou l'Afrique s'étend dans la même direction que l'Asie, c'est-à-dire, qu'elle se termine au nord de l'équateur. Cette opinion est encore clairement exprimée dans l'endroit où il dit que l'Arabie est la partie la plus méridionale de la terre habitable. Ces idées tiennent toujours au système homérique, dans lequel l'Asie et la Libye formaient la moitié méridionale et orientale du disque de la terre.

Si maintenant nous considérons les détails de la géographie d'Hérodote, en commençant par l'Europe, nous y verrons des espaces parfaitement décrits, mais séparés par d'immenses lacunes. « Les Phocéens, » dit-il, ont découvert l'*Adriatique*, la *Tyrrhénie*, l'*Ibéric* et *Tartessus* ». Ce dernier pays, fameux par ses métaux précieux, était hors des Colonnes d'Hercule, dans l'Andalousie d'aujourd'hui; il y connaît *Gadeira* ou

Gades, célèbre colonie phénicienne; il sait que l'on reçoit de l'étain et de l'ambre jaune des extrémités de l'Europe; mais il n'ose fixer la position des îles *Cassitérides* d'où venait la première de ces marchandises. Dans ces contrées obscurément connues, il place quelque part aux bords de l'Océan, deux peuples, les *Cynésiens* et les *Celtes*. On lui demanderait en vain des détails plus positifs sur les pays voisins de la Méditerranée. La Corse, nommée *Cyrnos*, et la Sardaigne étaient connues par les colonies phocéennes. *Massilia* ou Marseille se trouve indiquée dans un passage, à la vérité, très-douteux.

Dans le même passage, il est fait mention des *Ligyes* ou Liguriens; ce nom joue un grand rôle dans la géographie la plus ancienne. Hésiode nomme les Liguriens à côté des Ethiopiens et des Scythes; Eratosthène donne à l'Espagne le nom de péninsule ligustique; Thucydide étend leur puissance jusqu'à l'Ebre et même jusqu'au fleuve Sicorus, aujourd'hui Xucar près de Valence; d'autres écrivains bornent la Ligurie aux Pyrénées et aux Bouches-du-Rhône. De l'autre côté, une tradition place des colonies liguriennes sur le Tibre; et les cygnes mélodieux de l'Eridan sont unanimement placés en Ligurie. L'accord de tant de circonstances ne permet guère de méconnaître ici le grand peuple des Celtes dont les tribus maritimes portèrent, dans leur propre langue, le .nom appellatif de *Ly-gour*, c'est-à-dire habitants des côtes.

Rome est encore inconnue à Hérodote; le nom d'*Italie* ne désigne que la grande Grèce. La Sicanie commence à s'appeler Sicile. Les *Hénètes* ou Vénètes habitent sur l'Adriatique. L'Illyrie, avec ses peuples, est vaguement mentionnée. La Macédoine paraît indépendante de la Thrace; la Grèce européenne présente des détails très-étendus, mais que nous ne pouvons exposer ici.

Nous devons plutôt nous arrêter sur les bords de l'Ister, du Borysthène et du Tanaïs, où Hérodote a singulièrement avancé la géographie. Dans sa description du cours de l'Ister, il remonte depuis l'embouchure vers la source, en nommant les rivières qui s'écoulent dans ce fleuve, et qui sont au nombre de six du côté septentrional, et de dix du côté du midi. Parmi les premiers, on reconnaît avec certitude le *Porata*, notre Pruth, et le *Maris* qui est la Theisse accrue du Marosch. Parmi les dix rivières venant du midi, « la septième, nommée *Cius*, descend du mont

» Rhodope et traverse la chaîne de l'Hémus » ; ce qui, appliqué aux meilleures cartes modernes, indique positivement l'Isca, près de Sophia, nommé *Oscius* par Thucydide. Si maintenant nous voulons, pour un instant, supposer qu'Hérodote ou quelqu'autre voyageur, en remontant le fleuve, ait pris la *Save* pour le bras principal au lieu du Danube (comme de nos temps il est arrivé pour le Mississipi et le Missouri), nous retrouvons sans difficulté les trois rivières restantes dans le Morawa, le Drin de Bosnie et la Culpa : le premier est, comme le *Brongus* d'Hérodote, formé par la réunion de deux rivières dans une belle plaine; le dernier descend du mont *Albius*, dont le nom rappelle l'*Alpis* de notre auteur. Il résulterait de cette hypothèse de grandes facilités pour résoudre plusieurs questions embarrassantes. Pourquoi Hérodote place-t-il la source de l'Ister chez les Celtes, près d'une ville nommée *Pyrène*? C'est que les peuples celtiques occupaient la chaîne des Alpes, et que le nom de Pyrénées, correspondant aux noms celtiques et germaniques *Brenner* et *Firner*, était appliqué à tous les pics colossaux parmi lesquels le plus voisin des Grecs était le mont Terklou ; c'est au pied du Terklou que la Save prend sa source. Pourquoi tant d'auteurs ont-ils représenté l'Ister comme s'écoulant à la fois dans le Pont-Euxin et dans l'Adriatique? Cette erreur s'excuserait aisément, si l'on admettait que l'Ister des Grecs et des Illyriens n'était dans le fait que la Save, dont les sources sont très-rapprochées de celles des rivières de l'Istrie, circonstance que Pline a fait servir à expliquer la navigation des Argonautes, e supposant qu'ils avaient transporté leurs vaisseaux d'une source à l'autre.

Hérodote convient lui-même qu'il ne connaît pas les sources du Borysthène, et, ce qui est plus singulier, il ne parle pas des cataractes de ce fleuve : il nous a pourtant donné la meilleure relation que nous ayons sur les *Scythes*, peuples nombreux qui habitaient depuis l'Ister jusqu'au Tanaïs, divisés en plusieurs tribus. Les Scythes, suivant lui, étaient une branche des *Saces*, grande nation nomade à l'est de la mer Caspienne. Pour arriver en Europe, ils avaient passé l'*Araxès*, rivière à quatre embouchures, qui paraît être le *Rha*, ou Wolga, quoiqu'Hérodote n'ait pensé qu'à l'Araxès de Médie; mais il a pu se tromper en exposant d'aussi vagues traditions. Les Scythes avaient expulsé des bords de la Palus-Méotide un peuple auquel les Grecs, et Hérodote à leur tête, appliquèrent le nom probablement fabuleux de *Cimmériens*, emprunté à la géographie d'Homère et des autres poètes. Le peuple disparut promptement de l'histoire, mais le nom resta au *Bosphore cimmérien*, qui est notre détroit de Caffa.

Parmi les nations voisines des Scythes, Hérodote distingue les *Gètes*, qui tenaient probablement à la race des Slavons; ils habitaient alors la Bulgarie actuelle, et passèrent ensuite l'Ister. Les *Agathyrses* occupaient la Transylvanie; les *Alazones*, peuple agriculteur, s'étendaient dans l'Ukraine polonaise; les *Neures* cultivaient du blé dans les plaines de la Vollhynie. Les *Sauromates* ou Sarmates, devenus dans la suite habitants de la Lithuanie, vivaient entre le Don, le Volga et le Caucase. Très-loin au nord-est, et vers les monts Oural, étaient les *Argippæi* qui étaient chauves, c'est-à-dire qui portaient la tête rasée; ils avaient le nez écrasé, ils étaient réputés saints, passaient leur vie sous un arbre, se nourrissaient de végétaux et de lait, et ne prenaient jamais les armes. A l'est, mais à une distance inconnue, se trouvait la nation des *Issedones*, qui reparaît plus tard dans la géographie comme faisant partie du grand peuple des *Séres*, au nord de l'Inde.

Ces connaissances surprenantes sur des peuples aussi éloignés n'étaient dues qu'au génie du commerce qui, des rives du Borysthène, s'ouvrait une route vers l'Asie centrale. C'est sans doute à d'autre caravanes indiennes qu'Hérodote dut les idées justes et précises qu'il eut sur la mer Caspienne; idées que les géographes suivants rejetèrent ou dénaturèrent pour les adapter aux systèmes reçus. «La mer Caspienne, dit le père de » l'histoire, est une mer par elle-même et n'a aucune communication » avec l'autre; car toute la mer où naviguent les Grecs, celle qui est au-» delà des Colonnes d'Hercule qu'on appelle mer Atlantide et la mer Ery-» thrée, passent pour n'être qu'une même mer. La mer Caspienne est une » mer distincte et bien différente; elle a autant de longueur qu'un vais-» seau qui va à la rame, peut faire de chemin en quinze jours; et dans sa » plus grande largeur, autant qu'il en peut faire en huit. Le Caucase borne » cette mer à l'occident; à l'est, s'étendent les vastes plaines des Massa-» gètes. »

Un savant à qui l'histoire de la géographie doit des bases nouvelles, pense que la mesure donnée par Hérodote est rigoureusement exacte. « Hérodote, dit Gosselin, évaluait la marche d'un vaisseau à 700 stades.

» Or, quinze jours de marche à 700 stades, en font 10,500, et 10,500
» stades de 1,111 1/9 au dégré valent 189 lieues marines. Cette mesure
» est précisément celle des côtes occidentales de la mer Caspienne, de-
» puis l'embouchure du Jaik jusqu'à celle du Kur, l'ancien Cyrus, dans
» le pays des Caspiens, où était autrefois le principal entrepôt du com-
» merce de cette mer. Peu après le Kur, la côte se dirige vers l'est jus-
» qu'à Esterabad, et trace la plus grande largeur de la Caspienne dans
» un espace de 100 lieues ou de 5,600 stades, lesquels, divisés par 700,
» donnent exactement les huit journées de navigation dont parle Héro-
» dote. »

Du temps d'Alexandre, les idées vraies sur la mer Caspienne n'étaient pas encore effacées, puisqu'on croyait que le Tanaïs prenait sa source à l'est de cette mer, pour venir se jeter dans la Palus-Méotide ; ce qui suppose nécessairement que la mer Caspienne était censée former un lac isolé, comme Aristote le dit expressément. Mais aussitôt que les géographes postérieurs, Eratosthène, Hipparque, Strabon, eurent cherché à encadrer les connaissances acquises dans un système régulier, ils dûrent s'apercevoir que les lieux dont parlait Hérodote, d'après la manière dont on les orientait, s'étendaient au nord et au nord-est, fort au-delà des limites de la terre habitable, telles que ces géographes les fixaient ; car l'Océan septentrional, comme on l'imaginait alors, occupait la moitié de l'espace où se trouve la Russie. L'embouchure du Wolga semble présenter un détroit large de 4 stades ; et ce prétendu détroit parraissait communiquer avec l'Océan. Cette *hypothèse* une fois admise, on imagina même un voyage de Patrocles, amiral de Séleucus, qui, parti du Gange, aurait fait le tour de l'Asie par l'est et serait entré dans la mer Caspienne par le nord. Toutes ces fables disparurent, lorsqu'éclairés enfin par des découvertes nouvelles et conformes à celles du siècle d'Hérodote, Marin de Tyr et Ptolémée se décidérent à repousser plus au nord l'Océan, cet antique horizon de la géographie. Mais, en redevenant un lac sur les cartes de Ptolémée, la mer Caspienne conserva, jusqu'au dix-huitième siècle, la forme comprimée et arrondie que les erreurs précédentes lui avaient communiquée ; et, placée de l'ouest à l'est, au lieu de l'être du sud au nord (comme Hérodote a dû le concevoir), cette mer, ou pour mieux dire, la figure imaginaire qu'on en traçait, dut rencontrer les embouchures de l'Oxus et de l'Iaxartes ; aussi s'imagina-t-on longtemps que ces fleuves se déchargeaient dans la mer Caspienne.

Passons aux connaissances qu'Hérodote avait sur l'Asie, qu'il regardait comme bien moins étendue que l'Europe. « Je connais, dit-il, le pays » occupé par les Perses, qui s'étend jusqu'à la mer Érythrée. Au-dessus, » vers le nord, habitent les Mèdes, les Sapires; et, par-delà les Sapires, » les Colchidiens qui touchent à la mer où se jette le Phase. Ces quatre » nations s'étendent d'une mer à l'autre. De là, en allant vers l'occident, » on rencontre deux péninsules opposées qui aboutissent à la mer; l'une, » du côté du nord, commence au Phase, s'étend vers la mer le long de » l'Euxin jusqu'au cap Sigée dans la Troade : du côté du sud, cette pé» ninsule commence au golfe Myriandrique adjacent à la Phénicie jus» qu'au promontoire Triopeum; elle est habitée par trente nations dif» férentes. L'autre péninsule commence aux Perses et s'étend jusqu'à » la mer Erythrée; et le long de cette mer, elle comprend la Perse, en» suite l'Assyrie et l'Arabie; elle aboutit au golfe Arabique, où Darius fit » conduire un canal qui vient du Nil. De la Perse à la Phénicie, il y a un » grand et vaste pays. Depuis la Phénicie, la même péninsule s'étend le » long de cette mer-ci, par la Syrie de la Palestine et l'Egypte où elle » aboutit; elle ne renferme que trois nations. Voilà comment sont les » parties de l'Asie, à l'ouest de la Perse. Les pays situés vers le soleil le» vant, au-dessus des Perses, des Mèdes, des Sapires, des Colchidiens, » sont bornés à l'orient par la mer Erythrée; au nord, par la mer Cas» pienne et par l'Araxes, qui dirige son cours vers le lever du soleil. » L'Asie est habitée jusqu'à l'Inde; plus à l'est, s'étendent des contrées » désertes, et personne ne saurait dire ce qu'il en est. »

« La plus grande partie de l'Asie, continue Hérodote, fut découverte » par Darius. Ce prince voulant savoir en quel endroit de la mer se jette » l'Indus qui, après le Nil, est le seul fleuve dans lequel on trouve des cro» codiles, envoya, sur des vaisseaux, des hommes sûrs et véridiques, et » entr'autres Scylax de Cariande, partis de la ville de Caspatyros. Ils des» cendirent le fleuve vers l'aurore et le lever du soleil; de là, naviguant » vers l'occident, ils arrivèrent enfin, le trentième mois après leur départ, » au même port où les Phéniciens s'étaient embarqués autrefois par l'or» dre du roi d'Egypte pour faire le tour de la Libye. Ce périple achevé, » Darius subjugua les Indiens, et régna sur cette mer. C'est ainsi qu'on

» a reconnu que l'Asie, si l'on en excepte la partie orientale, ressemble » en tout à la Libye.

Hérodote veut sans doute dire que les côtes d'Asie ne s'étendent pas plus au midi que celles de l'Afrique; il regardait, ainsi que nous l'avons déjà remarqué, l'Arabie comme la contrée la plus méridionale de la terre. Dans l'aperçu qu'il donne des revenus de l'empire persan, on remarque, parmi les peuples tributaires, les noms des *Parthes*, des *Chorasmiens* et des *Sogdiens*; les deux derniers se conservent encore aujourd'hui dans ceux des provinces de Khowarezm et d'Al-Sogd. Les *Bactriens* sont, après les Indiens, les peuples les plus orientaux de la monarchie persanne et de la géographie d'Hérodote. A l'est de la mer Caspienne, sont les féroces Massagètes qui dévorent leurs parents courbés sous le fardeau des ans : l'or et le cuivre abondent chez eux, les autres métaux leur manquent. Hérodote connaît l'antique route commerciale entre l'Inde et l'Europe, par le nord de la mer Caspienne : les marchandises étaient transportées, à ce qu'il paraît, sur le Haut-Indus et sur l'Oxus, et ensuite par caravanes. Au midi, l'Arabie passait pour la patrie des parfums, des baumes et des aromates. Les *Ethiopiens d'Asie*, qui nous rappellent ceux d'Homère, se distinguaient de ceux d'Afrique par des cheveux non crépus : ce nom comprenait peut-être tous les peuples d'un teint foncé, et qui occupaient les côtes méridionales de la monarchie. Les Indiens, soumis à la Perse, et connus de notre auteur, demeuraient sur le Haut-Indus; ils cultivaient le coton, et en fabriquaient des étoffes; ils ramassaient, en outre, beaucoup d'or.

L'Afrique, dans l'idée du père de l'histoire, se terminait bien au nord de la ligne équinoxiale. Même dans le triangle ainsi resserré de la péninsule africaine, l'Egypte seule est décrite avec clarté; ses villes, ses monuments, les productions du sol, les mœurs des habitants et les institutions sous lesquelles ils vivaient, tout est dépeint avec l'exactitude d'un témoin oculaire. Hérodote avait été lui-même jusqu'aux Cataractes . la mesure qu'il donne des côtes de l'Egypte, depuis le lac Serbonis jusqu'au golfe Plinthinètes, est juste lorsqu'on l'évalue en stades égyptiens à 1,119 au degré. Hors de l'Egypte, les connaissances d'Hérodote, fondées sur des renseignements qu'on lui avait donnés, ne suivent que trois lignes de direction : l'une longe le Nil; l'autre, en partant du temple d'Ammon, va se perdre dans le grand désert; la troisième s'avance le long des côtes de la Méditerranée jusqu'aux environs de Carthage.

Si nous suivons Hérodote le long des côtes, en partant de l'Egypte, il nous fera connaître une foule de peuplades dont les plus remarquables sont les *Adyrmachides*, qui faisaient cuire leurs mets dans le sable échauffé par les rayons du soleil; les *Nasamons*, qui demeuraient dans l'intérieur et qui avaient plusieurs coutumes singulières, comme par exemple, de faire serment en buvant l'un de la main de l'autre, et de prostituer les nouvelles mariées à tous les convives de la noce; les *Psylles*, fameux par l'art qu'ils possédaient de charmer les serpents, art qui s'est conservé après l'extinction de cette peuplade; les villes grecques de *Cyrène* et de *Barce*, sur la côte fertile et riante qui borde le pays des Nasamons et des Giligammes; les *Macœ*, à l'ouest de la grande Syrte, dans une contrée bien arrosée; les *Lotophages*, déjà connus d'Homère, et auxquels le fruit d'un arbuste fournissait à la fois leur aliment et leur boisson ordinaire; les *Machlyes*, près du fleuve *Triton* et du lac *Tritonide*, l'un et l'autre célèbres par le prétendu retour des Argonautes à travers la Libye. Les connaissances d'Hérodote se terminent ici sur les bords de la petite Syrte; il a bien entendu nommer quelques nations plus éloignées, telles que les *Byzantes* ou *Gyzantes*; il indique la longueur exacte de l'île *Cyrannis* ou *Cercina*; il mentionne quelquefois *Carthage*, et donne même des détails sur le commerce muet que les Carthaginois faisaient au-delà des colonnes d'Hercule avec une nation qui venait chercher sur le rivage les marchandises qu'on lui offrait, et laissait à la place une quantité d'or en échange. Mais, quoique cet usage, d'après les témoignages les plus récents et les plus authentiques, paraisse désigner une nation de la Sénégambie, et quoiqu'Hérodote ait autre part nommé le mont *Atlas* et le promontoire *Soloeis*, il est impossible de tirer de son texte un ensemble clair et précis de ses idées sur l'Afrique occidentale.

Il avait pourtant reçu des prêtres égyptiens quelques renseignements sur une route qui partait du temple d'*Ammon*, situé dans une *Oasis*, à dix journées de marche à l'ouest de Thèbes, la capitale de la Haute-Egypte. « Le pays qu'on avait à parcourir était un plateau sablonneux parsemé de collines où, à côté d'un tas de sel, jaillissaient des eaux douces » et limpides. » A dix journées du temple d'Ammon, on trouvait *Augila*, autre oasis fertile en dattiers, qui conserve encore de nos temps le même nom, les mêmes avantages, et qui sert de point de repos aux caravanes.

A dix journées d'Augila, et à trente de la côte des Lotophages, on arrive chez le peuple nombreux des *Garamantes*, qui, montés sur des chars, donnaient la chasse aux Ethiopiens-Troglodytes, sans doute pour réduire ceux-ci en esclavage ; c'est ainsi que, dans des temps plus modernes, le sultan de Bornou envoyait sa cavalerie à la chasse aux nègres. Chez les Garamantes, les bœufs en paissant marchaient à reculons à cause de leurs cornes énormes, recourbées en avant. Encore dix jours, et on était chez les *Atarantes*, nation dont les individus ne portaient point de noms propres, usage qu'on a retrouvé en quelque sorte chez les habitants de Bornou. Enfin, dix autres journées conduisaient le voyageur chez les *Atlantes*, voisins du mont *Atlas*, haute montagne escarpée de tous côtés, dont le sommet, en aucune saison, ne se dégageait des nuages qui le voilaient, et qui était appelée la *colonne du ciel*. « Au-delà, ajoute Hérodote, » je ne connais plus le nom des nations ; seulement je sais que le désert » sablonneux s'étend depuis Thèbes jusqu'aux colonnes d'Hercule, et » qu'à dix journées de marche (sans doute du pays des Atlantes), on y » trouve une mine de sel ; les indigènes bâtissent leurs cabanes en pier- » res salines. » C'est ce que Pline affirme d'une nation qu'il nomme *Hammamientes*, et qu'il place à onze journées à l'ouest de la grande Syrte. Il serait donc téméraire d'étendre les connaissances d'Hérodote trop à l'ouest du Fezzan, et surtout de lui attribuer des notions sur les carrières de sel de Tagaza, au nord-est de Tombouctou ; son *Atlas* semble être une montagne isolée dans le désert.

On vante encore assez légèrement les prétendues connaissances d'Hérodote sur le Niger ; mais comment y croire, quand on l'entend lui-même dire : « Au sud du plateau sablonneux que je viens de décrire, la » Libye ne présente que des déserts sans eau, sans humidité et sans végé- » tation ? » Il est vrai qu'il cite, d'après Etéarque, roi des Ammoniens, une course dans l'intérieur de l'Afrique, entreprise par cinq jeunes Nasamons. « Ces voyageurs, envoyés par leurs compagnons, avec une bonne » provision d'eau et de vivres, parcoururent d'abord des pays habités ; » puis ils arrivèrent dans un pays rempli de bêtes féroces. De là, conti- » nuant leur route à l'ouest à travers les déserts, et après avoir marché » longtemps dans un pays très-sablonneux, ils trouvèrent une plaine où il » y avait des arbres ; s'en étant approchés, ils mangèrent des fruits que » ces arbres portaient : tandis qu'ils en mangeaient, de petits hommes.

» d'une taille au-dessous de la moyenne, fondirent sur eux et les emme-
» nèrent par force : les Nasamons n'entendaient pas leur langue, et ces
» petits hommes n'entendaient rien à celle des Nasamons. On les con-
» duisit par des lieux marécageux ; après les avoir traversés, ils arri-
» vèrent à une ville dont tous les habitants étaient noirs. Une grande
» rivière, dans laquelle il y avait des crocodiles, coulait le long de cette
» ville, de l'ouest à l'est. » Mais Hérodote ne cite ce voyage que pour prouver que le *Nil* vient de l'ouest. Malgré cette explication systématique qui jette du doute sur la réalité du voyage, Rennell prononce que les plus grandes probabilités se réunissent pour lui faire retrouver le Fezzan dans cette contrée inhabitée ; le grand désert de sable dans ces pays sablonneux que traversèrent les Nasamons ; enfin le Niger, qui court à l'ouest du grand désert et s'approche d'environ trente-cinq journées de caravane des frontières de Fezzan, dans le grand fleuve rempli de crocodiles : il lui paraît même certain, ainsi qu'à Larcher, que cette grande ville, arrosée par ce grand fleuve, courant de l'est à l'ouest, n'est autre chose que *Tombouctou*, baignée en effet par le Niger ou le Nil des Nègres. C'est aller trop loin ; si la vague et insignifiante relation des Nasamons doit même s'appliquer au Niger plutôt qu'au Gir ou au fleuve de Garama (ce que nous n'osons affirmer), il est du moins impossible de penser à la ville de Tombouctou, séparée du pays des Nasamons par tant de déserts, de fleuves et de montagnes.

Peut-être se fait-on encore une trop haute idée de l'étendue des renseignements qu'Hérodote a eus sur le Nil, au-dessus de l'Égypte. « Le
» pays, dit-il, au-dessus d'Eléphantine, est élevé : en remontant le fleuve,
» on attache de chaque côté du bateau une corde, comme on en attache
» aux bœufs, et on le tire de la sorte. Si le câble casse, le bateau est
» emporté par la force du courant. Ce lieu a quatre jours de navigation.
» Le Nil y est tortueux comme le Méandre, et il faut naviguer de la ma-
» nière que nous l'avons dit, pendant 12 *schènes* (720 stades, ou environ
» 30 lieues marines). Vous arrivez à une plaine fort unie, où il y a une
» île formée par les eaux du Nil ; elle s'appelle *Tachompso*....... Les Éthio-
» piens occupent une moitié de cette île, et les Egyptiens l'autre. Atte-
» nant l'île, est un grand lac sur les bords duquel habitent les Ethiopiens
» nomades. Quand vous l'avez traversé, vous rentrez dans le Nil qui s'y
» jette ; de là, quittant le bateau, vous faites quarante jours de chemin

» le long du fleuve ; car, dans tout cet espace, le Nil est plein de gros » rocs pointus qui rendent la navigation impraticable. Après avoir fait » ce chemin en quarante jours de marche, vous vous rembarquez dans » un autre bateau où vous naviguez douze jours ; puis, vous arrivez à une » grande ville appelée *Méroé* : on dit qu'elle est la capitale du reste des » Ethiopiens. De cette ville, vous arrivez au pays des *Automoles*, en autant » de jours de navigation que vous en avez mis à venir d'Eléphantine à » la métropole des Egyptiens. Ces Automoles s'appellent *Asmach*. Ils » descendent de 240,000 Egyptiens, tous gens de guerre, qui passèrent » du côté des Ethiopiens, sous le règne de Psammétique, et abandon- » nèrent les garnisons où on les avait placés. Les Automoles, étant ar- » rivés en Ethiopie, se donnèrent au roi. Ce prince les en récompensa, » en leur accordant le pays de quelques Ethiopiens qui étaient ses enne- » mis, et qu'il leur ordonna de chasser. Les Egyptiens s'étant établis » dans ce pays, les Ethiopiens se civilisèrent en adoptant les mœurs » égyptiennes. Au-delà du pays des Automoles, les chaleurs excessives » rendent ce pays désert et inhabité. »

Le seul résultat positif de ce passage, c'est qu'Hérodote connaissait le vrai Nil, le *Bahr-el-Abiad*, qui vient du sud-ouest. Mais les distances indiquées vaguement par journées de marche et de navigation, peuvent admettre les interprétations les plus discordantes. Cependant, si l'on pouvait parvenir à fixer la position de *Méroé*, on connaîtrait à peu près celle de la Terre des Exilés ou des Egyptiens fugitifs ; limite de la géographie d'Hérodote et de toute la géographie ancienne. Or, nous avons sur ce point quelques données positives. Eratosthène, en nous décrivant le cours de l'*Astaboras*, aujourd'hui Atbar ou Tacazze, et de l'*Astapus*, qui est le fleuve Bleu ou le Nil d'Abyssinie, dit que ces deux rivières se jettent dans le grand Nil, et forment l'île de Méroé. Agatharchide parle dans le même sens. Diodore fixe même la longueur de cette île à 3,000 stades, et sa largeur à 1,000. Tous ces indices conviennent à cette espèce d'île que renferment le Tacazze et le Fleuve Bleu. Sur cette île, Eratosthène place la ville de Méroé à 10,000 stades au midi d'Alexandrie ; Strabon la porte à 5,000 stades au sud du tropique, ce qui revient environ à 16 degrés 1/2, et ne diffère que très-peu des indications de Ptolémée. Elle était, selon les uns, à 700 stades, et selon les autres, à 70 milles romains au-delà du confluent de l'Astaboras (Tacazze) avec le grand Nil. Toutes ces mesures se concilient assez avec le témoignage de Bruce qui vit, au nord de Chandi, en Nubie, de magnifiques ruines vis-à-vis de l'île de Kurgos, qui paraît correspondre à celle de Tadu, où était, selon Pline, le port de Méroé.

Si donc cette fameuse capitale de l'Ethiopie était située où nous venons de la chercher, la terre des Egyptiens fugitifs, n'étant pas plus éloignée de Méroé que celle-ci ne l'était des cataractes, ne saurait être reculée plus au midi qu'au 11e degré de latitude tout au plus ; c'est aussi là qu'Eratosthène la place , et précisément dans cette même contrée, les relations modernes nous ont fait connaître un peuple qui observe la circoncision, se livre à des pratiques superstitieuses, parle un langage inconnu, se nomme les *Exilés* et pourrait fort bien être le reste d'une colonie égyptienne, malgré le nom de Juifs qu'on lui a imposé. Plus au sud-ouest nous ne connaissons le cours du Nil que par de vagues rapports.

Il serait absurde de vouloir fixer la demeure des Ethiopiens *Macrobiens*, contre lesquels Cambyse entreprit une expédition infructueuse. Seulement, puisque ces peuples nous sont représentés comme habitants d'un pays extrêmement abondant en or, doués d'une constitution athlétique et menant une très-longue vie, et que leur pays doit être aux extrémités de la terre, sans cependant pouvoir être plus au midi que l'Arabie, la contrée la plus méridionale d'Hérodote, il semble qu'à l'exemple d'un géographe ancien il faudrait les chercher dans l'ouest de l'Afrique, parmi les véritables nègres ; à moins qu'on n'aime mieux, avec nous, regarder tous les détails de ce conte, les chaînes d'or des prisonniers, la table du soleil et les tombeaux de cristal, comme des traditions poétiques.

Il nous reste à considérer la relation qu'il nous donne d'un *Voyage autour de l'Afrique*. « Lorsque, dit-il, Necos, roi d'Egypte, eut achevé de faire » creuser le canal qui conduit les eaux du Nil au golfe Arabique, il fit » partir des Phéniciens sur des vaisseaux, avec ordre de rentrer, à leur » retour, par les colonnes d'Hercule dans la mer septentrionale, et de » revenir de cette manière en Égypte. Les Phéniciens s'étant donc em- » barqués sur la mer Érythrée, naviguèrent dans la mer Australe. Quand » l'automne était venu, ils abordaient dans l'endroit de la Libye où » ils se trouvaient, et semaient du blé. Ils attendaient ensuite le temps » de la moisson, et après la récolte ils se remettaient en mer. Ayant » ainsi voyagé deux ans, la troisième année, ils doublèrent les Colonnes

» d'Hercule et revinrent en Égypte. Ils racontèrent à leur arrivée, qu'en » faisant voile autour de la Libye, ils avaient eu le soleil à leur droite. » Ce fait ne me paraît nullement croyable, mais peut-être le paraîtra- » t-il à d'autres. »

Ceux qui soutiennent la réalité de cette première circumnavigation de l'Afrique, commencent par observer qu'Hérodote n'ayant pas eu connaissance de la grande étendue de l'Afrique vers le sud et la croyant terminée parallèlement à l'Arabie, n'a pu imaginer ni la longue durée du voyage des Phéniciens, ni la circonstance remarquable de la position où ces navigateurs dûrent se trouver à l'égard du soleil, dès qu'ils eurent passé la ligne équinoxiale, circonstance, disent-ils, qui prouve d'autant plus en faveur de la tradition qu'elle a paru peu croyable à l'historien même qui la rapporte. Ils citent ensuite, mais très mal à propos, tous les passages dans lesquels les anciens, persuadés que l'Afrique se terminait au nord de la zône torride et inaccessible, ont énoncé l'opinion qu'on pouvait en faire le tour.

D'autres savants ont répondu que l'espace de temps assigné à ce voyage est évidemment trop court pour qu'il ait pu avoir été réellement exécuté ; Scylax ayant mis trente mois pour aller des embouchures de l'Indus, quoiqu'il ne s'arrêtât nulle part, et *Martin Behaim* ayant mis dix-neuf mois pour arriver de Lisbonne aux environs du cap de Bonne-Espérance, bien que le chemin fût déjà frayé et qu'on possédât alors des instruments et des navires supérieurs à ceux des anciens. En outre, si les Phéniciens avaient semé et récolté des blés sur les côtes australes de l'Afrique, ils auraient dû remarquer la marche des saisons, qui, dans l'hémisphère austral, est opposée à celle de nos climats; un phénomène aussi nouveau n'aurait pu échapper à leur attention. Ce qui surtout nous porte à rejeter le voyage des Pheniciens, c'est que les auteurs anciens, en s'efforçant de prouver la possibilité d'une navigation autour de l'Afrique, n'ont jamais admis comme preuve cette relation d'Hérodote.

CHAPITRE TROISIÈME.

Périples d'Hannon et de Scylax. — Eudoxus de Cnide, Aristote et quelques autres. — A. M. 3570-3650, ou jusqu'à l'expédition d'Alexandre.

Comme nous n'avons voulu donner que l'analyse de la géographie d'Hérodote, nous avons dû laisser nos lecteurs dans une sorte d'incertitude sur le prétendu voyage des Phéniciens autour de l'Afrique. Le père de l'histoire, avec sa bonne foi accoutumée, ne prend aucun parti positif sur cette tradition populaire. Nous sentons que les partisans du voyage des Phéniciens peuvent encore dire : « Cette tradition, à moitié effacée, » renferme le souvenir des grandes expéditions que les Phéniciens » ont faites dans les siècles les plus reculés ; les circonstances en sont dé- » figurées, mais le fait principal est vrai. » Nous allons prouver que cette manière de voir n'est point conforme aux règles de la saine critique.

Et d'abord, comment une découverte aussi étonnante, une découverte qui aurait dû changer toutes les idées reçues parmi les contemporains, eût-elle pu disparaître sans laisser de trace, même chez le peuple à l'habileté duquel on l'attribue ? Pourquoi les Carthaginois n'auraient-ils pas mis à profit les connaissances acquises par les navigateurs du roi Nécos, qui, à leur retour, avaient dû toucher à Gades, ville alliée de Carthage ? Au contraire, les Carthaginois ont non-seulement appris à Hérodote la tentative du persan Sataspes, qui, voulant faire le tour de l'Afrique, fut arrêté par des herbes flottantes aux environs des Canaries, mais ils en ont eux-mêmes fait un essai infructueux, et dont il nous reste une relation authentique que nous allons traduire littéralement.

« Les Carthaginois ordonnèrent à Hannon de naviguer au-delà des » colonnes d'Hercule, et d'y fonder des villes libyphéciennes. Hannon » mit à la voile avec une flotte de soixante navires à cinquante rames » chacun, chargés de trente mille personnes, tant hommes que femmes, » de vivres et d'autres provisions nécessaires. Après être partis et avoir » navigué pendant deux jours au-delà des colonnes, nous fondâmes la

» ville de *Thymiaterion* qui domine sur une vaste plaine. De Thymiaterion, continuant de naviguer à l'ouest, nous arrivâmes à un promontoire de Libye, nommé *Soloé*. Il est couvert de bois épais; nous y élevâmes un autel à Neptune. Du cap Soloé, après avoir navigué un demi-jour en tirant vers l'est, nous arrivâmes à un étang voisin de la mer. Il était plein de grands roseaux; nous vîmes une multitude d'éléphants et d'autres bêtes sauvages qui paissaient sur ses bords. Après une journée de navigation au-delà de cet étang, nous fondâmes successivement les villes suivantes, sur le bord de la mer : *Caricum-Teïchos*, *Gytte*, *Acra*, *Melitta* et *Arambe*; et continuant notre route, nous arrivâmes au grand fleuve *Lixus* qui descend de la Libye. Des Lixites nomades faisaient paître leurs troupeaux sur les bords de ce fleuve. Nous y séjournâmes quelque temps, et nous conclûmes avec eux un pacte d'amitié. Au-dessus de ces peuples habitent des Ethiopiens sauvages, dans un pays plein de bêtes féroces et de montagnes élevées où le Lixus prend ses sources, à ce qu'ils disaient. Ils ajoutaient que ces montagnes étaient habitées par des Troglodytes, espèce d'hommes extraordinaires, et qui, à la course, surpassaient la vitesse des chevaux. Après avoir pris des interprètes chez les Lixites, nous longeâmes, pendant deux jours, une côte déserte qui s'étendait au midi. Ensuite tournant vers l'est pendant un jour de navigation, nous trouvâmes, au fond d'un golfe, une petite île de cinq stades de tour que nous nommâmes *Cerné*, et dans laquelle nous établîmes une colonie. A Cerné, nous comparâmes la route que nous avions faite depuis notre départ; et en l'évaluant en ligne droite, nous crûmes reconnaître que cette île était à l'opposite de Carthage, par rapport aux Colonnes; car notre navigation depuis Carthage jusqu'aux Colonnes, et depuis les Colonnes jusqu'à Cerné, était égale. De Cerné, après avoir traversé l'embouchure d'un grand fleuve nommé *Chretes*, nous arrivâmes à un étang dans lequel se trouvaient trois îles, plus grandes que celles de Cerné. Nous ne pûmes atteindre le fond de cet étang qu'après un jour de navigation. Ici, il était dominé par de hautes montagnes, habitées par des hommes sauvages, vêtus de peaux de bêtes féroces. Ils nous attaquèrent à coups de pierres et nous forcèrent de nous retirer. Nous entrâmes ensuite dans un autre fleuve, grand, large, plein de crocodiles et d'hippopotames. De là, nous

» revînmes à Cerné : et de Cerné, recommençant notre route au midi, » nous voguâmes douze jours le long d'une côte habitée par des Ethio- » piens. Ils paraissaient nous éviter, ils fuyaient à notre approche. La » langue de ces peuples n'était plus entendue par nos interprètes, les » Lixites. Le douzième jour, nous arrivâmes à de grandes montagnes » couvertes d'arbres odoriférants et de diverses couleurs. Après avoir » navigué deux jours plus loin, nous nous sommes trouvés dans un » golfe immense, bordé d'une plaine. Pendant la nuit, on voyait briller » de tous côtés une grande quantité de feux, les uns plus grands, les » autres plus petits. Nous renouvelâmes notre eau en cet endroit, et » nous suivîmes cinq jours les côtes de ce golfe. Continuant notre » route, nous arrivâmes à une autre grande baie nommée par nos » interprètes, la *Corne du couchant*. Ce golfe renfermait une grande île, » et cette île un lac d'eau salée, dans lequel se trouvait une autre île. » Nous y descendîmes. Dans le jour nous n'aperçûmes que des forêts ; » mais pendant la nuit, nous vîmes briller un grand nombre de feux, » et nous entendîmes le son des flûtes, le bruit des cymbales et des » tambours, mêlés à des cris effroyables. Nous en fûmes épouvantés ; » nos devins nous ordonnèrent de sortir promptement de cette île. » Nous voguâmes le long d'une côte embrasée et odoriférante ; partout » des torrents de feu se précipitaient dans la mer. Le sol de cette terre » était si brûlant, que les pieds ne pouvaient en supporter la chaleur. » Nous nous retirâmes donc au plus vite de ces lieux ; et durant quatre » jours que nous tînmes la mer, la terre nous parut couverte de flammes » toutes les nuits. Au milieu de ces feux, il s'en élevait un beaucoup » plus grand que les autres : il semblait atteindre jusqu'aux astres ; » mais de jour on ne distinguait qu'une haute montagne appelée *Théon* » *Ochema*, le char des Dieux. Après avoir passé ces torrents de feu, par » une navigation de trois jours, nous arrivâmes à une baie, nommée la » *Corne du midi*. Dans le fond de ce golfe, existait une île semblable à la » précédente ; elle avait aussi un lac, dans lequel se trouvait une autre » île habitée par des sauvages. Les femmes y étaient plus nombreuses » que les hommes ; elles avaient le corps velu, et nos interprètes les » nommaient *Gorilles*. Nous ne pûmes prendre aucun homme ; ils » fuyaient à travers les précipices, et se défendaient à coups de pierres. » Nous prîmes cependant trois femmes ; mais comme elles rompaient

» leurs liens, qu'elles nous mordaient et nous déchiraient avec fureur,
» nous les tuâmes, et les ayant écorchées nous rapportâmes leurs peaux
» à Carthage. Le défaut de vivres nous empêcha de naviguer plus loin. »

Cette importante expédition semble, d'après les recherches les plus exactes, avoir été faite du temps d'Hérodote ; c'était le plus beau siècle de Carthage. Il paraît que l'amiral carthaginois, de retour de son expédition, voulut en éterniser la mémoire par une inscription gravée dans un temple, où quelque voyageur grec l'aura copiée, probablement d'une manière peu exacte. Cette relation était connue en Grèce avant le temps de Scylax, qui, dans son *Périple*, cite les établissements fondés par Hannon, et qui écrivit à l'époque de la guerre du Péloponèse.

Le traducteur grec de l'inscription carthaginoise ayant tantôt indiqué, tantôt omis le nombre des journées de navigation employées par Hannon, il est impossible de fixer avec exactitude les lieux visités ou découverts par ce navigateur. Des savants du premier ordre ont mis en faveur deux opinions sur ce sujet. Bochart, Campomanes et Bougainville, en se tenant principalement aux circonstances physiques, ont étendu les découvertes d'Hannon jusqu'à la Sénégambie et même jusque sur les côtes de Guinée. Ce n'est que là, disent-ils, qu'on retrouve les Nègres, les crocodiles, les hippopotames et les grands fleuves mentionnés dans la relation. Gosselin, en s'appuyant de la position connue du fleuve Lixus et de la ville de même nom, ainsi que de quelques mesures itinéraires données par Polybe, a borné les courses d'Hannon aux environs du cap Noun, au sud des états de Maroc ; il retrouve la fameuse île de Cerné dans celle de *Fédal ;* et comme les tables de Ptolémée conduisent évidemment les connaissances des anciens plus au midi que le cap Noun, notre savant critique démontre d'une manière irréfragable, que les mêmes noms de lieux ont été répétés jusqu'à trois fois dans ces tables, et il cherche à faire voir qu'en réduisant ces répétitions à leur valeur réelle, les notions de Ptolémée ne s'étendent pas au-delà du terme qu'il a cru devoir fixer à la navigation d'Hannon.

On ne saurait se cacher qu'il y a beaucoup de vague dans ces hypothèses. Ceux qui restreignent la course d'Hannon dans des limites étroites, ont négligé une circonstance importante ; c'est que sa relation marque deux voyages distincts : l'un, pour fonder des colonies jusqu'à l'île de Cerné ; l'autre, pour faire des découvertes jusqu'à l'île des

Gorilles. Dans la première de ces navigations, il escortait un immense convoi ; dans la seconde, libre de toute entrave, il a dû naviguer avec plus de rapidité et plus de hardiesse. Ceux, au contraire, qui ont conduit Hannon jusqu'au cap des Trois-Pointes, en Guinée, auraient dû penser à l'invraisemblance qu'il y aurait à supposer qu'un navigateur eût doublé le cap Blanc et le cap Vert sans en faire la remarque positive. Or, dans la seconde partie de son voyage, depuis Cerné, Hannon ne trouve plus de promontoires, mais seulement de grandes ouvertures semblables aux bras d'un fleuve ; c'est le véritable sens du mot grec qu'on a traduit par *corne*. On ne saurait même y voir des promontoires sans faire violence aux mots précédents et suivants. Si donc on veut conduire Hannon plus au midi que ne le fait Gosselin, on doit au moins s'arrêter aux baies appelées sur nos cartes golfe *dos Medaios* et golfe de *Gonsalo-de-Cintra*; le fond de ces golfes présente l'apparence trompeuse d'une grande rivière ; les montagnes qui bordent la côte du grand désert sont couvertes d'une herbe odoriférante assez semblable au thym, et l'air, rempli de vapeurs ignées, y offre souvent l'image de plusieurs volcans enflammés. Voilà la côte des *Thymiamata*, ou de l'Encens, où Hannon vit pendant le jour même des torrents de feu qui semblaient s'écouler dans la mer. C'est ici que les vivres dûrent lui manquer ; tandis que s'il était parvenu aux embouchures du Sénégal (dans lesquelles il serait d'ailleurs si naturel de voir les *Cornes* ou rivières d'ouest et du sud), il eût trouvé un pays fertile, abondant et habité par un peuple doux et hospitalier.

Ce qui, au milieu de nos incertitudes, semble nous obliger à porter les découvertes d'Hannon plus au midi que ne le fait Gosselin, c'est l'étendue des navigations d'Himilcon, entreprises dans le même siècle. Après un voyage de quatre mois, cet amiral atteignit les côtes de la Grande-Bretagne. Il n'y a point de doute que les marchands de Gades et de Carthage ne soient allés chercher ici l'étain, métal alors précieux, et que fournissent encore les mines de Cornouailles. Si même on voulait nier que les Carthaginois eussent pénétré plus au nord ; si, malgré les traces qu'ils semblent avoir laissées sur les côtes du Jutland méridional, on voulait fixer dans les Asturies le siége de leur commerce d'ambre jaune (matière qui, à la vérité, abonde dans ce pays), on serait toujours obligé de reconnaître que leurs navigations septentrionales s'étendaient à plus de 400 lieues marines au nord du détroit de Gibraltar : pourquoi donc n'auraient-ils point été à 2 ou 300 lieues au sud ?

Il paraît encore que les Carthaginois ont eu connaissance d'une partie des îles Canaries. Diodore nous a donné la description d'une île romantique, considérable et lointaine, où les Carthaginois avaient décidé de transférer le siége de leur république, en cas d'un désastre irréparable. Avant lui, Aristote avait parlé d'une île semblable, dont les charmes y avaient attiré beaucoup de Carthaginois, jusqu'à ce que le sénat défendît, sous peine de mort, d'y aller davantage. Ces rapports étaient même parvenus en Egypte, d'où Platon les transporta en Grèce, revêtus du coloris de son style poétique. Il n'est pas trop d'accord avec lui-même sur la grandeur de cette île Fortunée. Tantôt l'*Atlantide* est, selon lui, une terre de l'océan occidental plus grande que l'Asie et l'Afrique prises ensemble, située vis-à-vis l'entrée du détroit d'Hercule; tantôt ce n'est qu'une île de 3,000 stades de long et de large : mais toujours c'est une des plus belles et des plus fertiles contrées de l'Univers. Le gouvernement politique y était admirable, et le commerce très-florissant. Toute l'île, divisée en dix royaumes, était gouvernée par autant de rois, tous descendants de Neptune, et qui vivaient entre eux dans un parfait accord, quoiqu'indépendants les uns des autres. Ces descendants de Neptune, régnèrent de père en fils dans cette île pendant l'espace de 9,000 ans, et étendirent au loin leur domination par leurs conquêtes. Ils subjuguèrent les îles voisines, toute l'Afrique jusqu'à l'Egypte, et l'Europe jusqu'à la Tyrrhénie. La Grèce même ne fut pas à l'abri de leurs incursions ; mais ils en furent repoussés par la valeur des Athéniens. Enfin, cette nation guerrière, après avoir rendu son nom célèbre dans le monde, disparut tout à coup : une inondation considérable, causée par un tremblement de terre, engloutit en un jour et une nuit la vaste contrée qu'elle habitait.

C'est sur un récit aussi évidemment fabuleux que les modernes ont bâti l'hypothèse d'une découverte de l'Amérique par les Carthaginois ; comme si Platon, en abîmant son île au fond de l'Océan, ne les eût pas dispensés d'en chercher la position !

Pendant que les Grecs d'Athènes arrangeaient en forme de romans les voyages des Carthaginois, d'autres Grecs s'élançaient sur les traces de ces hardis navigateurs. Du temps de la guerre de Péloponèse, un *Scylax*, différent à la fois de celui que Darius avait employé à faire le tour de l'Arabie et de celui qui écrivit contre Polybe, rassembla les itinéraires des navigateurs de son temps. Ce qui nous reste de son recueil embrasse les côtes de la Palus-Méotide, du Pont-Euxin, de l'Archipel, de l'Adriatique et de toute la Méditerranée, avec les côtes de l'Afrique occidentale, jusqu'à l'île de Cerné. « Plus loin, la mer, dit-il, n'est pas navi» gable, à cause des herbes épaisses dont elle est couverte. » Il veut parler de la *mer de Sargasse,* au sud des Canaries. Infiniment mieux instruit qu'Hérodote à l'égard des côtes occidentales de la Méditerranée, Scylax y connaît une foule de villes, parmi lesquelles brillait déjà Marseille ; il prononce le premier parmi les Grecs le nom encore obscur de *Rome* ; et quoiqu'il s'exagère la grandeur de la Sardaigne, il est en général bien informé sur les établissements des Carthaginois en Afrique et en Sicile.

Un demi-siècle plus tard (A. M. 3,600), *Eudoxus,* de Cnide, composa un *Voyage autour du monde,* ou plutôt un *Itinéraire universel,* dont il ne reste que des citations en petit nombre ; perte d'autant plus à regretter, que cet ami et compagnon de voyage de Platon avait le premier entrepris d'assujétir la géographie à des observations astronomiques. Un autre écrivain célèbre, *Ephorus,* de Cumes, vécut peu de temps après Eudoxus ; il entremêla ses ouvrages historiques de détails de géographie, et paraît avoir été le premier qui divisa le genre humain, les Grecs exceptés, en quatre grandes races, les *Indiens* au levant d'hiver, les *Ethiopiens* au couchant d'hiver, les *Celtes* au couchant d'été, et les *Scythes* au levant d'été.

Déjà, quelque temps avant Eudoxus et Ephorus, (A. M. 3,580) Hippocrate, avait écrit un traité qu'on doit regarder comme le plus ancien ouvrage de géographie physique. Frappé de l'influence de l'air, des vents et des eaux sur les maladies régnantes, il recommanda aux médecins d'étudier les localités des villes où ils allaient exercer leur art. Il joignit l'exemple au précepte ; il pénétra chez les peuples de la Scythie, dont il dépeint la constitution physique, visita le Colchide où il étudia avec un soin admirable la nature des climats chauds et humides, et parcourut probablement toutes les côtes de la Thrace, la Thessalie, l'Attique et l'Asie Mineure, peut-être même l'Égypte. Hippocrate tient fortement à la division du monde en deux parties seulement ; il oppose toujours l'Europe à l'Asie, et semble comprendre, sous celle-ci, l'Égypte et la Libye : c'est le système homérique.

Tous ces ouvrages étaient dûs à des Grecs d'Asie ; cependant, les hommes les plus distingués de la Grèce proprement dite appréciaient ce genre d'étude. Xénophon (A. M. 3,583) dut à ses connaissances géographiques sa gloire et le salut de ses dix mille frères d'armes : sa retraite, tant vantée, procura aux Grecs des aperçus nouveaux sur les pays qui aujourd'hui composent le Curdistan et l'Arménie. Il trouva les *Carduchi* établis à l'ouest du lac de Wan, dans les montagnes où nous connaissons actuellement les Curdes ; c'est probablement le même peuple. Ayant passé près des sources du Tigre, de l'Euphrate et de l'Araxes, qu'il semble avoir pris pour le Phasis, il trouva dans les montagnes qui bordent le Pont-Euxin des peuplades indépendantes et très-sauvages, les *Macrones,* qui paraissent être les *Macrocephali* d'Hippocrate, et qui avaient la tête très-allongée, probablement par une compression artificielle ; les *Chalybes*, qui se servaient courageusement du fer qu'ils tiraient de leurs mines ; les *Mosinèces* qui vivaient de glands et faisaient en public tout ce que la pudeur ordonne de dérober aux yeux d'autrui ; enfin, les *Tibaréni*, chez qui les vieillards infirmes étaient précipités dans la mer, et l'époux après les couches de sa femme, se mettait au lit comme un malade et se faisait servir par elle : détails qui, en nous rappelant les sauvages de l'Amérique, prouvent combien la civilisation était peu ancienne, même en Asie.

Les philosophes de la Grèce, livrés à des spéculations abstraites, ne s'avisèrent que tard de suivre la route qu'Hérodote et Hippocrate leur avaient tracée. *Aristote* (A. M. 3,598) fut le premier qui montra de vastes connaissances en géographie. Il reconnaît la forme sphérique de notre terre ; « Des astronomes, dit-il, ayant remarqué qu'on n'aper-
» cevait pas en Chypre et en Égypte plusieurs étoiles visibles en Grèce,
» en ont conclu la courbure de la terre et ont évalué sa circonférence à
» 40,000 stades. » Calculée en stades égyptiens, cette mesure se trouve à peu près juste. Aussi c'est probablement Eudoxus de Cnide qui, dans son voyage en Égypte, découvrit ou apprit cette vérité et la répandit parmi ses amis de l'école de Socrate. Longtemps avant Colomb, Aristote pensa que les rivages de l'Espagne n'étaient pas très-éloignés de ceux de l'Inde. Dans un autre ouvrage, il représente la terre habitable

comme une grande île, de figure presqu'ovale, longue de 70,000 stades (probablement olympiques), et large de 40,000, environnée de la mer Atlantique, dont le *golfe Galatique* à l'ouest et le *golfe Indique* à l'est font partie. Sa mappemonde se termine à l'orient à l'Indus, et à l'occident au fleuve *Tartessus* ou Guadalquivir ; les monts Riphéens bornent le monde au nord ; au sud, la Lybie offre « un grand fleuve *Chrémètes*, qui, sorti de la même montagne que le Nil, se jette dans l'Océan. » Serait-ce le *Chrétes* d'Hannon et peut-être notre Sénégal? A l'extrémité orientale de l'Asie, sur les bords de l'Océan, il place une chaîne de montagnes nommée *Paropamisus*, d'où il fait découler la rivière de Bactres (l'Oxus) et un fleuve qu'il nomme *Araxes*, et qui paraît être un composé fabuleux de l'Iaxartes ou Syr-Daria, du Wolga et du Don. Le nord de l'Europe ne se montre qu'obscurément à son esprit ; il parle des *monts Arcyniens* et des Alpes, qu'il nomme *Pyrènes*; cependant il connaît au nord de la Celtique deux grandes îles *Albion* et *Ierne;* « mais ces îles, dit-il, sont moins grandes que celles de *Taprobane* au-delà de l'Inde, et de *Phébol* dans la mer d'Arabie. »

Ici, la critique moderne s'étonne de voir Aristote nommer Taprobane (Ceylan) et indiquer même l'île de Madagascar, nommée *Phanbalou* par les Arabes. Ceux même qui croient l'ouvrage *de Mundo* sorti, sinon de la plume, du moins de l'école d'Aristote, semblent ne voir dans ce passage qu'une interpolation. Nous pensons que si, en général, une saine critique doit circonscrire dans un cercle fort étroit les connaissances positives des anciens, elle doit ouvrir un vaste champ à ces bruits vagues qui, dans tous les temps, ont devancé les notions exactes.

De quelque manière que l'on pense à l'égard de ces questions difficiles, on ne saurait méconnaître l'influence d'Aristote sur les progrès de la Géographie. Non-seulement ses nombreux ouvrages sont remplis de détails géographiques, mais il inspira le goût de ce genre d'études à ses disciples. L'un d'eux, *Dicéarque*, donna une description de la Grèce, dont il reste quelques fragments pleins d'intérêt ; il chercha le premier à déterminer les lieux situés sous le parallèle de Rhodes. *Théophraste* avança beaucoup la géographie physique. Enfin, Alexandre porta jusqu'aux bords de l'Hyphasis cet amour des connaissances positives que son maître lui avait inspiré, et curieux non moins que vainqueur rapide, il ouvrit aux regards de la science tous les pays qu'il soumit à son empire.

CHAPITRE QUATRIÈME.

Expédition d'Alexandre. — Voyage de Pythéas. — Systèmes D'Ératosthène et d'Hipparque. — Recherches de Polybe et de Possidonius. — Voyage d'Eudoxus de Cyzique. — Mesures de la terre. — A. M. 3660 — 3983, ou jusqu'à la naissance de J.-C.

Le conquérant macédonien amenait à sa suite plusieurs géographes, parmi lesquels on nomme *Diagnétus* et *Béton* ; ils tracèrent dans des ouvrages particuliers les marches de l'armée en les déterminant par des observations astronomiques. *Androsthène*, *Néarque* et *Onésicritus* furent chargés de reconnaître par mer les côtes méridionales de l'Asie. *Callisthène*, *Aristobulus*, *Ptolémée* et *Cratérus*, compagnons ou généraux d'Alexandre, tinrent note des choses mémorables qui avaient frappé leurs regards, et ces journaux devinrent la source d'une nouvelle géographie de l'Asie. Ajoutons que les livres enterrés dans les archives de Babylone et de Tyr, furent, par suite des projets d'Alexandre, transférés dans la ville à laquelle il donna son nom, et que les observations astronomiques et nautiques des Phéniciens et des Chaldéens, devenues plus accessibles aux savants de la Grèce, leur fournirent des bases mathématiques dont leurs systèmes géographiques avaient jusqu'alors été dépourvus. Tels furent les immenses avantages que la Géographie retira des victoires d'un héros qui, dit Quinte-Curce, ne voulait conquérir le monde entier que pour le livrer à la connaissance du genre humain.

Les généraux d'Alexandre, rois après sa mort, firent peu de conquêtes lointaines. *Séleucus Nicanor* seul porta ses armes victorieuses jusqu'aux bords du Gange (A. M. 3,680); ses ambassadeurs, *Megasthène* et *Daimachus*, recueillirent à Palibothra, capitale d'un grand royaume sur le Gange, des détails étendus et intéressants sur l'histoire naturelle, civile et morale de ces contrées; l'amiral *Patrocles* navigua sur l'océan Indien et sur la mer Caspienne. Mais l'esprit du commerce put seul établir des relations suivies avec les pays éloignés; cet esprit, après Alexandre, devint dominant parmi les Grecs. Tandis que les Marseillais profitaient des routes commerciales qu'avaient frayées Pithéas par ses deux voyages au nord de l'Europe, et Euthymène par cette course le long des côtes d'Afrique, dans laquelle il parvint à l'embouchure d'un grand fleuve semblable au Nil, fleuve qui ne saurait être que le Sénégal, les rois d'Égypte ouvraient par les ports de *Bérénice* et de *Myoshormos*, sur le golfe Arabique, un commerce direct avec les côtes occidentales de l'Inde, et avec *Taprobane*, aujourd'hui Ceylan. Ptolémée Philadelphe (A. M. 3,700), le principal fondateur de ce commerce, envoya dans l'Inde des géographes chargés de décrire le pays. Sous le même règne, *Timosthène* publia un *Portulan*, ou description de tous les ports, et un ouvrage sur la mesure de la terre. *Philostephanus*, de Cyrène, donna beaucoup de descriptions particulières. Son compatriote, le grand *Eratosthène*, bibliothécaire d'Alexandrie sous Ptolémée Evergète, créa enfin un système complet de géographie, fondé sur des bases mathématiques, et qui resta pendant quatre siècles l'ouvrage classique pour cette science.

Cependant la nature des vents périodiques n'étant pas connue, la navigation dans les mers de l'Inde resta imparfaite. Les flottes de Ptolémée n'arrivèrent que jusqu'aux bouches de l'Indus, en longeant les côtes. Leur principal commerce se faisait sur les côtes de l'Éthiopie, ou la côte actuelle d'Abex et d'Adel, ainsi que dans les ports de l'Arabie heureuse. Les caravanes suppléèrent aux vaisseaux; elles se rendaient par le nord de la Perse et par la Bactriane dans l'Inde septentrionale; les marchands pénétraient d'un côté jusqu'à Palibothra, en descendant le Gange, et de l'autre en tournant les monts Imaüs ou Belour, ils se rendaient probablement dans la Sérique, ou la petite Boukharie actuelle; du moins *Ménandre*, l'un des rois grecs de la Bactriane, a régné sur la Sérique (A. M. 3,804). Mais cette route vers le centre de l'Asie resta longtemps inconnue aux écrivains géographiques. Nous la connaitrions sans doute mieux si le temps destructeur eût épargné les immenses travaux d'*Apollodorus*, surnommé *Periegeta*, c'est-à-dire qui a fait le tour du monde.

Vers la même époque, *Agatharchide*, de Cnide, publia des ouvrages qui, à juger par les fragments qui nous en restent, réunissaient tous les genres d'intérêt. Le savant auteur, qui parlait la langue amharique, usitée en Abyssinie, paraît surtout avoir visité les établissements des Grecs sur les côtes de l'Ethiopie et de l'Arabie; sa description un peu romanesque du luxe et des richesses des *Sabéens*, a été répétée par tous les historiens et les poëtes; c'est probablement aussi de lui que Diodore tira tous les détails qu'il nous a laissés sur l'État éthiopien de Méroé. *Hipparque* (A. M. 3,812), célèbre astronome, lui dut peut-être ses idées sur une grande terre australe qui devait joindre l'Afrique orientale à l'Inde. Le système géographique d'Hipparque prouve que le cap Guardafui était de ce côté la limite des découvertes de ses contemporains. Il paraît aussi qu'on avait reçu quelques notions sur la côte de l'Asie, audelà du Gange. Hipparque essaya le premier de réduire toute la géographie à des bases astronomiques; mais n'ayant que peu d'observations célestes, et décidé à rejeter tout autre élément, il remplit sa mappemonde d'hypothèses aussi erronées que celles de ses prédécesseurs.

Les expéditions des Romains contre Carthage et Numance (A. M. 3,840 — 3,850), fournirent au judicieux *Polybe* l'occasion de rassembler quelques renseignements exacts sur l'occident de l'Europe; il visita les côtes occidentales de l'Afrique jusqu'au mont Atlas; il eut encore des idées neuves et justes sur la zône Torride qu'il crut habitable. Peu de temps après Polybe, les recherches de *Possidonius* engagèrent l'école d'Alexandrie à changer la graduation des cartes d'Ératosthène, changement qui ne fit qu'accroître les erreurs de la géographie mathématique de ce siècle.

Pendant que les savants s'efforçaient, quoiqu'en vain, de créer un système général exact, les idées du siècle d'Homère et des Argonautes avaient été reproduites avec des modifications et des additions par un historien, Timée de Sicile, et par deux poëtes, Lycophron et Apollonius. *Scymnus*, de Chios, entreprit de revêtir des formes de la poésie le système d'Ératosthène. Son contemporain, Artémidore, composa des ouvrages importants, et dont la perte est d'autant plus à regretter que les passages qui nous en restent donnent entr'autres, sur la côte d'Adel et d'Ajan, des notions plus détaillées que celles des voyageurs modernes. Les navigations d'Égypte dans l'Inde s'étant ralenties, *Eudoxus*, de Cyzique, les ranima sous le règne de Ptolémée Physcon et de Ptolémée Lathure (A. M. 3,850 — 3,890); la courageuse entreprise de ce navigateur, soit en cherchant la route la plus directe de l'Inde, d'où il avait rapporté, à ce qu'il paraît, les premiers diamants, soit en tentant de faire le tour de l'Afrique par l'ouest, lui valurent des persécutions et une réputation obscurcie par les fables dont Cornelius Nepos et Mela ont voulu l'embellir.

Une autre route de l'Inde fut rétablie à la suite des conquêtes faites par Mithridate, roi de Pont, et par son vainqueur Pompée (A. M. 3,890 — 3,930). Au nord de l'Ibérie, de l'Albanie et des autres pays Caucasiens, dès lors mieux connus, on vit des peuples nomades apporter autour de la mer Caspienne des marchandises de l'Inde, arrivées par la Bactriane et l'Oxus. Mais les fausses idées qu'on s'était créées sur ce fleuve et sur la Caspienne subsistèrent encore.

D'autres expéditions des Romains agrandirent la sphère de la Géographie ou en éclaircirent les parties obscures ; Jules-César fit mieux connaître la Gaule et la Bretagne; les armes de Germanicus pénétrèrent jusqu'à l'Elbe; Elius Gallus parcourut l'intérieur de l'Arabie ; et par ordre d'Auguste, Agrippa rassembla dans un seul ouvrage les notions éparses dans le monde romain.

Telle fut, pendant les quatre siècles qui suivirent la mort d'Alexandre, la marche des découvertes géographiques. Si nous n'en avons tracé que la chronologie, c'est parce que les ouvrages originaux des auteurs que nous avons nommés ont péri dans le grand naufrage de l'antiquité. C'est par *Strabon* seul que nous connaissons l'histoire de la Géographie pendant cette longue série d'années; et c'est par conséquent, en analysant le célèbre ouvrage de cet écrivain que nous pouvons passer en revue toutes les connaissances de ces quatre siècles.

Il est avant tout nécessaire d'indiquer, en peu de mots, les systèmes généraux auxquels les anciens soumettaient leurs connaissances de détail. Nous avons vu la terre considérée par Homère comme un disque rond; nous l'avons vue paraître aux yeux d'Hérodote comme une plaine d'une figure indéterminée, mais infiniment plus étendue que dans le système homérique; enfin, après beaucoup de tâtonnements, les astronomes, et sans doute Eudoxus de Cnide à leur tête, enseignent que la terre est un grand globe, et que la circonférence d'un grand cercle de ce globe est de 40,000 stades. D'autres, et parmi eux Archimède et Cléomède, assurent que la terre a 300,000 stades de circonférence. Possidonius prétendit avoir mesuré un arc du méridien entre Rhodes et

Alexandrie (qui ne sont point sous le même méridien,) et en avoir conclu que la terre avait 240,000 stades de tour. Enfin, Eratosthène, Hipparque et Strabon répètent qu'un grand cercle du globe contient 252, 000 stades.

Faut-il supposer que, parmi les mesures de la terre, il y en avait de fausses? ou peut-on expliquer ces différences par l'emploi d'un stade différent? Telle est la grande question de la solution de laquelle dépend toute la géographie systématique des anciens. On l'a résolue de plusieurs manières. Le savant Gosselin pense que toutes les quatre mesures étaient justes, mais exprimées en stades différents; savoir, la première, en stades de 1,111 1/9 à un de nos degrés de l'équateur; la seconde, en stades de 833 ; la troisième, en stades de 666, et la quatrième en stades de 700. Il prouve que beaucoup de mesures partielles, indiquées par les anciens, surtout dans l'orient, se trouvent justes quand on les évalue en stades de la première et de la troisième espèce. Il démontre que le stade de la quatrième espèce était employé dans un très-grand nombre de mesures partielles, prises sur les côtes de Grèce et d'Italie, dans toute la Méditerranée et même dans l'Inde. Enfin, et c'est la plus importante de toutes ses observations, une série non-interrompue de mesures itinéraires, depuis le cap Sacré (ou de Saint-Vincent) jusqu'à l'embouchure du Gange, se trouve presqu'exacte dès qu'on l'évalue en stades de 833 au degré; cette ligne, dans tous les systèmes des anciens, depuis Eratosthène, était considérée comme la longueur de la terre connue d'occident en orient. Une cinquième espèce de stade de 500 au degré était moins connue du temps de Strabon.

D'Anville, après avoir d'abord admis quatre espèces de stades, a fini par en reconnaître trois : l'*olympique*, de 600 au degré, le *nautique* de 500, et l'*égyptien* de 1,111 ; mais il convient du principe, en avouant que les mesures des anciens ne peuvent être justifiées que par l'emploi d'un module différent. Rennel, Vincent et autres savants anglais admettent également le principe, sans en approfondir les conséquences. *Gatterer*, avant la publication des travaux de Gosselin, avait reconnu qu'il y avait des stades de différentes valeurs; outre l'*olympique* de 600, le *faux olympique* de 500 et l'*égyptien* de 1,100, il admet un petit stade grec de 750, qu'il prétend déduire des mesures d'Eratosthène et d'Hipparque.

Malgré les objections de quelques géographes, qui considèrent toutes les contradictions des anciens comme résultant de méprises dues à leurs mauvais instruments et à leurs méthodes imparfaites, et qui, en faveur de cette opinion, invoquent l'analogie de semblables erreurs chez les modernes, nous croyons devoir admettre non-seulement le principe de la différence des stades, mais même toutes les espèces de cette mesure, indiquées par Gosselin. Il faut encore, nous le pensons, reconnaître l'usage fréquent du stade olympique dans beaucoup de mesures locales faites en Grèce et dans les environs des colonies grecques. Mais toutes ces mesures, loin d'être purement astronomiques, doivent, ce nous semble, tirer leur origine des différents systèmes de mesures adoptées par les différentes nations de l'antiquité; ce sont des *mesures locales* dont les Grecs ont traduit les vraies appellations par le mot *stade*, qui leur était familier.

Les Grecs ayant, du temps d'Alexandre, eu connaissance des travaux des astronomes de l'Asie, confondirent ensemble toutes ces mesures d'une valeur différente que nous venons d'indiquer. Une distance en stades de 1,111 au degré et une autre en stades de 500 étaient placées sur leurs cartes l'une à côté de l'autre, et toutes les deux considérées comme si elles eussent été en stades de 700, généralement employés par Eratosthène, Hipparque et Strabon. Gosselin a prouvé que les mesures phéniciennes ou babyloniennes, recueillies par les Grecs, offraient une série d'observations assez exactes depuis le *cap Sacré*, ou de Saint-Vincent, jusqu'à *Thinæ* ou Tana-Serim, au-delà du Gange. Voici cette série, telle que Gosselin l'a rétablie.

DÉNOMINATION DES LIEUX.	DISTANCES		
	En stades de 833 1/3.	En degrés, sous le 36e parallèle.	En degrés, selon les modernes.
Du cap Sacré au détroit des Colonnes. .	2,000	2° 57′ 59″	3° 10′ 0″
Du cap Sacré au détroit de Sicile.	16,300	24 10 37	24 37 45
Du détroit des Colonnes à Rhodes.	32,300	33 4 35	33 15 45
Du cap Sacré à Issus.	30,300	44 56 35	44 40 0
Du cap Sacré aux portes Caspiennes. . .	41,600	61 42 13	61 5 0
Du dét. des Col. aux sources de l'Indus. .	52,600	78 1 10	77 42 0
Du cap Sacré à Thinæ.	71,600	106 12 6	106 27 0

La première et la deuxième de ces distances, conservées par Hipparque et Strabon, avaient été rejetées par Eratosthène, qui (preuve remarquable de l'ignorance des Grecs) y substitua deux autres, qui, en mesures différentes, exprimaient à peu près la même chose. Les voici :

			Selon les modernes.
Du cap Sacré au détroit des Colonnes.	3,000 stades (de 1,111 1/3). . .	3° 20′ 15″	3° 10′ 0″
Du détroit des Colonnes au détroit de Sicile. .	8,800 stades (de 500).	21 45 17	21 27 0

Après avoir pris sur deux cartes d'une échelle différente cette prétendue correction, Eratosthène, qui crut toujours devoir faire les stades de 700 par degré, établit en conséquence de toutes ces méprises, la série des distances ainsi qu'il suit :

DÉNOMINATION DES LIEUX.	DISTANCE DU CAP SACRÉ		
	Selon Ératosthène.		Selon les modernes, en degrés.
	En stades de 700.	En degrés, sous le 36e parallèle.	
Cap Sacré d'Ibérie.	. . . 0	 0	 0
Détroit des Colonnes.	3,000	5° 17′ 51″	3° 10′ 0″
Détroit de Sicile.	11,800	20 50 11	24 37 0
Rhodes.	25,300	44 40 31	36 25 45
Issus.	30,300	53 30 16	44 40 0
Portes Caspiennes.	41,600	73 27 28	61 5 0
Sources de l'Indus.	55,600	98 10 45	90 52 0
Thinæ.	21,600	126 25 57	106 27 0

Il est facile d'apercevoir, au premier coup d'œil, l'énormité des erreurs dans lesquelles Eratosthène fut entraîné par un usage impropre des cartes phéniciennes ou babyloniennes. Nous n'insisterons pas davantage sur ce point.

Il faut pourtant donner quelque idée de la construction d'une mappemonde grecque du temps d'Ératosthène et de Strabon. Comme les mesures à peu près exactes qui étaient tombées entre les mains des astronomes d'Alexandrie ne suffisaient pas pour déterminer tous les points connus du monde, ils cherchèrent à faire eux-mêmes des observations, en se servant de procédés dont l'imperfection ne pouvait qu'amener des erreurs. Eratosthène, au moyen d'un gnomon, avait trouvé la différence de latitude ou distance au nord de l'équateur, entre Syène et Alexandrie; mais il se trompa gravement en plaçant ces deux points sous le même méridien, puisque les observations modernes prouvent que Syène est au-delà d'un degré plus à l'est qu'Alexandrie. C'est d'après d'autres conjectures semblables que ce géographe plaça sous le même méridien *Méroé* ville sur le Nil, l'île de *Rhodes*, *Bysance* et le *Borysthène*. Ces points s'éloignent les uns à l'est, les autres à l'ouest de la prétendue ligne sous laquelle les anciens les réunissaient. La latitude même en était souvent mal déterminée.

A ces latitudes mal déterminées, les géographes d'Alexandrie rapportaient toutes les latitudes des autres contrées, qu'ils devinaient quelquefois d'après les indications si peu sûres d'un gnomon, mais plus souvent d'après les estimations des voyageurs et d'après la nature des vents et des productions. De cette manière, Eratosthène porta l'extrémité méridionale de l'Inde à 16 degrés au nord de l'équateur, au lieu de 8. Il répéta l'erreur de Dicéarque, en plaçant sous le parallèle de l'île de Rhodes le détroit des Colonnes, celui de Sicile, le cap Sunium et le golfe d'Issus, points qui tous sont plus au nord ou plus au sud.

Ce parallèle de Rhodes, si mal tracé, formait sur la mappemonde une ligne évaluée à 70,000 ou 77,800 stades, et qui marquait la longueur ou longitude de la terre habitable; on l'appelait *diaphragme*; l'autre, plus courte de moitié, et dirigée du nord au sud, coupait la première sous un angle droit et représentait la largeur ou latitude de la terre sous le méridien d'Alexandrie. La carte entière présentait un carré, en dedans duquel ils traçaient l'Europe, l'Asie et l'Afrique comme une grande île d'une figure ovale, baignée de tous côtés par la mer Atlantique. Tout en regardant notre monde comme un globe, il leur paraissait que la terre habitable à eux connue n'occupait qu'une portion quelconque de la partie supérieure de ce globe; sous l'équateur, une zône brûlante; vers le pôle, une ceinture de glaces resserrait les contrées allouées au genre humain dans d'étroites bornes; ils crurent donc ne pas commettre une grande erreur en dépeignant cette portion de la sphère comme une surface plane. Le seul Hipparque tenta de figurer des méridiens et des parallèles courbes comme dans nos hémisphères; mais son avis fut longtemps négligé.

CHAPITRE CINQUIÈME.

Analyse de la Géographie de Strabon. — Europe. — Discussion du voyage de Pythéas.

L'*Ibérie* ou l'Espagne commence la série des contrées décrites par Strabon. Quoiqu'il ait donné aux Pyrénées une direction nord et sud, et qu'il ait considéré les côtes depuis les Pyrénées jusqu'au Cap Sacré comme formant l'un des côtés du carré dans lequel il circonscrivait la péninsule, il a bien retracé l'état physique du pays et les mœurs des peuples ibériens. La *Bétique*, fertile en huile et en laines fines, ornée de villes superbes, telles que *Gades*, *Corduba*, et *Hispalis* (notre Séville), était habitée par les *Turdetani*, peuple qui possédait d'antiques monuments de poésie et d'histoire, et dont le nom défiguré et la félicité exagérée avaient servi de base aux contes grecs sur Tartessus. Les *Lusitani*, agiles à la course, redoutables dans la petite guerre, habitaient entre le *Tagus* et le *Durius*; plus au nord, les *Galléci* des auteurs romains et les *Cantabri*, sauvages habitants des montagnes d'un difficile accès, ne baissaient qu'à regret leur front audacieux devant les faisceaux de Rome. De l'*Iberus* ou Èbre aux sources du Tage, demeuraient les *Celtibères*, reste des anciens conquérants venus de la Celtique. L'industrie et le commerce enrichissaient les villes ibériennes sur la Méditerranée, parmi lesquelles, depuis la destruction de la trop fidèle *Sagunte*, celles de *Tarraco* et de *Carthago-Nova* brillaient au premier rang.

Parmi les îles voisines de l'Ibérie, Strabon compte les *Baléares*, peuplées par une nation gaie, voluptueuse, et renommée pour son habileté à se servir de la fronde; les *Pityuses*, qui sont aujourd'hui Iviza et Formentera; enfin les *Cassitérides* ou îles à étain, « situées, dit-il, dans la haute mer, au nord du port des Artabres. » Le port des Artabres est celui de Corunna. Dans un autre passage, il place ces îles à la hauteur de la Grande-Bretagne. On concilie ces indications en se rappelant que les géographes, avant Ptolémée, faisaient de la Grande-Bretagne une île triangulaire dont la pointe méridionale leur paraissait peu éloignée de l'extrémité septentrionale de l'Espagne. Les îles Sorlingues, situées au sud-ouest de la Grande-Bretagne, devaient, d'après ce système, paraître voisines de l'Espagne; ce sont donc les Cassitérides. Les Carthaginois, sous les ordres d'Himilcon, avaient exploré ces régions; ils avaient découvert un groupe d'îles appelées *Oystrymnides*; l'île des *Albions*, l'Angleterre, et celle des *Hiberni*, l'Irlande; d'autres écrivains les ont appelées *Hespérides* ou îles d'ouest. Il est probable qu'elles ne servaient que de stations et de factoreries aux négociants de Carthage et de Gades qui venaient acheter de l'étain tiré des mines de Cornouailles. Lorsqu'après le voyage de Pythéas, le commerce de l'étain eut pris une autre direction par la Gaule et Marseille, on oublia les Cassitérides, et on finit par les regarder comme fabuleuses.

Le quatrième livre de Strabon donne une description assez vague de la *Celtique* ou de la Gaule, ainsi que de la Grande-Bretagne : il donne, aux côtes occidentales de la Gaule une figure très-fausse, en supprimant ou réduisant à peu de chose la péninsule des *Osismii*, qui est la Bretagne actuelle et qu'avait indiquée Pythéas. Par une conséquence de cette fausse idée, le Rhin est censé couler parallèlement aux Pyrénées; les Cévennes sont placées au milieu du pays, dont l'étendue se trouve rétrécie d'un tiers. La division de la Gaule en *Belgique*, *Celtique* propre et *Aquitaine*, indiquée par César, a été mieux saisie par Strabon que par Diodore de Sicile qui, trompé par les noms latins, imagina deux peuples distincts, les Celtes et les Galates. En décrivant les Galates comme une nation blonde, de grande taille, et répandue très-loin au nord, Diodore nous oblige à y voir les Belges de César et de Strabon. Ce dernier nous retrace rapidement la fertilité de la Gaule narbonnaise qu'il compare à l'Italie, les sages lois de *Massilia*, la grandeur naissante de *Narbo*, siége de la puissance romaine; la population considérable même des parties intérieures et septentrionales; enfin, la vie simple et un peu grossière de ces nouveaux sujets de Rome.

Il passe à la *Brétanniké* ou Grande-Bretagne, à laquelle il donne une forme triangulaire. Les riches pâturages de cette île, les brouillards qui l'enveloppent, les mœurs agrestes des habitants, et leurs hameaux épars au sein des forêts, offrent une peinture exacte. A côté de la *Brétanniké*, mais plus au nord, se trouve *Ierne*, grande île habitée, disait-on, par des peuples anthropophages et étrangers à toute espèce de civilisation. Cette terre, dépeinte comme stérile et presqu'inhabitable, est pourtant la fertile Irlande, nommée en celtique *Erin* ou *Ierin*. C'est la terre la plus reculée vers le nord que Strabon admettait dans son système; il la plaçait beaucoup plus au nord que les embouchures de l'Elbe ou *Albis*, limites de sa géographie continentale de ce côté : il croyait les sources du Borysthène et du Tanaïs aussi éloignées au nord que l'île *Ierne*, et il terminait à cette hauteur son Europe par une ligne vague qui, en prenant ses mesures à la lettre, correspondrait en grande partie au 55e parallèle de latitude de nos cartes.

Cependant les découvertes réelles des anciens s'étendaient plus au nord que ne le pensait Strabon. Un navigateur marseillais, le célèbre *Pythéas*, qui vivait un peu avant Alexandre le Grand, avait pénétré jusque dans la Scandinavie, peut-être jusque dans la mer Baltique, et avait décrit ce voyage extraordinaire dans des ouvrages dont il ne nous reste malheureusement que les titres et quelques citations évidemment inexactes, ou même défigurées à dessein. C'est en comparant ces débris insignifiants d'un grand ensemble, que nous sommes restés convaincus que les découvertes de Pythéas lui appartiennent en réalité, et que les absurdités, mises sur le compte de ce voyageur par les anciens et les modernes, disparaissent en grande partie dès qu'on admet, dans les relations de Pythéas, l'emploi de deux *stades* différents. Voici, dans cette hypothèse, les principaux points qui nous restent de son voyage.

En sortant du détroit des Colonnes, il se rendit au Cap Sacré dont il fixa, dit-on, l'éloignement du détroit à 3,000 stades, ce qui est juste en considérant ces stades comme étant égyptiens, ou de 1,111 au degré. Un autre promontoire, voisin de quelques îles, s'avançait plus à l'ouest que le Cap Sacré; il s'appelait *Calbium*. Ce promontoire nous paraît être le cap Finistère en Espagne. Aucun indice direct sur la latitude de ce promontoire n'a été conservé chez les anciens ; on dit seulement qu'il était situé dans le pays des *Ostidamniens*, ou *Ostiæi*, ou *Ostiones*, ou enfin *Cossini*, peuple qui, malgré tant de noms, est resté inconnu. Mais ces peuples ne sont point les habitants de la Basse-Bretagne, car dans un autre passage, Strabon nous apprend expressément que Pythéas donnait à ceux-ci le nom de *Timii*. Ce nom ne fournit donc aucun argument contre l'identité du promontoire *Calbium* avec le cap Finistère d'Espagne.

A trois journées de navigation de ce cap, Pythéas parvint à des îles dont la principale était nommée *Uxisama*. On s'est généralement accordé à considérer cette île comme étant l'*Uxantis* de l'Itinéraire d'Antonin, et l'île d'Ouessant de nos cartes.

La grande île d'*Albion* se présente ensuite au nombre des pays visités par Pythéas ; il lui donne 20,000 stades de long, mesure prise en stades égyptiens et qui correspond à peu près à la longueur réelle, en suivant les sinuosités de la côte occidentale, depuis le cap Landsend jusqu'au cap Wrath en Écosse. Il faut évaluer de même et avec moins de rigueur, la mesure de circonférence d'Albion, indiquée à 40,000 stades par Strabon. Mais quand Pline assure que Pythéas fixait cette même circonférence à 30, 600 stades, il est clair que cette dernière indication était exprimée en stades de 833 au degré, et qu'au fond elle était identique avec la première.

Il paraît que Pythéas orientait mal la Grande-Bretagne, qu'il l'étendait en longueur de l'est à l'ouest ou au nord-ouest, et qu'en traçant la côte méridionale plus nord et sud qu'elle ne l'est, il regardait la pointe orientale de l'Angleterre comme formant une des extrémités septentrionales de cette grande île. C'est à peu près ainsi que Strabon et une foule d'autres géographes orientaient leur Albion ou Britannia ; et en attribuant à Pythéas l'erreur commune de tant d'autres anciens, on conçoit comment ce voyageur a pu placer l'extrémité septentrionale de la Grande-Bretagne à 42,700 stades de l'équateur ; mesure qui, prise en stades de 833 au degré, coïncide avec la latitude de 51 degrés, 15 minutes, et, par conséquent, à peu de chose près avec la pointe nord-est du Kent. Cette pointe devait, aux yeux du navigateur marseillais, terminer Albion au nord.

En continuant son voyage au nord-est, ou, comme il croyait, au nord, Pythéas trouva, à six journées de navigation au delà d'Albion, une partie de la côte du Jutland, nommée aujourd'hui *Thy* ou *Thyland*, et, dans l'ancien scandinave, *Thiuland*. Il changea ce nom en *Thule* ou *Thyle* ; il estima sa navigation à 600 stades par jour, ou à 3,600 en tout, et dut, en conséquence, fixer la latitude de Thule à 46,300 stades de l'équateur, ou à 55 degrés 35 minutes, le degré pris à 833 stades ; ce qui est presque un degré trop au sud. Mais la description de la nature du pays offre la vérité la plus frappante. Les dunes sablonneuses du Jutland, ses collines mouvantes au gré des vents impétueux, ses marais couverts d'une croûte de sable où le voyageur imprudent est englouti, enfin les brouillards d'une espèce particulière qui infestent cette contrée ; voilà les phénomènes qui firent dire à Pythéas qu'aux environs de Thule, la mer, l'air et la terre semblaient se confondre en un seul élément. Les nuits, réduites souvent à deux ou trois heures par les longs crépuscules, la culture du millet dans le nord, et celle du blé dans le midi, l'abondance du miel, l'usage de l'hydromel, la coutume de dessécher les blés dans de vastes granges ; tout ce tableau de Thule convient éminemment aux côtes occidentales du Jutland.

Telle est, nous le croyons, la vraie explication de la plus fameuse énigme que renferme la Géographie ancienne. Les autres opinions qu'on a proposées à cet égard, ne sont fondées que sur des expressions erronées de quelques géographes anciens qui semblent s'être mépris sur la valeur des stades employés par Pythéas. C'est ainsi qu'Ératosthène, en évaluant les stades à 700 par degré, plaça Thule à 66 degrés, ou sous le cercle polaire, ce qui est contraire à un passage authentique de Pythéas lui-même, conservé par Géminus, et dans lequel il dit « que » les nuits, à Thule, lui paraissaient être de deux à trois heures. » Parmi les défenseurs modernes de l'erreur d'Ératosthènes, la plupart y ont ajouté une nouvelle invraisemblance en rapportant cette latitude aux extrémités *septentrionales* de l'Islande, comme si Pythéa, venant du midi, n'eût pas dû indiquer de préférence la position des côtes méridionales. D'ailleurs ce voyageur n'avait point dit que Thule était une île plutôt qu'une partie du continent : c'est une assertion des écrivains postérieurs même à Strabon. Enfin des Islandais ont complétement démontré que la description de Thule n'offre pas un seul trait de ressemblance avec leur patrie.

Il paraît que d'autres géographes, ayant calculé les stades à 500 par degré, plaçaient Thule près du pôle, à 87 degrés de latitude, et, pour être conséquents, faisaient dire à Pythéas que les jours et les nuits y étaient de six mois.

Quelques anciens, choqués de l'invraisemblance d'un voyage aussi lointain, employèrent sans doute un stade de 750 ou 769 au degré indiqué par Pline et Hipparque : leur calcul réduisit la latitude de Thule à 60 ou 62 degrés de latitude ; ce qui correspond à la latitude de la Norwége méridionale, où il existe un canton nommé *Thélémark*, *Thilemark*, et même dans une *saga* islandaise, *Thulemark* ; c'est peut-être la Thule, vue de la flotte romaine qui fit le tour de la Grande-Bretagne ; c'est certainement la contrée indiquée sous ce nom dans Ptolémée. Des géographes savants ont pensé que c'était aussi la terre découverte par Pythéas ; et cette opinion mériterait une discussion plus détaillée, si la brièveté que nous prescrit le plan de notre ouvrage, ne nous la défendait. Nous observerons seulement que, postérieurement à Pythéas, tout ce que les anciens ont dit sur Thule, nous paraît vague, contradictoire et uniquement fondé sur la confusion des stades. C'est sans doute en cherchant à réunir ces traditions opposées, que *Procope* a été conduit à considérer toute la Scandinavie comme étant comprise sous le nom de Thule : les curieux détails dans lesquels il entre sur les mœurs des Finnois et des Goths (en observant même l'orthographe scandinave de ce dernier nom), ont tellement frappé quelques savants, qu'ils n'ont pas hésité de lui donner une préférence exclusive. Il est cependant probable que le nom de Thule n'a jamais eu, ni dans la relation de Pythéas, ni dans la Scandinavie même, une acception aussi générale.

Pythéas connaissait encore d'autres parties du nord ; il parlait d'une grande île qu'il nomme *Basilia*, c'est-à-dire l'île du roi ; et Pline semble croire que c'était la même que Xénophon de Lampsaque appelait *Baltia*. On ne saurait déterminer quelle partie de la Scandinavie ces anciens ont voulu désigner, puisque le mot *belt* ou *balt* paraît avoir dénoté originairement toute étendue de mer parsemée d'îles, quoique la signification en ait été ensuite restreinte à l'ensemble des canaux d'entrée de la mer Baltique, et même, dans les temps modernes, à deux de ces canaux. L'opinion commune est pour la Suède méridionale qui, encore longtemps après, passa pour une île sous le nom de Scandia ou Scandinavie.

On ne saurait pas non plus décider si Pythéas a visité lui-même la *côte de l'ambre jaune*, c'est-à-dire la Prusse orientale. Pline lui fait dire « que les *Guttones*, nation germanique, habitaient l'espace de 6,000 » stades au bord d'un golfe de l'Océan, nommé Mentonomon. A une » journée de la contrée des Guttones était l'île *Abalus* où l'on recueillait » l'ambre jaune ; les habitants le vendaient à leurs voisins les *Teutons*. »

La mer Baltique est le seul golfe de l'Océan septentrional auquel convienne la mesure de 6,000 stades qui, à 833 par degré, équivalent à 140 ou 150 lieues marines. Les peuples qui habitaient la Scandinavie, le Danemarck, la Prusse, portaient le nom commun des Goths : ce sont les Guttones, ou plus exactement les *Goutones* de Strabon, les *Gothones* de Tacite, les *Gythones* et les *Gutæ* de Ptolémée, les *Gautes* de Procope et des Islandais. Le voyageur marseillais a évidemment employé le nom de *Guttones* dans cette signification générale ; signification que les recherches des vrais savants ont depuis longtemps mise hors de doute. Il est donc impossible de décider si Pythéas, en visitant les côtes de la Prusse, y a connu les branches des Goths qui, selon les Islandais, ne sembleraient s'y être établis que trois siècles plus tard, ou si ce voyageur s'est arrêté parmi les Goths de la Scandinavie, qui ont pu lui apprendre ce qu'il a rapporté sur la mer Baltique et le commerce de l'ambre jaune.

Les découvertes de Pythéas n'auraient jamais paru suspectes aux yeux de la critique, si l'on se fût rappelé combien d'autres notions, à la vérité incohérentes, mais d'une authenticité frappante, les Grecs, avant strabon, avaient obtenues sur le nord de l'Europe. Outre Xénophon de Lampsaque, on cite Timée et Philémon comme ayant donné beaucoup de détails sur ces régions; on savait qu'il s'y trouve beaucoup d'îles, parmi lesquelles, outre Baltia, on remarquait *Raunonia*, dont le nom est Scandinavien et signifie l'île à ambre jaune ; on parlait d'une île *Baunomanna*, et ce nom, également scandinavien, veut dire : « Hommes » allumant le phare. » Des méprises semblables auraient-elles pu être faites autrement que sur les lieux mêmes ? Mais l'orgueilleux esprit de système, au lieu d'étendre ces premières découvertes, les rejeta comme des fables.

Strabon dédaigne de discuter le voyage de Pythéas, et, quittant les îles britanniques, qui sont pour lui l'extrémité du monde, il s'en retourne vers le midi pour décrire les *Alpes* et les contrées situées entre les branches de cette chaîne de montagnes. Quoique semée de détails historiques assez intéressants sur les *Rhétiens* et autres nations alpicoles, cette description, qui paraît être prise dans les ouvrages de Polybe, prouve que les anciens n'avaient point de notions précises et complètes sur ces fameuses montagnes. Strabon fixe le commencement des Alpes près de

Gênes, tandis que Polybe, en les plaçant aux environs de Marseille, semble avoir regardé le mont Ventoux comme en formant le promontoire occidental. Les Alpes finissent, selon Strabon, au mont Ocra, au nord de l'Istrie; d'autres les étendaient jusqu'aux confins de la Macédoine et de la Thrace. Notre géographe fait mention des glaciers et des avalanches, mais d'une manière un peu confuse.

Des Alpes, Strabon passe à l'*Italie* et aux îles voisines de cette célèbre contrée. Il est curieux de voir ce savant géographe discuter gravement si l'Italie a la figure d'un triangle ou bien celle d'un carré; nos enfants en savent plus à cet égard. Les détails physiques et historiques offrent pourtant beaucoup d'intérêt : nous le suivons avec plaisir dans sa marche rapide à travers les fertiles plaines de la *Gaule Cisalpine*, déjà comprises sous le nom d'Italie; nous apprenons que les vastes marais traversés par Annibal avec tant de peine, occupaient une partie des champs aujourd'hui si riants qui avoisinent Parme et Modène; nous trouvons *Ravenne*, située alors précisément comme Venise aujourd'hui, au milieu des lagunes et ayant des canaux en place de rues; nous visitons les rochers cultivés par le laborieux *Ligurien*, le port de *Luna* avec ses carrières de marbre, aujourd'hui si célèbres sous le nom de Carrare; les antiques villes de l'*Étrurie*, premier siége de la civilisation en Italie; les régions des *Sabins* et des *Umbriens*, riches en pâturages; le petit canton de *Latium* qui renfermait la capitale du monde. Strabon passe ensuite aux plaines de la *Campanie*, dont de tout temps on admirait l'inépuisable fécondité; il nous montre le commerce et les flottes de la Méditerranée concentrés à *Putéoli*, tandis que les mœurs presque grecques de *Néapolis* y attiraient les Romains lassés du tumulte de la capitale. Le *Vésuve* reposait alors depuis plusieurs siècles, mais il montrait à Strabon des indices d'ancienne éruption. Après avoir parcouru le *Samnium*, dépeuplé par les sanglantes victoires de Sylla, la *Lucanie*, le *Brutium* (la Calabre des modernes), l'*Apulie* et d'autres moindres provinces, toujours en suivant la division par nations qui subsistait encore, Strabon rapporte quelques traits curieux de l'histoire des colonies grecques qui avaient civilisé ces contrées, et parmi lesquelles *Locri*, *Crotone* et *Tarente* même s'éclipsaient devant la grandeur alors naissante et aujourd'hui anéantie de *Brundusium*. Notre géographe décrit ensuite avec soin la riche *Sicile*, le grenier de Rome; tandis que la *Sardaigne* malsaine et la sauvage *Corse* ne lui avaient paru mériter qu'une mention passagère à côté de la petite île d'*Ilva* ou Elbe.

Après avoir consacré deux livres à la description de l'Italie, notre géographe comprend dans un seul tout le nord de l'Europe, depuis le Rhin jusqu'au Tanaïs. Au delà de l'Elbe, Strabon, en dépit de Pythéas, ne veut plus rien connaître; et même, en dedans de cette limite, il dénombre les nations germaniques avec si peu d'ordre et de clarté, que nous ne croyons pas devoir anticiper sur l'aperçu que nous donnerons de la Germanie, d'après Tacite et Pline. Cependant il se rencontre, dans la confuse description de Strabon, quelques traits lumineux sur la géographie physique et sur la migration des peuples; il marque bien « cette » chaîne de montagnes qui s'élève dans le midi de la Germanie, s'étend » au loin vers l'orient, mais n'égale point les Alpes en hauteur; » on ne saurait y méconnaître la chaîne Hercynio-Carpathienne. Strabon décrit, sans le nommer, le lac de Constance; il sait que les *Helvétiens* et les *Vindelici* habitaient sur des plateaux ou plaines élevées; trait qui convient très-bien à la Haute-Bavière et au nord de la Suisse. La nature des contrées situées entre le Rhin et l'Elbe lui est également connue. Les Romains avaient déjà gagné et perdu beaucoup de batailles dans ce pays couvert de forêts d'un côté, et de l'autre de vastes marais. Les *Langobardi*, déjà établis sur les bords de l'Elbe, paraissent avoir été le peuple le plus éloigné qu'atteignirent les armes romaines. Le grand État fondé par *Maroboduus*, dans la Bohême ou *Boiohemum*, la Silésie et les contrées voisines, bouleversé par un prince des Gothons ou Goths, était visité par des marchands romains dont même quelques-uns s'y établirent. Une tradition apportée sans doute à Rome, soit par ces marchands, soit par des Germains prisonniers ou fugitifs, avait fait connaître au géographe grec les noms des peuples qui habitaient vers la Vistule, et même au delà, et sur lesquels Maroboduus avait étendu sa dénomination. Parmi ces peuples, les *Luii* nous paraissent être les *Lygii* des auteurs romains, les Lièches du moyen âge, et par conséquent les ancêtres des Polonais modernes. D'autres noms, rapportés par Strabon, semblent être polonais ou slavons, et beaucoup de circonstances venant à l'appui de ces ressemblances de noms, nous font croire que la race slavonne était déjà établie en Europe au siècle de Strabon. Ce géographe distingue en effet, sous le nom de *Bastarnes* probablement créé par les Grecs, une nombreuse nation demeurant à l'est des Germains, et s'étendant plus au nord. Les Bastarnes les plus reculés vers le nord et l'est, étaient les *Roxalani* ou *Roxani*; ce sont peut-être les Russes qui eux-mêmes écrivent par un *o* leur nom national. Il est, d'un autre côté, très-probable que les *Gètes*, autrement nommés *Daces* ou *Davi*, étaient de race slavonne. Ces peuples, très-puissants du temps de Strabon, par les conquêtes de leur roi *Bœrebistes*, excitaient la jalousie des Romains, et arrêtaient, sur les bords du Borysthène, les courses des *Sarmates* qui, originaires des contrées situées entre le Caucase, le Tanaïs et la mer Caspienne, étaient entrés en Europe à l'instigation de Mithridate, et avaient détruit et envahi l'antique État des *Scythes*, dont le nom dès lors commence à disparaître. Peu de temps après Strabon, les Sarmates, quittant leurs chariots et leur vie vagabonde, s'établirent dans la Lithuanie et les régions voisines où ils devinrent la souche de nations entièrement étrangères à la race slavonne.

Quelqu'incomplète que soit l'esquisse du nord et de l'est de l'Europe chez Strabon, il sait pourtant qu'à partir de la Germanie et de la Dacie jusqu'à la mer Caspienne, l'œil erre dans une plaine immense. Les notions exactes d'Hérodote sur la nature de ces contrées, sont dédaigneusement passées sous silence par le géographe d'Amasée qui se borne à décrire vaguement quelques animaux, parmi lesquels on reconnaît l'élan. Il y avait un grand commerce entre ces pays et l'empire romain; on échangeait des pelleteries contre des vins et des objets d'habillement. *Olbia*, nommée aussi la ville du Borysthène, dut à ce commerce une existence brillante qui se prolongea jusque dans le VIe siècle après J.-C. La ville de *Tanaïs*, située sur la rive européenne du fleuve de même nom, après avoir attiré dans ses murs un grand commerce, fut détruite par les rois du Bosphore, mais refleurit dans le moyen âge sous le nom de *Tana*.

Strabon donne des détails topographiques sur la *Chersonèse taurique*, où florissait, sous la protection des Romains, la cité libre de *Chersonesus*, dont les ruines se voient près Giurtchy aux environs de Sewastopol, et le royaume du Bosphore avec la ville de *Panticapæum*, colonie antique des Milésiens, nommée aussi *Bosporus*, et celle de *Théodosia*, sur les débris de laquelle s'éleva dans le IVe siècle la cité de *Capha* qui existe encore. Il entreprend ensuite la description des pays qui s'étendent le long de la rive méridionale du Danube. Les Romains comprenaient ordinairement sous le nom d'*Illyrie*, toutes les contrées situées entre l'Helvétie, l'Italie et le Danube, limite générale de la Germanie, jusqu'aux confins de la Grèce et de la Macédoine. Les habitants de ces régions étaient en partie *Celtes* et en partie *Illyriens*.

Le nom illyrique, dans l'acception la plus stricte, comprenait les petites nations qui occupaient l'Albanie des modernes : Scylax fixe leur limite méridionale à Aulon ou Valon; mais des peuples illyriens habitaient également la *Dalmatie* avec la ville commerçante de *Salona*, et l'*Istrie* avec *Pola*, ainsi que la *Pannonie* des Romains, appelée constamment *Péonie* par les Grecs, ce qui peut faire croire que le petit canton de la Macédoine, appelé Péonie, était peuplé par la même race. Strabon établit une différence entre les Illyriens et les Thraces qui se peignaient le corps au moyen de piqûres, et les Celtes qui s'enduisaient le corps d'une couche de couleur. Les monuments historiques ne suffisent point pour décider si cette race illyrienne s'est éteinte ou si elle s'est mêlée avec les Slavons qui, dans le XVIe siècle, occupèrent ces pays.

Les *Boii* étaient la principale nation celtique de ces contrées; ils étendirent, un siècle avant Strabon, leur domination sur une grande partie de la Bavière et de l'Autriche actuelles : leurs terres atteignaient même le lac *Peiso*, probablement le lac Balaton en Hongrie. Dans leurs migrations, ils envahirent le *Boiohemum*, et lui donnèrent leur nom. Les *Taurisci* habitaient les Alpes de Saltzbourg, de la Carinthie et de la Styrie : leur nom semble signifier montagnards, car la plupart des montagnes de ces contrées portent encore le nom de *Tauer;* les Romains, que les mines d'or et de fer attirèrent dans ce pays, l'appelèrent *Noricum*, peut-être d'après la ville de *Norcia* qu'ils subjuguèrent la première. Les *Scordici*, troisième grande tribu celtique, demeuraient sur la Save inférieure, mais étendaient leurs courses piratiques jusqu'en Macédoine. Toutes ces nations, presque détruites par les armes des Daces ou des Romains, laissèrent entre les mains de ces derniers des régions en grande partie désertes, et qui, peuplées de colonies romaines, formèrent les provinces *Noricum* et *Pannonia;* mais la situation de cette dernière province ne répondait pas exactement à la région habitée par les Pannoniens et qui s'étendait depuis le milieu de la Carniole jusqu'en Macédoine.

Il est impossible aujourd'hui de décider si les Celtes n'ont occupé cette longue série de pays que du temps de Tarquin l'Ancien, comme le croit Tite-Live, ou si cette race ne s'y est pas plutôt répandue dans les siècles antérieurs à l'histoire, soit qu'on veuille, d'après le système mosaïque, les faire venir d'Asie, soit qu'on préfère l'opinion de quelques antiquaires modernes qui placent leur origine dans la Gaule ; opinion qui, restreinte aux Celtes seuls, n'a rien d'invraisemblable.

A l'est des Illyriens se trouvaient les *Mysi*, les *Dardani* et les *Triballi*, peuples que notre géographe et d'autres écrivains peignent comme des barbares indociles et intraitables. « Ces brigands mêmes, dit Strabon, donnaient le nom de brigands aux *Bessi*, habitants de la chaîne de l'Hémus. » Il est évident que toutes ces contrées attendaient encore les bienfaits de la civilisation : couvertes de marécages et de forêts, elles offraient alors une température froide; aujourd'hui leur climat rivalise avec celui de l'Italie. Il en était de même de la *Thrace*, où cependant les colonies grecques, et entr'autres *Byzance*, célèbre par son commerce et ses pêcheries, répandaient les lumières de la civilisation. Il est difficile de fixer l'époque à laquelle les nations indigènes de la Thrace ont perdu leur nom et leur existence. Les *Thyniens*, de qui descendaient les *Bithyniens* et autres Thraces d'Asie, avaient disparu avant Strabon. Les *Odrysæ* et les *Bisaltes* sont encore nommés par Pline qui, à la vérité, dans sa compilation de noms géographiques, a rarement distingué avec soin l'état ancien et moderne. Les *Bessi*, qui s'appelaient eux-mêmes *Satræ*, indépendants du temps d'Hérodote, subjugués par Lucullus, reparaissent dans le ve siècle comme une nation sauvage. Cependant, sous les règnes de Trajan et d'Hadrien, la Thrace se peuplait déjà de colonies romaines. La description de cette contrée par Strabon est perdue ; et de celle de la *Macédoine* il ne nous reste qu'un extrait dans lequel on indique les mines d'or du mont Pangæus, le sol gras qu'arrose le *Strymon*, les travaux de Philippe pour former un port devant *Pella*, et la splendeur naissante de *Thessalonique*.

Nous n'entreprendrons point de suivre Strabon dans tous les détails de son intéressante description de la Grèce. Il retrace d'abord le *Péloponèse*, « déjà désert, si on le compare à ce qu'il était du temps de la liberté des Grecs » : il le divise en six proxinces, la riante *Elide*, où brillait encore *Olympie*; la *Messénie*, non moins fertile avec sa nouvelle capitale, *Messène*, forteresse célèbre; la *Laconie*, où le nombre des villes était réduit de 100 à 30, et qui renfermait alors deux petites républiques vassales de Rome, celle de Lacédémone et celle des *Eleuthero-Lacones* ou Laconiens libres; l'*Arcadie*, toujours riche de ses forêts, de ses pâturages, de ses eaux minérales; l'*Argolide* où il remarque des labyrinthes attribués aux *Cyclopes*, et la nouvelle *Corinthe*, où les colons romains fouillaient les tombeaux pour y trouver des urnes précieuses; enfin l'*Achaïe* qui ne contenait aucune ville remarquable. Il décrit avec le même soin les provinces et les villes du continent, la célèbre *Attique*, « cet ouvrage favori des dieux et des héros; » *Athènes*, qui conservait encore une ombre de gloire et de liberté; la *Béotie*, dont la constitution physique particulière rendait fréquents les éboulements de terrain et les inondations érigées en *déluges* par les amateurs d'hypothèses; la *Phocide*, où le temple de *Delphes*, dépouillé de ses trésors, cessait déjà de rendre ses oracles; la *Locride* avec le défilé des Thermopyles, et la *Thessalie*, jadis couverte d'eaux qui s'écoulèrent lorsqu'un tremblement de terre entr'ouvrit un débouché au Pénée; l'*Acarnanie* et l'*Etolie*, provinces censées par les Grecs semi-barbares, quoiqu'aux yeux des Romains elles fussent situées au centre de la Grèce. L'*Epire*, que tous les auteurs grecs excluent de la Grèce, est décrite par Strabon avec l'Illyrie et la Macédoine; ses principaux cantons étaient la *Chaonie*, la *Thesprotie* et la *Molosside*. Strabon et Plutarque nous apprennent que les Epirotes parlaient une langue particulière, et que cette langue était la même que le macédonien : il paraît que l'idiome des Albanais modernes en dérive.

Les îles de la Grèce terminent l'Europe de Strabon. *Corcyre*, est décrite avec l'Epire. *Leucas* ou *Neritos*, qui, au gré de la nature et de l'art, a été tantôt île et tantôt presqu'île; *Cephallenia*, l'âpre *Ithaque*, et *Zacynthos* avec ses sources de bitume, sont placées à côté de l'Acarnanie. Notre géographe décrit avec détail la grande et belle île de *Creta* où florissaient trois villes, *Gortina* au midi, *Cnossus* au nord, *Cydonia* à l'ouest. Après la Crète, viennent les *Cyclades*, rangées autour de *Délos* qui avait hérité du commerce de Corinthe, et les *Sporades* semées le long des côtes de l'Europe et de l'Asie.

CHAPITRE SIXIÈME.

Analyse de la Géographie de Strabon ; Asie en deçà du mont Taurus.

Nous allons accompagner Strabon dans ses courses en *Asie*, partie du monde qu'il se flattait de connaître parfaitement et dont il n'avait pourtant qu'une idée très-fautive et très-incomplète. La prétendue chaîne du mont *Taurus*, réunion imaginaire de plusieurs suites de montagnes très-distinctes, s'étendait, d'après tous les anciens, en ligne droite à travers l'Asie entière ; elle commençait vis-à-vis de Rhodes, et se terminait aux environs de Thinæ, le point le plus oriental que l'on admit alors ; elle avait, selon Strabon, 45,000 stades de long : c'était aussi la longueur de l'Asie qui, par conséquent, se terminait, dans l'idée des anciens, à peu près à l'endroit où la petite Boukharie touche au grand désert de Cobi.

La chaîne du Taurus, en partageant l'Asie, donnait la facilité de la division en deux grande parties : tout ce qui était au nord de ces montagnes s'appelait *Asie en deçà du Taurus*, par rapport à l'Asie Mineure qu'occupaient les Grecs ; ce qui était au midi se nommait *Asie au delà du Taurus*. Ces parties se subdivisaient : on distinguait dans celle en deçà du Taurus quatre principales contrées.

La *première* était bornée à l'occident par le Tanaïs, les Palus-Méotides jusqu'au Bosphore, et le Pont-Euxin jusqu'à la Colchide ; au nord, par l'Océan septentrional et la partie de cet Océan qui s'avance jusqu'à l'embouchure de la mer Caspienne ; à l'orient, par la mer Caspienne jusqu'à la séparation de l'Albanie et de l'Arménie, à l'endroit où le Cyrus et l'Araxe terminent leur cours ; au midi enfin, par l'isthme qui sépare le Pont-Euxin de la mer Caspienne, suivant une ligne qui traversait l'Albanie et l'Ibérie depuis l'embouchure du Cyrus jusqu'à la Colchide ; on estimait cet intervalle à 3,000 stades.

Ces pays étaient occupés au nord par des *Scythes nomades* qui n'avaient d'autres habitations que leurs chariots; en deçà on trouvait les *Sarmates* ou *Sauromates*, qui n'étaient, selon Hérodote, qu'une branche des Scythes, et les *Siraces* qui s'étendaient vers le midi jusqu'au mont Caucase. Parmi ces derniers, il y avait des tribus nomades et d'autres qui vivaient sous des tentes et qui cultivaient des terres. La capitale des Siraces était un camp retranché, rempli de cabanes en treillis d'osier; elle s'appelait *Uspe*, et était située à trois journées de la ville de Tanaïs. Ce peuple assez puissant fut détruit, sous le règne de Claude, par les Romains aidés d'une autre nation asiatique, les *Aorsi*, qui s'étendaient le long des rives septentrionales de la mer Caspienne. Cette nation, extrêmement remarquable, mettait 200,000 cavaliers sur pied; elle allait chercher, sur des chameaux, chez les Arméniens et les Mèdes, les riches marchandises de l'Inde et de Babylone. Peut-être une partie de ce commerce se fit-il par le nord de la mer Caspienne et par la Bactriane. Les *Aorsi*, nommés aussi *Adorsi* et *Utidorsi*, occupent précisément les contrées où Denys le Périégète, contemporain de Strabon, place les *Ouni*, qui paraissent, ainsi que les *Chuni* de Ptolémée sur le Borysthène, être des branches des fameux Huns. Le mot *aior* signifiait *homme* dans le langage des Scythes, et le nom de Hun paraît avoir le même sens. Les Awares du Caucase sont appelés *Chuns* par les Géorgiens et les Persans. Tous ces indices réunis ne feraient-ils pas soupçonner que les Aorsi formaient une partie de la grande nation hunnique?

Près des Palus-Méotides étaient les *Méotes*, ou plus exactement les diverses peuplades que les Grecs et les Romains comprenaient sous cette dénomination collective; sur les rives du Bosphore, les *Sindi*, qui déjà, du temps d'Hérodote et de Scylax, habitaient vers la double embouchure du fleuve Kouban, nommé *Antikites* par Strabon, et *Hypanis* par d'autres anciens; les *Aspourgitans* ou habitants d'Asbourg, ville qui, selon une conjecture de quelques antiquaires du nord, est l'Asgard d'Odin : ensuite les *Achéens* et les *Hénioques*, nations dont les vrais noms probablement ont été défigurés par les Grecs, et qui paraissent avoir occupé les terres habitées aujourd'hui par les Aases; montés sur des barques très-voûtées et nommées *cameræ*, ils dévastaient les côtes du Pont-Euxin, et revenaient cacher leur butin dans les forêts de chênes qui couvraient alors, comme aujourd'hui, leurs montagnes incultes. Sur la même côte, mais plus vers l'intérieur, demeuraient les *Zyges*, qu'un voyageur moderne croit avoir retrouvés dans une vallée du Caucase sous le nom de *Dschiki*; les *Cercetæ* ou *Kerketæ*, que l'on regarde avec quelque probabilité comme les ancêtres des *Tcherkesses*, que nous nommons *Circassiens*; les *Macropogones* ou peuple à longue barbe : au-dessus étaient les *Phtirophages* ou mangeurs de vermines, qui occupaient les gorges des montagnes; et les *Soanes*, peuple puissant, brave, bien gouverné qui possédaient des mines d'or, et dont on retrouve encore les misérables restes sous le nom de Souanes dans une des plus hautes vallées du Caucase. Plus loin, les *Ibères* possédaient le plateau fertile aujourd'hui nommé Géorgie. Ce peuple, divisé en quatre castes, la royale, la sacerdotale, la militaire, et celle des serfs, avait des villes bien construites. L'Albanie renfermait des contrées non moins fertiles et riantes sur les bords de la mer Caspienne et du fleuve *Cyrus*, aujourd'hui Kour; d'autres parties étaient montagneuses, mais riches en pâturages. Les Albaniens, moins civilisés que les Ibériens, l'étaient plus que leurs voisins les *Legæ*, qui sont probablement les *Lesghiens* de nos jours. C'était aux écrits, aujourd'hui perdus, des historiens de Pompée que notre géographe devait ces renseignements.

A ces notions récemment acquises, les Grecs mêlaient les anciennes traditions de leurs siècles héroïques. La *Colchide*, il est vrai, ne possédait plus de toison d'or; ses toiles fines, sa cire, ses goudrons, étaient ses véritables richesses; mais les géographes conservaient encore la tradition qui a rapport à une nation composée uniquement de femmes, et qui a inutilement exercé la sagacité de beaucoup d'érudits. Homère déjà connaissait des *Amazones* quelque part dans l'Asie Mineure : les historiens postérieurs les plaçaient dans le Pont sur le fleuve Thermodon; les contemporains de Strabon, ne voulant pas effacer un aussi joli conte, le transportèrent dans les vallées inconnues du Caucase. mais notre géographe, d'après Théophanes, qui avait accompagné Pompée, nie l'existence de ces femmes guerrières, du moins dans les pays connus. Ptolémée leur assigna de nouveaux domaines sur les bords du Wolga; et les auteurs du moyen âge les repoussèrent enfin jusqu'en Scandinavie, dernier asile de tant d'autres fables géographico-historiques.

La *seconde région* était au-dessus et à l'orient de la Caspienne; elle s'étendait depuis cette mer jusqu'aux parties de la Scythie qui touchent à l'Inde et à l'Océan oriental. Elle renfermait les *Scythes*, les *Hyrcaniens*, les *Bactres* et les *Sogdiens*. Quoique partageant les idées confuses de son siècle sur la mer Caspienne et sur le cours des fleuves Oxus et Iaxartes, Strabon a eu des notions curieuses sur la manière dont vivaient ces peuples, et sur la nature des pays qu'ils occupaient.

On retrouve dans le Mazenderan les fleurs, les figuiers et les vignes qui tapissaient les collines de l'*Hyrcanie*. Le Dahistan a conservé le nom des anciens *Dahæ*; les *Derbices* erraient où errent les Turcomans, pasteurs et sauvages comme eux. La Bactriane voyait mûrir tous les fruits de la Grèce, excepté l'olive : les indigènes faisaient dévorer par des chiens leurs parents courbés sous le fardeau des ans, usage qu'on rencontre, avec des accessoires plus ou moins affreux, chez tous les Scythes d'Asie : mais les mœurs et les arts de la Grèce embellirent bientôt les villes de *Bactres* ou *Balkh* et de *Maracanda*, la Samarcande des Arabes. Plus au nord et à l'est, Strabon n'offre que des notions vagues : il paraît considérer les *Massagètes* et les *Sacæ* comme deux grandes tribus scythiques qui vivaient de la pêche et du lait de leurs troupeaux. Les mines de l'Asie septentrionale ont pourtant dû se trouver alors dans les mains d'un peuple plus civilisé, puisque les Massagètes possédaient de l'or et du cuivre, seuls métaux qui dominent dans les monts Altaï. Parmi les Scythes d'Asie, les *Chorasmii* et les *Tochari* donnèrent leur nom à deux contrées encore aujourd'hui connues sous ceux de *Kowaresm* et de *Tocharistan*, l'une vers l'embouchure, l'autre vers les sources de l'Oxus : circonstance qui concourt à faire regarder les Scythes d'Asie, mais non pas ceux d'Europe, comme étant la même race qui aujourd'hui porte le nom de Tartares ou de Turcs.

Dans la *troisième région* de l'Asie, au nord du Taurus, notre geographe comprenait les contrées situées sur le plateau que forment les diverses branches de cette chaîne; les principales divisions étaient la Médie, l'Arménie et la Cappadoce.

En venant de la Bactriane par la Parthie, les *portes caspiennes* nous ouvrent l'entrée de la Médie : sans doute nous y passerions encore par de sombres ravins ou plutôt par des crevasses dues à des tremblements de terre; nous y verrions les serpents fourmiller sous nos pieds, et les eaux salées distiller d'une voûte de rochers noirâtres suspendus sur notre tête, mais nous ne penserions plus comme les anciens que ce défilé soit presque au centre de l'Asie. La Médie, longtemps exempte du fléau de la guerre, voyait des canaux d'irrigation répandre la fécondité dans plusieurs parties de son sol aujourd'hui desséché et couvert d'efflorescences salines. Les grandes villes d'*Ecbatana* et de *Rhagæ* conservaient des restes de la magnificence des monarques persans. L'adorateur du feu, soit Mage, soit Sabéen, exerçait son culte innocent près des sources de naphte qui s'enflamment d'elles-mêmes, et que les anciens placent dans beaucoup d'endroits de la Médie et des contrées voisines. Une portion très-montueuse de la Médie, devenue indépendante du vivant même d'Alexandre le Grand, prit de son libérateur et nouveau maître le nom d'*Atropatène* ou *Aderbidjan* qu'elle conserve encore de nos jours. Dans le pays des *Matiéni*, peuplade soumise à l'Atropatène, on remarquait un grand lac d'eau très-salée; on le nommait *Spauta;* c'est le lac Ourmia des modernes. Un lac encore plus étendu baignait à la fois les confins de l'Arménie et ceux de la Médie; il est nommé *Arsissa* chez Ptolomée, et lac de Van sur nos cartes. Strabon, plus exact que Tavernier, remarque que les eaux de ce lac sont saumâtres.

Dans les montagnes de *Zagros* et de *Niphates*, qui bornaient la Médie à l'occident, on distinguait parmi d'autres peuples sauvages les *Kyrti*, probablement les *Kurdes* des modernes. Ces âpres montagnes arrêtèrent les armes de Marc-Antoine, de Trajan et de Julien. Du côté du nord, d'autres cantons montagneux nourrissaient les tribus peu connues des *Tapyri*, des *Mardi*, des *Caspii* et la nation puissante des *Cadusii*, répandue depuis le Caucase jusque dans la Bactriane, et appelée *Gelæ* par les Orientaux, nom qui semble conservé dans celui de la province de Gihlan.

L'Arménie, très-connue depuis par les guerres des Parthes et des Romains, était peu visitée du temps de Strabon. Aussi ce géographe décrit-il les sources du Tigre moins exactement que le vieux Hérodote auquel les diverses branches de cette rivière étaient connues : Pline apprit plus tard que plusieurs de ces branches se perdaient sous les montagnes pour reparaître dans un terrain plus bas. La branche septentrionale de l'Euphrate est bien retracée par Strabon; mais le Murad ou Euphrate méridional, quoiqu'indiqué par Xénophon, n'est clairement décrit que par Ptolémée. L'*Araxes*, qui paraît toujours avoir confondu ses embouchures incertaines avec celle du Cyrus, descend aussi de ce plateau d'Arménie où une température fraîche entretenait la verdure des pâturages peuplés d'une belle race de chevaux, tandis que les montagnes au nord restaient couvertes de neiges éternelles. Les villes d'*Artaxata* et de *Tigranocerta* florissaient du temps de Strabon : elles s'éclipsèrent dans les IVe et Ve siècles devant la splendeur commerciale de *Théodosiopolis*, qui elle-même dans le moyen âge, céda le premier rang à *Arzen*, notre Erzeroum, à Kars et à d'autres villes qui subsistent encore, et dont les noms semblent prouver que la langue du peuple arménien n'a jamais subi de changements, quoique le christianisme le plus rigoureux ait remplacé le voluptueux culte d'Anaïtis ou de la Vénus assyrienne.

En passant l'Euphrate, nous entrons dans la *Cappadocie*, plateau entouré des chaînes du Taurus et de l'Anti-Taurus, souvent confondues ensemble par les anciens. Les plaines sèches et nues de la Cappadocie proprement dite produisaient du blé et une race de chevaux renommés pour leur légèreté. Au nord, vers le Pont, il y avait de belles forêts ; et dans une partie de la Cappadocie voisine de l'Euphrate, et qu'on nommait aussi *Petite Arménie*, le district de Mélitène était embelli de vergers et de vignobles. Couverte de châteaux forts, la Cappadocie ne possédait qu'une ville remarquable, celle de *Mazaca* ou *Cæsaria*, la Kaïsarieh des modernes au pied du mont Argœus, aujourd'hui Erdschir, dont le sommet se couronne de neiges éternelles.

Dans une partie de la Cappadocie, nommée *Cataonie*, Strabon visita un temple dont le grand pontife exerçait presque l'autorité d'un souverain sur cette province. Il y avait dans le Pont un semblable temple ; tous les deux portaient le nom de *Comana*; tous les deux avaient donné naissance à des villes considérables peuplées en partie de prêtres, de pèlerins dévots et de beautés vénales ; la Comana du Pont rappelait la richesse et les voluptés de Corinthe.

Les côtes de la Cappadocie sur le Pont-Euxin, et quelques contrées maritimes dans le voisinage avaient, peu avant le temps de Strabon, reçu le nom du royaume de *Pontus*, nom qui, ayant été pris dans plusieurs sens plus ou moins étendus, embrouille singulièrement la géographie ancienne de ces régions. La partie orientale est bordée d'une haute chaîne de montagnes riches en fer et en cuivre ; les rivières rapides qui en descendent font écumer au loin la mer, et les gorges d'où elles sortent, donnent naissance à d'impétueux vents de terre. Les peuples sauvages que Xénophon y avait connus conservaient encore en grande partie leurs noms, leur caractère et leur manière de vivre. Les Mosynèces continuaient à faire, de hautes tours de bois, l'asyle de leurs brigandages. Les soldats de Pompée éprouvèrent, comme ceux de Xénophon, les funestes effets d'un hydromel vénéneux que ces sauvages leur présentaient afin de les tuer plus à leur aise. Les *Chalybes*, appelés *Chaldœi* et *Chaldi* ont laissé leur nom au mont Tchildir, tandis que le mont Dchanik rappelle une autre tribu que Strabon nomme *Sanni*, mais que d'autres écrivains appellent *Thianni* et *Tzani* ; tant il est difficile de transporter un nom propre d'une langue dans une autre ! Ces peuples sont les Macrones ou *Macrocephali*, c'est-à-dire gens à grosses têtes, des écrivains plus anciens. La ville de *Trapezus* ou *Trébizonde* n'avait pas encore l'importance qu'elle acquit sous Adrien, et surtout dans le moyen âge, sous les Comnènes.

Dans la partie orientale du Pont, où les montagnes s'abaissent et se retirent plus loin de la côte, on voyait le froment, l'olivier et toutes sortes d'arbres fruitiers orner les collines au pied desquelles l'*Halys* et l'*Iris* roulaient leurs ondes : c'était là que s'élevaient les villes d'*Amasée*, patrie de notre géographe ; de *Cabira*, ornée d'un temple du *Dieu* de la lune, et probablement identique avec la *Neo-Cœsaria* des écrivains postérieurs ; de *Comana Pontica*, également fameuse par un temple et un oracle, vraisemblablement le *Tocat* de nos jours ; enfin d'*Amisus*, aujourd'hui Samsoun, une des résidences des rois du Pont.

Ces régions du Pont ne sont pas expressément comprises dans la *quatrième* section de l'Asie en deçà du Taurus, à laquelle cependant Strabon attribue tout le reste de l'Asie Mineure, même la Cilicie, quoique décidément située au sud des montagnes.

Parcourons rapidement la *Paphlagonie;* ses hautes montagnes formant la chaîne d'*Olgassis*, et couvertes de forêts de buis ; ses côtes, où en quelques endroits la vigne et l'olivier bravaient les vents du nord, et ses villes commerçantes, parmi lesquelles *Sinope*, ornée de beaux édifices, tenait encore un rang qu'elle allait céder à Bysance. Jetons un coup d'œil sur la *Bithynie*, si voisine de la Thrace, et qui, selon les anciens, en a reçu ses habitants; pays fertile et orné de plusieurs belles villes, telles que *Chalcedon*, nommée sur les médailles et dans quelques manuscrits *Kalchedon* ; les deux métropoles rivales *Nicea* et *Nicomedia* ; et au pied du mont Olympe, *Prusa*, peu importante du temps de Strabon, mais qui, dans le moyen âge, recueillit seule les débris de la splendeur de toutes les autres.

Ne nous laissons point arrêter par Strabon sur les côtes de la *Mysie*, dont la *Troade* fait partie, et où chaque village offre au géographe grec matière à une dissertation. A côté des monuments probablement apocryphes des héros de l'Iliade, et parmi des ruines plus célèbres qu'imposantes, fleurissaient *Cyzicus*, munie de deux ports, et bâtie en marbre tiré de l'île Proconésus ; *Lampsacus*, entourée de vignobles ; et *Pergamum*, renommée par sa bibliothèque de 200,000 volumes ainsi que par l'invention du parchemin.

Nous allons visiter avec la même rapidité le plateau de l'intérieur, ou la *Phrygie*, dont la *Galatie* au nord, et la *Lycaonie* à l'est, étaient des démembrements. On sait que les régions septentrionales de la Phrygie avaient été envahies, dans la 125e olympiade, par une armée de Galates ou de Celtes sortis des pays entre les Alpes et le Danube, et chez qui S. Jérôme crut retrouver la même langue que de son temps le peuple parlait à Trèves ; ce qui ferait croire que ces Celtes étaient très-mêlés avec des Germains. *Ancyra*, ville principale de leur pays, ne jouissait pas encore, du temps de Strabon, de l'importance et de la splendeur que Ptolémée et les écrivains postérieurs lui attribuent. La *Phrygie* proprement dite comprenait les villes de *Synnada*, bâtie en marbre blanc tacheté de rouge ; *Apamea*, *Cibyra* ; et au nord, *Cotiæum* qui, sous le nom de *Kutayé*, est la capitale actuelle de l'Anatolie. La partie la plus occidentale de la Phrygie, sur les bords de l'Hermus, portait le nom de *Katakekauméné*, c'est-à-dire région brûlée ; c'était une plaine qui paraissait couverte de cendres, et où l'on voyait trois cratères de volcans éteints : la vigne se plaisait dans ce sol qui probablement n'est que du basalte décomposé. Sur les rives du Méandre, les habitants d'Hiérapolis arrosaient leurs champs avec l'eau des sources chaudes, très-fréquentes dans ce canton ; ces eaux, en déposant le tuf dont elles étaient chargées, formaient des aqueducs naturels ; on y admirait aussi une grotte qui exhalait des vapeurs mortelles. Tout le sol était formé d'une roche qui tombait en poudre sous les doigts. La *Lycaonie*, dont *Iconium*, notre Konieh, était la capitale, offrait dans ses vastes plaines, couvertes d'efflorescences salines, une nourriture convenable à de nombreux troupeaux de moutons à laine grossière, dont on tirait la matière première des étoffes phrygiennes, espèce de frise. Dans la plus grande partie de la Lycaonie on manquait d'eau potable ; plusieurs lacs salés y occupent un vaste espace ; la même nature du sol continue dans les deux petits cantons de *Milyas* et *d'Isauria*, situés en partie sur le mont Taurus même. Les plus grands de ces lacs salés sont, le *Tatta*, en Lycaonie, le *Coralis*, dans l'Isaurie, et l'*Ascania*, dans la *Mylias*. C'est probablement ce dernier qui, selon Aristote, offrait de l'eau potable à sa surface, tandis qu'au fond on trouvait une eau imprégnée de nitre ou plutôt de natron, particularité que Pline paraît mal à propos attribuer au lac *Ascanius*, dans la partie de la Bithynie nommée *Petite Phrygie*.

Les Phrygiens étaient une des grandes nations de l'Asie Mineure, et ne descendaient point de la race araméenne : plusieurs anciens les font venir d'Europe ; mais leurs propres traditions les représentaient comme indigènes depuis un temps immémorial. Il en est probablement de même des *Lydiens* et des *Cares* ou Cariens qui occupaient les côtes occidentales de l'Asie Mineure avant l'invasion des colonies grecques. La *Lydie* où le Tmolus, parfumé de safran, donnait naissance aux eaux du Pactole, chargées de quelques paillettes d'or, et la *Carie*, où le mont Taurus commence, ont souvent changé de limites. *Sardes*, la capitale de Crésus, était encore une grande ville, mais aucun monument n'y rappelait la splendeur des anciens Lydiens, auxquels cependant on attribue l'invention de la monnaie, des jeux gymnastiques et de plusieurs arts.

Sur les bords de la mer Égée s'étendait l'*Eolide*, qui n'était proprement que la côte de la Mysie méridionale, et où la seule ville de *Kyme*, en latin *Cumæ*, mérite d'être nommée. Plus au midi l'*Ionie* bordait toute la Lydie et une portion de la Carie ; elle fleurissait encore du temps de Strabon, cette contrée bénie du ciel, où les Grecs avaient ouvert un asyle à tous les arts et à toutes les sciences. Parmi les villes ioniennes, *Ephesus* et *Smyrne* tenaient le premier rang : elles continuèrent, pendant toute la durée de l'empire romain, d'être les siéges du commerce. Smyrne, telle qu'elle existait alors, avait été fondée par Antigone, à vingt stades au-dessus de l'ancienne ville du même nom. *Milet*, qui avait régné sur le Pont-Euxin avant que les Athéniens n'eussent seulement une marine, et qui avait fondé 75 ou 80 colonies, était encore une grande ville ; mais elle avait perdu son industrie et ses richesses.

Les *Doriens* avaient fondé, sur les côtes de la Carie, quelques villes que l'on comprenait le plus souvent dans la Carie. *Halicarnasse*, aussi magnifiquement bâtie que bien fortifiée, tenait le premier rang ; après elle venait *Cnidus* où l'on admirait la Vénus de Praxytèle, et où les Eudoxus, les Ctésias et les Agatharchides avaient vu le jour.

Le long des côtes éoliques, ioniennes et doriques, plusieurs îles favorisées par la nature étalaient encore les superbes restes de leur ancienne splendeur ; de ce nombre était *Lesbos* ou *Mytilène*, qui, grâce à l'historien Théophane, son protecteur auprès de Pompée, respirait de la tyrannie de Sylla; *Chios*, riche de son mastic, tirait du nectar de ses vignobles Arvisiens, et renfermait, sinon comme autrefois, la plus opulente ville de la Grèce, du moins une cité libre et importante ; *Samos*, moins florissante, n'avait plus que ses belles poteries et ses nombreux chefs-d'œuvre de sculpture ; mais sa capitale, jadis une des plus considérables de la Grèce, était totalement déchue : la petite, mais élégante cité de *Cos* s'était mieux maintenue ; enfin *Rhodes* « l'épouse du soleil » conservait ses avantages naturels, son air pur, ses bois de construction, ses raisins, ses figues, ses marbres : l'industrie de ses manufacturiers et de ses artistes l'enrichissait encore ; mais elle avait perdu, avec sa liberté, sa marine et son commerce.

Le géographe, dont nous suivons les traces, s'arrête avec intérêt sur la constitution des républiques fédérées de *Lycie*, déjà ébranlée par Brutus, et que l'empereur Claude anéantit. *Patara* était, après la chute de *Xanthus*, la principale ville de ce pays, riche en beaux cèdres et en platanes. Dans le canton d'Héphestion et dans le ravin de la *Chimæra* on voyait des feux, qui sortaient de la terre, voltiger sur le gazon sans le détruire. La *Pamphylie*, d'abord restreinte à une lisière de côtes, devint, sous les rois de Syrie, une province étendue, et comprit une grande partie de l'âpre *Pisidie* avec *Sagalassus*, qui se vantait d'être une colonie de Lacédémone, et peut-être se retrouve encore dans une ville turque nommée *Sparta*. Ici Strabon passe le mont Taurus pour décrire à la suite des autres provinces de l'Asie Mineure, la *Cilicie*, divisée en deux parties, l'une surnommée *Trachéïa*, en latin *Aspera* ou la Montagneuse, l'autre nommée *Cilicie propre ;* il parcourt les montagnes couvertes de cèdres et de pins qui ceignaient ces contrées, et parmi lesquelles l'*Amanus* renfermait le défilé nommé *porte de Syrie :* il dépeint la fertile et riante plaine où s'élevait *Tarsus*, ville qui, par son école historique, était la rivale d'Alexandrie et d'Athènes. L'*antre Corycien*, décrit avec plus de pompe et moins de clarté par Mela, n'est, selon Strabon, qu'un profond bassin environné de montagnes et ombragé de forêts toujours verdoyantes ; dans le fond se trouve un véritable antre d'où jaillit un ruisseau dont les eaux limpides, mais amères, se perdent sous terre : c'est là que croît le meilleur safran.

Après cette belle description de l'Asie Mineure, Strabon esquisse trop rapidement l'île de *Cyprus* ou Chypre, riche de tous les dons de la nature. Ses fruits délicieux, ses arbustes qui distillaient la précieuse gomme appelée *ladanum;* ses huiles parfumées, son miel aromatique; ses vins; son chanvre ; ses forêts de bois de construction, objet de querelle entre les rois d'Égypte et ceux de Syrie ; ses antiques mines de cuivre d'où l'île tirait son nom ; ses pierres gemmes, son jaspe, son asbeste ; voilà quelques-uns des avantages attribués par les anciens à cette île qui, du temps de Strabon, nourrissait probablement un million d'habitants et davantage, puisque, sous le règne de Trajan, les Juifs révoltés y massacrèrent 240,000 individus. *Salamis* était encore la ville principale ; *Citeum* rappelait le *Cethim* de la géographie des Hébreux ; et *Paphos*, consacrée à Vénus, conservait toujours son nom cher aux Grâces, quoique l'empereur Auguste eût tenté d'y joindre le sien.

CHAPITRE SEPTIÈME.

Analyse de Strabon. — Asie au delà du mont Taurus. — Voyages de Mégasthène et de Néarque.

L'*Asie au delà*, c'est-à-dire au midi du *mont Taurus*, occupe Strabon dans les 15e et 16e livres de sa Géographie. En commençant par l'orient, il décrit d'abord les *Indiens* qui passaient pour la nation la plus puissante et la plus nombreuse de l'Asie : leur pays avait pour confins, suivant Eratosthène et Strabon, l'Océan oriental et la partie méridionale de l'Océan atlantique. A l'occide ntde l'Inde, on trouvait une vaste région, mal peuplée à cause de la stérilité de son sol et occupée par différentes nations tout à fait barbares; c'était l'*Ariane*, dont l'*Aria* n'est qu'une partie, et qui s'étendait du *Paropamisus* jusqu'à la *Gédrosie* et à la *Carmanie;* venaient ensuite les *Perses*, les *Susiens*, les *Babyloniens*; quelques autres petits peuples, la *Mésopotamie*, la *Syrie*, les *Arabes* et les *Egyptiens* jusqu'au Nil.

Strabon n'a rien ajouté aux connaissances qu'Eratosthène avait eu sur les contrées orientales de l'Asie; et dans sa carte, l'Inde, quoique Mégasthène en eût donné les vraies dimensions, était toujours orientée de manière que la côte occidentale devenait méridionale, qu'ainsi la péninsule disparaissait, et que la pointe méridionale de toute l'Inde se trouvait sous la même latitude que Méroé. Les connaissances de Strabon sur l'Inde se bornent, de son propre aveu, aux contrées à l'ouest de l'Hyphasis et de l'Indus, conquises par Alexandre et décrites par deux des compagnons de ce héros, Onésicrite et Aristobule. Il avait encore, d'après la relation de l'ambassadeur Mégasthène, quelqu'idée des pays sur le Gange, et de la grande ville de *Palibothra.* Il ne paraît pas avoir connu l'itinéraire des marches de Séleucus, et, quoiqu'il cite Néarque, il n'a pas tiré tout le parti possible de la relation de cet amiral d'Alexandre. Les sources de Strabon étant ainsi les mêmes que celles où, deux siècles plus tard, Arrien puisa les matériaux de sa description de l'Inde, nous combinerons l'analyse de ces deux relations.

La haute vallée, ou peut-être le plateau qu'arrose l'Indus, appartenait à l'empire des Perses : voilà l'Inde connue à Hérodote et à Ctésias. C'est là que demeuraient les *Gandari* connus aussi de Strabon, mais répandus alors plus au midi : c'est là que les anthropophages *Padæi*, voisins des Bactriens, habitaient la contrée de Pader ou le petit Thibet, nommé aussi le Parestan, d'où vient le nom de *Pariani* chez Mela. La contrée *Paktyika*, voisine de la ville *Kaspatyros*, séparait cette Inde d'Hérodote de la Bactriane; ce qui fait croire que la Paktyika était le pays de Badakshan. Le nom de *Kaspatyros* est persan, et signifie porte de montagnes : c'est peut-être le Kutwère de nos jours. Comme Alexandre ne s'avança que très-peu dans ces hautes régions, un ingrat oubli enveloppa les antiques vérités consignées par Hérodote ; les fables seules furent respectées. On y joignit même d'autres contes, tirés des anciennes relations demi-poétiques sur la Colchide, la Scythie et la Libye. Enfin, comme les Grecs aimaient à s'attribuer l'honneur d'avoir civilisé l'univers, leur Bacchus fut considéré comme le premier conquérant de l'Inde, et sa montagne sacrée, nommée *Nysa*, placée auparavant près de la Phénicie et de l'Egypte, fut tout à coup retrouvée dans une des villes de l'Indostan nommée *Nischa*, et consacrée à *Dewanischi*, divinité indienne dans laquelle on crut voir le *Dyonisos* des Grecs.

D'après cette ardeur à tout sacrifier au merveilleux, les Grecs, venus d'ailleurs dans la saison des pluies, exagérèrent la largeur des fleuves de l'Indostan, parmi lesquels ils connurent surtout l'Indus. Alexandre parut un moment prendre pour le Nil Egyptien l'Indus, nommé aussi Nil-Abou fleuve bleu. D'Anville, Rennel et Wahl n'ont pas pu éclaircir tout ce que les anciens disent sur les fleuves qui se jettent dans l'Indus; soit de l'ouest, comme le *Kofes*, le *Choaspes*, le *Suastus;* soit à l'est comme l'*Hydaspes*, notre *Djelam* nommé aussi *Behat*; l'*Acesines*, notre *Tchenab*, nommé en sanscrit *Tchandarbhagaga*, d'où Ptolémée fit son *Sandabala ;* l'*Hydraotes*, nommé *Hyarotes* par Strabon, et *Rhuadis* par Ptolémée, notre Rawy, ou en sanscrit Irawaty; l'*Hyphasis*, terme des marches d'Alexandre; l'Hypanis de Strabon et de Diodore; le *Bibasis* de Ptolémée, en sanscrit *Bipascha*; enfin le *Saranges* d'Arrien, nommé *Hesidrus* par Pline , *Zaradius* par Ptolémée, et sur nos cartes Sutledje ou Satladche. Le Gange recevait, selon le récit de Mégasthène, dix-neuf grandes rivières, parmi lesquelles on distingue le *Jomanes*, l'Iobares d'Arrien, et notre Jumna; le *Sonus*, notre Soane; l'*Erannoboas*, dont le nom, ou plutôt l'épithète sanscrite, a dû être *Hiraniabaha*, c'est-à-dire roulant de l'or, et qui avait son embouchure près de la ville de Palibothra; le *Condochates*, notre Gonduk; le *Caïnas* probablement le Cogra; l'*Agoranis*, l'*Amystis* et autres, à l'égard desquels il règne une grande diversité d'opinions. Les incertitudes deviennent encore plus fortes lorsqu'il s'agit de retrouver le grand fleuve qui doit couler aux extrémités de l'Inde, et que les anciens nomment *Dyardanes* et *Oidanes;* cependant on est tenté d'y reconnaître le Burampoutre ou Brahmahpoutre qui ne nous est connu en totalité que depuis quatre-vingts ans environ.

Les Grecs contemporains de Strabon parlaient des mêmes pays et des mêmes nations dont les noms avaient frappé les oreilles des Grecs contemporains d'Alexandre. Ainsi Strabon nous nomme le royaume d'un *Porus* qui envoya des ambassadeurs à Auguste; mais le nom de Porus est-il celui d'une famille ou celui d'une dignité? Les princes *Musicanus, Oxicanus* et *Porticanus* n'ont pas, plus que le Porus d'Alexandre, vécu trois ou quatre siècles; mais ici la syllabe *can* ou *khan* est évidemment un nom de dignité plutôt qu'un nom personnel. La position des Etats de ces princes, correspondante à celle de l'*Indoscythia* de Ptolémée et du pays des *Huns blancs* de Cosmas, nous autorise à admettre une invasion des hordes turques et mongoliques antérieure à Alexandre, et peut-être souvent réitérée. Nous retrouvons avec plus de certitude les *Caspiræi* dans la fameuse vallée de Cachemire, ou en sanscrit Kachap-mer; la région *Peukelaotis*, dans le canton de Pekhely; la puissante nation des *Malli*, dans le Moultan nommé *Mél* par Moses de Chorène; et la *Pattalène*, c'est-à-dire la terre entrecoupée, dans le Delta de l'Indus. Peut-être les *Chatei* d'Arrien, les *Cathari* de Diodore et les *Chatiræi* de Ptolémée désignent-ils les Rasputtes modernes, qui sont principalement de la caste des *Kottery* ou propriétaires de biens-fonds, et de celle de *Kschatria* ou guerriers.

Il nous semble encore plus évident que les grands royaumes des *Prasiens* et des *Gangarides*, dont les Macédoniens eux-mêmes redoutèrent les innombrables éléphants et chariots de guerre, sont indiqués dans les livres sanscrits sous les noms de *Pragi* ou empire d'orient, et de *Gangaradessa* ou royaume de Gange. Ce dernier comprenait une portion du Bengale ; le premier s'étendait depuis les confins des Gangarides jusqu'au delà de la Jumna. La fameuse ville de *Palibôthra*, capitale des Prasiens, était, selon d'Anville et autres savants, l'Allahabad moderne, autrefois nommée *Prag*, et ornée de l'épithète de reine des villes saintes ; mais comme les itinéraires donnés par Pline portent cette ville à 425 milles romains à l'est du confluent de la Jumna, Rennel l'a cherchée près de Patna où il a existé une ville nommée Pataliputra ; de nouvelles recherches tendent même à faire reconnaître cette capitale dans Rajémahl, autrefois nommée *Baliputra* dans le Bengale.

La péninsule méridionale de l'Inde en deçà du Gange, quoique déjà visitée par les flottes des Ptolémées, est à peu près inconnue à Strabon : il parle vaguement d'un roi *Pandion* dont les ambassadeurs portèrent à Auguste des présents très-simples et très-bizarres. Les *Pandions* ou *Pandæ* des anciens sont l'antique dynastie des Pandi ou Panduwan qui, selon les livres des Hindous, a régné pendant trois cent soixante-deux générations sur le royaume de Madure, nommé en sanscrit *Pandi-mandalam*, ce que les anciens ont traduit par *regio Pandionis*.

On conçoit d'avance que les notions de Strabon sur *Taprobane* ou Ceylan ne pouvaient être que très-imparfaites. Eratosthène avait déjà décrit cette île d'après les traditions recueillies à Palibothra par Mégasthène ; il la plaçait au midi de l'Inde, à vingt journées de navigation du *cap des Coliaques*, mais d'une navigation infiniment lente ; il lui donnait 5,000 stades de long sur 7,000 de large, ou même 8,000 selon Strabon : l'île se projetait d'orient en occident vers l'Ethiopie, et parallèlement à la côte de l'Inde. Onésicrite ne l'éloignait que de sept journées de navigation, et lui donnait 5,000 stades d'étendue, ce qui probablement doit s'entendre de la circonférence ; mais Onésicrite trouva peu de confiance. Il paraît même que Taprobane fut quelquefois considéré comme l'extrémité d'une grande terre australe qui se joignait à l'Afrique.

Les notions historiques des anciens sur les institutions et usages des Hindous étaient plus avancées que la géographie proprement dite : la division par castes les avait frappés ; mais ils en comptèrent *sept* au lieu de quatre, au moyen de subdivisions arbitraires des classes principales. L'esclavage, connu parmi les Indoscythes, ne l'était pas parmi les vrais Indiens. Rien n'indique la déplorable existence de la classe des Parias; mais les rois paraissent déjà revêtus d'un pouvoir despotique et entourés d'un nombreux sérail. Les mœurs des Indiens étaient déjà ce qu'elles sont. Les femmes étaient déjà dans l'usage de s'immoler sur le tombeau de leurs époux.

La chasse aux éléphants, les ravages du tigre, le retour périodique des pluies, se retrouvent dans les descriptions de Strabon et d'Arrien avec une exactitude comparable à celle des modernes. Néarque semble indiquer la canne à sucre et la boisson spiritueuse qu'on tire de son jus; mais ni les monts où naissent les diamants, ni la côte où croissent les perles, n'étaient connues de ces auteurs.

En partant des bouches de l'Indus pour revenir sur les bords de l'Euphrate, notre géographe ne fait que suivre les traces de *Néarque*, amiral d'Alexandre le Grand, dont il avait sous les yeux la relation.

La flotte d'Alexandre, sortie du bras occidental de l'Indus, navigua contre la mousson d'ouest, le long de la côte des *Arabites*, pendant 1,000 stades, et de celle des *Orites* l'espace de 1,800; elle côtoya ensuite le pays des *Ichthyophages* pendant 7,400 stades. La première de ces peuplades appartenait encore à l'Inde. Les *Oritæ* ou *Horitæ* habitaient un petit canton fertile en vin, blé, riz et palmiers, qui conserve encore le nom de *Hor* ou *Haour*. Néanmoins, sur la côte, à Tomerus, Néarque rencontra de véritables sauvages qui couvraient leur corps velu d'une peau de phoque ou de baleine. Les *Ichthyophages* n'étaient guère plus civilisés : leur pays ne produisant que très-peu de dattiers et d'arbrisseaux aromatiques, ils n'avaient d'autre nourriture pour eux et pour leurs chèvres que la chair de poisson réduite en une sorte de pâte ou caviar; la peau des grands cétacés leur servait à faire des vêtements; les arêtes devenaient des armes; les côtes tenaient lieu de bois de charpente pour leurs cabanes couvertes d'herbes marines. La contrée des Ichthyophages appartenait à la *Gédrosie;* l'*Arie*, la *Drangiane* et l'*Arachosie* formaient le grand pays nommé *Ariane* par les Grecs, et qui correspond à la Perse orientale de nos cartes. L'Ariane est probablement l'*Yran* primitif des historiens orientaux; Pline et même Strabon la confondent quelquefois avec l'Arie qui n'en est que la partie la plus fertile, et où se trouvent la ville *Aria*, aujourd'hui Herat, et la *Palus-Aria*, notre lac Zerrah.

La *Carmanie*, quelquefois comprise dans l'Ariane, charma les regards des Macédoniens fatigués de l'aspect des déserts sablonneux ; ses blés, ses vins, ses raisins énormes, sa belle race d'ânes, ses mines d'or et de cinabre furent vantés par ces guerriers voyageurs, et, sur leur parole, par les géographes grecs. Un canton de la côte s'appelait *Armozia* ; là florissait par le commerce de l'Inde la ville du même nom, qu'on trouve aussi écrit *Harmuza*. Dans le XIIe ou XIIIe siècle, les irruptions des Tartares forcèrent les habitants à se réfugier dans l'île d'*Organa*, déserte du temps de Néarque, mais qui, dans le XVe siècle, sous le nom d'Ormuz ou Harmuz, remplit le monde du bruit de ses richesses. Une autre île voisine, la fertile *Oaracta*, porte le nom de *Kischmis* sur les cartes modernes.

La patrie de Cyrus déploie maintenant ses côtes toujours échauffées des vents du midi, ses montagnes couvertes de neige, et entre ces deux zones ses riantes vallées, jadis ombragées de cyprès et où mûrissent encore des raisins généreux. Dans cette zone tempérée, *Persépolis*, nommée en persan *Istakhar*, s'étendait au pied d'un vaste et magnifique château royal, dont les restes encore imposants sont nommés *Tchehil-Minar* ou les quarante colonnes. Il est probable que les parties habitées de ce vaste palais, les appartements des rois, construits en cèdre, eurent seuls à souffrir de la vengeance d'Alexandre, lorsque, dans un moment d'ivresse, ce vainqueur y porta lui-même la torche incendiaire; la ville, du moins en grande partie, resta debout jusque dans le VIIe siècle.

Persépolis n'était pas la seule ville royale que renfermât la *Persis* ou la Perse proprement dite. *Pasargadæ*, l'ancienne capitale, s'enorgueillissait du monument sépulcral de Cyrus. La *Susiane*, province où régnait un éternel printemps, est souvent considérée comme une subdivision de la Perside ; mais elle en est séparée par des montagnes, et ses deux rivières l'*Eulæus* et le *Pasitigris*, confondent leurs embouchures avec celles du Tigris. La langue syriaque ou araméenne paraît y avoir dominé, et les maisons de Suse étaient construites, comme celles de Babylone, en briques cimentées par de l'asphalte. Les *Susii*, qui, selon Strabon, étaient les mêmes que les *Kissii*, semblent donc appartenir à la grande famille des peuples araméens ou syriens; mais la côte, bordée de bas-fonds inaccessibles, appartenait à une nation différente, les *Elymæi* des Grecs et les *Elam* de la géographie hébraïque. Ce peuple, anciennement très-puissant, subjugué ensuite par les Babyloniens, forma, du temps de Strabon un royaume indépendant. Une autre tribu, les *Kossæi*, ont laissé à la Susiane le nom moderne de Khosistan.

En nous approchant des bords de l'Euphrate et du Tigre, les souvenirs géographiques se multiplient et s'agrandissent trop pour que nous les puissions faire entrer dans le cadre étroit de ce Précis. Comment résumer seulement toutes les discussions qui ont eu lieu sur les divers empires fondés dans les trois contrées d'*Assyrie*, de *Mésopotamie* et de *Babylonie*, contrées unies par la même langue, habitées par des Araméens, mais dans lesquelles les peuples montagnards de l'Arménie et de la Médie paraissent avoir souvent fait des invasions et formé des établissements de plus ou moins de durée? Comment concilier entre eux Hérodote, Ctésias et les écrivains hébreux? Il suffit ici de nous en tenir aux notions de Strabon et des autres Grecs postérieurs à la conquête de l'empire persan par Alexandre.

Le nom d'*Assyrie*, ou, selon le dialecte chaldéen, *Aturie*, qui paraît avoir été anciennement la dénomination générale de ces contrées, semble, sous les Persans, avoir cédé la place à celui de *Babylonie*, qui d'abord ne comprenait que le royaume dont cette ville était la capitale. Strabon emploie quelquefois les deux noms comme synonymes; et plus tard, sous les Parthes, celui d'Assyrie redevint le plus généralement usité. La contrée comprise entre le Tigris et l'Euphrate, l'*Aram-Naharaim* des Hébreux, fut appelée, sous les successeurs d'Alexandre, *Mésopotamie*, nom inconnu à Xénophon qui comprend les riantes vallées de la partie septentrionale sous le nom de Syrie, et les déserts de la région méridionale sous celui d'Arabie; division qu'on retrouve chez les Hébreux, et qui a été suivie par plusieurs historiens. C'est comme province romaine, toujours attaquée par les Parthes, que la Mésopotamie a eu le plus de célébrité; mais ses limites changeaient au gré de la fortune.

Tous les anciens vantent l'extrême fertilité de la Babylonie, arrosée par d'innombrables canaux que la négligence des habitants actuels a laissé disparaître en partie. D'autres canaux, parmi lesquels on distinguait le *Fleuve Royal*, servaient à la navigation intérieure; cependant le défaut de bois, qui obligea le conquérant macédonien à transporter sa flotte par terre des ports de la Phénicie dans l'Euphrate, réduisait cette navigation à des bateaux dont une partie était en osier couvert de cuir ou enduit de bitume. Le commerce de Babylone paraît donc avoir été entre les mains des habitants de *Gerrha*, ville d'Arabie dont les navires remontaient l'Euphrate jusqu'à Thapsacus. Du temps de Strabon la splendeur de *Babylone* était éclipsée par le voisinage de *Séleucie*, ville nouvellement bâtie sur le fleuve royal non loin du Tigris; bientôt Séleucie compta 600,000 habitants, et Babylone devint déserte. Les murs de Sémiramis, le temple de Bélus et les jardins suspendus en l'air sur des voûtes hardies se sont écroulés, et les voyageurs ne trouvent qu'un immense amas de briques où s'élevaient les palais des maîtres de l'Asie.

Au midi de Babylone s'étendait, vers l'Arabie et les bouches de l'Euphrate, la *Chaldée*, aujourd'hui presque déserte, mais anciennement couverte de villes.

L'*Assyrie* proprement dite, ou l'*Aturie* de Strabon, avait, déjà cinq ou six siècles auparavant, vu disparaître une autre ville célèbre, la *Ninive* des écrivains hébreux, nommée *Ninus* par les historiens grecs : elle avait, selon Diodore, 480 stades de pourtour ou environ 14 à 15 lieues de France; mais comme il la place sur l'Euphrate, tandis qu'elle était sur le Tigris, ne pourrait-on pas croire qu'il l'a confondue avec Babylone?

Les sources de naphte de l'*Adiabène* et le canton d'*Arrapachitis* qui rappelle l'Arphacsad de Moïse ne doivent point nous arrêter. *Ctésiphon*, résidence d'été des rois des Parthes, n'était, du temps de Strabon, qu'une ville du second rang.

Nous en dirons autant de *Nisibis*, devenue depuis le rempart de l'empire romain, d'*Edessa* et d'autres villes de la Mésopotamie; leur célébrité est postérieure à l'époque dont nous parlons.

A l'ouest de l'Euphrate nous voyons s'élever les montagnes de la *Haute-Syrie*, entremêlées de valles riantes et bordées par les sables du désert. Là coule l'*Oronte*, que d'innombrables machines à roues forcent à verser ses eaux fécondantes sur les campagnes voisines; ici brillent les cités fondées ou rétablies par les Séleucides, et dont les proconsuls romains même ne pouvaient épuiser les richesses. La populeuse *Antioche*, rivale de Rome, d'Alexandrie et de Séleucie sur le Tigris, voyait accourir dans ses théâtres, son cirque, ses boutiques, et dans les voluptueux bosquets de *Daphné* tout ce que le monde possédait alors d'heureux oisifs, et pourtant sa splendeur n'avait pas encore atteint son plus haut degré. Sur la côte, *Laodicée* florissait par son port et ses vignobles; *Séleucie* passait pour une forteresse imprenable. Près de l'Oronte, *Emesa*, dont le nom indigène était alors et est encore *Hems*, renfermait un magnifique temple où l'on adorait le soleil sous l'emblême d'une pierre noire; *Apamie*, dont le canton, disait-on, pouvait nourrir une armée entière, s'accroissait, tandis qu'*Hamath*, si importante dans la Géographie des Hébreux, n'était plus que l'insignifiante *Epiphania*, et attendait l'époque des Arabes pour refleurir. Vers l'Euphrate, la ville des palmes ou *Tadmor*, dont la fondation est attribuée au roi Salomon, n'était encore que faiblement connue sous le nom demi-latin de *Palmyra*; déjà cependant elle commerçait avec l'Inde; *Berœa* qui, sous le nom d'Haleb ou Alep, devait un jour hériter des grandeurs encore naissantes de Palmyre, avait aussi peu de célébrité; mais *Hierapolis*, nommée en syrien *Mabog*, attirait, par son temple de la déesse Dercetis, une population immense et des trésors que Crassus employa plusieurs jours à faire peser. Les descendants des Séleucides, relégués à *Samosate*, régnaient sur le fertile canton de *Comagène*.

Dans la partie méridionale de la Syrie, le *Liban* et l'*Anti-Liban* portaient encore sur leurs cimes de vastes forêts de cèdre, et ombrageaient au loin ces vallées profondes qui composaient la *Cœle-Syrie*, littéralement traduit « la Syrie creuse. » *Damas* n'était encore connue que par la beauté de ses environs; mais *Heliopolis*, nommée en syrien *Baalbek*, c'est-à-dire maison du Seigneur, possédait sans doute déjà le fameux temple qu'Antonin fit agrandir ou rebâtir.

Le nom de *Phénicie* restait toujours à une côte assez étendue en longueur; mais ses villes ne concentraient plus le commerce du monde. *Tyr* se soutenait par ses teintures en pourpre, *Sidon* par ses verreries. Strabon indique *Ptolémaïs*, en syrien nommée *Aco*, comme la ville principale de ces contrées.

Les *Iturœi*, qui sont peut-être les ancêtres des Druses, avaient leurs petites seigneuries disséminées dans toute l'étendue du Liban, de l'Anti-Liban et des montagnes voisines. La fertile *Galilée* avec Tibérias, sur le lac du même nom; la *Samarie*, où la naissante Césarie rivalisait avec Ptolémaïs; la *Judée*, encore bien cultivée et fertile, avec la florissante et populeuse Jérusalem, l'*Hiero-Solyma* des Grecs, et au delà de la riante vallée qu'arrose le Jourdain, la *Perée*, la *Decapolis*, ou le pays de dix villes; les petits cantons de *Gaulonitis*, *Trachonitis*, *Batanea* et *Auranitis*, voilà ce qui formait le nouveau royaume des Juifs sur lequel planait déjà une destinée cruelle. Strabon qui, avec Diodore, nous a conservé des détails intéressants sur la naissance de l'asphalte dans la mer Morte, confond pourtant ce lac d'une manière inconcevable avec le lac ou plutôt la lagune de *Sirbonis*, voisine des côtes de l'Égypte.

Toute la Syrie avec la Palestine et la Phénicie, n'était, aux yeux d'Hérodote, qu'une côte de l'Arabie. En effet, les tribus arabes se sont de tout temps répandues dans les contrées voisines, témoins les Arabites que nous venons de trouver dans l'Inde, les Arab-Égyptiens que Ptolémée place sur la côte occidentale de la mer Rouge, les colonies arabes d'Éthiopie indiquées par le roi Juba, et peut-être les *Indi*, sur le fleuve *Indus* en Asie Mineure, qu'un auteur romain, Vibius Sequester, semble appeler Arabes. Hérodote ne parle des Arabes que d'une manière générale : en peignant quelques traits de leurs mœurs, il indique comme leurs principales divinités *Urotalt* ou *Eratallah*, le dieu du feu, et *Alitalt* ou *Alatta*, une déesse semblable à la Vénus céleste. Alatta, nommée dans le Coran, était adorée sous la figure d'une pierre noire. Nous savons par les écrivains hébreux que les Arabes ont, de temps immémorial, été partagés en d'innombrables tribus, les unes errantes, les autres fixées dans les villes : Strabon y ajoute que les Arabes méridionaux étaient, comme les Égyptiens et les Indiens, divisés en castes au nombre de cinq, les guerriers, les cultivateurs, les artisans, les savants et les marchands. Les Arabes, peu belliqueux, se livraient presque tous au commerce; les habitants de la côte méridionale recevaient de l'Inde, et en partie recueillaient dans leur propre pays de l'encens, de la myrrhe et des aromates que les Arabes nomades transportaient sur leurs chameaux dans les villes commerçantes de la Syrie et de l'Égypte. C'était ce commerce qui accumulait entre les mains des princes ou *cheiks* arabes l'or de l'Europe et les pierreries de l'Inde. Cependant les Hébreux et les Grecs s'accordent pour donner à l'Arabie des mines d'or; ils en décrivent l'exploitation, ils en marquent la nature trop en détail pour qu'il nous soit permis, à nous qui connaissons si peu l'intérieur de ce pays, de rejeter absolument des renseignements aussi positifs.

Strabon ne distingue que deux grandes divisions dans l'Arabie, la partie *déserte*, au nord, entre la Syrie, l'Euphrate et la Palestine, et au midi de ces plaines abandonnées aux *Scénites* ou habitants des tentes, l'*Arabie heureuse* qui, dans l'idée de la plupart des anciens, comprenait la majeure partie de la péninsule. Sur le golfe persique notre géographe décrit d'abord le pays de *Macini*; il connaît la ville de *Gerrha* située à 2,400 stades des bouches de l'Euphrate, bâtie en pierres de sel, et dont les habitants, Chaldéens d'origine, faisaient un grand commerce en marchandises de l'Inde. Là se terminent les connaissances du géographe d'Amasée.

Le voyage de Néarque prouve cependant que les Grecs connaissaient déjà les *Macetæ*, habitants d'Oman, et dont le nom est resté à la ville de Mascate; mais Strabon ne savait, sur toute l'Arabie méridionale, que ce qu'il avait lu dans Ératosthène, Agatharchide et Artémidore. Selon ces auteurs, il y avait dans le sud-ouest de l'Arabie quatre peuples principaux; les *Chatramotitæ*, appelés aussi Chatramitæ et Atramitæ, dont le nom se retrouve dans la province d'Hadramaut; les *Catabanes* qui demeuraient au nord de ceux-ci, et qui paraissent souvent avoir changé de limites; les *Sabéens*, qui occupaient la partie occidentale de l'Yémen, et dont la capitale *Saba*, comme tous les chefs-lieux de l'Arabie, est désignée sous le nom générique de *Mariaba*; enfin les *Minæi*, qui s'étendaient jusqu'aux environs de la Mecque, le *Macoraba* de Ptolémée. Ces *Minæi*, dont les *Madianites* de Moïse étaient peut-être une branche, faisaient un grand commerce avec l'encens et la myrrhe qui croissaient dans leur voisinage; mais les plus riches de tous les Arabes étaient les Sabéens qui partageaient avec les Gerrhéens le commerce de l'Inde, et dans les maisons desquels on voyait éclater de toutes parts l'or, l'ivoire et les pierres fines.

Au nord des *Minæi* demeuraient les nombreuses tribus connues des Hébreux sous les noms d'*Édom*, d'*Amalec*, de *Moab* et autres, toutes réunies sous la domination suprême des *Nabaïoths*, les *Nabathéens* des Grecs et des Romains. Leur capitale, *Petra*, qui probablement n'était d'abord qu'un rocher naturellement fortifié et rempli de cavernes habitables, donna à toute la contrée le nom d'*Arabia Petræa*. Ce pays, subjugué par les généraux de Trajan, et dont la superbe *Bostra* devint pour lors la capitale, jouissait, du temps de Strabon, d'un haut degré de liberté politique. Les rois ou chefs populaires étaient responsables. Le commerce concourait avec l'agriculture à rendre florissant l'état de ce peuple. Une femme épousait quelquefois plusieurs frères en même temps.

Voilà tout ce que Strabon savait d'un pays dans lequel un de ses amis avait commandé une expédition. Elius Gallus, parti de Cléopatride en Égypte avec 10,000 hommes et une flotte considérable, débarqua à *Leucæ*, principal port des Nabathéens. Obodas, roi de cette nation, joignit ses forces à celles de Gallus, déjà très-épuisées, et fit commander ses troupes par Sylleus. Ce traître conduisit les Romains par des déserts arides, dans les pays où régnait Arétas; il leur fit ensuite traverser l'*Ararène*, et ils n'arrivèrent qu'après une marche forcée et excessivement difficile à *Anagrana* qu'ils saccagèrent : les villes d'*Asca* et d'*Athrulla* eurent le même sort; mais les *Rhamanites* résistèrent, et *Marsyabas* ne fut point prise. Gallus revint sur ses pas après avoir vu périr la plus grande partie de son armée par les maladies, la fatigue, la soif et la faim; il n'avait perdu que sept hommes dans les différents combats qu'il avait livrés. Toute cette expédition, qui paraît dirigée vers l'Yémen par le Nedjed, ne fournit rien de positif à la géographie.

CHAPITRE HUITIÈME.

Analyse de Strabon ; Afrique. Voyage d'Eudoxus de Cyzique.

Depuis l'époque d'Hérodote l'Égypte, transformée en monarchie grecque, dirigeait ses conquètes et ses découvertes vers le golfe Arabique et la mer de l'Inde. Eratosthène avait recueilli à Alexandrie des renseignements très-exacts sur les sinuosités que présente le cours du Nil dans la Nubie ; il distingue plus clairement que ne l'avait fait Hérodote, le vrai Nil, venant d'ouest, notre Bahr-el-Abiad, *l'Astapus*, qui est le Nil d'Abyssinie ou l'Abawi et l'*Astaboras* ou notre Tacazzé. C'était sans doute d'Eratosthène que Strabon avait pris ce qu'il nous apprend sur le lac *Pseboa*, qui semble être celui de Dembea en Abyssinie ; mais rien ne prouve que le savant bibliothécaire connût les sources du grand Nil ; rien non plus ne démontre que les Égyptiens aient pénétré au delà des limites actuelles de l'Abyssinie.

Le fameux *monument d'Adulis*, qui attribue à Ptolémée-Evergète une expédition en Ethiopie faite dans la vingt-septième année de son règne, est fortement soupçonné de manquer d'authenticité. D'ailleurs, si l'on adopte comme des faits historiques les conquêtes énoncées dans la fastueuse inscription de Ptolémée, il est encore évident que tous les noms tant soit peu reconnaissables de cette inscription se retrouvent dans l'espace compris entre le golfe Arabique et le faux Nil d'Abyssinie ou l'Astapus des anciens. La nation *Gaza* désigne les Abyssiniens qui se nomment eux-mêmes *Agazi;* les contrées de *Semena* ou Samen, de *Tziama*, aux environs du lac de Dembea ou de Tzana, de *Bega* ou Begamder, d'*Agamer*, dont le nom s'est conservé, figurent encore sur les bonnes cartes dans l'Abyssinie orientale ; le pays des *Tangaits* paraît être le *Taka* sur le fleuve Mareb; et si les *Athagaus* sont les Agows des modernes, ils demeurent près les sources de l'Astapus. Quelques noms, tels que ceux de *Calaas* et d'*Aca*, semblent nous conduire au sud-est de l'Abyssinie sur les bords de l'Hawasch, près de l'ancienne demeure des féroces Gallas ; les *Rauses* habitaient, selon l'inscription même, dans la *Barbarie des Aromates*, c'est-à-dire sur la côte d'Adel : ce qui pourrait faire voir dans les *Ava* du monument les *Avalites* placés par tous les anciens aux environs de Zeila, tandis que la *Zingabène* se rapporte, non pas à la côte de Zanguebar, mais au cap *Zingis* du géographe Ptolémée, qui est le cap Orfui des modernes. Ainsi l'expédition de Ptolémée-Evergète, même en la supposant vraie, ne dépasse point les limites du monde connu par Hérodote et Eratosthène.

Les Carthaginois avaient probablement des liaisons plus suivies avec les peuples sur le Niger ; mais lorsque ce peuple, éclairé et industrieux, succomba sous le glaive des oppresseurs du monde, ses découvertes furent perdues, dédaignées ou révoquées en doute.

Ainsi l'intérieur de l'Afrique était presque entièrement inconnu au temps de Strabon; la côte de la Méditerranée seule et les environs du Nil étaient fréquentés par les Grecs. Leur opinion sur l'ensemble de cette partie du monde était que sa forme ressemblait à celle d'un trapèze, ou même que la côte, depuis le détroit des colonnes jusqu'à Péluse, pouvait être considérée comme la base d'un triangle-rectangle, dont le Nil formait le côté perpendiculaire qui se prolongeait jusqu'à l'Ethiopie et à l'Océan, et dont l'hypoténuse était la côte comprise depuis l'Ethiopie jusqu'au détroit. Le sommet de ce triangle s'étendait au delà des limites de la terre habitable, et était par conséquent regardé comme inaccessible.

Strabon ne connaissait guère plus la côte occidentale, puisqu'il dit qu'en passant le détroit, on trouve une montagne que les Grecs nomment *Atlas*, et les barbares *Dyris;* que de là, s'avançant à l'ouest, on voit le cap *Cotes*, et ensuite la ville de *Tinga*, située vis-à-vis Gades, à 800 stades de distance; que de ces deux villes aux Colonnes d'Hercule il y a encore 800 stades; qu'au sud de Tinga on rencontre le golfe *Emporicus* où les Phéniciens avaient eu des établissements; que toute la côte après ce golfe est creuse; et que si on en excepte les sinuosités, il faut imaginer qu'elle va directement entre le midi et l'est, rejoindre le sommet du triangle dont il a parlé.

On peut pardonner à Strabon de rejeter trop légèrement les découvertes des Carthaginois le long de la côte occidentale de l'Afrique, puisque rien ne démontre qu'il ait lu le Périple d'Hannon. Mais une erreur, qu'on ne peut s'empêcher de relever, c'est d'avoir placé le mont Atlas sur le détroit des Colonnes, à l'orient du cap Coles, tandis qu'il aurait pu apprendre de Polybe que cette montagne devait être beaucoup au delà sur la côte occidentale de l'Afrique baignée par l'Océan Atlantique, auquel elle a donné son nom.

A l'égard des côtes orientales, Strabon cite un périple d'Artémidore qui conduit depuis le *Diræ*, ou de Bab-el-Mandeb à la *Corne du Midi*, qui, selon les mesures comparées de Ptolémée et de Marin de Tyr, répond au cap Bandellans, au midi du cap Guardafui. Là une côte déserte arrêta longtemps les navigateurs grecs d'Egypte.

Ainsi les côtes occidentales et orientales de l'Afrique passaient pour se tourner, l'une vers l'est, et l'autre vers l'ouest, à la latitude de douze degrés et demi ; c'est là que Strabon place ses *Ethiopes Ætherii* à l'ouest, et la *région cinnamomifère* à l'est. Il ne restait entre ces deux pays qu'un très-petit espace où les grandes chaleurs avaient empêché les voyageurs de pénétrer, mais que l'on supposait baigné par les Océans atlantique et indien qui s'y joignaient. Cette opinion, qui, en faisant terminer l'Afrique à moitié de sa vraie longueur, la rendait plus petite que l'Europe, fut généralement adoptée par les savants de l'école d'Alexandrie, et l'opinion contraire d'Hipparque, qui joignait l'Afrique orientale à l'Inde, resta longtemps dédaignée, jusqu'à ce que Marin de Tyr et Ptolémée l'eussent adoptée ; ce qui n'empêcha point l'opinion contraire de se conserver dans l'ouest de l'Europe, où elle a contribué à la découverte de la route du cap de Bonne-Espérance.

Les opinions systématiques d'Eratosthène et de Strabon, en raccourcissant l'étendue de l'Afrique, semblent avoir dû rappeler à ces géographes la tradition selon laquelle les Phéniciens auraient fait le tour de l'Afrique. Mais une circonstance les arrêtait ; les chaleurs excessives qu'éprouve la partie de l'Afrique située sous le Tropique, devaient, selon l'opinion la plus répandue, s'accroître en approchant de l'équateur au point de rendre la zone torride, sinon inaccessible, du moins inhabitable. Quelques savants, et entre autres Possidonius de Rhodes, cherchèrent cependant à prouver la possibilité d'une navigation autour de l'Afrique ; et parmi leurs raisonnements à ce sujet, Strabon nous a conservé un passage important qui nous fait connaître les courageuses entreprises tentées par Eudoxus de Cyzique pour effectuer ce voyage.

« Possidonius, en parlant de ceux qu'on prétend avoir navigué autour » de l'Afrique, raconte qu'un certain *Eudoxus*, de la ville de Cyzique, » vint en Egypte, sous le règne d'Evergète second, qu'il eut des conféren- » ces avec ce prince et ses ministres, et particulièrement sur la naviga- » tion du Nil dans sa partie supérieure. Cet homme était curieux » de connaître les particularités des lieux, il ne manquait point » d'instruction.

» Dans le même temps le hasard voulut qu'un Indien fût amené au » roi par les gardes-côtes du golfe Arabique : ils disaient l'avoir trouvé » seul et à demi-mort dans un navire ; ils ne pouvaient savoir ni qui il » était, ni d'où il venait, parce qu'ils n'entendaient point son langage. » On le mit entre les mains de gens qui lui apprirent le grec : quand il » le sut, il conta comment, après s'être embarqué sur les côtes de » l'Inde, il s'était égaré, et avait abordé dans le lieu où il fut trouvé, » après avoir vu mourir de faim tous ses camarades. Il promit que, » si on voulait le renvoyer, il montrerait le chemin des Indes aux pilo- » tes que le roi choisirait pour s'embarquer avec lui.

» Eudoxus fut du nombre de ceux que le roi nomma. Il partit avec » différents objets destinés à faire des présents, et rapporta en échange » des aromates et des pierres précieuses ; mais il fut privé des profits » qu'il avait espéré faire, parce que le roi s'appropria tout ce qu'il avait » apporté.

» Après la mort de ce prince, Cléopâtre, sa veuve, prit les rênes du » gouvernement, et fit repartir Eudoxus avec plus de marchandises » que la première fois. Dans son retour les vents le portèrent sur la » côte de l'Ethiopie ; il aborda en quelques endroits, se lia avec les » habitants, leur donna des vivres ainsi que du vin et des figues sèches, » denrées qu'ils ne connaissaient point ; il reçut en échange des secours » et des guides, mit par écrit quelques mots de leur langue, et trouva » un morceau de bois qui avait le bec de proue d'un navire, sur lequel » était sculptée la figure d'un cheval. Comme il apprit que ce fragment » avait fait partie d'un navire venu des plages occidentales, il l'emporta » et reprit sa route.

» Arrivé en Egypte, il ne trouva plus Cléopâtre sur le trône, le fils de » cette reine y était monté : et Eudoxus fut dépouillé une seconde fois

» de tout ce qu'il rapportait, parce qu'on découvrit qu'il avait détourné » plusieurs objets à son profit. Quant aux débris de navire qu'il avait » embarqués, il les exposa dans le marché à l'examen des pilotes, et » ils furent reconnus pour avoir fait partie d'un vaisseau de *Gades*. Les » commerçants de cette ville avaient de gros bâtiments; mais les moins » riches en ont de petits qu'ils appellent *chevaux*, parce que la figure » d'un cheval est représentée sur leur proue; ils s'en servent pour aller » pêcher sur les côtes de la Mauritanie jusqu'au fleuve Lixus. Quelques » pilotes reconnurent même ces débris pour avoir appartenu à un na- » vire qui, avec plusieurs autres, avait tenté de s'avancer plus loin que » le Lixus, sans qu'aucun d'eux eût jamais reparu.

» D'après ces renseignements, Eudoxus ayant conclu qu'il était pos- » sible de faire par mer le tour de l'Afrique, retourna chez lui, et se remit » en mer avec tout ce qu'il possédait. Il relâcha d'abord à Dicéarchia » (près Naples), ensuite à Marseille; et parcourant ainsi toute la côte jus- » qu'à Gades, partout il annonçait hautement son projet. Ayant rassem- » blé des fonds, il arma dans cette ville un grand navire et deux barques » semblables aux bâtiments légers des pirates; ensuite il embarqua de » jeunes esclaves musiciennes, des médecins, des artisans, et fit voile » pour l'Inde, poussé par des zéphyrs qui soufflaient sans interruption: » son équipage fatigué le força d'aborder où le vent le portait. Quoiqu'il » craignît l'effet du flux et du reflux, le désastre qu'il avait prévu arriva; » le grand navire toucha, mais doucement, de sorte qu'il ne fut pas » subitement brisé; on eut le temps de sauver les marchandises et » même la plus grande partie des bois du vaisseau, qui servirent à cons- » truire une troisième barque, grande comme un bâtiment à cinquante » rames. Eudoxus reprit sa route, jusqu'à ce qu'enfin il rencontra des » peuples qui parlaient la même langue que celle dont il avait mis quel- » ques mots par écrit; et il en inféra que ces peuples étaient de la même » nation que les Ethiopiens chez lesquels il avait abordé autrefois, et » semblables à ceux qu'il avait vus dans le palais de Bogus.

» Alors il renonça pour cette fois à son voyage aux Indes. En revenant » sur ses pas, il aperçut une île déserte, abondante en eau et en bois, » il en marqua la position. Arrivé heureusement en Mauritanie, il ven- » dit son navire, et se rendit par terre auprès de Bogus, à qui il conseilla » d'envoyer une flotte vers les lieux d'où il venait. Mais le conseil de ce

» prince s'y opposa, dans la crainte que montrant ainsi le chemin aux » étrangers on ne fut exposé à leurs incursions. Eudoxus apprenant en» suite que, sous prétexte de le charger de l'exécution de son projet, on » devait l'abandonner dans quelqu'île déserte, se sauva sur les terres » de la domination romaine, et de là passa en Ibérie.

» Il arma de nouveau un bâtiment rond et un autre long à cinquante » rames, l'un propre à tenir le large, l'autre à reconnaître les côtes; il » embarqua des outils de labourage, des graines, des ouvriers pour » bâtir des maisons, et recommença son voyage, résolu, si la navigation » se prolongeait jusqu'à une saison trop avancée, d'hiverner dans l'île » qu'il avait remarquée précédemment, d'y semer, d'y faire la moisson, » et d'achever ensuite la navigation qu'il avait entreprise. Voilà, dit Pos» sidonius, ce que j'ai appris des aventures d'Eudoxus : sans doute que » les habitants de Gades et de l'Ibérie connaissent les particularités de ce » dernier voyage. »

Peut-on lire ce simple récit, sans rester pénétré d'admiration pour un homme éclairé, courageux, et qui, plein d'une grande idée, lutte avec tant de persévérance contre les préjugés de son siècle, contre l'injustice des rois et contre la nature elle-même? Et pourtant on a accusé Eudoxus d'imposture et d'ineptie!

Doit-on le rendre responsable des récits fabuleux, des bruits populaires qui avaient cours parmi les habitants de Gades au sujet de son expédition? Doit-on le rendre responsable de la crédulité de Cornelius Nepos, de Méla et des commentateurs qui ont accueilli ces contes? La relation de Possidonius, contemporain et compatriote de notre navigateur, constate un simple fait : Eudoxus, convaincu de la possibilité de faire le tour d'Afrique, essaya deux fois d'ouvrir au commerce cette carrière nouvelle; il osa naviguer sur la haute mer; les zéphyrs ou vents de nord-ouest et d'ouest, dominant sur la côte de la Mauritanie, poussèrent ses voiles le long des côtes occidentales de l'Afrique. On ignora quelle avait été l'issue de sa dernière tentative.

L'étendue de l'Afrique vers le midi restait donc inconnue à Strabon et à ses contemporains; l'aridité des déserts et l'immensité des mers posaient des bornes à l'esprit de découvertes.

L'Egypte, dont Hérodote nous a laissé un tableau si intéressant, avait aussi attiré la curiosité de Strabon : il y fit un voyage, mais ce voyage même devint pour lui une source des plus graves méprises. Après avoir vu le *Delta* et visité le *Nome Arsinoites* jusqu'au lac *Mœris*, Strabon s'embarque sur un canal parallèle au Nil, qu'il prend pour le Nil même, et qui le conduit par *Oxyrinchus* à *Phylace Thebaica*. Là il croit rencontrer un canal qui menait à *Tanis*; c'était cependant le véritable lit du Nil qu'il avait cessé de voir depuis Memphis. Il est probable que la rapidité du fleuve ne permettait pas de le remonter facilement, et que l'on se servait des canaux pour parvenir dans la haute Egypte.

Strabon ne rentra dans le véritable lit de ce fleuve qu'à Panopolis ou Chemmis. Il parle des villes qu'il avait rencontrées comme si elles avaient été situées sur le Nil même, quoiqu'elles en fussent toutes éloignées; erreur véritablement impardonnable de la part d'un géographe !

On peut faire entre la relation d'Hérodote et celle de Strabon des rapprochements utiles pour la géographie. Les sept embouchures du Nil paraissent avoir changé pendant les siècles qui séparent ces deux voyageurs. Hérodote connaît en allant de l'ouest à l'est, 1° le bras *Canopique* aujourd'hui presque desséché; 2° le *Bolbitin*, ou celui de Rosette, qui de nos temps est le principal; 3° le *Saïtique* qui, d'après la position de la ville Saïs, a dû être à l'ouest du bras Sebennitique dont il était dérivé : ce bras paraît aujourd'hui être perdu dans le lac Bourlos, quoique Strabon et plusieurs modernes après lui prétendent transférer le nom de Saïtique au bras *Tanitique*, beaucoup trop éloigné à l'est; 4° le *Sebennitique* qui, selon Hérodote, n'était autre chose que le bras principal du Nil, traversant le milieu du Delta, se rendant directement à la mer, et que les modernes paraissent avoir mal à propos confondu avec le bras qui aujourd'hui communique avec le lac Bourlos, le *Butos* des anciens; 5° le *Bucolique*, canal artificiel, qui paraît avoir peu à peu absorbé les eaux du bras Sebennitique, et qui, nommé *Phatmétique* par les auteurs postérieurs à Hérodote, était déjà du temps de Strabon, l'un des trois bras principaux, et porte aujourd'hui son nom de la ville de Damiette; 6° le *Mendetique*, aujourd'hui le canal de Moez, qui se perd dans le lac de Menzaleh, et dont l'embouchure répond à celle nommée *Dibeh*; enfin 7° le *Pelusiaque*, qui, très-considérable du temps d'Herodote, s'est comblé lui-même par la quantité de matières limoneuses qu'il entraînait avec lui, et dont le bras *Tanitique*, nommé par Strabon, Plutarque et Pline, nous paraît être un canal creusé postérieurement aux temps d'Hérodote, et qui n'a dû sa célébrité qu'au besoin qu'avaient les géographes de retrouver une septième embouchure du Nil à la place de celle du bras Saïtique.

Strabon s'accorde avec Diodore en affirmant que l'Egypte, sous Sésostris, était divisée en trente-six *nomes* ou départements; mais, d'après la division la plus usitée, on distinguait le *Delta* ou l'Egypte inférieure, l'*Heptanomis*, et la *Thébaïde*.

Le Delta oriental, entre le bras Sebennitique et le bras Pélusiaque, aujourd'hui desséchés, renfermait *Pelusium*, la clef de l'Egypte, *Bubastus*, où la fête de Diane rassemblait les jeux et les plaisirs; *Mendes*, où les femmes rendaient à un bouc sacré des hommages impudiques; et *Thamiatis*, plus voisine de la mer que ne l'est la nouvelle ville de Damiette. Strabon, d'accord avec Hérodote et Ptolémée, place Bubastus vers le sommet du Delta, où Pococke en a retrouvé les ruines près de Benalhassar. Le canal Bubastique exista encore longtemps après que le bras Pélusiaque fut à sec. C'était au Nil même, mais près de la sortie du bras Pélusiaque, aux environs de la ville de Patumos, qu'aboutissait le canal qui devait ouvrir une communication entre la Méditerranée et la mer Rouge, canal commencé et abandonné par Sésostris, Necos et Darius Hystaspis, achevé sous Ptolémée Philadelphe, mais qui probablement était détruit avant le temps d'Auguste, et que Trajan paraît avoir voulu rétablir. Le Delta occidental, outre les augustes débris d'Héliopolis, offrait à Strabon les villes encore florissantes de *Busiris* avec le magnifique temple d'Isis; *Saïs*, où à la fête de Minerve des milliers de lampes éclairaient au loin le fleuve et ses rivages; *Naucratis*, port assigné aux négociants grecs dans les siècles de l'indépendance de l'Egypte, mais depuis éclipsée par la ville d'Alexandre: mais notre géographe semble avoir ignoré ou dédaigné *Bolbitine*, ville située à peu près sur l'emplacement de Rosette. Au delà du bras Canopique, s'élevait sur la rive du Nil *Canopus*, qui avait hérité du commerce et des mœurs licencieuses de *Naucratis*.

Plus loin, brillait sur les bords de la mer la magnifique, l'immense *Alexandrie*, la capitale du monde commercial, et le principal foyer des lumières géographiques répandues dans l'ancien monde. La bibliothèque, formée par les Ptolémées, avait été anéantie en grande partie dans un incendie du temps de Jules César; les trésors littéraires de Pergamus avaient de nouveau rempli le vide : hélas ! ils devaient un jour subir le même sort.

Dans l'*Heptanomis*, la première ville qui se présente est l'antique capitale, *Memphis*, que d'Anville paraît avoir mise trop au sud, puisque Strabon et Pline ne la placent, le premier qu'à 3 schœnes et l'autre à 15 milles romains au sud du point où le Nil se partage. Pline a évalué le schœne à 40 stades olympiques. Toutefois ces mesures, comparées à celles de la distance de Memphis aux Pyramides, laissent toujours quelque incertitude sur l'emplacement de cette ville, qui du temps de Strabon était déjà descendue au second rang.

Les *Oasis*, îles de verdure, au milieu de la mer de sables de la Libye, appartenaient à l'Heptanomide. Dans le haut de cette province, *Hermopolis la grande* a laissé des ruines imposantes. La *Thébaïde* offrit à Strabon *Panopolis*, la *Chemmis* d'Hérodote, et l'Ichmin des modernes; *Ptolémaïs*, la plus grande ville du pays après Memphis, et qui se gouvernait en république; *Tentyra*, dont les habitants étaient ennemis irréconciliables de ceux d'*Ombos*, parce que le crocodile, objet d'horreur pour les premiers, était chez les autres une divinité révérée. Strabon passe aussi à *Coptos*, où Ptolémée Philadelphe avait fait tracer un chemin de dix à douze journées, qui aboutissait à *Bérénice* sur la golfe Arabique : c'était le port où arrivaient toutes les marchandises de l'Inde, de l'Arabie et de l'Ethiopie. De Bérénice on les transportait sur des chameaux à Coptos, et de là elles descendaient le Nil jusqu'à Alexandrie, qui était l'entrepôt général du commerce de l'Asie. Strabon visita ensuite les augustes ruines de l'antique *Thèbes*, que Cambyse avait bouleversée, de Thèbes aux cent portes et aux cent noms, la *Diospolis* des Grecs et le *No-Ammon* des Hébreux. Les ruines de Thèbes s'étendaient sur un espace de 80 stades olympiques de long; ce qui peut très-bien s'accorder avec la circonférence de 400 à 420 stades égyptiens que d'autres écrivains donnent à cette ville.

Syène offrit à notre géographe voyageur ce fameux puits, qui au moment du solstice d'été devait être tout éclairé en dedans par les rayons du soleil, phénomène au moyen duquel les anciens disaient avoir découvert que Syène était directement sous le tropique. Strabon ne poussa ses courses qu'à 100 stades au delà de Syène; mais les généraux de Gallus avancèrent jusqu'à *Napata*, où résidait la reine des Ethiopiens; la capitale ordinaire était *Méroë*, située à 700 stades au delà du confluent de l'Astaboras et du vrai Nil, à 873 milles romains de Syène, dans la grande contrée presqu'insulaire qu'embrassent les eaux du Nil, de l'Astaboras et de l'Astapus. Depuis des siècles on vantait la puissance des rois de Méroë; on n'avait pas encore oublié l'éloge qu'Homère donne aux Éthiopiens comme étant les plus justes des hommes. Cependant Strabon, qui nomme les *Blemmyes*, nègres très-difformes, les *Nubæ* et les *Megabari* comme des tribus éthiopiennes, avoue que le bruit de la puissance du royaume de Méroë était fort exagéré, et que ces peuples, brigands plutôt que guerriers, avaient dû leurs succès contre l'Égypte à la seule rapidité de leurs incursions. Les relations de Diodore semblent au contraire nous montrer Méroë comme un État assez civilisé, gouverné par une caste de prêtres qui pouvaient envoyer au roi l'ordre de mourir. Un de ces monarques, nommé Ergamènes, instruit dans la philosophie des Grecs, fit massacrer les prêtres, et se déclara despote. Cette révolution a pu anéantir la splendeur de Méroë, fondée sans doute sur le culte de Jupiter-Ammon et sur le commerce des caravanes.

Le silence de Strabon et d'Ératosthène sur les sources du grand Nil et les contrées qui les avoisinent, prouve assez que les anciens ne se croyaient pas aussi bien informés à cet égard que le prétendent quelques commentateurs modernes. Diodore assure qu'aucun Grec n'avait rien appris de certain à l'égard des sources du Nil. Il reste toujours à expliquer un passage obscur d'Aristote, où il dit que le Nil prend sa source dans les montagnes d'argent, qui semblent, à la vérité, être celles dites de la lune, et d'où il fait couler vers la *mer extérieure* un autre grand fleuve, le Chrémètes; mais ces expressions se rapportent sans doute à quelques renseignements particuliers obtenus par Alexandre, et qui évidemment n'ont pas influé sur les opinions géographiques généralement admises.

Les écrits d'*Artémidore* d'Éphèse ont cependant fourni à Strabon des notions très-détaillées sur les côtes de l'Afrique qui bordaient le golfe Arabique, ainsi que sur celles qui s'étendent jusqu'au cap Guardafui, et même un peu au delà. Un autre voyageur, *Agatharchide* de Cnidus, avait décrit d'une manière très-intéressante les côtes du golfe Arabique jusqu'aux parages de l'île Dahlak. Il ne nous reste que des fragments de ces deux voyageurs; et pourtant on chercherait en vain chez les modernes une relation plus instructive sur ces contrées.

Le port nommé *Myos-hormos* était encore en Égypte ; la *Troglodytique* commençait à la ville de *Bérénice* qui en tire son surnom ; elle renfermait encore, parmi d'autres établissements des Gréco-Égyptiens, une *Ptolémaïs*, surnommée *Epi-Theras*, c'est-à-dire *aux éléphants*. Dans une des nombreuses îles du golfe on exploitait une mine de topazes. Le nom générique de *Troglodytes* ou habitants des cavernes comprenait une foule de tribus, dont les unes, placées dans l'intérieur, poursuivaient l'autruche et l'éléphant, tandis que les autres, vivant aux bords de la mer, se nourrissaient de poissons et de racines; les Grecs leur donnaient en conséquence les noms d'*elephantophagi*, de *struthophages*, et autres non moins vagues. Beaucoup de tribus de la Troglodytique possédaient des troupeaux de bœufs et de chèvres. Quelques-unes enterraient leurs morts avec des cérémonies remarquables; ils liaient la tête du mort à ses pieds; le corps, ainsi ramassé, était porté sur une colline, où chacun, joyeux et riant, lui jetait des pierres jusqu'à ce qu'on ne l'aperçut plus. Croirait-on que des tombeaux antiques de la Scandinavie présentent des squelettes placés dans la position qu'on vient d'indiquer, et sous des tas de pierres, à la vérité rangées avec un certain art?

Sur le détroit, un peu en dedans et en dehors, les auteurs que nous analysons placent la contrée de *Sabée* avec la ville de *Sabæ* ou Assab. Était-ce parmi ces Sabéens qu'on trouvait les palais ornés d'ivoire, éclatants d'or, parfumés d'ambre, que nous dépeint Agatharcide? Était-ce une colonie des Arabes du même nom, ou ces noms sont-ils de ces appellations génériques dont le sens vague arrête toute discussion géographique? Nous l'ignorons. Il est certain que, du temps de Pline, on connut dans le même emplacement la nation des *Adulites*, qui s'y conserva jusque dans le IVe siècle, et dont probablement le royaume d'*Adel* de nos jours est encore un reste. Le nom d'*Adulis* a été donné à une ville sur le golfe de Matzua, et à une autre voisine de Zeila.

Après avoir passé les îles couvertes de palmiers et d'oliviers qui resserrent le détroit de *Diræ*, on découvrait le canton qui produisait la myrrhe, et un peu plus loin celui où croissait la cannelle. On trouvait de l'encens près le cap *Pytholaus*, et de la fausse cannelle aux environs du port de *Pythangelus*. Le cinnamome croissait vers le cap *Elephas*, le mont Fellis de nos cartes. Ces aromates de l'Afrique ne se retrouvent qu'en partie. La côte décrite par Artémidore se termine à un promontoire peu éloigné du cap Guardafui, et que les anciens navigateurs avaient nommé *Corne-du-midi*.

La description de l'Afrique occidentale, chez Strabon, prouve bien que les connaissances de son temps atteignaient à peine les bords du Niger : il dit et répète que l'Afrique se termine par des déserts, soit qu'on suive les côtes sur l'Océan, soit qu'on pénètre vers l'intérieur, et que les Romains en possèdent à peu près toutes les parties qui ne sont pas ou désertes ou inhabitables. Il nous paraît donc certain que les connaissances des Grecs se terminaient au grand désert de Sahra. Strabon ne retrace que vaguement la *Mauritanie*, nommée par les Grecs *Maurusie*, avec la ville de Lixus, dernière ville de l'empire romain au sud-ouest : il connaît un peu mieux la région fertile des *Massæsili* et des *Massyli*, que les historiens ont comprise sous l'appellation de *Numides*, c'est-à-dire Nomades, et dont *Iol*, surnommée *Cæsaria*, et l'opulente *Cirta* étaient les capitales; mais il ne nous apprend rien de particulier sur la nation Mauro-Numidique. Il décrit avec un peu plus de soin les riches plaines de l'*Afrique* proprement dite. *Carthage*, rétablie en qualité de colonie romaine, était redevenue la reine des cités africaines.

On est étonné de voir Strabon négliger une occasion aussi naturelle pour donner à ses lecteurs une idée de l'ancien empire de Carthage. Nous suppléerons à son silence par les témoignages d'autres écrivains. Les fertiles contrées qui s'étendent depuis le cap Blanc jusque vers le lac Triton, au sud de la Petite-Syrte, formaient le noyau des États carthaginois; c'est là que de belles et vastes terres, cultivées avec intelligence, fournissaient aux grandes familles de la république un revenu plus sûr que le gain commercial; c'est là que les colons de Phénicie, mêlés avec les indigènes, formaient la nation des *Lyby-Phéniciens*, fidèles soutiens de l'État. Deux provinces y sont distinguées; au nord, la *Zeugitane* avec Carthage et ses villes alliées, Utique et Hippo-Zarytos; au sud, le *Byzacium*, l'ancien pays des Byzantes d'Hérodote, dont les côtes portaient le nom d'*Emporia*, c'est-à-dire les ports marchands.

Parmi les nombreuses villes dont ces contrées étaient parsemées, les unes, colonies antiques des Phéniciens, se ralliaient à Carthage comme à une sœur plus heureuse, qui leur tenait lieu de mère; les autres, colonies carthaginoises, vivaient tranquilles sous un régime sévère, mais juste et bienfaisant. Hors de ce territoire central, dont l'île de *Melite* ou Malte, riche atelier de toiles fines, était le poste d'avant-garde, Carthage ne possédait en Afrique qu'une lisière le long de la mer; car la *région Syrtique* avec *Leptis* n'était habitée dans l'intérieur que par des nomades; les villes surnommées *Métagonites* étaient des places de commerce semées sur les côtes de la Numidie, dont l'intérieur ne fut jamais soumis; enfin, au delà du détroit des Colonnes, une série de villes maritimes fondées par Hannon s'étendait au sud jusqu'aux limites du monde connu; mais les *Pharusii* et les *Nigrites* les avaient détruites.

La *Cyrénaïque* occupe dans la description de Strabon presqu'autant d'espace que les États carthaginois. Cette lisière verdoyante et fertile de l'aride *Libye* renfermait cinq villes, qui lui firent donner le nom de *Pentapole.* Parmi elles on distinguait *Bérénice*, autrefois *Hesperis*, non loin d'un bosquet riant appelé le jardin des Hespérides, *Barce* avec son port nommé Ptolémaïs, et *Cyrène*, patrie d'Ératosthène et de beaucoup d'autres savants. A l'est de la Cyrénaïque s'étendaient les côtes arides de la *Marmarique*, dont le *nome Libyque*, province égyptienne, avec le port *Parætonium* était un démembrement. Les triples moissons qu'offrait la Libye, selon le niveau différent du terrain, les troupes d'antilopes, de moutons à cornes, de vaches de Barbarie, de chacals, de porcépics, de belettes, de rats-jerboa qui peuplaient ses monts et ses plaines; enfin le *silphium*, qui croissait sur les côtes de la Syrte, mais qui du temps de Néron avait presque disparu : toutes ces richesses naturelles, remarquées déjà par Hérodote, prouvent que cette contrée était mieux connue des Grecs qu'elle ne l'est de nous. Les peuplades de la partie intérieure, que nous avons déjà nommées d'après Hérodote, avaient probablement disparu à l'époque de Strabon; du moins il ne nomme que la célèbre Oasis d'*Ammon* et la nation des *Nasamones*. Plus à l'occident, derrière la région des Carthaginois et des Numides, il connaît les *Gétuliens*, et, dans l'intérieur des terres, les *Garamantes*, dans une contrée qui n'a que 1,000 stades de long, et qui paraît être le Fezzan.

Une autre découverte en Afrique, rejetée formellement par Strabon, présente tant d'obscurité qu'elle restera toujours un sujet de doute pour les savants. Je veux parler de la *Panchæa* d'Évhémère. Selon

Diodore, Évhémère, chargé d'une expédition par Cassandre, roi de Macédoine, découvrit un groupe de trois îles situées au sud de l'Arabie; l'une d'elles avait 200 stades de long; mais la Panchæa proprement dite était bien plus grande. Quatre nations différentes l'habitaient; chez l'une d'elles le gouvernement était entre les mains de trois rois électifs qui ne pouvaient infliger la peine de mort qu'avec le consentement du collége des prêtres. Un temple magnifique contenait des inscriptions en hiéroglyphes égyptiens. Trois villes, *Hiracia*, *Dalis* et *Océanis*, ornaient une contrée où abondaient toutes sortes d'arbres, de plantes et d'animaux. L'île, de 200 stades de long, produisait assez d'encens pour en fournir les autels de tous les dieux du monde. C'était en Panchæa, disaient des auteurs cités par Pline, que le *Phénix* déposait sur l'autel du Soleil son nid, qui était en même temps sa tombe et son berceau. Toutes ces merveilles sont-elles nées dans la tête exaltée d'un Arabe ou d'un Grec d'Alexandrie? La Panchæa est-elle une contrée imaginaire, une Atlantide ressuscitée? C'est l'opinion de Strabon, de Plutarque, et de presque tous les modernes. Mais de quelle contradiction manifeste la relation d'Évhémère est-elle donc entachée? Les traits physiques, un peu embellis, rappellent la région de l'encens et de la myrrhe sur la côte orientale de l'Afrique; les lois contre le despotisme ressemblent à celles qui régissent l'Yemen. Ainsi les Panchéens sembleraient être une colonie arabe établie en Afrique. Or, c'est justement vers l'extrémité orientale de l'Afrique, semée de colonies arabes, que Pomponius Mela semble placer ses *Panchæi*. Le groupe de trois îles d'Évhémère, ne représenterait-il pas le cap Guardafui avec les îles de Socotora et d'Abdal-Curia? Là se retrouveraient deux circonstances historiques importantes, la colonie des Grecs, envoyée par Alexandre, et l'existence simultanée de quatre races très-distinctes. Évhémère aurait pris l'extrémité orientale de l'Afrique pour une île, erreur très-excusable. Telle était notre hypothèse sur Panchæa, lorsque nous apprîmes que Gosselin, avait donné des raisons très-ingénieuses pour la considérer comme identique avec l'île de *Maccira* sur la côte d'Arabie. Beaucoup de circonstances s'expliquent parfaitement dans cette hypothèse; mais les hiéroglyphes égyptiens, les éléphants et les lions indiquent trop clairement une contrée africaine pour ne pas nous ramener à notre première idée.

CHAPITRE NEUVIÈME.

Découvertes des Romains et de leurs sujets. Analyse de la géographie de Pline : Afrique, A. après J.-C. 1 — 80.

L'empire romain était devenu la patrie commune de toutes les nations civilisées; un commerce paisible liait entr'eux les peuples du monde connu, et devait peu à peu en faire connaître de nouveaux. L'abrégé géographique de *Denys le Périégète*, en beaux vers grecs, et celui de *Pomponius Mela*, en prose souvent concise et élégante, quelquefois sèche et obscure : voilà les deux ouvrages de ce siècle qu'on cite le plus souvent; mais il s'en faut bien que leur mérite égale leur renommée. Denys retrace le système géographique de Strabon; le seul peuple qu'il ait ajouté, ce sont les *Indoscythes* : il connaît assez peu l'occident de l'empire romain; et son surnom de *Périégète* ou voyageur autour du monde, lui est venu de son ouvrage intitulé *Périégèse*, plutôt que des voyages qu'il n'avait point faits.

L'abrégé de Mela, bien plus curieux pour le géographe, offre le système d'Ératosthène : dans ses détails historiques, on remarque des particularités qu'il a dû tirer d'ouvrages perdus pour nous; il semble douter de la prétendue communication de la mer Caspienne avec l'Océan; il trace bien le cours de l'Oxus; dans le nord de l'Europe, il distingue la Scandinavie et les îles voisines; il sait que les Sarmates ont déjà étendu leurs possessions jusqu'à la Baltique; sa description des Gaules et de l'Espagne contient quelques particularités physiques : mais ne lui demandons point une critique sévère; il ne compare point, il confond les vieilles et nouvelles relations.

C'est dans des sources bien plus authentiques que nous devons démêler l'histoire des progrès de la géographie. Parmi les monuments de cette espèce que nous a légués le premier siècle de notre ère, on doit mettre au premier rang le *Périple de la mer Érythréenne*, qui semble être du temps de la dynastie césaréenne. L'*Arrien*, à qui on attribue cet itinéraire nautique et commerciale, était probablement un négociant romain établi à Alexandrie. Un autre itinéraire, les *Stathmi Parthici*, par Isidore de Charax, nous apprennent beaucoup de détails purement géographiques sur l'empire des Parthes. Ce n'est guère que par Pline, cet élégant et érudit compilateur, que nous connaissons la géographie des Romains du premier siècle. Il nous a conservé de précieux fragments d'une foule de livres engloutis dans le naufrage de la docte antiquité; de ce nombre sont la Description de l'Empire romain faite par ordre et sous les yeux d'*Agrippa*, gendre d'Auguste, les Commentaires sur l'Afrique par le roi Juba, commentaires tirés principalement des livres carthaginois, la relation de *Statius Sebosus* sur les îles Fortunées, les mémoires sur l'Inde par *Sénèque*, et les relations de plusieurs généraux et envoyés romains déposées dans les archives du *Palatium*. Il avait encore compulsé un plus grand nombre d'auteurs grecs. Malheureusement Pline copie souvent au lieu d'analyser, et il n'entend pas toujours ce qu'il copie. Peu instruit de la valeur des différents stades grecs, égyptiens, babyloniens et autres, il évalue toujours les mesures que ses auteurs lui fournissent à huit stades par un mille romain. Il ne distingue pas avec assez de soin les témoignages des auteurs grecs anciens d'avec ce que lui apprenaient les relations de ses contemporains : de sorte que ses descriptions offrent souvent un mélange incohérent de faits appartenant à des siècles différents. Enfin il n'a point de principes fixes sur l'étendue et la configuration de la terre; il flotte entre Hipparque et Eratosthène; tantôt il paraît croire que l'on peut faire le tour de l'Afrique par l'Océan et en dedans de la zone habitable, tantôt il semble prolonger indéfiniment au midi les terres de notre continent en regrettant seulement que la zone brûlante et inaccessible nous ferme toute communication avec la zone tempérée australe. Ses idées sur la grandeur relative des trois parties du monde sont clairement exprimées dans un passage où il dit : « que l'Europe forme un tiers du continent, plus » un huitième; l'Asie un quart, plus un quatorzième ; et l'Afrique un » cinquième, plus un soixantième. » Voilà la condamnation la plus formelle de ceux qui veulent étendre les connaissances des anciens jusqu'à la Chine et au delà de la ligne équinoxiale.

L'Afrique, dit Pline, en prenant un terme moyen entre des mesures très-différentes, a 3,648 milles romains de longueur de l'est à l'ouest :

cette mesure évaluée en stades de 700 au degré, représenterait l'étendue approximative des côtes depuis la vallée de Catabathmus, entre l'Égypte et la Cyrénaïque, jusqu'au cap Noun. La largeur de la partie habitée de l'Afrique ne dépassait nulle part 250 milles romains ; mais en partant des frontières de la Cyrénaïque à travers les déserts et le pays des Garamantes, Agrippa donne à cette partie du monde 910 milles de largeur : cette mesure, due sans doute à l'expédition contre les Garamantes, nous conduit au delà d'Agades et Bornou, mais n'atteint pas le Niger. Quelles que soient les discussions auxquelles les chiffres très-corrompus du texte peuvent donner lieu, il est évident que les Romains ne connaissaient qu'un tiers de l'Afrique.

Cette vérité générale une fois établie par les paroles mêmes de Pline, nous devons y subordonner tous les détails qu'il nous apprend. Ce Romain eut-il connaissance des contrées situées au delà des limites qu'il assignait à l'Afrique, aussitôt il arrangea ces matériaux de manière à les faire entrer dans son système. C'est ainsi qu'il a traité les notions étendues mais confuses que les ouvrages du roi Juba lui avaient fournies à l'égard du cours du vrai Nil et du Niger; il les prend pour un seul et même fleuve, et il en donne une description romanesque dont nous allons citer les principaux traits.

Après avoir commencé par avouer qu'on ne sait rien de certain des sources du Nil, Pline nous apprend que Juba, roi de la Mauritanie, crut les avoir découvertes dans un lac considérable situé sur une montagne de la Mauritanie intérieure. « Le lac qu'on appelle *Nilis* n'est pas très-
» éloigné des bords de l'Océan ; on y trouve les mêmes animaux que
» dans le Nil, comme, par exemple, les crocodiles. D'ailleurs, dit-il,
» on a observé que les accroissements du Nil étaient proportionnés à
» la masse des eaux pluviales et des neiges tombées en Mauritanie. »

Ce prétendu Nil « s'indigne de couler à travers des déserts arides,
» et se cache sous terre pendant un espace de plusieurs jours de mar-
» che ; » puis il reparaît dans la Mauritanie césarienne ; il y sort d'un lac bien plus grand que le premier : il jette un coup d'œil sur les peuples voisins ; et comme apparemment les Massésyles ne lui plaisent pas, il se cache de nouveau sous terre. Pour cette fois-ci son indignation est sérieuse ; il coule sous terre l'espace de vingt journées de marche, jusqu'à ce qu'il ait atteint les confins des Ethiopiens. Comme les Éthio-

piens, d'après le témoignage d'Homère, étaient de bonnes gens, le soi-disant Nil se résout à se montrer de nouveau. « Il a senti la présence » des hommes, il ressort de la source appelée *Nigris*; son cours sépare » l'Afrique de l'Éthiopie (c'est-à-dire les nations blanches ou basanées » des peuples noirs, les Maures des Nègres); ses bords ne sont pas » partout couverts d'habitations, mais au moins il nourrit partout des » animaux, et en arrosant le terrain il y crée des forêts. Lorsqu'il » traverse le milieu de l'Éthiopie, il prend le nom d'*Astapus*. » On voit clairement que Pline regarde le Niger et le Nil comme un seul fleuve sous deux noms; mais on est un peu surpris de le voir appliquer au Nil le nom d'*Astapus* que tous les anciens donnent à l'Abawi. Ici vient une obscure description de l'Astasobas et de l'Artaboras, bras qui s'unissent à l'Astapus, lequel est regardé par Pline comme le plus occidental et le principal. Le fleuve réuni, dit-il, prend le nom de *Nil*; mais il s'appelle encore, pendant l'espace de quelques lieues, *Siris* comme auparavant.

Cette discussion singulière renferme probablement quelques traits authentiques, défigurés par l'esprit de système. D'abord il paraît que le roi Juba avait tiré toutes ses connaissances des livres carthaginois, circonstance dont on sent facilement toute l'importance. Admettons donc que les deux premières apparitions du prétendu Nil de Pline ne sont que de petites rivières qui coulent sur les flancs méridionaux du mont Atlas. Mais l'espace désert de vingt journées de marche indique clairement les solitudes de Sahara, et le rapprochement des sources du prétendu Nil aux bords de l'Océan convient même à la position des sources du Niger ou du Joliba. Voilà ce que les livres carthaginois avaient appris au roi Juba. Mais Pline, en suivant son système général, a d'abord dû rapprocher les latitudes de ces fleuves divers dont il composait son Nil; ensuite il a dû compter les vingt journées de marche plutôt de l'ouest à l'est que du nord au sud. Ce n'est qu'avec ces changements qu'il a pu faire entrer ces distances dans sa carte d'Afrique.

Mela, contemporain de Pline, dit qu'il y a chez les Éthiopiens occidentaux une source qui paraît être l'origine d'une des branches du Nil. Le nom de *Nuhul* paraît à cet auteur n'être qu'une corruption du mot Nil. « Toutes les autres rivières de cette contrée (il parle de l'Éthiopie

» occidentale) s'écoulent dans l'Océan; celle-ci seule se dirige vers » l'orient; » et Mela ne sait pas ce qu'elle devient.

Strabon dit dans un endroit que le Nil, près de ses sources, se cache sous terre. Il cite dans un autre passage, mais en la rejetant, l'opinion de ceux qui croient le Nil originaire des extrémités de la Mauritanie, c'est-à-dire, des contrées assez voisines de celles où naît le Joliba. Tous ces témoignages ne prouvent-ils pas que le Niger et la Nigritie ont été connus de ce peuple commerçant qui disputa aux Romains l'empire de l'univers? Mais la manière confuse dont les géographes grecs et romains exposent ces traditions carthaginoises démontre qu'aucune expédition des Grecs d'Égypte ou des Romains n'avait porté le flambeau de la science dans ces régions, encore aujourd'hui si mal connues.

Pline nous a cependant conservé le souvenir et les résultats de plusieurs voyages faits en Afrique. Dans sa description de la Mauritanie, il donne un extrait d'un périple de l'historien Polybe, qui ne paraît pas avoir pénétré bien au delà du cap Noun; du moins les mesures générales qu'il donne ne s'étendent qu'à 813 milles romains au sud du détroit de Gibraltar; c'est là qu'il place le *grand Atlas*, qui correspondait ainsi au cap Noun. Il règne à la fin du récit de Pline une grande obscurité; cependant on est obligé de convenir que Polybe connaissait par ouï-dire une côte, au midi du mont Atlas, égale à peu près à celle qui séparait cette montagne du détroit. A l'extrémité de cette côte, le fleuve de Rio-de-Ouro paraît être le *Cornu Hesperi* de Polybe, d'Hannon et d'autres anciens.

Derrière ce rivage inhospitalier où, du côté de la terre, une immense mer de sables, et du côté de la mer, une barrière flottante d'herbes marines arrêtaient les navigateurs et les voyageurs, on connaissait un peuple de *Daratites*; ce sont incontestablement les habitants du royaume de Dara, le plus méridional des États tributaires de Maroc. Les *Pharusiens*, leurs voisins, avaient détruit les colonies fondées par les Carthaginois. Strabon, qui nous apprend ce fait, ajoute qu'ils venaient, quoique rarement, en Mauritanie pour y faire le commerce; que leur rendez-vous était à *Cirta* (Constantine); qu'ils y arrivaient en passant par des endroits marécageux et des lacs, en portant avec eux de l'eau dans des outres suspendues sous le ventre de leurs chameaux. Pline indique la demeure de ce peuple à l'ouest du grand désert. Voilà donc très-probablement une de ces tribus du désert qui de tout temps ont fait le commerce entre le nord de l'Afrique et les pays où le Niger et le Sénégal roulent de l'or dans leurs sables.

Dans l'Océan atlantique même les Romains connurent des îles auxquelles il leur plut d'appliquer le nom de *Fortunées*. Pour expliquer l'histoire géographique de cette dénomination, rappelons-nous les riantes images de la mappemonde poétique des premiers Grecs. La peinture des contrées fertiles situées à l'ouest de la Grèce, et la renommée des peuples qui, dans ces régions heureuses, menaient une vie patriarcale, étaient déjà parvenues aux oreilles d'Homère : ce poëte plaça à l'occident et dans un lointain obscur, mais pourtant en dedans de l'entrée de l'Océan, l'île enchantée d'*Ogygia* où régnait Calypso, fille d'Atlas : voilà donc la première *Atlantide*. En passant par l'entrée mystérieuse de l'Océan les héros arrivaient dans l'*Elysée* ou l'île des Bienheureux : voilà le type de toutes les îles Fortunées. Lorsqu'un ou peut-être deux siècles après Homère une tempête eut entraîné Colæus de Samos au delà des Colonnes d'Hercule, les récits exagérés de ce navigateur sur les charmes de Tartessus, exaltèrent encore l'imagination des Grecs, et fournirent à Hésiode une belle occasion pour agrandir le monde poétique d'Homère. Au lieu d'un seul Élysée, nous avons à présent plusieurs îles Bienheureuses, où la terre donne trois fois par an des fruits délicieux. Un roi *Atlas* règne à présent sur une vaste contrée bénie du ciel; et de son union avec la nymphe *Hespéris* il naît sept filles, nommées, tantôt *Atlantides* d'après leur père, tantôt *Hespérides* d'après leur mère. Ces nymphes, douées d'une voix harmonieuse, gardent le jardin au pommes d'or, près de l'entrée de l'Océan et non loin du séjour d'Atlas.

Nous ne nierons pas que l'histoire d'Hercule Tyrien, très-souvent répétée même par les historiens et les géographes, ne soit une allégorie orientale sous laquelle un poëte phénicien aura dépeint les navigations audacieuses de ses compatriotes et leurs conquêtes dans le Pérou de ces siècles reculés. Mais comme le périple d'Hannon prouve que, du temps même d'Hérodote, les Carthaginois n'avaient pas encore découvert les îles Canaries, il est évident qu'on ne doit point chercher à appliquer à ces îles les vagues peintures d'Hésiode et de ses contemporains.

Une tradition, différente de celle d'Homère et des Phéniciens, se répandit en Grèce après la fondation de Cyrène et les voyages d'Hérodote. On apprit que les Égyptiens désignaient sous le nom d'Iles Fortunées ces cantons fertiles, semés dans les vastes déserts de la Libye, et qu'on nomma depuis *Oasis*. Les Grecs de Cyrène ne manquèrent pas de s'emparer de l'idée des Égyptiens; et ayant découvert sur la côte, d'ailleurs si aride de la grande Syrte, quelques terrains où la chaleur et l'humidité réunies entretenaient une brillante végétation, ils leur donnèrent le nom de *Jardin des Hespérides*. C'est là que l'oranger et le citronnier en étalant aux yeux des Grecs leurs fruits dorés, leur rappelèrent les pommes d'or qu'Hercule avait été chercher dans l'occident fabuleux des poëtes. Scylax place ce jardin des Hespérides sur les bords de la mer; Strabon en fait une oasis de l'intérieur; et Pline dit avec raison que « la fable vagabonde a transporté ce nom en cent » lieux divers. » Les traditions se confondirent et se mêlèrent ensemble; tantôt les nymphes Hespérides furent tranformées en *Amazones*, et on transporta leur demeure dans le Pont-Euxin; tantôt les Hespérides suivirent le sort de leurs voisins, les Hyperboréens; on donna à leurs îles le surnom d'Hyperboréennes, et on y plaça les mines d'étain du Cornouailles. Que les amateurs de fausses antiquités emploient ces îles voyageuses comme ils l'entendent; qu'un *Rudbek* les joigne à son Atlantique lapone, et qu'un *Oviédo* y voie dans le pays des Amazones l'Amérique méridionale ; nos lecteurs, s'ils ont bien suivi le fil de cette histoire, n'auront pas besoin qu'on leur fasse remarquer l'absurdité de ces hypothèses, et, avec Pline, ils renverront les Hespérides au pays des fables.

Les Phocéens ayant vers la 57e olympiade ouvert au commerce des Grecs l'occident de l'Europe, toutes les fables des siècles poétiques, et avec elle les îles Fortunées, furent repoussées dans les espaces inconnus. Platon en renouvela le souvenir par son conte moral de l'Atlantide. Aristote paraît réellement avoir appris que les Carthaginois venaient de découvrir dans l'Océan occidental une île considérable, belle, et déserte; mais cette découverte, défigurée par Diodore, a dû être perdue, puisque Polybe, envoyé à la recherche des établissements carthaginois, n'eut aucune nouvelle d'une île semblable.

La première connaissance certaine qu'on eut des îles situées à l'ouest ne date que des derniers temps de la république romaine. Sertorius, réfugié en Espagne avec un parti de Romains, fut informé qu'à dix mille stades de la Libye (on voulait sans doute dire de l'Ibérie), il se trouvait deux îles agréables, riches en productions naturelles, et qui, dans leur sein tranquille, lui offraient une nouvelle patrie. Vingt ans après, *Statius Sebosus* recueillit à Gades tous les renseignements qu'on avait sur les îles occidentales; il apprit à en connaître cinq, savoir : *Junonia*, *Pluvialia*, dépourvue d'eau, *Capraria*, *Convallis*, remarquable par ses montagnes, et *Planaria*, dont le nom indique une nature opposée.

Le roi Juba fit de nouvelles recherches sur cet archipel. Au sud-ouest des îles *Purpurariæ*, où il avait établi des teinturiers en pourpre, il connut les six îles suivantes. « La première des îles Fortunées, dit-il, s'ap-
» pelle *Ombrios* : on n'y voit aucun vestige d'édifices; dans ses mon-
» tagnes il existe un étang, et des arbres semblables à la férule :
» les uns sont noirs, on en exprime une eau amère; les autres sont
» blancs, on en tire une eau agréable à boire. La seconde se nomme
» *Junonia*; elle ne renferme qu'un petit temple bâti en pierres. Près de
» *Junonia* est une autre île du même nom, mais plus petite. Ensuite
» vient *Capraria*, remplie de grands lézards. De ces îles on voit *Nivaria*,
» ainsi nommée des brouillards et des neiges qui la couvrent en tout
» temps. Près de Nivaria est *Canaria*; elle doit son nom à la multitude
» de chiens d'une grandeur énorme qu'elle nourrit. Cette île offre des
» restes d'édifices. Toutes elles produisent des pommiers, des dattiers,
» beaucoup d'oiseaux, et du *papyrus*. »

Suivant nous, les *Purpurariæ*, où Juba avait établi des teinturiers en orseille, sont les îlots qui forment le port de Voladia, au sud de Mazagan; elles se trouvent juste à 625 milles romains de l'extrémité méridionale de Forteventura, soit en suivant la côte d'Afrique, soit en louvoyant à l'ouest et ensuite à l'est comme il paraît qu'on faisait. Les deux îles Lancerote et Forteventura avec les trois îlots d'Allegranza, Clara et Lobo représentent le véritable groupe des îles Fortunées. Et voici comment nous concilions entre elles et avec l'état réel des lieux les trois relations de Sebosus, de Juba et de Ptolémée.

NOMS MODERNES.	SEBOSUS.	JUBA.	PTOLÉMÉE.
Allegranza.	. . . .	. . . .	Aprositos. . . . . .
Clara	Junonia.	Junonia parva . . .	Junonia. . . . . . .
Lancerote.	Plutalia	Ombrios.	Pluitalia. . . . . . .
Lobo.	. . . .	Junonia.	. . . .
Forteventura	Capraria.	Capraria.	Casperia. . . . . . .

Au delà de ces îles Fortunées, dit Pline, il y en a encore d'autres. Il s'explique plus bas : on voit, dit-il, du rivage des îles Fortunées celles de *Nivaria* et de *Canaria*. Ce sont, comme tous les géographes l'ont pensé, Ténériffe, remarquable par son pic toujours couvert de neiges et Canarie. Ce sont aussi la *Convallis* et la *Planaria* de Sebosus qui donne à ces deux îles exclusivement le nom de Fortunées, restreint par Juba aux quatre précédentes.

Là s'arrêtent les découvertes de Sebosus et de Juba; là se termine même la géographie de Ptolémée. Les trois autres Canaries ont été inconnues aux anciens, ou du moins elles sont de trop pour expliquer leurs relations.

Dans l'explication que nous présentons l'ordre des noms est presque entièrement conservé; la position des îles Fortunées du nord au sud est reconnue; les traits physiques se retrouvent également, car Lancerote ou Pluvialia n'a d'autre source de fécondité que les pluies périodiques. S'il reste des difficultés, elles résultent des mesures données par Sebosus; mesures que d'Anville n'a pas crues susceptibles d'explication, et que Gosselin n'a pu expliquer qu'au moyen de suppositions ingénieuses, mais arbitraires.

Quoi qu'il en soit de cette solution d'une des énigmes de la géographie ancienne, il est certain que ces îles Atlantiques ne doivent qu'à des traditions mythologiques le nom d'*îles Fortunées*. Mais ce nom usurpé n'en eut pas moins de célébrité; on attribua aux îles Atlantiques tous les avantages et tous les charmes dont la fable avait orné les îles des Bienheureux.

Maintenant suivons Pline dans l'intérieur de l'Afrique. « Le mont » Atlas, dit-il, s'élevant du milieu des sables, présente du côté de l'Afri- » que des sources jaillissantes, de belles forêts et de riches campagnes, » tandis que le côté tourné vers l'Océan auquel il donne son nom, n'offre » que de stériles précipices. » Dans ce passage, l'auteur paraît supposer qu'une partie de l'Océan atlantique bornait l'Afrique immédiatement au midi du mont Atlas. Par conséquent, lorsqu'il ajoute plus bas que *Suetonius Paulinus*, parti de Lixus avec des troupes romaines, arriva en dix journées au mont Atlas, le dépassa l'espace de quelques milles, et rencontra dans un désert de sable noir une rivière qu'il prit pour le Niger; il ne faut qu'un coup d'œil sur la carte pour s'apercevoir que la première rivière rencontrée par les Romains a dû être le Gyr de Segelmesse; il ne faut qu'un peu de réflexion pour juger que, dans le faux système de Pline et de ses contemporains, le Niger, pour trouver place en Afrique, devait paraître plus rapproché de l'Atlas, et en général plus au nord qu'il ne l'est.

Une autre expédition offre au premier coup d'œil des résultats plus positifs. Après avoir décrit l'Afrique propre et la Cyrénaïque maritime, Pline énumère les nations de l'intérieur voisines de ces deux contrées. Il nomme d'abord les *Marmarides*, voisins du *Catabathmus*, puis les *Araraucèles*, puis les *Nasamones*, qui s'étendent jusqu'à la grande Syrte. Viennent ensuite les *Hasbitæ*, les *Macæ*, et à onze journées à l'ouest de la grande Syrte, les *Hammanientes*, qui construisaient leurs maisons avec une pierre de sel. Puis, en tournant au sud-est, on parvient en quatre journées de marche, à une tribu des *Troglodytes*, c'est-à-dire à une tribu qui habitait dans des cavernes, par conséquent dans une chaîne de montagnes calcaires, et qui exportait des pierres fines qu'elle recevait de l'Éthiopie intérieure.

Après toutes ces nations se présentait parmi les déserts la *Phazanie*, contrée qui s'étendait vers la Syrte mineure, c'est-à-dire une oasis, une vallée qui se dirigeait vers le golfe dit la Syrte mineure, aujourd'hui golfe de Gabes. Nous avons soumis, dit Pline, la nation Phazanique avec » ses deux villes, *Alèle* et *Cillaba*, ainsi que *Cydamus*. Depuis Cydamus, continue Pline, il s'étend de l'ouest à l'est une chaîne de montagnes appelées Noires, à cause de leur couleur. Viennent ensuite » des déserts, puis se présente *Matelgæ* ou *Talga*, ville des Garamantes; » la célèbre fontaine *Debris*, et *Garama*, la capitale de cette nation. Toutes » ces contrées ont été subjuguées par les armées romaines; Cornelius » Balbus en a triomphé. » Pline énumère ensuite une foule de villes et de tribus dont les noms ont orné le triomphe : on y porta les noms et les images qui suivent : *Tabidium*, bourgade; *Niteris*, tribu; *Negligemala*, bourgade; *Bubeium*, tribu; *Vel*, bourgade; *Enipi*, tribu; *Thube*, bourgade; la montagne Noire; les bourgades *Nitibrum* et *Rapsa*; la tribu *Disceri*; la bourgade *Debris*; la rivière *Nathabar*; la bourgade *Tapsagum*; la tribu *Dannagi*; les bourgades *Boin* et *Pege*; le fleuve *Dasibar*; enfin les bourgades *Baracum*, *Baluba*, *Alari*, *Balsa*, *Galla*, *Zizama*, et le mont *Gyri*, riche en pierres précieuses.

Après cette vaine nomenclature, sans indication de distances, il n'échappe à Pline qu'un seul mot qui puisse nous découvrir les traces de Cornelius Balbus; le voici : « Le chemin vers les Garamantes était » très-difficile, parce que leurs soldats couvrent les puits; mais par la » guerre qu'ils ont depuis faite aux *Oécenses*, on a appris une route plus fa- » cile pour aller dans leur pays, route qui est plus courte de quatre jour- » nées de marche. » Dans un autre passage, malheureusement assez obscur, Pline dit que les *Augilæ* sont à 250 milles romains de la côte, et que, d'eux jusqu'aux *Garamantes*, il y a douze journées de marche. Hérodote place les Garamantes à dix journées de marche d'Augila et à trente du pays des Lotophages. Au sud, ils touchaient aux Éthiopiens.

En rapprochant ces indications de deux autres circonstances, savoir : que Cornelius Balbus ne rencontra aucun grand fleuve, et qu'il paraît avoir terminé son expédition en une seule campagne, nous pourrons peut-être retrouver quelques-uns des endroits par où ce général a conduit sa troupe. Il semble que, parti d'*Oea* ou de *Leptis*, il a passé le mont *Gyr*, le Guriano de nos jours, où il existe même une bourgade nommée Gher; il s'est rendu par *Maxalla*, notre Missolat, à Sebbah ou Selbah, qu'il nomme *Cillaba*, et qui est la ville la plus septentrionale du Fezzan ou *Phazania*, pays encore aujourd'hui réduit à n'avoir d'eau que par le moyen de puits, quoique d'ailleurs il produise beaucoup de dattiers. *Garama*, capitale des Garamantes, est *Germa*, au sud-est du Fezzan. La ville *Alèle* est probablement le Mourzouk des modernes et le chef-lieu des *Muchtusii* de Ptolémée. C'est ici, dans la Garamantique proprement dite, longue seulement de 1,000 stades, que se trouvait, selon tous les anciens, une race de bœufs qui, ayant d'énormes cornes tournées en avant, ne pouvaient paître qu'en marchant à reculons. Les Garamantes de la Phazanie sont peut-être les *Gamphasantes* de plusieurs anciens, ce nom paraissant formé de ceux de Garama et de Phazan. Mais la puissance des Garamantes s'étendait plus loin : Hérodote déjà les considérait comme une des nations les plus nombreuses; Denys le Périégète les appelle un peuple immense ou sans limites; Virgile les nomme à côté des Indiens, et en étendant leur pays au delà du tropique, il s'accorde avec les mesures données par Agrippa, qui, en effet, nous conduisent vers Agades et Bornou. D'un autre côté, nous ne devons étendre les possessions des Garamantes qu'à la distance de neuf journées du pays des Éthiopiens occidentaux, qui sont certainement les mêmes que les Nigritæ. Cette considération nous défend d'aller au delà d'Agades. Il faut donc chercher au sein de cette oasis le *Tabidium* de Balbus dans Tabou ou Tibedou, son *Tapsagum* dans Tagazi, ses *Disceri* aux environs de Djezr. C'est dans le désert de Bilma, si riche en sel fossile, que nous chercherons *Negligemela*, nom évidemment arabe; c'est *Nedjed-al-maila*, c'est-à-dire, pays du sel. De même le fleuve *Nathabur* paraît signifier la rivière qui passe à Tabou, en arabe *Na-Thabou.* Une autre excursion vers l'est conduisit les armes romaines à travers les montagnes Noires, aujourd'hui celles de Tibesti, dans les contrées des Tibbo, désignées sous le nom *Thube*, et peut-être jusque sur les bords du Ouadi-el-Ghazel, où les noms de *Boin* et de *Dannagi* semblent rappeler, l'un Bornou, l'autre Dangala. C'est à Bornou que nous retrouvons l'usage des Garamantes d'aller à la chasse aux Nègres, et même celui de la communauté des femmes, que Pline leur attribue. Voilà la plus grande extension qu'il soit possible d'accorder aux découvertes faites par Balbus. Vouloir qu'il ait pénétré jusqu'au Niger, c'est confondre les Garamantes avec les Nigritæ, dont le général romain n'étala point le nom dans son triomphe, et que tous les anciens nomment comme un peuple à part.

Les Garamantes possédaient encore à l'ouest le pays de Ghédames ou Gadames, avec la ville du même nom, la *Cydamus* de Pline, et l'endroit *Mathelgæ*, dans quelques manuscrits *Talga*, probablement le Telliagues des cartes modernes. Il serait possible que Bérigan et Guargala, dans l'intérieur de la région Zab, dépendante d'Alger, fussent le Baracum et le Galla de Cornelius Balbus; ce qui s'accorderait avec l'opinion de Ptolémée, lorsque ce géographe dit « que les pâ-» turages des Garamantes atteignent, d'un côté, la *Palus-Nubienne,* » le lac Fittri, et de l'autre les sources du *Bagradas*, fleuve qui arrose » le royaume de Tunis. »

Tout ce qui est au midi du pays des Garamantes et des cataractes du Nil s'appelle *Éthiopie* dans le système de Pline; et il partage cette vaste région en *occidentale* et *orientale* : le Nil sépare ces deux grandes divisions, qui semblent d'abord rappeler les mêmes distinctions chez Homère, mais qui en sont essentiellement différentes. Les Éthiopiens d'Homère et des anciens Grecs sont tous les peuples méridionaux de la terre. Cette ancienne signification fut ensuite modifiée par les historiens de plus d'une manière. Pline, peut-être instruit de la différence physique des peuples de l'Abyssinie actuelle d'avec ceux qui demeurent vers le Niger, considéra le Nil comme la limite qui séparait les deux Ethiopies, et se flatta mal à propos d'avoir rendu le sens d'Homère. Pour nos lecteurs, déjà accoutumés à distinguer les traditions primitives, poétiques et populaires des *applications* qu'en firent les historiens, ils doivent tout de suite s'apercevoir que le nom d'Éthiopien ou peuple au teint brun, a, comme tant d'autres noms, été repoussé de siècle en siècle vers les extrémités méridionales du monde connu à chaque époque.

Dans l'esprit de ceux qui, avec Hipparque, croyaient que l'Afrique et l'Asie se joignaient par le sud, les Éthiopiens et les Indiens devenaient voisins. Mais Pline, qui suit l'opinion d'Ératosthène sur l'étendue de l'Océan, donne des limites étroites à son Éthiopie ; elle n'a que 2,100 milles romains de longueur de l'est à l'ouest : sa largeur du nord au sud était de 1,297 milles, y compris la haute Égypte. Telles étaient les mesures adoptées par Agrippa dans son grand ouvrage officiel, résultat de tous les mémoires recueillis par les Romains. Les connaissances géographiques du siècle d'Auguste atteignaient donc à peine les montagnes de l'Abyssinie.

L'Éthiopie occidentale paraît avoir été la moins connue. Nous avons déjà vu que le fleuve *Niger*, selon Pline, n'était qu'un bras du Nil. Le naturaliste romain s'était confirmé dans cette erreur en apprenant que le Niger nourrissait, comme le Nil, des crocodiles et des hippopotames, et que la plante *papyrus* croissait sur ses bords aussi bien qu'en Égypte. Ce fleuve se débordait aussi régulièrement que le Nil. D'autres anciens paraissent également avoir eu quelques renseignements sur les qualités naturelles de la Nigritie. Chez les Éthiopiens occidentaux, disait Ératosthène, l'air, en général pur, est obscurci par des vapeurs le matin et le soir. Iphycrate assurait que le *camelopardalis* ou la girafe se montrait dans l'Éthiopie occidentale ; et de nos jours Mungo-Park a vu cet animal sur les bords du Niger. Les énormes serpents boas étaient aussi connus d'Iphycrate. L'or fin d'Éthiopie paraît également rappeler les lavages de ce métal dans la Nigritie. Mais Pline convient expressément que tout ce qu'on savait sur les *Nigrites*, nommés chez tant d'anciens, était mêlé de fables et plein d'obscurité. Il raconte comme un échantillon, que le roi de *Nigroë* (*la Nigira* de Ptolémée) passait pour avoir un seul œil placé au milieu du front.

Voilà donc les Cyclopes de la fable arrivés depuis la Sicile jusqu'en Nigritie! C'est ainsi que de toutes parts les êtres fabuleux furent transportés des pays connus dans le lointain encore obscur; c'est ainsi que les *Pygmées* d'Homère devinrent un peuple de l'intérieur de l'Afrique.

L'Éthiopie orientale, située sur le Nil, était mieux connue. Pline donne quatre itinéraires depuis Syéne en Égypte jusqu'à Meroë, la fameuse capitale du principal royaume éthiopien. Ces itinéraires, dont les uns suivent les bords du Nil, tandis que les autres semblent traverser le désert de Bahiouda, se rencontrent tous sur quelques points essentiels, entre autres sur la ville *Nupsia, Nupsis ou Tenupsis*, qui nous paraît être la Nuabia des modernes. Les voyageurs grecs, cités par Pline, indiquent une foule d'endroits dont les espions militaires de Néron ne retrouvèrent qu'un petit nombre. Comment donc se flatte-t-on de retrouver les nombreux noms de tribus cités par Pline, et qui probablement sont en grande partie imaginés par les voyageurs grecs et romains? Il en est certainement ainsi des *Strutophagi* ou mangeurs d'autruches, des *Acridophagi* qui se nourrissent de sauterelles, et des *Panphagi* qui dévoraient tout ce qui leur tombait entre les mains. Toute tribu africaine qui faisait sa demeure dans des cavernes souterraines, communes dans les terrains calcaires, était décorée du nom de *Troglodytes.* Le nom qui paraît s'être le mieux conservé, c'est celui des *Nubæ*, qui pourtant n'occupaient pas exactement la Nubie des géographes arabes et modernes; il paraît que les *Nubæ*, semblables à d'autres nomades, erraient de contrée en contrée.

Une autre question obscure, importante et négligée, c'est de savoir où demeuraient les exilés d'Égypte, ou les deux cent-quarante mille guerriers qui, fuyant le despotisme de Psammétichus, établirent sur le Nil un État vassal du royaume de Méroë. Ératosthène y plaçait la terre des exilés à 8,300 stades; Hipparque, suivi par Strabon, la portait à 8,800 : elle ne peut donc avoir été plus au nord que ne le sont la province abyssinique de Fazolq et la partie méridionale du Kordofan. Ces exilés s'appelaient eux-mêmes *Asmach*; ils demeuraient, selon Hérodote, à cinquante-six jours de navigation au-dessus de Meroë.

Strabon, dans un passage, les désigne sous le nom de *Sebridæ*, en les plaçant dans une contrée nommée *Ténésis*; il les fait voisins et maîtres de Meroë, en observant qu'ils sont gouvernés par une reine : dans un autre endroit, ce même auteur les nomme *Sembritæ* ou *Sebirtæ*, en disant que leur reine est vassale de celle de Meroë. Pline, sans s'en apercevoir, parle dans le même chapitre deux fois de ce peuple; il dit d'abord que la première ville des Égyptiens exilés, situés à dix-sept journées de marche de Meroë, s'appelait *Esar;* elle était sur la rive occidentale et avait vis-à-vis d'elle une autre ville nommée *Daron*. Ainsi l'assurait Aristocréon, un des voyageurs grecs dont il nous a donné l'itinéraire jusqu'à Meroë; puis il ajoute, d'après Bion, autre voyageur, que leur capitale actuelle était *Sembobitis*, dans une île du Nil; enfin, il revient encore sur la relation de Bion, et nous apprend que Sembobitis, Asar, Daron et beaucoup d'autres villes baignées par le Nil, obéissent à la reine des *Semberrites*. La ville de Sembobitis était à vingt journées de marche de Méroë. En comparant tous ces passages, il reste évident que les Semberrites sont les mêmes que les Sebridæ de Strabon, et les Asmachs ou Automoles d'Hérodote; mais pour concilier entre elles les mesures de Pline et d'Hérodote, il faut observer que le premier compte par journées de marche, et l'autre par journées d'une navigation embarrassée. En partant de ce principe, *El-Aice*, dans le Kordofan, nous paraît *Esar* ou *Asar*; et peut-être l'usage de la circoncision chez les Falasjan, peuples d'Abyssinie qui passent pour Juifs, est-il un reste des institutions égyptiennes.

Les côtes orientales de l'Afrique ne présentent dans la géographie de Pline qu'une suite d'obscurités et d'incertitudes. Le Périple de la mer Érythréenne nous fait mieux connaître le progrès des découvertes dans ces régions. Le golfe *Avalites* renfermait le port *Malao*, probablement celui d'*Isis*, chez Pline, par où l'on exportait l'excellente myrrhe d'Afrique, et le promontoire *Mosylon*, rendez-vous des vaisseaux qui, de Ceylan ou Taprobane, apportaient le cinnamome, considéré faussement par les anciens comme une production africaine. Les terres voisines du golfe Avalites portaient probablement déjà le nom de *Barbaria*, sous lequel des écrivains postérieurs les désignent.

Les trois promontoires, *Elephas*, *Aromata* et *Phalangis* ou *Zingis extrema*, correspondent aux caps Fellis, Guardafui et Orfui de nos cartes.

Cette extrémité orientale de l'Afrique, aujourd'hui déserte, était alors couverte d'établissements fondés par les Grecs d'Égypte. Mais au sud du promontoire *Noti-Cornu*, une côte aride, sans eau, sans ports, avait longtemps arrêté les navigateurs. Ce terme de la géographie de Strabon venait d'être dépassé; on se rendait au port marchand de *Rapta* et dans l'île de *Menuthias*. Quoiqu'au-delà de Rapta l'on connût le promontoire *Prasum*, qui paraît se retrouver dans le cap de Brava, les navigateurs ne pénétraient point au sud de Rapta. « Cette partie de l'Océan, dit le » Périple, est entièrement inconnue; on croit qu'il continue de se diri- » ger à l'ouest, et qu'après avoir baigné les côtes méridionales de l'É- » thiopie, il se joint à l'Océan occidental. » Voici encore un de ces passages décisifs qui prouvent combien les navigations des anciens étaient loin de les avoir conduits au sud de l'équateur, et encore moins autour de l'Afrique.

Il est vrai que Ptolémée, dont la géographie se termine aussi au promontoire Prasum, assigne à ce point une latitude qui le porterait au sud de l'équateur; mais une révision rigoureuse des itinéraires employés par ce géographe prouve que les mesures qu'on y trouve indiquées n'auraient dû le conduire qu'au terme déjà marqué. Toutefois, comme les petits princes ou *cheiks* arabes de l'Azanie dépendaient d'un prince de l'Arabie Heureuse, et que, selon Pline, le commerce du cinnamome ou de la cannelle était le monopole d'un roi d'Arabie, nous n'osons pas nier que dans ces régions les Arabes n'aient pu étendre beaucoup plus loin leurs établissements et leurs voyages; mais la politique commerciale a dû les engager à en faire un secret : du moins les Grecs et les Romains n'en eurent-ils aucune connaissance positive.

CHAPITRE DIXIÈME.

Découvertes en Asie, d'après Pline et le Périple de la mer Érythréenne.
A. après J.-C. 1 — 80.

Longtemps la navigation de la mer des Indes paraît être restée dans l'état où fut celle de la mer du Sud avant l'arrivée des Européens. Les voyages des Phéniciens et des Hébreux, soit vers la ville d'*Ophir* en Arabie, soit vers la terre inconnue d'*Ophir*, offrent trop peu de précision géographique pour qu'on puisse se permettre d'en tirer des conclusions. Les premiers Grecs qui pénétrèrent jusqu'aux rivages de la mer des Indes, nommée *mer Erythréenne* ou Rouge, trouvèrent les Arabes-Sabéens en possession du commerce de l'Inde. C'était de ces Arabes, nous disent-ils, que les Phéniciens avaient tiré les marchandises qui pendant des siècles avaient enrichi Tyr et Sidon. De même les conquêtes de Sésostris, si elles sont réelles, ne s'étendirent que jusqu'au promontoire Mosylon, vis-à-vis la côte des Sabéens. Il ne reste donc que les Indiens auxquels on puisse attribuer la priorité sur les Arabes dans la navigation de ces parages; mais les lois de Manou défendent aux Indous d'aller en haute mer; et Solvyn nous apprend que tous les noms de gros navires usités dans l'Indostan sont d'origine arabe, circonstance qui semble devoir faire rejeter toute idée d'anciennes navigations lointaines exécutées par des Indiens.

Quoique les Arabes n'eussent que des barques couvertes de cuir et dans la construction desquelles il n'entrait pas même un clou de fer, leurs voyages dans l'Inde doivent remonter à une haute antiquité. Les trésors accumulés par les Sabéens, et qui excitaient la cupidité de l'empereur Auguste, ne purent être que les fruits d'un monopole longtemps concentré dans les mains de ce peuple. L'existence des pirates très-hardis que les Grecs trouvèrent sur la côte méridionale d'Arabie, offre encore une preuve subsidiaire de l'antiquité de la navigation chez cette nation; car l'avidité des pirates naît de la contemplation des richesses qu'amasse l'industrie du commerçant.

Les projets d'Eudoxus et de Jambulus pour aller droit dans l'Inde ne nous sont connus que par les rapports des écrivains qui les tournent en ridicule ou les surchargent de circonstances fabuleuses. *Hippalus* procura aux Grecs d'Egypte la connaissance parfaite de ces vents réguliers qui fixent invariablement la navigation de l'Inde, et que nous nommons *moussons*. Celui du sud-ouest, qui conduit vers l'Inde les bâtiments sortis du golfe arabique, reçut le nom d'*Hippalus*. Aussitôt la navigation changea de face; le marin, plus hardi, traversa rapidement les mers de l'Arabie, aborda dans la péninsule indienne, et revint à l'aide de la mousson contraire. Ce fut sous Auguste que la navigation vers l'Inde éprouva ce grand changement. Alors Ælius Gallus, gouverneur d'Égypte, fit partir du port de la Souris, en grec *Myos-hormos*, situé sur la côte égyptienne du golfe arabique, une flotte marchande composée de cent vingt navires. Les Romains, flattés du profit immense qu'ils tiraient de ce négoce, le cultivèrent avec avidité. Il était très-considérable du temps de Pline, qui décrit exactement la route tenue par les vaisseaux pour aller dans l'Inde, ainsi que le temps de leur navigation.

D'abord on s'embarquait sur le Nil à *Juliopolis*, bourg qui n'était éloigné d'Alexandrie que de deux mille pas. De là, on se rendait à *Coptos* par une navigation de trois cents milles, et qui s'achevait en douze jours. A Coptos, on prenait des chameaux pour aller par terre à deux cent cinquante milles de là, au port de *Bérénice*, sur le golfe arabique. On s'arrêtait pendant le cours de ce voyage à différents gîtes dont la rencontre des eaux avait déterminé le choix. Comme la plus grande partie du chemin se faisait la nuit, à cause des chaleurs, on n'arrivait de Coptos à Bérénice que le douzième jour. Quand on y était parvenu, on se mettait en mer au milieu de l'été, avant le lever de la canicule, ou immédiatement après; et dans une trentaine de jours on arrivait au port d'*Océlis* ou à celui de *Cané*, l'un et l'autre dans l'Arabie heureuse. De là on se rendait en quarante jours de navigation à *Muziris*, premier entrepôt de l'Inde, en profitant du vent hippale ou de sud-ouest Les vaisseaux repartaient de l'Inde en hiver, en sorte qu'on pouvait se trouver de retour dans le cours de la même année. En revenant, la navigation se faisait sur l'Océan indien par le vent vulturne ou de sud-est, et, dans le golfe arabique, par le vent d'Afrique ou de midi.

Une autre branche de commerce de l'Inde remonte probablement à une époque extrêmement ancienne. *Pattala*, vers l'embouchure de l'Indus, recevait par caravanes et par bateaux les toiles fines, dont la fabrication est très-ancienne dans l'Inde. Les Gerrhéens venaient chercher ces marchandises ainsi que l'encens et la myrrhe de l'Arabie méridionale; ils transportaient ces objets, soit à Babylone, et plus tard à Batné sur l'Euphrate, soit à travers le grand désert, à Palmyre en Syrie, et plus anciennement à Tyr, où toute la contrée de Gerrha était connue sous le nom de *Daden*.

Une troisième route vers l'Inde nous est indiquée par des relations contradictoires et obscures. Selon Pline, on avait dit à Pompée que les marchandises de l'Inde pouvaient être embarquées sur l'*Icharus*, rivière qui se jetait dans l'*Oxus;* ce dernier, d'après une hypothèse des anciens, s'écoulait dans la mer Caspienne. Les marchandises pouvaient ensuite être transportées à l'embouchure du *Cyrus* et de là sur les bords du Phasis dans la Colchide. Strabon assure, d'après Patrocle, que les marchandises de l'Inde étaient transportées par l'Oxus dans l'Hyrcanie, et ensuite par *les fleuves* jusqu'aux bords du Pont-Euxin. Le même auteur affirme que les *Aorsi*, peuple habitant au nord-ouest de la mer Caspienne, transportaient sur les rivages du Pont, et à l'aide de leurs *chameaux*, les marchandises indiennes qu'ils recevaient des Arméniens et des Mèdes.

On a expliqué de plusieurs manières ces passages obscurs. D'abord ceux qui croient à une ancienne embouchure de l'Oxus dans la mer Caspienne, pensent qu'on doit entendre à la lettre les ouï-dire de Pline; mais l'Oxus a sans doute toujours eu son embouchure au même endroit où elle se trouve de nos jours : seulement il paraît que les anciens avaient pris le lac Aral, dont ils ne connaissaient que le côté méridional, pour un golfe de la mer Caspienne. Ainsi les marchandises de l'Inde ont dû être transportées par terre des bords de l'Oxus à leur destination ultérieure. Il se présentait naturellement deux routes: l'une par l'*Ochus* ou le Tedjen, la mer Caspienne, le *Cyrus* et le *Phasis;* c'est probablement celle que Strabon désigne lorsqu'il parle des fleuves par où ce commerce se dirigeait. L'autre route naturelle, était de tourner la mer Caspienne par le nord : c'était celle que suivaient les Aorsi, montés sur leurs chameaux, quoique Strabon prétende leur faire traverser les précipices du Caucase, où les chameaux ne sauraient être employés avec succès. C'était la route habituelle des négociants du moyen âge; c'était encore celle qu'ont dû suivre les anciens voyageurs grecs qui firent connaître à Hérodote la vraie nature de la mer Caspienne.

D'après cet exposé des routes que suivaient les voyageurs commerçants, il résulte que l'Arabie, la côte de Malabar, et les pays sur l'Oxus, doivent surtout attirer les regards de l'historien qui suit les progrès de la géographie.

Nous savons que les anciens, à l'époque de Strabon, ne connaissaient que d'une manière imparfaite la péninsule arabique. A présent, suivons le Périple de la mer Erythréenne, en y joignant quelques traits d'une nomenclature confuse donnée par Pline; nous remarquerons les progrès sensibles de la Géographie. Le Périple nous apprend que l'endroit nommé *Leuce-Kome* ou le bourg blanc, placé vis-à-vis de Bérénice Troglodytica, et par conséquent rapporté convenablement à Haura par Bochart et d'Anville, servait de station à un détachement de soldats et de douaniers romains. Depuis Leuce-Kome jusqu'aux extrémités de l'Yémen des modernes, les écueils, les pirates et le manque d'un bon port éloignaient les navigateurs des côtes de l'Arabie. *Muza*, dans la Sabée, était la première ville où le commerce trouvait un asile. Le port d'*Ocelis* recevait les flottes qui, d'Égypte, se rendaient dans l'Inde. En passant le détroit, une ville antique et florissante attire nos regards : c'est l'*Eden* des Hébreux, l'Aden des Arabes, l'*Arabia Félix* du Périple, l'*Arabiæ emporium* de Ptolémée, et l'*Athana* ou plutôt *Anada*, dont Pline avait entendu le nom, mais dont il ignorait la position. Depuis des siècles, Aden était le centre du commerce de l'Inde; et quoique probablement ruinée par la flotte de guerre d'Ælius Gallus, comme on peut conclure du Périple, elle s'était déjà relevée du temps de Pline et conserva jusqu'au XVIIIe siècle des restes de splendeur. Plus à l'est, *Cané*, que d'Anville rapporte à Cava-Canim, servait de dernière station aux vaisseaux qui se rendaient dans l'Inde. C'était le port de la ville de *Sabbatha*, le Mareb des modernes et la capitale des *Chatramotites*, c'est-à-dire des habitants d'Hadramaut, dont la domination s'étendait à l'est sur la province de Sachar ou le pays des *Sacalites* chez les anciens, patrie de l'*encens* et de la *myrrhe*. Des collines d'argile, baignées de sources nitreuses, couvertes de vapeurs malsaines; voilà comment les anciens décrivent *la région de l'encens* et celle de la *myrrhe*, qui paraissent s'être étendues au loin dans l'intérieur de l'Arabie. Un prince d'Hadramaut étendait sa domination sur l'île de Socotora, nommée *île de Dioscorides;* comme il tirait un certain revenu de cette terre aride, il est à présumer que l'aloès vendu à Cané en venait en partie, d'autant plus que l'aloès de Socotora passe aujourd'hui pour être de la meilleure sorte.

Le golfe *Sacalites*, dont nous venons de parler, présente de grandes difficultés. « Il est, selon le Périple, terminé par le mont *Syagros*, le plus » grand promontoire du monde et qui regarde le soleil levant. » Ce promontoire doit encore se trouver vis-à-vis de celui d'*Aromata* en Afrique, et le golfe Sacalites lui-même doit avoir en face l'île de Dioscorides, notre Socotora. En rapprochant de ces indications la distance entre ce promontoire et Socotora, donnée par Pline, et que nous évaluons à 2,240 stades de 700 au degré, il paraît que le cap nommé *Ras-Fartash*, situé à l'ouest du golfe de Sachar ou Seger, répond au Syagros des premiers voyageurs grecs et romains. Aussi les endroits que le Périple nomme après le promontoire Syagros sont représentés comme situés sur le golfe Sacalites. Ptolémée confirme la position du promontoire *à l'ouest* du golfe Sacalites. A l'extrémité de ce golfe commence le pays des *Asichæ*, dans le nom desquels on reconnaît celui de Giun-al-Hashish ou golfe des Herbes et de la ville d'Hasec. Devant leur contrée sont les îles de *Zenobius*, aujourd'hui nommées îles de Curia-Muria. Le Périple nous fait ensuite connaître un golfe ou enfoncement où les navigateurs évitaient d'entrer. C'est là qu'habitaient des peuplades barbares, que Pline nomme *Ichthyophages* ou mangeurs de poissons. La ville *Ausara*, nommée par Ptolémée, nous fait connaître l'emplacement des *Ausarites* de Pline, chez qui il croissait une espèce de myrrhe. Devant ce golfe se trouve l'île de *Serapion*, riche en tortues, selon le Périple, probablement la *Chélonitis* de Pline, et la Maccira des modernes. Toute cette côte fait partie de la province Mahran : aussi Ptolémée y place une ville *Amara*, et Pline connaît une nation d'*Epi-Maranites*, c'est-à-dire voisins des Maranites, ainsi qu'une tribu de *Chadéens*, qui semblent correspondre au pays de Gad. Les *Monts-Jumeaux* de Ptolémée paraissent tenir la place du cap Rosalgat, et le promontoire *Korodamum* représente celui de Kuriat. Le *Krypto-slimen*, ou port caché, rappelle le site du port de Mascate, peut-être le *Machorbe* de Pline. L'*Omna* de Pline semble être la ville d'Oman. Le cap Mussendon ou Macendon, nommé *Maceta* par Néarque, est le promontoire *Asabôn* du Périple et de Ptolémée.

Les *Kataræi* étaient une des tribus principales; et outre la ville de Gerrha, dont nous avons parlé plusieurs fois, celle de *Rhegma* florissait par le commerce depuis les siècles les plus reculés. Pline indique l'île de *Tylos*, avec ses bancs de perles, ses bosquets de cotonniers, de palmiers, de tamariniers, et ses sources salées employées à l'irrigation. Sa description ne laisse aucun doute que cette île ne soit le Bahharein des modernes; sa petite Tylos est notre Arad, et l'*Aradus* de quelques anciens : mais les îles *Tyros* et *Aradus* de Ptolémée occupent une position différente de celle de la Tylos de Pline.

Telles nous semblent être les parties maritimes de l'Arabie, bien connues du temps de Pline. L'intérieur même de cette contrée ne nous est pas mieux connu qu'il ne l'était aux Romains de cette époque, et plus encore à ceux du temps de Trajan. Tous ces enfants du désert, vivant sous des tentes, ayant pour tout bien leurs troupeaux et les fruits de leur brigandage, avaient été compris par les anciens Grecs sous le nom général de *Scénites*, ou habitants des tentes; ils le furent dans le IVe siècle sous celui de *Saraceni* ou brigands. Pline semble encore représenter les Saraceni comme une petite tribu au centre du désert; Ptolémée les étend déjà jusqu'aux confins de l'Égypte; et Marcien les fait voisins de la Perse. Enfin Ammien-Marcellin déclare que tous ceux qui autrefois étaient appelés Scénites, sont compris sous la dénomination de Saraceni. Ces féroces nomades se mettaient à la solde des Romains et des Persans indistinctement; leurs courses rapides étaient toujours marquées par le pillage et la destruction. Un turban, de larges bottes et une étoffe légère roulée autour du milieu du corps formaient leur vêtement; ils ne connaissaient guère ni le pain ni le vin, et leur vie n'étant qu'une marche perpétuelle, ils ne concluaient que des mariages temporaires; la femme apportait en dot à son mari une tente et une lance.

Des côtes de l'Arabie les anciens, comme nous l'avons fait voir, se rendaient dans l'Inde et surtout dans la péninsule occidentale que le

Périple désigne sous le nom de *Dachanabades*, nom sanscrit, orné d'une terminaison grecque, et qui rappelle la dénomination moderne de Décan. Suivons en détail les découvertes depuis l'embouchure de l'Indus, où nous nous sommes arrêtés avec Alexandre le Grand. Le vrai nom indigène de ce fleuve se montre déjà dans le *Sindus* de Pline et le *Sindos* du Périple. Après le golfe de *Canthi*, aujourd'hui golfe de Coutch, le royaume de *Larice* embrassait le Guzurate et le Malva. *Barygaza*, aujourd'hui Broatch, sur le golfe du même nom, maintenant golfe de Cambaya, était la principale ville de commerce de cet Etat. On y apportait même des sources de l'Indus la soie écrue et diverses fourrures de la Scythie; la route des caravanes passait chez plusieurs nations inconnues, et probablement à travers le grand désert. *Minnagara* était la résidence d'un prince auquel le Périple donne le titre de *mambaros*, c'est-à-dire en sanscrit *maha-balara*, ou grand roi. L'ancienne capitale Ougein était connue des Grecs sous le nom d'*Ozène*; elle exportait beaucoup de toiles fines, des pierres gemmes et des *murrhina*, vases précieux dont les recherches les plus multipliées n'ont pu faire découvrir la nature. C'est dans l'intérieur de Malva, dans le Sircar de Bidjagor qu'il faut chercher les *Bittigi* de Pline; le Sircar de *Soret* en Guzurate représente la *Syrastrène* du Périple et les *Syrieni* de Pline. La Nerbudda, qui en sanscrit porte aussi le nom de *Narmada* et *Nammada*, est désignée par Ptolémée sous le nom de *Nammados*.

Après l'Etat de *Larice*, venait une contrée nommée *Ariaca*, et qui paraît avoir eu plus d'étendue vers l'intérieur que vers les côtes. Elle correspond à peu près aux provinces modernes de Candish, Dowlatabad et Berar occidental. Ptolémée a connu les fleuves qui l'arrosent, entre autres le Godawery, qu'il nomme *Goaris*; mais au lieu de les conduire vers le golfe de Bengale, il les fait couler vers les côtes de Malabar; erreur qui s'explique par le faux système d'après lequel il traçait sa carte. Dans l'Ariaca, la ville de *Tagara* était un marché renommé pour ses *sindones* ou indiennes, et ses *othonia* ou toiles de coton, fines et grossières, qu'on expédiait de là par terre à Barygaza. Suivant le Périple, Targara était à dix journées de marche à l'orient d'une autre célèbre ville de commerce nommée *Plutana*, dans le voisinage de laquelle on trouvait des onyx et d'autres pierres précieuses. Plutana était à vingt journées de Barygaza, où l'on amenait les marchandises en traversant des monts escarpés, probablement ceux qu'on nomme aujourd'hui Balagaut. Ce commerce n'existe plus; mais les endroits mentionnés par le Périple se retrouvent encore sur la rive méridionale du Godaweri. A 217 milles anglais de Broatch est la ville de Pultanah. Si l'on divise ce nombre de milles par les vingt jours, on aura à peu près 11 milles anglais par jour, ce qui est la distance ordinaire que les voitures chargées parcourent encore aujourd'hui. De Pultanah à Tagara, Arrien et le Périple comptent dix journées de marche; conséquemment les Grecs donnaient ce dernier nom à *Deoghir* ou Dowlat-Abad, l'ancienne capitale de ces contrées qui fut longtemps fameuse par ses pagodes et ses fortifications taillées dans le roc.

Une chose vraiment curieuse, c'est que la partie de la côte du Malabar comprise entre Goa et Bombay ait été, depuis les temps les plus anciens, connue sous le nom de *Côte des Pirates*, à cause des forbans dont elle a toujours été infestée jusqu'à la fin du siècle dernier. Les anciens désignent sur cette côte un groupe d'îles nommées *Heptanesia* chez Ptolémée, et *Sesecrinæ* dans le Périple, la ville d'*Harma-Gera*, sans doute le Gériah de nos cartes, et celle de *Nitrias* qui a presque conservé son nom dans celui de Niouti ou Newty. La Côte des Pirates répond ainsi à la province de Concan.

Si de Barygaza on navigue 7,000 stades à 1,111 au degré au sud, on trouve la belle et célèbre baie de Goa, dans un canton nommé *Sunda*. C'est là que l'on doit chercher l'ancienne *Tyndis* : car c'était la première ville de la *Limyrice*, pays qui, selon le Périple, était précisément à cette distance de Barygaza , et qui répond au Canara moderne et à une partie du Calicut. Cette contrée était le siége du commerce du poivre, dont la meilleure espèce croissait dans un canton nommé *Cottonara*; on y achetait encore les diamants, les perles, l'ivoire et les autres productions précieuses de l'Inde méridionale. Outre Tyndis, la Limyrice renfermait encore le port de *Muziris*, qui paraît être le Mirzouh des cartes modernes, entre Onor et Barcelore. On croit retrouver *Barace* dans Barkour, et *Nelcynda* dans Nelliseram.

Les *Aii* habitaient la portion la plus méridionale de la côte occidentale : leur pays répond à une partie du *Malabar* moderne, nommé déjà dans le VIe siècle, le royaume de *Malé*. Pline connaissait probablement une partie de la chaîne des Gates, sous le nom de *Maleus*. Ces rapprochements nous font croire que les peuples de cette contrée portaient déjà du temps de Pline le nom de *Mal-Ayes*, ou gens de montagne, nom sous lequel on désigne encore aujourd'hui leurs faibles restes qui habitent les monts Gates : ce nom indigène aura été mal à propos tronqué par les voyageurs grecs et romains.

En doublant le cap Comorin ou *Comaria*, on trouvait les *Coliaci*, autrement nommés *Colchi*, demeurant sur la côte célèbre où l'audacieux plongeur cherche au fond de la mer ces perles qui ornent la chevelure des belles Européennes.

Vis-à-vis de cette côte s'étendait *Taprobane*, d'où une ambassade était venue à Rome rendre hommage à l'empereur Claude. Il est très-remarquable que les anciens, ayant connu les beaux éléphants et les pierres précieuses de cette île, n'aient point nommé parmi ses productions la cannelle ou le *cinnamomum*. Pline et le Périple nomment cette île *Palæ-Simundi*. Mais la première moitié de ce nom est un adverbe grec qui signifie *anciennement* ; le reste semble être une corruption de *silun-div*, une des formes du nom indien de l'île. Un siècle plus tard Ptolémée la connut sous le nom de *Salice*, et dans le VIe siècle Cosmas apprit son nom indien *Selan-div*, mais le changea en *Sielediva*.

En suivant les anciens au delà de Taprobane, les ténèbres s'épaississent, les mesures ne s'accordent plus ; les fables remplissent les vides de la carte. Cependant les navigateurs indiquent assez bien les fleuves *Chaberis*, notre Kavery, et *Mæsolus*, notre Krishna ; on croit aussi reconnaître l'*Adamas* ou rivière aux diamants. Alors comme aujourd'hui, les royaumes changeaient de limites ; l'État des princes nommés *Pandions*, avec la capitale *Modura*, notre Madura, semble avoir eu bien moins d'étendue du temps de Ptolémée, qu'à l'époque où fut écrit le Périple de la mer Erythréenne. Les noms des peuples bravent mieux le cours des siècles. Les *Soræ* ou *Soringi* ou *Soretanes*, une des principales nations de cette côte, rappellent le nom indien *Tchora-Mandalan*, royaume de Tchores, d'où nous avons fait Coromandel. La contrée *Mæsolia* et la nation des *Calingæ* se rapportent à Mazulipatnam et à Calingapatnam.

Dans l'intérieur et le nord de l'Indostan Pline nous donne une foule de noms de peuples, sans autre indication géographique. A quoi nous servent ces notices sur le nombre d'éléphants, de fantassins, de cavaliers que pouvaient mettre sur pied les *Asangæ*, les *Megallæ*, les *Taluctæ* et les *Audaræ*. Nous ne retrouvons plus ces peuples dans Ptolémée, qui seul aurait pu nous fournir leur position géographique.

Des contrées plus lointaines, la *région de l'or*, celle *d'argent*, et la grande ville de *Thinæ* n'étaient connues de Pline et de l'auteur du Périple que par ouï-dire. Ils auraient dû être mieux informés à l'égard de la *Sérique*, avec laquelle les négociants grecs, du temps des royaumes macédoniens en Asie, avaient ouvert un commerce par caravanes; mais tout ce que Pline nous apprend sur la position de la Sérique se réduit à ceci : l'*Océan sérique* baigne l'Asie au nord-est; sur cet Océan, entre les Scythes et l'Inde, demeuraient les *Sères*, peuples sauvages qui vendaient la soie brute à leurs voisins, les Indiens. En réunissant à la suite de notre analyse de Ptolémée toutes les relations des anciens sur la Sérique, nous prouverons que ce pays n'est autre chose que le petit Thibet, avec une partie du grand Thibet et quelques portions de l'Inde septentrionale et de la petite Boukharie. En attendant, nous ferons observer que Pline considère l'embouchure du Gange comme le point le plus oriental de l'Asie et du monde connu, qu'il n'admet qu'un petit intervalle entre l'Océan sérique et le prétendu détroit par lequel il fait communiquer la mer Caspienne à l'Océan Scythique, et qu'il regarde comme une chose très-probable que des Indiens aient pu être jetés par une tempête sur les côtes de la Germanie; enfin que, par une conséquence forcée, l'Océan, dans le système de Pline, comme dans celui de Strabon, occupait les vastes espaces où la géographie moderne place la Sibérie, le plateau de la Mongolie et la Chine, pays dont les anciens n'ont pas eu la moindre idée.

CHAPITRE ONZIÈME.

Analyse des connaissances de Pline et de Tacite sur le nord de l'Europe.

Distinguons d'abord dans les descriptions du nord de l'Europe ce qui tient à la Géographie primitive et fabuleuse ; ne cherchons point les peuples à pieds de cheval ou ceux qui ont des oreilles assez grandes pour leur servir de couvertures de lit ; laissons aux Pygmées, aux Griffons et aux Aumaspes un asile dans les terres inconnues.

Il en est de même des *monts Riphéens*. Nous avons déjà fait voir comment ces monts Riphéens, avec leur cortége de fables, voyageaient vers le Nord, à mesure que l'on apprit à distinguer les Alpes, les Pyrénées et les autres montagnes de l'Europe, d'abord confondues sous cette dénomination générale.

Toutes ces merveilles, que la Géographie poétique avait accumulées dans l'Occident, furent transportées vers le Nord à mesure que l'Espagne, les Gaules et les Iles Britanniques furent mieux connues. Il en est résulté des difficultés inexplicables pour ceux qui, méconnaissant le caractère poétique des premières connaissances et traditions, prétendent les expliquer à la lettre. Pourquoi, par exemple, le nom de *Mare Cronium* a-t-il d'abord été donné à la mer Adriatique, ensuite aux mers qui baignent l'Europe au nord-ouest, et enfin à l'Océan septentrional, nommé aussi *Amalchium* ou congelé, et *Pigrum* ou immobile ?

Ces contradictions apparentes s'évanouissent dès qu'on se place au vrai point de vue pour les apprécier. Il faut seulement nous rappeler que *Cronus* ou Saturne, le père de Jupiter et le maître du monde pendant l'âge d'or, régnait spécialement sur les îles Fortunées de l'Océan occidental ; c'est aussi dans les régions occidentales que la mythologie des Grecs place le combat des Titans, frères de Saturne, contre Jupiter et les Dieux ; enfin, c'est dans une contrée d'occident, dans l'Italie, que *Cronus* reparaît après sa chute sous le nom de Saturne. C'étaient donc les mers occidentales et même l'Océan, que les anciens Grecs voulaient désigner sous le nom de *mer de Cronos* ou de *Saturne*. L'auteur des Argonautiques, attribuées à Orphée, dit expressément que « les mortels » donnent à l'*Océan* le nom de mer Cronienne, Hyperboréenne ou » Morte. » Cette immobilité qui distinguait le mer Cronienne, était celle que plusieurs poëtes, et le vulgaire d'après eux, avaient attribuée à l'Océan comme étant sans écoulement; elle n'avait rien de commun avec la congélation des mers septentrionales. En un mot, tout ce qu'on dit de cette mer de Saturne se rattache à la mythologie plutôt qu'à la géographie ; mais, comme toutes les contrées fabuleuses ou mythologiques, la mer de Cronos ou de Saturne fut successivement repoussée vers l'extrémité du Nord.

Comme les promontoires nommés *Colonnes d'Hercule* marquaient l'entrée de l'Océan occidental, on conçoit que, dans une ancienne tradition mythologique, ils aient pu avoir reçu le nom de *Colonnes de Saturne*. Cette dénomination donna ensuite occasion de transporter les Colonnes d'Hercule jusqu'au fond du Nord, où l'on avait peu à peu relégué la mer de Saturne. C'est là que Drusus se proposa de les chercher.

Cette distinction, si nécessaire entre les traditions vraies et fabuleuses, eût évité beaucoup de recherches futiles qui ont embrouillé la géographie ancienne du Nord. Au lieu de croire le savant Eratosthène, qui regardait l'Océan d'Homère comme une mer imaginaire, on s'est obstiné à expliquer géographiquement la route tenue par Ulysse, route aussi peu réelle que les enchantements de Circé. Strabon cherche la descente aux enfers dans les environs du Vésuve, et découvre une ville *Odyssea* en Espagne; Solin connaît en Calédonie un autel avec des inscriptions gravées par Ulysse, et à peu de distance il nous retrouve même *Ogygia*, ou l'île enchantée de Calypso ; Tacite lui-même ne dédaigne pas de rapporter l'opinion de ceux qui faisaient voyager Ulysse jusqu'au milieu de la Germanie pour y fonder la ville d'*Asciburgium*. Les érudits modernes ont suivi l'exemple donné par les anciens; on les a vus retrouver l'île de Circé à Zirikzée dans la Hollande, et le peuple de Songes dans la Grande-Bretagne; les Hyperboréens, ont été changés en seigneurs et barons suédois; enfin, il s'est trouvé un Danois qui, après avoir démontré l'identité d'Ulysse et d'Odin, a heureusement conduit ce héros jusqu'au Malstrom de Norwége, qui, mieux que le détroit de Sicile, représente la fabuleuse Charybdis d'Homère. L'influence de ces sortes de rêves a régné trop longtemps : il nous a donc fallu examiner les fables géographiques et leur faire pour ainsi dire leur part. A présent nous pouvons exposer rapidement les vraies connaissances des Romains sur le nord de l'Europe, en commençant par l'est.

Hérodote avait connu et décrit les vastes établissements des *Scythes* qui, de son temps, régnaient sur toutes les contrées situées au nord du Pont-Euxin et des Palus Méotides, et bornées d'un côté par le Danube, de l'autre par le Tanaïs. Les armes d'Alexandre rencontrèrent les Scythes à la fois en Europe et en Asie. C'est à l'époque des guerres de Mithridate le Grand que les Scythes paraissent pour la dernière fois dans l'histoire de l'Europe, comme nation indépendante. Ce prince, aidé des Jazyges, des Rhoxolans et des Bastarnes, paraît avoir anéanti l'empire scythique. Son alliance avec les Bastarnes et les Thraces, pour pénétrer en Italie en suivant le Danube, prouve que les Scythes ne dominaient plus sur les contrées voisines du Pont-Euxin. Tous les écrivains postérieurs, qui mettent de l'exactitude dans leurs expressions, ne nomment plus dans ces régions que les *Sarmates*, dont les *Rhoxolani*, les *Jaziges*, les *Jaxamates* et autres paraissent faire partie. Si les poëtes et les orateurs continuèrent à désigner sous le nom de Scythes les nations au nord de l'Ister et du Pont-Euxin, c'est un effet de l'habitude. Les historiens byzantins surtout ont fait revivre le nom de Scythes; mais ils l'appliquent vaguement à tous les peuples venus du nord-est de l'Europe et de l'Asie. Les peuples des monts Carpathes, les Goths et les Huns ont successivement été considérés comme Scythes. Il y aurait donc une ignorance impardonnable à vouloir donner un sens précis à une dénomination si évidemment arbitraire, et reconnue pour telle par Zozime. Depuis l'époque de Mithridate, il ne peut être question des Scythes que pour savoir s'ils se sont mêlés avec leurs vainqueurs, les Sarmates, ou s'ils ont été exterminés par ceux-ci, ou si enfin ils se sont réfugiés vers le nord-est, dans l'intérieur de la Russie. Hippocrate dit des *Scythes* : ils ont les cheveux roux, le corps gros et trapu, et vieillissent de bonne heure. Quand on se rappelle que ces qualités physiques, se retrouvent chez les Permiens, les Finnois, et d'autres peuples de la Russie septentrionale; quand on observe que ces peuples sont nommés *Tchoudes* par les Russes qui parlent un dialecte slavon ; et quand on a reconnu l'existence de la langue slavonne chez les Gètes ou Daces, de qui probablement les Grecs apprirent le nom de Scythes; il nous semble qu'on ne peut guère s'empêcher de regarder les nations Finniques comme le seul reste évident du grand peuple des Scythes Européens.

Pline et Méla, qui voyaient partout le nom des Sarmates remplacer celui des Scythes, auraient cependant voulu conserver les notions qu'ils trouvaient dans Hérodote : de là une confusion de noms inexplicable, qui prouve seulement que les Romains, dans les premiers siècles, ne savaient rien de positif sur le nord et l'est de la Sarmatie. Ptolémée est le premier auteur, depuis Hérodote, qui ait tracé un tableau intelligible de la géographie de ces contrées.

En nous rapprochant des bords de la Vistule et des monts Carpathes, nous trouverons un sens plus positif dans les relations extraites par Pline, surtout en les comparant avec les précieux fragments géographiques que Tacite, presque son contemporain, a semés dans son tableau moral des peuples germaniques.

Dans la Pologne méridionale des modernes, habitaient les *Bastarnæ*, peuple formant, selon Pline, une cinquième classe de nations germaniques; Tacite ne sait pas s'il doit les compter parmi les Germains. « Quoiqu'ils aient des maisons fixes, les mariages de leur noblesse » avec les Sarmates leur ont communiqué une teinte des mœurs » grossières de ces derniers qui passent leur vie sur des chariots. » Plus au nord, vers l'embouchure de la Vistule, nous voyons un peuple nommé *Venedi* par les Romains, et *Venedæ* chez Ptolémée; ces brigands étendaient au loin leurs courses vagabondes, mais avaient cependant des demeures fixes et se servaient de boucliers. Sur la Vistule, et vers le milieu de son cours, Tacite connaît encore une grande nation, les *Lygii*, nommés *Luii* par Strabon, *Luti* et *Longi* chez Ptolémée. Pline les passe sous silence. Leur nom paraît Slavon et signifie habitants des plaines; ce sont probablement les *Liéches* du moyen âge et les ancêtres des Polonais. On trouve chez les *Arii* le culte de deux dieux jumeaux, connus dans la mythologie slavonne. Les noms de plusieurs endroits dans le pays des Lygiens, ainsi que dans celui des Gètes ou Daces, donnés par Ptolémée, sont évidemment d'origine slavonne. Ces circonstances, jointes aux traits plus européens qu'asiatiques des Polonais, des Bohêmes, des Esclavons de Hongrie et en partie des Russes, nous font considérer les Gètes ou Daces, les Bastarnæ, les Lygii, les Venedi, et peut-être quelques autres nations anciennes, comme la vraie et unique souche des nations slavonnes modernes. On conçoit que Tacite a pu hésiter s'il devait compter ces peuples parmi les Germains ou parmi les Sarmates ; ils n'étaient ni l'un ni l'autre. Mais les Romains ne les ayant connus que de loin, ne pouvaient guère s'en former une idée distincte.

Le fleuve *Guttalus* que Pline place à l'est de la Vistule est évidemment le Prégel ; son nom vient de celui de *Gudaï* que les anciens Prussiens se donnaient. C'était au voyage d'un chevalier romain, Julianus, depuis *Carnuntum* en Pannonie jusqu'au pays de l'ambre jaune que le siècle de Pline devait ses notions sur les contrées voisines de la Vistule.

Parmi les Sarmates et les nations slavonnes, il demeurait deux peuples d'une classe différente. Les *Fenni*, placés par Ptolémée au sud-ouest de la Lithuanie, mais que Tacite recule plus au nord, paraissent déjà chez Strabon sous le nom de *Zoumi*, le même que celui de *Suome* que les Finnois se donnent à eux-mêmes. Ces peuples, très-sauvages et très-malpropres, ne possédaient ni armes, ni chevaux, ni même de cabanes ; ils avaient pour nourriture les herbes des champs ; pour vêtement, une peau d'animal ; pour lit, la terre. Tout leur espoir était dans leurs flèches qui, au défaut de fer, étaient armées d'un os pointu. Hommes et femmes prenaient part à la chasse et s'en partageaient le produit. Pour soustraire leurs enfants aux bêtes féroces ou à la pluie, ils les cachaient sous les branches entrelacées des arbres : jeunes, c'était leur place de repos ; vieillards, c'était leur dernier asile.

Sur le rivage occidental de la mer Baltique, Tacite connaît par ouï-dire les *Æstyi* ; leurs mœurs étaient celles des Germains ; leur idiome ressemblait à la langue britannique. Ils adoraient spécialement la mère des Dieux ; ils portaient en son honneur l'image d'un sanglier ; c'était précisément l'animal consacré à *Freya*, la Vénus des Scandinaves, souvent confondue avec Frigga la mère des Dieux, dans la même mythologie. Ces peuples, adonnés à l'agriculture, recueillaient aussi sur leurs rivages l'ambre jaune qu'ils nommaient *Glesum*.

Le nom d'*Esthii* ou *Æstyi* est donné dans les VIe et IXe siècles à une nation qui habitait non loin de la Vistule et qui récoltait l'ambre jaune. C'était probablement une dénomination générale, donnée par les Scandinaves ou les Germains aux peuples du rivage oriental de la Baltique. Peut-être aussi les Esthes modernes de l'Esthonie ont-ils demeuré quelque temps en Prusse.

La Germanie orientale, à laquelle l'*Albis* ou l'Elbe servait de boulevard contre les Romains, ne présente pas, même chez Tacite, autant de clarté que les pays sur la Vistule. On y place communément les *Suevi*, connus depuis les expéditions de César; mais ce nom a-t-il jamais, avant le IVe siècle, désigné une nation particulière? César décrit les Suèves comme un peuple qui changeait tous les ans de demeure, qui mettait sa gloire à transformer en de vastes déserts tous les pays limitrophes, et qui vivait principalement du produit de ses troupeaux et de la chasse. Strabon, fidèle aux idées que César avait puisées dans les relations des Gaulois, étend la *Suévie* depuis le Rhin jusqu'à l'Elbe; il place en même temps des Suèves sur le Danube et donne ce nom aux *Semnones*, peuple qui habitait le Brandebourg actuel. A l'époque où vivait Strabon, une horde de Suèves, nommés aussi *Marcomanni*, quittèrent, sous la conduite de Maroboduus, leur pays voisin de la Pannonie et de Noricum, passèrent le Danube et conquirent sur les *Boïens* la contrée nommée *Boiohemum*, notre Bohême. Plus tard nous voyons Tacite étendre le nom de Suèves à tous les peuples qui demeuraient entre l'Elbe et l'Oder, et même à ceux de la Scandinavie. Ptolémée ne le donne qu'aux seuls Longobardes, quoiqu'il connaisse un fleuve *Suevus*, vraisemblablement la Peene avec le détroit de Stralsund. Enfin, dans le IVe siècle, le nom de Suèves reparaît comme appartenant à une nation qui occupait une partie de la Souabe actuelle. Y-t-il un moyen d'expliquer tant de variations, si ce n'est celui de considérer la dénomination de Suèves comme étant collective et dérivée du mot allemand *Schweifer*, c'est-à-dire vagabonds ou nomades? Tacite convient que le nom de Suèves est collectif; il en donne une autre étymologie : mais la nôtre semble nécessaire pour expliquer comment les tribus les plus éloignées les unes des autres ont pu successivement porter ou quitter ce nom, selon qu'elles se livraient à la vie de nomades ou se choisissaient des demeures fixes.

Les *Vendili* ou *Vandali* étaient, selon Pline, une des cinq grandes races de Germains : elle demeurait vers les montagnes où l'Elbe prend sa source. Les côtes où la Vistule mêle ses eaux tranquilles aux flots de la

Baltique, avaient pour habitants les *Gothones*, chez qui la liberté s'alliait avec le gouvernement d'un seul. Plus au midi, vers la Warta et la Netze les *Burgundi*, probablement d'origine gothique, vivaient sous des rois amovibles, nommés *Hendinos* ou plutôt *Kindinos* et des souverains pontifes à vie, nommés *Sinistans* ou vieillards. Tacite vante l'éclat florissant des *Semnones*, peuple qui possédait cent cantons situés entre l'Oder et l'Elbe, et qui passait pour la principale tribu des Suèves. Un sacrifice humain réunissait tous les ans les Semnones dans une forêt sacrée où personne n'entrait qu'avec les mains liées; si l'on y tombait, il fallait en sortir en se roulant par terre. Les *Longobardi* devaient leur célébrité à la petitesse de leur nombre; entourés, de nations plus puissantes, ce n'était point dans la soumission, c'était dans les hasards des combats qu'ils cherchaient leur sûreté : ils étaient, d'après leurs propres traditions, une colonie des *Winiles* qui habitaient probablement le *Wen-Syssel* dans le Jutland : cette tradition s'accorde bien avec leur conduite hostile envers les peuples germaniques.

Le nom des *Rugiens*, fameux dans l'histoire des grandes migrations du ve siècle, se trouve dans Tacite, tandis que Ptolémée le défigure entièrement. Les *Varini* de Tacite sont les Warnes du moyen âge. Les *Angli*, et quelques autres tribus dispersées dans le Mecklenbourg et le Holstein actuel, adoraient Herta, la déesse Scandinave de la terre; son temple s'élevait dans une île (probablement Femern) auprès d'un lac qui devenait le tombeau des esclaves par les mains desquels les sacrifices étaient offerts. Il est probable que plusieurs de ces petites tribus nommées par Tacite faisaient partie de la nation ou plutôt de la confédération des *Saxons*, dont le nom cependant ne se trouve pas avant Ptolémée. Mais n'avons-nous pas été des siècles à apprendre le nom des peuples de l'Amérique? Pourquoi les Romains auraient-ils eu, pour observer les sauvages de la Germanie, plus de sagacité que nos voyageurs modernes?

Ce qui surtout embarrasse le géographe et l'historien, c'est une foule de *noms collectifs* dont l'origine est obscure, la signification vague, l'application incertaine et souvent presqu'impossible. Dans cette classe de noms il faut placer ceux des *Cimbres* et des *Teutons*. L'apparition des essaims belliqueux qui, sous ces noms, firent trembler Rome, ressemble à celle d'une comète : chacun se demande, d'où vient-elle? où va-t-elle?

« Les *Teutons* sont voisins des *Guttones*, » disait Pythéas ; c'est probablement le seul mot véridique qui se trouve chez les anciens sur ce peuple : quoique Ptolémée en ait fait une petite tribu entre l'Elbe et l'Oder, on ne peut guère douter que ce nom n'ait été commun à toutes les nations germaniques qui prétendaient descendre d'un dieu *Teuto*, et qui encore, dans leur langue si peu changée, s'appellent *Teutsche*, nom qui n'est que l'adjectif du substantif *Teut*, dont le pluriel ancien est *Teution* : ce nom est identique avec celui de *Theotisci* du moyen âge.

Le nom de *Cimbres* est sujet à plus de doutes. Les Romains, qui connaissaient des peuples celtiques dans les Alpes, et qui virent les Cimbres descendre, en glissant sur leurs larges boucliers, du haut des montagnes glacées du Tyrol, se contentèrent de leur appliquer le vague nom de *Celtes* ou *Galli*. Profitant de cette confusion si commune, quelques modernes ont voulu démontrer que les Cimbres étaient des Celtes, et que leur nom venait de *Kymry*, un promontoire. Quelques auteurs ont même décidé que les Cimbres étaient des Celtes septentrionaux, habitants de la Belgique et de la Grande-Bretagne, et nommés en celtique *Cumraigh* ou *Kumri*. Mais la marche des Cimbres qui, après avoir combattu les Boii, les Scordisci et autres peuples celtiques dans le Noricum et la Pannonie, entrent en Italie par le Tyrol actuel, rend cette opinion extrêmement invraisemblable.

Comment expliquerait-on dans cette hypothèse les passages où Strabon dit que les Cimbres attaquèrent les Gaulois-Belges, puisque ce sont précisément ces Belges ou Welches qui se nommaient *Kimri* ? Les Cimbres se seraient donc attaqués eux-mêmes ? Nous devons toutefois convenir qu'il y avait dans l'armée cimbro-teutonique des tribus celtiques, telles que les *Tugeni* et les *Tigurini* que l'on regarde comme ayant habité les cantons de Zug et de Zurich en Suisse, et peut-être les *Ambrones* dont on a cherché la patrie depuis Embrun en Dauphiné jusqu'à l'île jutlandaise d'Amrom.

D'après une opinion différente établie parmi les Romains, dans le siècle de Pline et de Tacite et suivie par Ptolémée, les Cimbres existaient encore à cette époque sous leur ancien nom, dans le coin septentrional du Jutland : cette péninsule était nommée *Chersonèse cimbrique*. C'était la mer qui, en inondant leur pays, les avait en partie obligés de chercher une nouvelle patrie. Ce déluge, dans lequel les Cimbres, dit-on, marchèrent les armes à la main pour combattre la mer irritée, semble indiqué par des auteurs du siècle d'Alexandre. Le nom de *Kimbri*, dans la langue germanique de ce peuple, signifiait guerrier, comme le fait encore aujourd'hui le mot *kiemper* en danois. Ils justifiaient cette orgueilleuse dénomination par une valeur extrême; liés ensemble au moyen de chaînes de fer, ils s'étaient ôté la possibilité de fuir ; leurs femmes même se donnèrent la mort, à elles et à leurs enfants, plutôt que de recevoir les fers du vainqueur. Un taureau de cuivre était leur idole principale; on en a trouvé un près d'Odensée en Fionie.

Quelque plausible que soit cette dernière opinion sur les Cimbres, nous n'osons point la donner pour irréfragable. Mannert pense que les Cimbres sont les *Cimmériens* des auteurs grecs, qui, selon Posidonius, avaient étendu leurs courses depuis les bords de l'Océan septentrional jusque dans la Tauride ; il y voit une réunion des tribus celtiques venues du nord-est de l'Europe; enfin il soupçonne les Romains de s'être trompés en croyant retrouver les Cimbres dans le nord de la Germanie. Cette hypothèse, renouvelée des Grecs, avait déjà été révoquée en doute par Plutarque et Strabon. Nous pensons que ce sont plutôt les Cimmériens qui n'ont jamais existé. Ce nom, tiré d'Homère, appliqué d'abord à un peuple fabuleux de l'Occident, a fait le tour du monde comme celui d'Hyperboréens. Ceux qui, sur les traces mystérieuses des Argonautes, cherchaient les Cimmériens à l'extrémité du Nord, appliquèrent leur nom à une tribu nomade des rives des Palus-Méotides, tribu dont les courses ensanglantèrent l'Asie Mineure ; le nom de *Bosphore cimmérien* resta même au détroit actuel de Caffa; on y plaça une ville cimmérique à laquelle on donna encore le nom évidemment mythologique de *Cerberium*. Cependant le vrai nom de ces prétendus Cimmériens était *Treres*.

Si les *ténèbres cimmériennes* enveloppent l'histoire des peuples du Nord même les plus célèbres, comment espérer d'expliquer les détails géographiques que les anciens nous ont laissés sur la Scandinavie et les îles voisines? Un seul principe se retrouve chez Pline, Méla , Tacite et Ptolémée : c'est de considérer toutes ces régions comme un archipel de grandes îles, formant un appendice à la Germanie orientale , nommée *Suevia* par Tacite. Les connaissances des anciens dûrent, par conséquent, se terminer vers les grands lacs de la Suède méridionale et vers l'entrée du golfe Bothnique. C'est là que les apparences se prêtaient à leur erreur; c'est là que se termine la Scandinavie de Ptolémée. Il est donc très-permis de comparer entr'eux les fragments de Pline, de Tacite et de Ptolémée, afin d'en former un ensemble; car bien qu'il y ait entre le premier et le dernier de ces écrivains plus d'un siècle de distance, il est extrêmement probable que Ptolémée, dans cette partie de son ouvrage, n'a eu pour guides que des auteurs du siècle de Pline et de Tacite.

La péninsule cimbrique de Ptolémée est sans contredit le Jutland ; Pline le connaît sous le nom de promontoire des Cimbres. Les îles de la côte occidentale du Jutland étaient probablement un des siéges du commerce de l'ambre jaune; du moins les Romains donnèrent à une d'elles le nom de *Glessaria* ou île au succin. Ptolémée, qui appelle ces îles *Insulæ Saxonum*, place au nord de la péninsule les trois îles *Alokiæ* qui, d'après l'explication la plus accréditée, seraient les extrémités du Jutland, presqu'entourées d'eau et qui jadis l'auraient été entièrement. Outre les fameux Cimbres, on prétend retrouver avec certitude les *Harudes* dans le canton d'*Har*, dont les habitants se nommaient *Har-Iutes*, ainsi que les *Sabalingii* dans le district de Salling. Une tribu germanique, les *Angli*, pénétra dans cette péninsule.

Les eaux qui baignent les îles danoises retracent l'image de cette mer, semblable à une rivière divisée en plusieurs bras à laquelle Méla et Pline donnent le nom de *golfe Codanus*. On ne sait où chercher l'île *Codanonia* de Méla, ni si le golfe *Cylipenus* de Pline, avec l'île de *Latris*, doit être placé en Scandinavie. Même incertitude sur le golfe *Lagnus* du même auteur. Le mont *Sevo* qui, selon Pline, marque l'entrée du golfe Codan, vis-à-vis du promontoire des Cimbres, nous paraît incontestablement être le mont *Séve*, près de Gothenbourg, mont qui, de ce côté, forme le commencement de la chaîne des montagnes de Scandinavie.

Pline est le premier qui nomme la *Scandinavie* comme une île dont l'étendue n'était pas encore connue. Il y place le peuple des *Helleviones* qui possédait cinq cents cantons. Dans un autre passage, en partant des rivages britanniques, il nomme les îles de *Scandia*, de *Dumnos*, de *Bergi* et de *Nerigon* : « celle-ci, ajoute-t-il, est très-grande et ses habitants naviguent jusqu'à Thule. » (Il faut se rappeler que Pline reculait Thule jusque sous le pôle.) Quoique D'Anville ait eu tort en voulant retrouver *Bergi* dans la ville de Berghen, fondée vers l'an 1000, ce nom est évidemment ou germanique ou gothique. Il n'y a aucun doute raisonnable à élever contre ceux qui voient la Norwége ou *Norige* dans la grande île de Nérigon. *Dumnos* est probablement le Danemarck, dont le nom s'écrivit anciennement *Daun-mærck* et *Daun-mære*. Enfin le nom de *Scandia* est répété par Ptolémée et correspond mieux que *Scandinavia* avec la *Scaney* des Islandais et la Scanie des modernes. Pline avait vraisemblablement eu deux relations sur le Nord, l'une par des peuples germaniques ou par les marchands d'ambre jaune, l'autre probablement par des navigateurs qui se rendaient de Norwége en Ecosse. La seconde paraît avoir contenu des noms moins corrompus que la première. En réunissant, comme on doit le faire, ces deux passages, il résulte que les vagues notions des contemporains de Pline s'étendaient au moins aussi loin que celles de Ptolémée un siècle plus tard.

Tacite nomme un des peuples les plus éloignés de la Scandinavie. « Les *Sviones*, dit-il, habitaient plusieurs cantons, garantis par l'Océan contre une invasion subite. » Ces peuples, puissants sur mer et sur terre, savaient apprécier les richesses. Leurs monarques possédaient un pouvoir absolu, comme, selon les *Sagas* islandaises, les pontifes-rois successeurs immédiats d'Odin. Les armes de tout le peuple étaient sous la garde d'un esclave du roi. Une tribu des Sviones, les *Sitones*, obéissaient même à des princesses. Le nom de *Svéons* ou Suédois, conservé chez les voyageurs du moyen âge, ne laisse aucun doute sur la demeure des Sviones de Tacite.

Ptolémée nomme six tribus de la *Scandeia* ou Scandinavie. Les *Gutæ* sont les fameux Goths, dont le nom, écrit de plusieurs manières, paraît avoir embrassé tout le Nord, mais que Ptolémée prend dans le sens le plus restreint, en l'appliquant aux Goths de la Suède. Les *Daukiones*, voisins des *Gutæ*, sont probablement les Danois, qui habitaient originairement en Scanie, et qui, dans les divers dialectes scandinaves anciens, s'appelaient *Daunskir* ou *Daunskion*. Ptolémée tire trop à l'Est la *Scandeia* avec les îles voisines; il la termine au Nord vers le milieu de la Westrogothie, afin de faire place à sa grande terre de Thule qui est la Norwége actuelle et le Nérigon de Pline. Ptolémée avait plusieurs relations de voyageurs sur le Jutland et la Scanie; mais les notions que Tacite avait eues sur les *Sviones* lui étaient restées inconnues, ainsi que le nom de *Nérigon*.

Il nous reste à examiner les notions des anciens sur la Germanie occidentale. Pline et Tacite sont ici en désaccord soit entre eux soit avec Ptolémée, qui souvent paraît mêler d'anciennes relations avec les découvertes du siècle d'Adrien.

Sur les bords de l'Océan, entre l'Elbe et l'*Amisia*, notre Ems, habitaient les *Chauci*. Pline, qui avait visité leur pays, les peint comme très-malheureux; obligés à demeurer sur des collines, au milieu d'une plage inondée par la haute marée, leurs cabanes ressemblaient à des vaisseaux voguant dans la mer, et quand le flot s'était retiré, à des navires échoués sur quelque écueil. Ils vivaient du poisson qu'ils prenaient avec des filets de jonc, et qu'ils cuisaient à un feu de tourbe. Tacite, au contraire, nous les représente comme un des peuples les plus puissants et les plus célèbres de la Germanie; leurs nombreuses tribus peuplaient tous les pays sur le Weser, jusqu'au pays des Chattes, la Hesse moderne; maltraités par les Romains, dont ils avaient été les amis, ils ravageaient les côtes des Gaules; cependant, ils avaient pour principe de conserver leur puissance à force de justice; ils ne provoquaient jamais la guerre, mais ils repoussaient vigoureusement toute attaque; au sein de la paix, ils ne perdaient point leur réputation de valeur.

Les *Frisii*, dont le nom a survécu à toutes les révolutions, s'étendaient depuis l'Ems jusqu'à l'embouchure la plus occidentale du Rhin, qui s'appelait *Helium*, et qui aujourd'hui, sous le nom de la Merve ou de la Meuse, sépare la Hollande de la Zélande. Les Frisons, vainqueurs des armées de Tibère, avaient été soumis par Corbulon, sous le règne de Claude; mais l'imbécile monarque ordonna au général victorieux d'abandonner cette conquête; ce qui fit perdre de vue les Frisons pendant deux siècles. Derrière les Frisons habitaient les *Bataves*, entre les bras du Rhin; ce peuple était une colonie de Chattes; les Romains les traitaient en alliés; aucun fermier général ne ravageait leur pays; aucun percepteur ne levait sur eux un tribut humiliant; on les réservait avec soin, comme les glaives et les lances, pour le jour du combat.

Les *Bructeri*, les *Chamavi*, les *Sicambri*, les *Marsi*, les *Cherusci*, les

Chatti, et plusieurs autres peuples de moins d'importance, occupaient l'espace depuis le mont Hartz, vers le Rhin, et depuis le milieu de l'ancien cercle de Westphalie jusqu'aux bords de la Saale en Franconie. Ces nations formaient vraisemblablement la race particulière nommée *Istævones*, et que l'on voit souvent en guerre avec les nations plus septentrionales, composant la race des *Ingævones*. Quand on observe encore aujourd'hui une différence physique et morale entre les peuples qui habitent les régions des Ingævons et des Istævons, quand on remarque le caractère encore subsistant des dialectes francique et saxon, quand on voit dans le IIIe siècle la confédération des *Francs* et celle des *Saxons* occuper à peu près la même position que les Istævons et les Ingævons, on reste persuadé que ces deux grandes branches des enfants de Thuiscon n'ont fait que changer deux noms collectifs pour deux autres.

Il faut avouer que les peuples Istævons, semblables déjà en tout aux anciens Francs, offraient aux Romains le spectacle confus de révolutions intérieures perpétuelles. Le nom de *Sicambres* ou *Sygambres* ne brille-t-il pas dans l'histoire et même dans les poëmes à côté des Parthes et d'autres grandes nations? Ce peuple, plus vaillant que nombreux, qui occupait les pays actuels de Clèves et de Berg, et qui peut-être tirait son nom du fleuve Sieg, fut en grande partie transplanté dans les Gaules sous Tibère. Les *Chérusques*, ces destructeurs des légions romaines, ne tombèrent-ils pas après la mort de leur *Hermann*, l'Arminius des Romains, dans un état de langueur et de mollesse qui permit aux Longobardes d'envahir les pays sur le haut Weser et d'arriver jusqu'au Rhin? Comment pourrait-on donc indiquer avec certitude la demeure des *Angrivariens*, des *Usipiens*, des *Teuctères* et de tant d'autres tribus tour à tour alliées des Sygambres et des Chérusques, esclaves des Romains ou proie des Longobardes? Qui nous dira si les *Marsi*, inconnus à César, et placés par Tacite dans l'ancien pays des Sicambres, étaient une ancienne tribu ou un démembrement des Chérusques? Combien de faux bruits n'ont pas dû amuser l'orgueil des Romains et se glisser même dans les meilleurs ouvrages? Ne voyons-nous pas Tacite faire éclater une joie inhumaine à la nouvelle de la destruction entière des *Bructères?* et cependant cette tribu, qui habitait le pays actuel de Munster et d'Osnabruck, exista sous Trajan, se retrouva parmi les peuples confédérés sous le nom de Francs, et ne s'éteignit que dans le VIIIe siècle.

Les *Catti* restèrent plus tranquilles que les autres Istævons. Ils occupaient la Hesse et les pays de Fuld et d'Hanau avec une partie de la Franconie. Les Chattes se montrent rarement après le Ier siècle de l'ère vulgaire ; ils paraissent pour la dernière fois en 392, comme alliés des Francs : mais les *Hassi* du VIIe siècle et les *Hesses* modernes sont le même peuple ; leur nom avait seulement été défiguré par les anciens. Sur les bords de la Saale de la Franconie, limites des Chattes au sud-est, demeurait, inconnue à tous les géographes antérieurs, une tribu remarquable, les *Marvingi*, probablement les mêmes qui, sous le nom de *Saliens* et sous la conduite des princes Mérovingiens, devinrent les chefs de la confédération des Francs et les fondateurs du grand empire dont la gloire aujourd'hui remplit l'univers. Ces Mérovingiens ou Marvinges sont-ils encore venus de plus loin? La *Maurungania*, pays maritime et voisin de l'Elbe, est-elle leur patrie? sont-ils un reste des Cimbres? c'est ce que nous n'osons décider.

Vers le confluent du Rhin et du Mein, une foule de Gaulois avaient occupé des terrains vagues qui reçurent le nom d'*Agri Decumates*, parce qu'ils ne payaient que la dîme de leurs fruits. Ces terrains, voisins du pays des Chattes, selon Tacite, étaient entourés d'un rempart dont les ruines existent encore sous le nom de *Pohlgraben*; ce rempart paraît avoir embrassé les environs de Wisbaden, de Francfort et d'Aschaffenbourg. Les eaux thermales du premier de ces endroits étaient connues des Romains sous le nom d'*Aquæ Mattiacæ*, nom qui rappelle celui des Mattiaques, petite nation vassale de ces conquérants. Sans doute les Romains ont occupé un terrain plus vaste en Germanie; le rempart qu'on trouve près d'Oehringen, dans la ci-devant principauté d'Hohenlohe, et la *muraille* dite *du Diable*, qui s'étend de Dinkelspuhl vers Ingolstadt, prouvent que toute la Souabe a été envahie par ces conquérants : des monnaies et d'autres antiquités romaines se trouvent fréquemment sur les bords du Neckar; la ville de Baden offre même des pierres milliaires romaines : mais cette occupation n'a pu avoir lieu avant le règne de l'empereur Sévère; car Tacite ne parle des *Agri Decumates* que comme d'un petit coin avancé, et les travaux de Trajan et d'Adrien paraissent bornés aux environs de Mayence.

Cette partie de l'Allemagne, occupée par diverses petites tribus, dont Ptolémée indique quelques noms, devint sous le règne de Caracalla le principal siége de la confédération des *Alemanni*, dont une partie, plus adonnée à une vie vagabonde, reprit l'ancienne dénomination de *Suèves*, c'est-à-dire, nomades. Un vaste désert occupait alors la partie méridionale de la Souabe ; Ptolémée l'appelle *désert des Helvétiens* : il avoisinait la forêt Noire, nommée *Sylva Marciana*. Les montagnes centrales de la Souabe portent chez le géographe d'Alexandrie le nom d'Alpes, et chez Vopiscus celui d'*Alba* ; on les nomme encore l'*Alb*, ce qui confirme l'exactitude de Ptolémée.

Les contrées intérieures et orientales de la Germanie, n'ayant point été traversées par les armées romaines, restèrent presqu'inconnues aux géographes anciens. Nous savons, par Tacite, que les *Hermundures*, grande nation du centre de la Germanie, étaient amis des Romains. Distingués du reste des Germains, qui ne pouvaient commercer que sur la frontière, ils étaient admis dans les florissantes villes de la Vindélicie et de la Rhétie. Sans escorte, ils parcouraient le territoire romain, et tandis qu'on ne montrait aux autres que les légions et les camps, on ouvrait aux Hermundures les palais et les maisons de plaisance dont ils n'étaient point jaloux. Au nord des Hermundures, une partie de la Thuringe et de la Saxe moderne était habitée par un peuple resté inconnu à Tacite, et que Ptolémée appelle *Teuriochæmæ* ; la dernière syllabe étant le mot allemand *heim*, qui signifie pays, ce nom paraît se rapprocher beaucoup de celui de Thuringiens, auxquels on ne saurait assigner une origine plus vraisemblable. Les *Narisci* bornaient les Hermundures au sud-est, et occupaient une partie du haut Palatinat. Tacite les joint aux *Marcomans* et *Quades*, habitants de la Bohême, de la Moravie et de l'Autriche septentrionale. Ces trois peuples formaient, pour ainsi dire, le front de la Germanie de ce côté.

César, à l'exemple des géographes grecs, avait confondu toutes les forêts et toutes les montagnes de la Germanie centrale sous le nom de *Forêt Hercynienne* ; cette vague tradition se propagea parmi les géographes romains ; ni Pline ni Tacite ne surent s'en former une idée plus exacte. Ptolémée avait recueilli des notions plus positives ; outre le mont *Abnoba* en Wettéravie, il distingua le Hartz sous le nom de *Melibocus* ;

sa forêt *Gabreta* et ses monts *Sudetes* sont à l'ouest de la Bohême. Il est donc obligé de reléguer la forêt Hercynienne au nord de la Moravie et vers la Hongrie. Ni lui ni les Romains, avant Dion Cassius, ne connurent les monts des Géants, entre la Bohême et la Silésie, qui sont les *montagnes Vandaliques* de Dion. Cet historien indiqua pour la première fois la vraie source de l'Elbe.

La Germanie ne présentait, en général, que de sombres forêts ou de tristes marécages. Cependant ses pâturages excellents nourrissaient d'innombrables troupeaux de bœufs. Ses forêts étaient peuplées de bisons, d'*urus*, d'élans et de chevaux sauvages. On y voyait fourmiller les oies dont Pline connaît déjà le nom allemand. Les métaux précieux restèrent enfouis jusqu'à ce que l'avarice des Romains eût commencé à exploiter les mines d'or de la Wettéravie. Le fer belliqueux brillait seul dans la cabane du Germain. Point de vignobles, point d'arbres fruitiers, si ce n'étaient quelques cerisiers sur les bords du Rhin; mais on récoltait de l'orge, de l'avoine et beaucoup de légumes, entre autres des radis d'une grandeur énorme et des navets renommés même à Rome. Le lin venait en quantité suffisante pour fournir aux indigènes leurs vêtements ordinaires.

Les mœurs et usages des Germains différaient, sans doute, de nation à nation. Tacite remarque lui-même cette différence; il sait que les Chattes seuls, parmi les Germains occidentaux, connaissaient l'art de la guerre, marchaient en ordre au combat et savaient même exécuter des évolutions militaires; il nous montre un gouvernement monarchique et même absolu chez les Suédois et les Goths; il loue la conduite tranquille des Hermundures : cependant il trace un portrait général des Germains, qui doit principalement s'appliquer aux *Istævones*.

Une taille très-haute, des yeux bleus, des cheveux d'un blond ardent distinguaient cette race d'hommes, plus capable d'un grand effort que d'un travail soutenu. La mère nourrissait elle-même son enfant. L'éducation des gens libres et des esclaves était également dure et grossière; ils couchaient sur la terre à côté des bestiaux. Les mariages étaient tardifs; les deux sexes atteignaient ainsi et conservaient toute la mesure de leurs forces naturelles. Presque seuls parmi les sauvages, les Germains se contentaient d'une seule femme, à l'exception des grands qui, par intérêt ou vanité, en épousaient plusieurs. Des cérémonies touchantes marquaient l'indissolubilité du mariage; l'homme donnait à la femme une paire de bœufs, un cheval équipé, un bouclier et une lance : elle lui faisait présent d'une lance; il fallait ensuite partager les biens et les maux, vivre et mourir ensemble. L'adultère était presqu'inconnu; on ne plaisantait point sur le vice, et ni les richesses ni la beauté ne sauvaient du dernier opprobre la femme impudique.

Le vêtement commun était un manteau de toile qui laissait à nu la plus grande partie du corps. Les grands portaient des habits étroits et qui accusaient les formes du corps. Les bêtes sauvages et même les animaux marins leur fournissaient des pelisses. Les femmes ornaient d'un ruban de pourpre leur vêtement de toile blanche. Les Suèves relevaient les cheveux en un seul nœud sur le sommet de la tête : les Francs, descendants des Istævons, portaient des cheveux longs et roulés en grandes boucles.

Les Germains détestaient les villes murées; un intervalle séparait l'une de l'autre leurs cabanes rustiques. Quelques-uns demeuraient dans des cavernes. Tous aimaient à passer autour d'un grand foyer les longs loisirs que leur laissaient la guerre et la chasse. Le gibier qu'ils venaient de tuer, du lait caillé, quelques fruits, voilà leur nourriture; ils ne buvaient que de la bière jusqu'à ce que les Romains leur firent connaître le vin, espérant soumettre par leurs vices ces peuples qui bravaient leurs armes. Les Germains supportaient tout, excepté la soif. Les jeux de hasard leur faisaient encore perdre leur sang-froid; on les vit jouer tout, jusqu'à leur propre personne.

Souverains dans leur maison, les hommes libres ou les *Wehr* se faisaient servir par leurs femmes et enfants; les esclaves ou serfs labouraient les champs, gardaient les troupeaux, fabriquaient des objets d'habillement. Il y avait probablement une espèce de noblesse héréditaire chez les Goths et les autres nations venues de la Scandinavie; mais chez les tribus qui prirent dans la suite le nom de Francs, tous les hommes libres étaient égaux. Les grands se distinguaient par une nombreuse suite de guerriers qui recevaient d'eux leurs chevaux et leurs armes; des festins grossiers, mais abondants, les réunissaient dans la demeure du chef. Tous les hommes libres assistaient aux assemblées de la nation. Les prêtres présidaient ces assemblées; les oracles qu'ils faisaient prononcer par leurs dieux, décidaient ordinairement de la guerre. Les sublimes horreurs de la religion Odinique n'étaient point étrangères à la Germanie; mais les Romains appliquèrent au gré de leurs caprices les noms de divinités grecques à celles que révérait le Nord. Celui de *Hertha*, échappé à la plume de Tacite, fait entrevoir la vérité. Il est cependant conforme à toutes les traditions historiques de considérer la Scandinavie comme le centre du culte Odinique, de même qu'elle seule possède des monuments marqués de caractères Runiques.

L'influence de cette religion est visible dans toute l'histoire des anciens Germains. Le mépris de la vie et la soif des combats découlaient de cette source. Les pontifes exerçaient assurément en Germanie la même puissance qu'en Scandinavie. Les *rois* élus, peut-être par les pontifes, parmi les familles les plus illustres, et les *ducs* ou chefs d'armée, choisis parmi les plus braves, ne possédaient qu'un pouvoir très-limité. Sans lois écrites, mais animées d'un profond sentiment de justice, gouvernées dans leur intérieur par la persuasion plutôt que par l'autorité, ces nations, dans le premier siècle, se livraient encore entr'elles à des guerres sanglantes qui, selon l'expression de Tacite, réjouissaient les yeux des Romains et retardaient la chute de l'empire des Césars. Mais ces nations sur lesquelles on avait plus souvent célébré des triomphes mensongers que remporté des victoires réelles, ne continuèrent point à vivre dans une éternelle discorde; elles se réunirent dans de grandes confédérations qui, sous les noms de Goths, de Vandales, de Francs et autres, rendirent à l'Europe sa liberté primitive.

CHAPITRE DOUZIÈME.

Connaissances des Romains sur les Iles Britanniques et l'Espagne. Tableau de l'état de la Gaule.

Nous avons vu que les Grecs connaissaient de nom les îles d'*Albion* ou *Bretaniké* et d'*Ierne*, mais ils les connaissaient si mal que Strabon donne à la plus grande la figure d'un triangle dont le plus long côté devait regarder la Gaule, et place l'autre directement au nord de la première. Les îles *Cassitérides* ou les Sorlingues étaient, dans le système de ces anciens, peu éloignées de l'Espagne.

Deux expéditions de César firent connaître une extrémité de la Grande-Bretagne. Les noms des trois promontoires d'*Orcas* au nord, de *Cantium* à l'est, et de *Belerium* à l'occident, devinrent dès lors célèbres. César place même l'*Hibernia* ou l'Irlande exactement vis-à-vis de la côte occidentale d'Albion, et l'estime une fois moins grande. Mais il ne s'en tient pas moins à l'idée reçue sur la position générale de ces îles.

Pomponius Méla, qui vivait à l'époque même de la conquête de la Grande-Bretagne par les armées de Claude, crut que cette île faisait face d'un côté à la Germanie, de l'autre à l'Espagne. Les guerriers de Rome refusèrent d'abord de se laisser conduire dans ce *nouveau Monde*. Les noms des îles *Orcades* et ceux des *Hæmodes* ne retentissaient que de loin. Trente ans après la conquête, Pline n'osa pas tracer une description des îles Britanniques; cependant il connaît déjà les îles *Hébudes* et en désigne quelques-unes par des noms particuliers; il indique les dimensions exagérées de la Grande-Bretagne et de l'Irlande, d'après Agrippa, qui probablement aura mal traduit les mesures grecques de Pythéas. Sous l'empereur Domitien, Agricola soumit les nations britanniques jusqu'au pied du mont *Grampius*, aujourd'hui Grampian, et la flotte romaine en doubla les extrémités septentrionales et reconnut qu'elle ne tenait point au continent. Mais le biographe et le gendre même d'Agricola place l'*Hibernia* à moitié chemin entre l'Espagne et la Grande-Bretagne.

Ce ne fut que dans le IIe siècle que de nombreux itinéraires et des journaux de navigateurs fournirent à Ptolémée les matériaux d'une description mathématique de la Grande-Bretagne ; encore cette description offrit-elle de graves erreurs.

La *Bretagne romaine*, reculée par les victoires d'Agricola jusqu'à l'isthme qui sépare les deux golfes, nommés *Aestuaria* de *Glota* et de *Bodotria*, ou golfes de Clyde et de Forth, fut resserrée dans des bornes plus étroites par la muraille de l'empereur Adrien, dont les ruines, connues sous le nom de *Picts wall*, s'étendent du *Solway Firth* à l'embouchure de la Tyne. L'empereur Sévère pénétra de nouveau vers les extrémités de l'île, et répara la muraille entre les golfes de Clyde et de Forth.

Les sauvages indomptables qui arrêtèrent dans les montagnes de l'Écosse le vol des aigles romaines, étaient désignés par les autres Bretons sous le nom celtique de *Calédoniens*, et reçurent depuis, dans la langue des Romains, la dénomination de *Picti*, à cause des figures peintes dont leurs corps gigantesques étaient couverts. Mais leur chevelure blonde indiquait une origine germanique ou scandinavienne. Ils succombèrent plus tard sous la puissance des *Scoti*, peuple celtique venu de l'Irlande. Parmi les petites nations qui occupaient l'Écosse méridionale, on distingue les *Maiates* et les *Novantæ*. Ils étaient probablement Celtes, comme la plus grande partie des habitants de l'île. Le poste d'*Alata Castra*, c'est-à-dire le camp volant, répondrait, selon l'opinion reçue, à Edimbourg ; mais Ptolémée le place beaucoup plus au nord.

La puissante nation des *Brigantes* occupait le nord de l'Angleterre jusqu'au bord de l'Humber nommé *Abus*. Parmi leurs villes nombreuses brillait *Eboracum*, l'Yorck moderne, alors une colonie romaine, ornée de temples et de bains publics. *Deva*, aujourd'hui Chester, sur la rivière de Dee, et *Lindum*, le Lincoln moderne, probablement une colonie romaine, étaient les capitales, l'une des *Cornavii*, l'autre des *Coritani*.

Trois nations belliqueuses occupaient ce qui forme aujourd'hui la principauté de Galles. Les *Ordovices* habitaient au nord ; ils furent presque tous massacrés par les troupes d'Agricola. Dans leur voisinage était l'île de *Mona*, aujourd'hui Anglesey, consacrée au culte homicide des Druides et défendue, avec toute l'exaltation du fanatisme, par les Bretons qu'enflammait la présence des prêtresses. Les *Démètes* demeuraient sur la côte occidentale. La nation plus puissante des *Silures* s'étendait jusqu'aux bords de la Saverne. Les Silures résistèrent longtemps aux armes romaines. Leur teint basané et leurs cheveux bouclés indiquaient, selon Tacite, une origine ibérienne.

A l'est des Silures, demeuraient les *Dobuni*, dans le pays desquels était *Clevum*, vraisemblablement Glocester. Les *Catyeuchlani* de Ptolémée s'appelaient, d'après les inscriptions antiques, *Catavellauni*. Leur territoire atteignait le golfe de Wash, nommé *Metaris Æstuarium*. Leurs voisins à l'est étaient les puissants *Iceni*, nommés *Simeni* par Ptolémée, et dont la capitale portait, en commun avec plusieurs autres, le nom celtique de *Venta*, ou lieu d'assemblée. Les *Iceni* occupaient le Norfolk et le Suffolk actuels. Plus au sud, dans l'Essex moderne, les *Trinobantes*, nation nombreuse, avaient pour capitale *Camalodunum*, aujourd'hui Colchester. La ville de *Londinium* est attribuée par les uns aux Trinobantes, par les autres aux *Cantii*, habitants du Kent actuel, selon qu'on la place au nord ou au sud de la Tamise.

Des tribus comprises sous le nom de *Belges*, et probablement venues de la Gaule belgique, occupaient la plus grande partie de cette péninsule méridionale que forment la Tamise et la Saverne, *Tamesis* et *Sabrina*. La capitale ou *Venta* de ces Belges est le Win-Chester actuel, le surnom latin de *Castrum*, ou en anglo-saxon *Ceastre*, étant resté à beaucoup de villes anciennes. Les eaux de Bath étaient déjà renommées sous le nom d'*Aquæ Solis*. L'extrémité occidentale, le Cornouailles moderne, occupée par les *Damnonii*, était peu fréquentée des Romains; les célèbres mines d'étain, qui y avaient attiré les Phéniciens, sont à peine indiquées par les auteurs latins.

Les autres traits physiques attribués à la Grande-Bretagne s'y retrouvent encore. La température plus douce que celle de la Gaule septentrionale; les brouillards, les pluies abondantes, la chaleur modérée de l'été, qui faisaient mûrir les fruits avec lenteur, et qui ne permettaient point la culture de l'olivier ni de la vigne; la verdure brillante des pâturages, où erraient d'innombrables troupeaux; l'absence de bêtes féroces et de reptiles venimeux, tout se retrace encore aux yeux d'un observateur moderne. L'Écosse était inculte; mais la Bretagne romaine qui, du temps de Tacite, ne produisait pas assez de blé pour ses habitants, devint dans les IIe et IIIe siècles le grenier des Gaules et des armées romaines stationnées sur le Rhin.

L'*Hibernia* ou l'*Ierne* des Grecs qui avait longtemps passé pour inhabitable, à cause du froid, fut un peu mieux connue; on sut qu'elle jouissait d'un ciel aussi doux que la Grande-Bretagne, que le sol fertile y offrait au bétail de gras pâturages, et que de nombreux ports y prêtaient au commerce un accès plus facile que celui des côtes d'Albion. Les noms de quelques peuples, comme, par exemple, les *Brigantes*, qu'on retrouve en Angleterre, et les *Menapii* qui existaient aussi dans la Belgique, semblent prouver que l'Irlande a reçu des colonies et de Celtes proprement dits et de Belges. La nation la plus répandue était celle des *Iverni*, dont le nom a été appliqué par les Romains à toute l'île; cette nation paraît avoir été déjà connue des Phéniciens.

Les nations celtiques de la Bretagne différaient peu des Gaulois à l'égard de leur manière de vivre. Leurs armes étaient les mêmes; le grand sabre celtique à la main, ils combattaient sans cuirasse et sans casque. Leurs cabanes avaient la même forme conique que celles des Gaulois. Mais les nations germaniques ou scandinaves de la Calédonie paraissent leur avoir appris l'usage de chariots de bataille, inconnus aux Celtes du continent. Les Bretons s'enduisaient seulement le visage d'une couleur bleue, tandis que les Calédoniens se gravaient sur tout le corps les images bigarrées de toutes sortes d'animaux. La communauté des femmes dans la même famille, suite d'une vie patriarcale, ne se maintint à la longue que chez les Calédoniens. Les Bretons, soumis à de petits princes, bâtissaient des villages et se livraient à l'agriculture, ainsi qu'à l'entretien des bestiaux. Leurs longs cheveux flottaient sur leurs épaules; des moustaches couvraient leurs joues; ils portaient des vêtements de peaux d'animaux. Leurs Druides arrosaient de sang humain les autels des divinités celtiques. Le Calédonien, presque sans vêtement, chargeait ses bras et ses reins de lourds anneaux de fer, dédaignait l'agriculture, et vivait du produit de sa chasse; l'écorce des arbres ou quelques racines sauvages lui tenaient lieu de pain; il ne tirait aucun parti des poissons qui fourmillaient sur ses côtes.

Passons maintenant aux Celtes du continent. Strabon nous a déjà fait connaître la division des peuples de la Gaule en *Belges*, *Celtes* et

Aquitains ; tous les auteurs romains confirment la différence qui existait entre ces trois races. César nous apprend que de nombreuses tribus de Germains, après avoir franchi le Rhin, s'étaient mêlées avec les Celtes et avaient donné naissance à la nation et à la langue belgique. Des témoignages positifs prouvent en particulier l'origine germanique des *Tribocci*, des *Nemeti* et des *Vangiones*, qui habitaient dans l'Alsace et vers Mayence ; des *Treviri*, dont le nom est resté à la ville de Trèves ; de quatre tribus comprises sous le nom de *Germani*, et depuis sous celui de *Tungri*, tribus qu'on place dans les pays de Limbourg et de Liége ; des *Nervii*, peuple nombreux dans le Hainaut actuel, et des *Aduatici*, descendants des Cimbres et Teutons, qui demeuraient quelque part sur la Meuse. La langue des Belges, différente de celle des Celtes proprement dits, a été probablement transportée en Angleterre par les colonies belgiques ; elle s'est peut-être conservée, du moins en partie, dans l'idiome des Gallois et de leurs descendants, les Bas-Bretons ; mais vouloir par une conclusion rétrograde appliquer le nom de *Kymri*, que les Gallois se donnent, à tous les Belges, afin de retrouver en eux les fameux Cimbres, c'est une aberration d'autant moins pardonnable que nous avons un témoignage positif d'après lequel les Cimbres traitèrent les Belges en ennemis.

Les *Aquitains*, bornés par la Garonne et les Pyrénées, étaient, selon Strabon, de la race des Ibériens ; mais comme il y avait en Ibérie des nations celtiques ou celtibériennes et des peuples cantabriques, indigènes de l'Espagne, il reste à savoir à laquelle de ces deux familles appartenaient les Ibériens de l'Aquitaine. Les guerres entre les Aquitains et les *Vascones*, qui certainement étaient Cantabres, semblent prouver que les premiers étaient Celtibères. Plusieurs anciens ont encore soutenu que les *Liguriens*, peuples si anciennement connus et si répandus tant en Gaule qu'en Italie, étaient différents des Celtes, mais *ly-gour* étant un mot celtique qui signifie habitant du rivage, il semble que cette opinion des Grecs n'était fondée que sur une erreur. Le sang gaulois était ainsi moins mêlé que ne pensait César ; les Celtes purs occupaient les quatre cinquièmes de la Gaule ; ils en étaient les vrais indigènes.

L'intérêt que le nom des Gaules nous inspire naturellement, nous engage à exposer en détail la géographie de ce pays d'après César, Pline et Ptolémée. Nous suivrons la division en dix-sept provinces, donnée par la *Notitia Provinciarum*; division qui, à la vérité, paraît n'avoir existé complétement qu'au temps de Dioclétien, mais dont on retrouve les traces dès le IIIe siècle, et qui d'ailleurs offrira plus de facilité.

Les grandes divisions primitives de la Gaule comme province étaient au nombre de quatre : la *Gaule narbonnaise*, la *Gaule lyonnaise*, l'*Aquitaine* et la *Belgique*. A mesure que le pays se peupla, on fit des subdivisions et des changements.

La Gaule aquitanique était comprise d'abord entre la Garonne, les Pyrénées et l'Océan : on l'étendit ensuite jusqu'à la Loire. On la subdivisa en 1re, 2e et 3e aquitanique. La première avait pour capitale *Avaricum* aujourd'hui Bourges, la plus forte ville de la Gaule lors de l'invasion de César, qui ne lui donne cependant que 40,000 habitants. Cette province était habitée par huit peuples. Les *Bituriges-Cubes*, dans le Berri et le Bourbonnais, dominèrent anciennement sur toute la Gaule celtique : Bellovèse, l'un de leurs chefs, conquit la Lombardie l'an 164 de Rome; César brûla dans un seul jour vingt villes de ce pays. Les Bituriges exploitaient des mines de fer. Les *Arverni* demeuraient dans l'Auvergne. Leurs villes étaient *Nemossus*, depuis *Augustonemetum*, aujourd'hui Clermont, et *Gergovia*, sur la montagne de Gergoie. Ce fut ici qu'un *Vercingetorix* ou chef de guerre des Arvernes, opposa une résistance si opiniâtre au conquérant des Gaules. Le pays des Arvernes prit sous les Romains un aspect riant; des vignobles et des châteaux en couvraient les hauteurs, et les moissons ondoyaient dans la plaine, depuis si fameuse sous le nom de Limagne. Les autres peuples de la première Aquitaine étaient les *Limovici* ou Lemovices avec la ville d'*Augustoritum*, aujourd'hui Limoges; les *Gabaliens*, dans le Gévaudan, où il y avait des mines d'argent; les *Ruténiens*, avec leur chef-lieu *Segodunum*, depuis nommé *Civitas Rhutenorum*, et aujourd'hui Rhodez, dans le Rouergue; les *Velaunes* dans le Velai, et les *Cadurci* qui occupaient le Querci, et dont la ville capitale, aujourd'hui Cahors, s'appelait *Divona*. Une portion des Cadurciens porte dans César le nom d'*Eleutheri*, c'est-à-dire, libres.

La seconde Aquitanique s'étendait de l'embouchure du *Liger*, la Loire, au delà de celle de la *Garumna* ou Garonne. *Burdigala*, Bordeaux, en fut la capitale; les lettres illustrèrent et le commerce enrichit de bonne heure cette ville gauloise. Six peuples occupaient l'Aquitaine seconde.

Les *Bituriges-Vibisci* habitaient la plus grande partie du Bordelais; une de leurs tribus, les *Medulli*, a laissé son nom au canton de Médoc, dont on vantait déjà les vins et les huîtres. Une autre tribu, celle des *Boii*, tirait de la résine des forêts de pins qui couvraient le canton de Buch. Au nord de la Garonne, demeuraient les *Pictones* et les *Santones*, qui prêtèrent leurs vaisseaux à César pour faire la guerre aux Vénètes : parmi leurs villes, *Limonum* répond à Poitiers; Saintes portait le nom de *Mediolanum* ou ville du milieu. Les *Agesinates* vivaient dans le territoire d'Aisenai. Les *Pétrocoriens* demeuraient dans le Périgord ; la ville de Périgueux portait le nom de *Vesuna*, qui est resté au château. Les *Nitiobriges* avaient pour chef-lieu *Aginnum*, l'Agen de nos jours. Tous ces peuples de la première et seconde Aquitaine étaient de vrais Celtes.

La troisième Aquitanique, la seule qui fût peuplée de vrais Aquitains, était aussi appelée *Novem-Populania*, parce qu'elle était habitée par neuf petites nations. César et Pline en nomment davantage. Les *Ausciens* habitaient les fertiles environs de la ville d'Auch, nommée d'abord *Climberris*, et ensuite *Ausci* avec le surnom d'Augusta. Les *Vasates*, dans le Bazadois, étaient de tous les Aquitains les plus reculés au Nord. Les *Tarbelli* s'étendaient sur les rivages de la mer; le chef-lieu *Aquæ Tarbellicæ*, aujourd'hui d'Aqs ou Dax, était renommé par ses eaux minérales. *Beneharnum*, nom d'une ville, est passé au pays de Béarn. Les *Bigerrones* occupaient le Bigorre. Nous ne pouvons nous arrêter à déterminer la position des *Convenæ*, qui semblent avoir habité le Comminge, ni celle de beaucoup d'autres tribus plus obscures encore.

La Gaule lyonnaise nous offre des groupes moins confus. *Lugdunum* ou Lyon, quoique située à une des extrémités de cette province, en fut la capitale commune; mais bientôt on divisa cette province en deux, puis en quatre et même en cinq.

La colonie romaine de *Lugdunum* fut fondée 42 ans avant J.-C. sur le territoire des Ségusiens. Siége des préteurs et d'un hôtel de monnaie, centre où aboutissaient toutes les grandes routes romaines, elle devint la ville la plus considérable des Gaules : soixante peuples y firent construire un autel à la ville de Rome et au génie d'Auguste. Près de cet autel, placé au confluent du Rhône et de la Saône, alors nommée *Arar*, on célébrait des fêtes communes à toute la Gaule. *Lugdunum* était l'entrepôt du commerce entre les Gaules et l'Italie; mais, dans le IIIe siècle, les ravages des guerres civiles en éclipsèrent la splendeur.

Parmi les peuples de la *première Lyonnaise*, on distinguait encore les *Lingones*, au territoire de Langres : ils étaient alliés des Romains et très-puissants. A côté d'eux on trouve les *Mandubii* avec la place forte d'*Alesia*, si fameuse dans les guerres de César. On n'est pas d'accord sur l'emplacement des *Boii*. L'histoire trouve d'abord ce peuple en Italie, où ils étaient entrés par les Alpes rhétiennes, ensuite dans la Pannonie et le Noricum, sans qu'il soit possible de nier ni d'affirmer qu'ils fussent venus originairement de la Celtique; une troupe de Boii, ayant pénétré en Gaule avec les Helvétiens, y fut vaincue par César, et obtint des Eduens un asile dans leurs terres. Le plus célèbre de tous les États gaulois fut celui de ces mêmes *Ædui* ou Eduens; ce peuple fameux, que l'illustre *Sacrovir* voulut trop tard rendre à l'indépendance, avait, en aidant les oppresseurs du monde à subjuguer les Allobroges et les Arverni, acquis le vain titre de frères du peuple romain. Leur capitale était *Augustodunum*, aujourd'hui Autun, auparavant nommée Bibracte; la jeune noblesse de toutes les Gaules y était instruite dans les lettres grecques et romaines; les empereurs y établirent une fabrique de cuirasses; *Cabillonum*, Châlons-sur-Saône, antique siége d'un commerce et d'une navigation considérables; et *Matisco*, Mâcon, où l'on faisait les flèches pour l'usage de l'armée romaine, appartenaient encore à la riche contrée des Eduens.

Au nord de la province que nous venons de décrire, nous trouvons la *quatrième Lyonnaise* qui avait pour capitale *Agendicum*, Sens, ou selon d'autres, Provins. Elle était peuplée par les nations ou tribus que nous allons énumérer : les *Parisii*, dont le chef-lieu était *Lutetia* ou Leucotecia, bâtie longtemps avant Jules César; mais qui, circonscrite dans l'île de la Cité, resta au rang des petites places fortes jusque dans le IVe siècle, et même plus tard : Julien y résida; il agrandit et embellit cette ville, dont les habitants lui plurent par la gravité philosophique de leur maintien : les *Meldi*, avec Meaux, l'ancien *Jatinum* : les *Carnutes*, dont le territoire comprenait les villes d'*Autricum*, aujourd'hui Chartres, et *Genabum*, grande place de commerce, nommée depuis *Civitas Aurelianorum*, l'Orléans de nos jours : les *Senones*, antiques conquérants de l'Italie et de Rome même; outre Agendicum, qui déjà dans le ve siècle avait pris le nom de *Senoni*, ils possédaient *Antissiodorum* ou Auxerre : enfin les *Tricasses*, dont le chef-lieu, après avoir porté le nom romain d'*Augustobona*, reprit celui du peuple, et qui est la ville de Troyes en Champagne.

La *seconde Lyonnaise*, qui répond presqu'à l'ancienne province de Normandie, avait pour capitale *Rotomagus* ou Rouen, habitée par les *Veliocasses* qui ont laissé leur nom altéré au Vexin. Les autres peuples étaient les *Abrincates* dont la capitale, *Ingena*, selon d'Anville, répond à Avranches; les *Unelli*, dans le Cotentin où ils avaient les villes de *Crociatonum*, Carentan, et de *Cosidia*, Coutances, ainsi que les itinéraires le démontrent; la forteresse *Constantia* était, selon un témoin oculaire, Ammien Marcellin, à l'embouchure de la Seine; les *Bodiocasses* ou Baiocasses, avec leur ville *Bajocæ* ou Bayeux; les *Lexovii* avec *Noviomagus*, depuis Lisieux; les *Calètes*, dont Juliobona ou Lillebone était le chef-lieu; les *Eburovices*, qui avaient pour capitale *Mediolanum*, aujourd'hui Évreux.

La troisième Lyonnaise commençait aux environs de Tours, et s'étendait sur toute la péninsule de Bretagne. Voici les peuples de cette province : les *Turones* occupaient la Touraine, avec *Cæsarodunum* qui, dans le moyen âge, prit le nom du peuple, et qui est aujourd'hui Tours; les *Andecavi* ou *Andes* possédaient *Juliomagus* ou Angers; les *Cenomani* habitaient le Maine, avec *Vindinum*, aujourd'hui le Mans; les *Diablintæ* avaient pour chef-lieu *Noviodunum*, qui existe encore sous le nom de Jubleins à l'est de Mayenne. Dans la péninsule, nous trouvons les *Rhedones* que Ptolémée transporte au milieu des Gaules, mais dont la capitale *Condate* est décidément Rennes. Au sud de ceux-ci, étaient les *Nannètes*, avec la ville *Condivicnum* et *Portus Namnetum*, aujourd'hui Nantes. Les *Vénètes* régnaient sur les côtes du Morbihan et sur les îles *Vénétiques*, l'un des siéges du culte druidique; la ville de Vannes, connue sous le nom de *Darioritum*, reçut plus tard celui de *Venetæ*; les grands mais informes navires de cette nation se rendaient aux îles Britanniques. Les *Osismii* occupaient l'extrémité de la péninsule, avec le port *Gesoscribate*, depuis Brest, et le promontoire *Gobæum* qu'on prend généralement pour le cap Mahé. L'île *Sena* ou des Saints était le siége d'un oracle avec neuf prêtresses, qui passaient pour avoir le pouvoir de guérir les maladies incurables, d'exciter et d'apaiser les tempêtes et de se transformer en toute sorte d'animaux. La côte septentrionale de la Bretagne appartenait, selon Ptolémée, aux *Bidukasses* que César nomme *Curiosolites*, probablement d'après leur chef-lieu dont on a découvert les restes à Corseul, près de Dinan.

Toutes les contrées voisines de la mer étaient surnommées, en langue celte, *Arémoriques*, c'est-à-dire, maritimes. Cette appellation resta en particulier aux côtes qui s'étendent de l'embouchure de la Loire vers celle de la Seine; on les nommait tantôt *Armorique*, et tantôt *Armoricanus Tractus*. Vers le commencement du ve siècle, elles s'affranchirent entièrement de l'autorité des Romains. Le duché de Bretagne fut un reste de l'Armorique indépendante, mais le dialecte celtique, qui s'y est conservé, ne paraît malheureusement présenter qu'un mélange confus du celte proprement dit, de l'idiome belgique, parlé par les Bretons insulaires qui s'y réfugièrent, et de la langue latine, déjà répandue dans toutes les Gaules.

La Gaule belgique présente cinq grandes subdivisions, que nous allons parcourir de l'ouest à l'est. La deuxième Belgique s'offre la première. Les *Ambiani* ont laissé leur nom à la ville d'Amiens, anciennement *Samaro-Briva*, c'est-à-dire, Pont-sur-Somme. Les *Atrebates*, dont le chef-lieu *Nemetacum*, est l'Arras moderne, fabriquaient déjà de gros draps très-estimés. Les *Bellovaci*, qui mettaient 100,000 hommes sur pied, n'étaient probablement pas renfermés dans les limites du Beauvoisis moderne; ils avaient pour chefs-lieux d'abord *Bratuspancium*, et ensuite *Cæsaromagus* ou Beauvais. Les trois nations que nous venons de nommer, semblent, selon César, avoir formé le *Belgium* proprement dit. Les *Morini* habitaient cependant la côte voisine du détroit de Calais; c'est dans leur pays que se trouvaient le port *Itius* ou Wissan, d'où César partit pour sa seconde expédition dans la Grande-Bretagne, et *Gessoriacum*, qui déjà dans le IIIe siècle portait le nom de *Bononia*, d'où l'on a fait Boulogne. Les *Nervii* s'étendaient dans tout le Hainaut et dans le midi de la France; leurs villes étaient Cambrai, *Cameracum*, Tournai, *Turnacum*, et Bavai, *Bagacum*, la plus anciennement connue des trois. De petites tribus soumises aux Nerviens occupaient probablement la côte de la Flandre actuelle, qui fut nommée *Nervicanus Tractus*. Plus tard, toute la côte, depuis la Seine jusqu'à l'Escaut, reçut des Saxons, qui y faisaient des descentes continuelles, le nom de *Littus Saxonicum*;

mais le sens de ce terme dut varier selon les incursions de ces pirates.

En retournant au midi, nous trouvons les *Veromandui*, avec leur chef-lieu, surnommé *Augusta*; c'est le bourg Vermand au sud de Saint-Quentin, dans le Vermandois. *Noviodunum* était le chef-lieu des *Suessiones*, et prit ensuite leur nom, d'où l'on a fait Soissons. Les *Remi* s'étant montrés les amis des Romains, virent leur capitale, Reims, nommée en celtique *Durocortorum*, prospérer par la faveur des vainqueurs; métropole de la deuxième Belgique, elle était le siége des lettres et des arts. Plus d'une sanglante bataille donna de la célébrité aux plaines voisines de Châlons, nommé alors *Catalaunum*.

La première Belgique avait pour capitale *Augusta Treverorum*, qui rejeta bientôt le surnom que la flatterie lui avait imposé, pour s'appeler simplement *Treveri*, aujourd'hui Trèves; c'était le quartier ordinaire des généraux qui commandaient sur le Rhin, souvent même la résidence temporaire des empereurs; ses écoles, ses manufactures, ses greniers, ses arsenaux en firent, dans le IIIe siècle, la ville la plus importante des Gaules. *Mettis* ou Metz, appelé d'abord *Divodurum*, capitale des *Mediomatisci*, l'emportait peut-être par la splendeur de ses édifices et de son aqueduc. Les *Leuci* et les *Verodunenses* possédaient dans *Tullum*, Toul, et *Virodunum*, Verdun, des capitales moins brillantes.

Entre la Belgique et le Rhin, s'étendait une limite militaire remplie de forteresses, et constamment occupée par deux armées romaines. On y assigna des demeures aux peuplades germaniques qui voulaient se mettre à la solde des Romains, et qu'on peut comparer aux Cosaques dits des frontières, en Russie. La Moselle séparait probablement les commandements militaires, dont l'un reçut le nom de *Germania superior* ou *prima*; l'autre celui d'*inferior* ou *secunda*. Dans le IIe ou IIIe siècle, ces districts furent, même sous le rapport civil, détachés de la Belgique, et formèrent deux provinces. Les *Menapii* et les *Toxandri*, dans le Brabant actuel, les *Tungri*, dans le pays de Liége, les *Ubii*, le long du Rhin, étaient les principaux peuples de la Germanie inférieure; on pourrait encore y joindre les Bataves comme alliés romains. *Colonia Agrippina* ou Cologne était la métropole de cette province. La forêt *Arduenna* s'étendait l'espace de 150 milles romains entre les Treveri et les Nervii. Dans la Germanie supérieure, nous trouvons, du nord au sud, les *Vangiones*, les *Nemetes* et les *Tribocci*. La capitale *Moguntiacum*, Mayence, qui est probablement le *Magetobria* de César, fut longtemps le boulevard de l'empire romain. Ptolémée est le premier qui nomme *Argentarotum*, appelé dans le moyen âge *Stratcburgum*, ou Strasbourg.

La province *Maxima Sequanorum*, c'est-à-dire la grande Séquanaise, renfermait trois peuples. Les *Rauraques* avaient pour leur chef-lieu *Augusta*, dont on a trouvé les restes près d'Asgut, village du canton de Bâle; les *Helvetii*, revenus en petit nombre de leur incursion dans la Gaule, ne purent repeupler leur ancien territoire, baigné d'un côté par le *lacus Venetus* ou *Acronius*, aujourd'hui le lac Constance, de l'autre par le *lacus Lemanus*, le lac de Genève; le mont Jura le séparait des Séquani. *Aventicum*, le chef-lieu de l'Helvétie romaine, jeta quelqu'éclat, et on reconnaît encore *Turicum* dans Zurich, *Salodurum* dans Soleure, et la *Colonia Equestris*, autrement *Noviodunum*, dans Nyon. Mais les hautes vallées semblent en partie être restées inconnues aux Romains.

L'obscurité qui règne dans les notions des Romains sur l'âpre Helvétie, ne peut étonner personne; mais que diront les aveugles admirateurs des géographes de l'antiquité quand on leur demandera pourquoi le pays des *Sequani*, un des plus beaux de la Gaule suivant César, est resté encore plus inconnu que l'Helvétie même? L'*Arar*, depuis nommé *Sauconna* et Saône, le baignait à l'ouest; le Rhin, et plus tard le mont *Vogesus*, le terminait au nord, comme le Jura à l'est; il n'atteignait le Rhône au midi que par une lisière; la rivière *Dubis* ou Doubs le traversait et formait une presqu'île où s'élevait *Vesontio*, aujourd'hui Besançon : voilà tout ce qu'on sait de certain. On devine encore quelques positions, telles que *Didattium* ou Dole, *Arborosa* ou Arbois, et *Ariorica* ou Pontarlier; mais, au total, cette province importante était singulièrement inconnue.

La *Gaule narbonnaise*, qui s'étendait sur le Rhône et la Méditerranée, est la seule partie où la géographie des Romains n'offre aucune lacune. Par sa culture florissante, par les mœurs de ses habitants, par l'éclat de ses richesses, la Narbonnaise était moins une province qu'une seconde Italie. On y distinguait à la fin cinq subdivisions. La *Narbonensis prima*, qui répondait à peu près au Languedoc moderne, était principalement occupée par deux peuples, les *Volcæ Arecomici* vers le Rhône, et les *Volcæ Tectosages* vers la Garonne. On a prétendu que ces peuples étaient Belges et non pas Celtes; mais il n'y a rien de certain à cet égard. Chez les premiers brillait *Nemausus*, aujourd'hui Nîmes, ville qui par la splendeur de ses édifices et les priviléges de ses citoyens, retraçait Rome au milieu des Gaules. *Narbo*, anciennement le chef-lieu de la tribu des *Elesyces*, surpassait cependant Nemausus par l'étendue de son commerce, qui se maintint encore dans les siècles de la décadence des Romains, et qui attirait dans son port, aujourd'hui comblé, les flottes marchandes de toute la Méditerranée. *Bæterræ*, Béziers, reçut de la légion qui y était en garnison le surnom de *Septimanorum*, d'où le nom de *Septimania* s'étendit d'abord sur le canton voisin, et, sous les Visigoths, sur toute la province. *Tolosa*, la capitale des Tectosages, s'était longtemps avant les Romains enrichie par le commerce. Les *Sardones*, qui occupaient le Roussillon, étaient un reste de l'ancienne nation des *Bebryces*, dont le nom se trouve aussi en Thrace, et sur les migrations desquels nous n'avons point de renseignements.

La province nommée *Viennensis* commençait au lac Léman et se terminait aux embouchures du Rhône; *Vienna* dont elle prenait le nom, et qui dans le IIIe siècle devint la capitale des Gaules; *Geneva*, fameuse par la muraille de César; et *Gratianopolis* dont l'identité avec *Cularo* n'est point démontrée, appartenaient à la contrée des *Allobroges*, nation belliqueuse. La partie orientale de ce pays est déjà nommée *Sapaudia* ou Savoie dans le IVe siècle. Parmi d'autres petites nations, on remarque les *Cavares* avec *Arausio*, Orange, et *Avenio*, Avignon. La colonie *Arelate*, aujourd'hui Arles, devint extrêmement florissante dans les IIe et IIIe siècles; ainsi partout l'insalubrité des marais disparaissait devant la puissance et l'industrie. Tous les anciens ont admiré le *champ des pierres*, aujourd'hui la plaine de Crau; le poëte Eschyle avait dit que Jupiter fit pleuvoir ces pierres pour servir d'armes à Hercule contre les Liguriens, mais Possidonius pensait que Jupiter eût mieux aidé son fils chéri en laissant tomber cette pluie de pierres directement sur la tête de ses ennemis.

L'antique *Massilia* a déjà souvent été nommée dans le cours de nos recherches; étant une ville indépendante de la province romaine, elle ne fut point ornée de superbes édifices; mais une ombre de liberté fit revivre dans ses murs le goût des lettres, l'amour de l'étude, en un mot, ce noble esprit de la Grèce qui n'a été connu que d'un petit nombre de Romains.

Trois petites provinces terminent la Gaule, la *seconde Narbonnaise* avec *Forum Julii*, Fréjus, où un port artificiel contenait une flotte romaine; dans la province *Alpes maritimæ* qui s'étendait jusqu'au mont Cénis, et dans celle des *Alpes graiæ*, qui embrassait les sources du Rhône, on ne trouve que de petites peuplades de montagnards. On doit remarquer dans la seconde Narbonnaise les *Vocontii* entre la Durance et la Drôme, et les *Salyes* qui, avec leurs nombreuses tribus, occupaient toutes les côtes de la Provence.

Les connaissances des Romains sur la géographie physique de la Gaule avaient fait des progrès considérables. Les poëtes seuls conservaient l'habitude de représenter ce pays comme très-froid. Les auteurs instruits savaient que, cultivé avec soin, le riche sol de la Gaule septentrionale produisait abondamment toute sorte de blés et de grains. Plusieurs espèces de seigle et de froment étaient particulières à ce pays; Rome en tira même des provisions. Les grands possesseurs de biens-fonds dans la Gaule employaient des instruments d'agriculture très-perfectionnés. La marne servait d'engrais. La culture du lin était très-répandue.

Pline assure que la vigne, le figuier et l'olivier n'avaient point passé la barrière des Alpes lors de la grande émigration des peuples celtiques, vers l'an 400 avant J.-C. Mais de son temps déjà, toute la Narbonnaise produisait des vins : il y en avait de mauvais, il y en avait de bons; on les gâtait quelquefois en voulant les concentrer par l'effet de la fumée. Tous les plants de vigne de la Narbonnaise étaient originaires d'*Alba Helvia*, qui est Alps dans le Vivarais, ce qui peut faire croire la vigne indigène en France. Pline parle même des vignes *Bituriques* ou du Berri; ainsi la permission d'avoir des vignobles, donnée aux Gaulois par l'empereur Probus, ne peut s'entendre que de la *Lugdunensis* et *Belgica*, où jusqu'alors l'hydromel et la bière ou peut-être le cidre avaient été les seules boissons. La laine des moutons était grossière, mais on consommait à Rome une grande quantité de jambons et de saucisses de la Gaule. Dans les forêts de la Gaule le chêne sacré s'élevait à côté des bouleaux et des ormeaux; le buis des Pyrénées avait de la réputation. Quelques rivières roulaient des paillettes d'or; les *Rutheni*, dans le Rouergue, exploitaient des mines d'argent; le fer paraît pourtant avoir été le métal le plus connu. Les Gaulois avaient inventé un mélange de cuivre et d'étain qui avait l'apparence de l'argent ; ils en fabriquaient les ornements de leurs harnois et de leurs voitures. Parmi d'autres manufactures, la Gaule possédait beaucoup de verreries. Mais cette civilisation, due à la cessation des guerres intestines, ne datait que de l'époque de la domination romaine. Un siècle auparavant les Celtes étaient les plus grossiers de tous les barbares.

Leurs *Druides* qui, avec les nobles, tenaient le peuple en esclavage, étaient les prêtres d'une religion aussi sanguinaire que celle d'Odin, mais dont la morale et la mythologie ne paraissent pas avoir offert l'ensemble poétique de la doctrine des Scandinaves. Les étrangers étaient immolés sans distinction sur les autels des divinités celtiques ; on sacrifiait aussi à ces divinités tous les criminels, en les enfermant dans une grande image entourée de feu. C'était dans les entrailles fumantes des victimes humaines que le Druide cherchait l'augure des succès de la guerre. Le seul trait intéressant qui nous soit parvenu de la religion druidique, c'est l'opinion qui, en admettant l'immortalité des âmes, leur assignait pour demeure l'immensité des airs et les nuages errants.

Les Celtes firent redouter leurs armes, même aux Romains. Nus jusqu'à la ceinture, un immense glaive de cuivre à la main, ils se précipitaient au combat avec une fureur extrême, mais sans art, sans ordre ; le moindre désastre changeait leur audace en lâcheté. Au commencement des batailles ils étaient plus que des hommes ; à la fin ils étaient souvent moins que des femmes. Ils montraient, de l'aveu de César même, une singulière aptitude pour apprendre l'art de la guerre, et leurs forteresses n'étaient pas à dédaigner.

Leur vêtement ordinaire était un manteau court nommé *sagum*, une jaquette ou *palla*, et des pantalons appelés *braccæ*. Les couleurs éclatantes et bigarrées flattaient leur vanité. Une chaîne d'or ou de métal doré leur pendait au cou. L'or brillait encore sur leur armure et sur les harnois de leurs chevaux. Dans la partie de la Gaule, libre avant l'invasion de César, on portait les cheveux flottants sur les épaules ; d'où les Romains prirent occasion d'appeler cette partie *Gallia comata*, Gaule chevelue, tandis que leur conquête ou la province Narbonnaise était appelée *Gallia braccata*, Gaule en pantalons ; et le nord de l'Italie, occupé en partie par des peuples celtiques devenus presque Romains, était surnommé *Gallia togata*, Gaule en toges.

Nous n'entrerons point dans la discussion encore peu avancée de ces deux questions : la langue latine remplaça-t-elle dans toute la Gaule la langue celtique ? et à quelle époque ? Il nous paraît que les Gaulois, admis de bonne heure aux droits de la cité romaine, et déjà dans le Ier siècle livrés à l'étude de la langue latine, durent oublier leur ancien idiome ; ce ne fut qu'à ce prix qu'ils purent acheter la gloire de passer pour très-éloquents en latin.

Les Celtes, comme les autres peuples du Nord, aimaient la course à cheval, la chasse et la natation ; ils mangeaient assis. Après le dîner, ils se livraient des combats simulés qui souvent prenaient un caractère sérieux. Les funérailles avaient de la pompe ; on jetait sur le bûcher tout ce qui avait été cher au défunt ; quelquefois les amis et les époux s'y précipitaient pour suivre dans l'autre monde ceux dont ils pleuraient la perte. Il est difficile de concilier entre eux les divers portraits qu'on a tracés du caractère des Gaulois. Les historiens grecs et romains reprochent aux anciens Gaulois leur férocité, leur mauvaise foi, leur avidité de pillage, leur ivrognerie, et beaucoup d'autres vices crapuleux. Mais ce portrait appartient au siècle où les crânes des ennemis tués leur servaient de vases pour boire. Plus tard, il paraît qu'on les accusait principalement d'une inconstance qui paralysait même leur bravoure, et d'une jactance qui s'exhalait par un torrent de vaines paroles. Mais le sage Julien, qui avait gouverné les Gaulois, rend justice à leur conduite loyale, modérée, et pleine d'une noble fierté.

Les géographes romains connurent encore l'Espagne bien mieux qu'elle n'avait été connue des Grecs. L'ancienne splendeur de *Tarraco* et de *Carthago Nova* s'était accrue ; ces deux villes servaient de résidence ordinaire au préteur qui gouvernait l'Espagne citérieure ou la *province Tarraconaise*, dans laquelle Pline comptait 179 villes du premier rang. Sur la même côte, *Sætabis*, aujourd'hui Xativa, brillait par ses manufactures de toiles fines, tandis que la *Lalétanie* aux environs de *Barcino* ou Barcelone, abondait en vins estimés à Rome. Sur les beaux rivages de l'Ebre, *Cæsar-Augusta*, aujourd'hui Saragoça, fondée par Auguste, éclipsait toutes les autres villes de l'intérieur. L'ancienne Celtibérie, sans grandes villes, mais riche de ses vergers, de ses forêts de chêne et de ses mines de fer, offrait des asiles riants à l'ami de la nature. La ville celtibérienne *Bilbilis* était renommée par l'excellent acier qu'on y fabriquait. Les fameuses mines d'argent de l'Espagne se trouvaient à peu de distance de Carthago-Nova; 40,000 ouvriers y étaient employés, et le bénéfice était de 25,000 drachmes par jour. *Toletum*, chef-lieu des *Carpetani*, devint célèbre par ses ouvrages en acier. Pline vante la magnificence d'*Asturica*, principale ville des *Astures*. On distinguait dans le pays des Galléciens *Bracara Augusta*, aujourd'hui Braga. Les peuples du nord de l'Espagne avaient opposé aux Romains une résistance opiniâtre; Numance n'était pas la seule ville qui avait préféré la destruction à l'esclavage; chez les Cantabres on avait vu une mère tuer son enfant, plutôt que de le laisser tomber entre les mains de l'ennemi, et un enfant, par ordre de son père, saisir une épée et donner à ses parents enchaînés, avec la mort, la liberté; même en expirant sur la croix, les prisonniers espagnols entonnaient des chants guerriers et bravaient leurs bourreaux. Les associations de vie et de mort embrassaient souvent des milliers d'hommes; jamais on ne vit un de ces frères d'armes survivre aux autres. Mais les colonies romaines, répandues dans les provinces, accoutumèrent ces sauvages au joug que portait le reste de l'Europe. La *Lusitanie* voyait aussi ses habitants, jadis adonnés au brigandage, se livrer à l'agriculture; *Olysipo*, la souche de Lisbonne; *Conimbrica* ou Coimbra; *Salmantica*, de nos jours Salamanque; *Emerita*, aujourd'hui Merida, renommée par ses olives douces, et *Pax Julia* ou Beja étaient les principales villes de cette province, où, comme en Gallicie, on trouvait de l'étain et d'autres métaux. La fertilité de la Bétique, ses mines d'or, ses coteaux chargés d'oliviers, ses troupeaux, couverts d'une toison naturellement dorée, étaient déjà connus de Strabon. On peut en dire autant des magnifiques villes de cette province, telles que *Corduba*, patrie des Sénèques et de Lucain; *Hispalis*, à qui le commerce donna bientôt le premier rang, et la voluptueuse *Gades*, qui fournissait à la mollesse des Romains les danseuses les plus lubriques.

CHAPITRE TREIZIÈME.

Commencements de la Géographie mathématique. Marin de Tyr. Ptolémée. Analyse de sa Géographie. Recherches sur la position de Thinæ et de la Sérique.

Avant de retracer la grande révolution occasionnée par les migrations des peuples, il faut jeter un coup d'œil sur les derniers travaux des géographes grecs et romains.

Les Strabon et les Pline, dédaignant les essais imparfaits d'Hipparque, n'avaient pas essayé de donner à leur géographie une base mathématique, en fixant les positions terrestres par l'observation des corps célestes. Les mesures itinéraires et quelques observations de latitude étaient leurs seuls guides. Je veux parler des *Itinéraires*, ou relevés des chemins et routes de toutes les provinces de l'Empire romain. Il y en avait de deux sortes, que Végèce distingue par les noms d'*annotata* et de *picta*; c'est-à-dire, d'écrits et de dessinés. Les premiers ne contenaient que les noms des lieux et des stations, avec la distance de l'un à l'autre, sans entrer dans aucun détail, à peu près comme nos livres de poste. Les auteurs des seconds ne se contentaient pas d'y insérer les grands chemins et autres principales routes ; ils y ajoutaient le nom et l'étendue des diverses provinces, le nombre de leurs habitants, les montagnes, le cours des rivières et les mers voisines.

Parmi les premiers, nous possédons l'ouvrage connu sous le nom d'*Itinéraire de l'empereur Antonin*; mais il est difficile de croire que cet ouvrage, tel que nous l'avons, soit du temps du prince dont il porte le nom; car on y trouve plusieurs endroits qui ne furent connus que sous ses successeurs. L'examen de cet *Itinéraire* fait voir qu'il est tiré d'anciens et de nouveaux tableaux de route, et qu'on en a successivement publié de nouvelles éditions. On ne sait pas non plus de quelle époque est l'*Itinerarium Hierosolymitanum*, fragment qui indique dans le plus grand détail la route de Bordeaux à Jérusalem. Mannert pense que c'est une feuille routière donnée à quelque fonctionnaire qui voyageait avec une mission impériale.

A la seconde espèce d'itinéraire appartient ce qu'on appelle la *Table de Peutinger*, que Scheyb fit graver en 1753 d'après un exemplaire manuscrit de la Bibliothèque impériale de Vienne, qui avait appartenu à Conrad Peutinger, patricien d'Augsbourg, et à laquelle il ajouta un savant commentaire. Mannert a presque démontré que l'origine de cette carte remonte aux temps de l'empereur Sévère, ou à l'an 230 de J.-C.; mais que la copie actuellement existante est due au loisir d'un moine du XIIIe siècle. Il est probable que cette carte a eu plusieurs éditions; et, dans cette supposition, il serait presqu'impossible d'en déterminer l'époque. Il paraît seulement qu'on n'a pas dû en publier postérieurement à la chute de l'Empire romain d'occident. Le commencement de cette carte est perdu. Il y manque le Portugal, l'Espagne, et la partie occidentale de l'Afrique. On n'y trouve que la côte sud-est d'Angleterre. En revanche, on y voit l'extrémité la plus reculée de l'Asie vers l'est, aussi loin que les connaissances des Romains s'étendaient de ce côté-là; le pays des Sères, l'embouchure du Gange, l'île de Ceylan, allongée de l'est à l'ouest, suivant l'opinion d'alors; des routes sont tracées dans le cœur de l'Inde. Mais les pays marqués sur cette carte n'y sont point placés suivant leur position géographique, leurs limites respectives et leur grandeur réelle. On les a rangés arbitrairement les uns à la suite des autres, de l'ouest à l'est, sans avoir égard à leur figure, ni à leur longitude et latitude déterminées par d'autres géographes. On se fera une idée plus claire de cette carte par la forme de la table, qui a vingt et un pieds un quart de long (mesure de Vienne) et seulement un pied de large. Outre la détermination des routes, qui était le but principal de l'auteur de la carte, il a indiqué les grandes montagnes, le cours des principaux fleuves, les lacs, les contours des côtes maritimes, les noms des grandes provinces et ceux des nations les plus considérables.

Pendant que les maîtres du monde se bornaient à faire composer ces itinéraires qui servaient à diriger la marche des armées, et dont la possession était pour un particulier un crime de lèse-majesté, deux astronomes grecs pensèrent aux moyens de donner à la géographie des bases scientifiques; le premier fut *Marin*, natif de Tyr, qui vivait vers l'an 100; l'autre est l'immortel *Ptolémée*, qui fleurit sous les deux Antonins, de 140 à 170. L'ouvrage de Marin n'est connu que par les extraits que Ptolémée en donne. La géographie de ce dernier, telle qu'elle nous est parvenue, n'est qu'un tableau élémentaire, mathématique, où la figure et la grandeur de la terre et la position des lieux sont déterminées; la division des pays n'est qu'indiquée, et l'auteur ajoute rarement une note historique. Le texte n'est pas exempt de quelques additions étrangères. Elles sont très-nombreuses dans les manuscrits grecs pour les côtes orientales de la mer Méditerranée, et pour les côtes occidentales dans les manuscrits latins. En outre, ces derniers contiennent la position d'une infinité de lieux que Ptolémée ne pouvait connaître, et qui manquent dans les manuscrits grecs. Enfin, le texte a encore éprouvé d'autres changements par la négligence des éditeurs.

Il y a toutefois dans la géographie de Ptolémée, des erreurs fondamentales, des erreurs énormes, et qui bien certainement lui appartiennent. Il éloigne en général trop à l'est, au sud et au nord les terres qui lui étaient connues. D'abord en nous tenant à la direction vers l'Orient, nous voyons la Méditerranée prendre selon lui une longueur de 20 degrés de plus qu'elle ne doit avoir, et cela dans un temps où elle était le mieux connue des Grecs et des Romains, qui la parcouraient sans relâche. Les bouches du Gange y sont reculées vers l'orient de plus de quarante-six degrés au delà de leurs véritables positions; lesquels, réduits en mesures modernes, font une erreur de près de *douze cents lieues* ou de la huitième partie de la circonférence du globe.

Ces erreurs, dans un ouvrage qui d'ailleurs renferme les connaissances les plus étendues qu'aucun Grec ait eues sur la géographie, ne peuvent avoir leur origine que dans les *mesures* employées par Ptolémée. Sans nous arrêter, avec Mannert et Gosselin, à rechercher les causes de ces erreurs, et en en tenant tel compte que de droit, nous devons reconnaître que l'ouvrage de Ptolémée est l'un des plus précieux monuments de la science géographique.

Dans l'est de l'Europe, Ptolémée nous étonne par une description assez exacte du cours du grand fleuve Wolga, qu'il appelle *Rha*; il connaît même le Kama, venant des monts Oural et qu'il nomme *Rha oriental.* En effet, cette rivière dispute au Wolga le rang de fleuve principal. La connaissance de ce grand fleuve, nommé aussi *Rhos*, ne se perdit plus; il est probable que, dès le ve siècle, des caravanes de commerce y allaient chercher la rhubarbe et d'autres productions de l'Asie centrale. Le cours du *Tanaïs*, que Strabon dirigeait du nord au sud, offre chez

Ptolémée une courbure semblable à celle qu'il présente sur les cartes modernes. De même que Pline avait repoussé vers la source de ce fleuve les fabuleux monts Riphéens, qu'on cherchait toujours à colloquer dans les régions peu connues, de même Ptolémée semble placer presque au hasard vers le milieu de la Russie, les *Hyperboréens*, les *Basilici*, et quelques autres peuples dont les noms lui paraissaient trop célèbres pour les effacer entièrement. Il bannit cependant de sa carte d'Europe, le nom de la *Scythie*; il étend la *Sarmatie* européenne depuis le Tanaïs jusqu'à la Vistule et aux monts Carpathes; mais il ne faut pas en conclure qu'il regardait comme Sarmates tous les peuples qui occupaient ce vaste espace. Au contraire, Ptolémée donne exprès aux *Alauni*, qu'il place entre le Borysthènes et le Tanaïs, le surnom de Scythes; ces peuples qui, conservèrent le même emplacement depuis le Ier jusqu'au Ve siècle, n'étaient sans doute pas les seuls restes de l'ancienne race scythique. Les *Chuni*, placés par Ptolémée vers le milieu du cours du Borysthènes, sont probablement cette tribu des Huns qui combattit, à la solde des Goths, contre les Huns d'Asie. La plupart des nations sarmatiques, dans le sens le plus strict, étaient confondues sous le nom d'*Hamaxobii* ou peuples vivant sur des chariots. Les *Iazyges*, les plus fameux d'entre ces nomades, se montrent d'abord au nord-est des Palus-Méotides; ils envahissent les régions entre le Borysthènes et le Danube, se répandent le long des monts Carpathes, descendent dans les plaines de la Hongrie orientale, sous le nom *d'Iazyges Metanastæ* et pénètrent au nord jusque dans la Podlachie où ils existaient encore au XIIe siècle sous le nom de Jaczwinges. La grande migration des Sarmates paraît s'être portée vers la Lithuanie et la Prusse, où Ptolémée nous fait connaître les *Galindæ*, connus, dans le XVe siècle, sous le même nom, leurs voisins, les *Sudeni*, les Sudawi des modernes, les *Borusci*, les Prussiens du Xe siècle, mais anciennement plus enfoncés dans la Lithuanie, les *Karbones* et *Kareotes*, les Courlandais, nommés Karis, Chori et Kors, chez les auteurs du moyen âge, les *Hosii* qui très-probablement sont les habitants d'Oesel, et les *Sali*, dont on retrouve le nom dans celui de la rivière de Salis en Livonie.

Ptolémée distingue de ces peuples, en partie Sarmatiques et en partie Scythiques, les *Venedæ* ou Vendes auxquels il assigne les côtes depuis le *Rhubon* ou le fleuve de Memel jusqu'à la Vistule, et qui probablement s'étendaient jusqu'à l'Oder. Les autres nations slavonnes, que nous avons retrouvées d'après Strabon et Tacite, sont obscurément indiquées par Ptolémée; pourtant il nous en fait connaître de nouvelles, entre autres les *Saboki* ou peuples sur le Bug, les *Biessi*, dont le nom est resté aux monts Biesciad, près de Lemberg, et les *Carpi*, ou habitants des monts Carpathes. Ptolémée, qui semble avoir eu sous les yeux un itinéraire des bords du Danube vers l'embouchure de la Vistule, conduit ce dernier fleuve en ligne droite, du sud au nord; il est probable que les voyageurs ou les marchands d'ambre jaune suivaient d'abord la Wartha et ensuite la basse Vistule, en prenant ces deux rivières pour une seule, comme il est arrivé à nos voyageurs dans l'Amérique. Ptolémée décrit la *Dacie*, alors province romaine, avec plus de détails que ses prédécesseurs. Les noms de villes et de tribus de cet ancien pays des Gètes, sont tous autant de témoignages de l'origine slavonne de ce peuple.

Les navigateurs grecs et romains paraissent avoir visité les côtes de la Baltique jusqu'aux environs de la Vistule, puisqu'un abréviateur de Ptolémée déclare ne pouvoir indiquer les distances en *stades* que jusqu'à cette rivière. Mais les voyages des marchands d'ambre jaune et de pelleteries allaient par terre jusqu'en Livonie où se termine la chaîne des peuplades nommées par Ptolémée. La côte connue de ce géographe s'étend jusqu'au fleuve *Chesinus* que nous pensons être la Duna, puisque Ptolémée ne compte que trois fleuves principaux entre celui-ci et la Vistule, et qu'on les retrouve tous, savoir : le *Chronus*, répondant au Prégel qui passe à Kœnigsberg; le *Rhubon*, qui répond au Niémen, et le *Turuntus*, qui ne peut être que la rivière de Windaw.

L'Europe de Ptolémée se termine par la *Chersonèse cimbrique*, qu'il étend de 2 degrés trop au nord, en la courbant beaucoup plus à l'est qu'elle ne l'est. A l'orient de la Chersonèse cimbrique ou du Jutland, il place quatre îles sous le nom de *Scandiæ insulæ*. Les trois plus petites répondent à celles de Laland, de Fionie et de Seeland, qui font partie du Danemarck. La quatrième, à laquelle il donne en particulier le nom de *Scandia*, représentait la Scanie. La grande étendue de la mer Baltique n'avait pas encore permis aux Romains de la parcourir toute entière. Entraîné, d'ailleurs, par les écrits de Pythéas, on croyait encore que la Scandinavie ne tenait pas à la terre ferme. Cette quatrième île paraît représenter celle qui avait été nommée Basilia ou Baltia par Pythéas.

Le nom de *Thule* reparaît chez Ptolémée ; il l'applique à une terre située au nord-est de la Grande-Bretagne et qu'en réduisant à leur juste valeur ses degrés de longitude, on trouve être la Norwége, quoique le rapport entre cette terre et la Grande-Bretagne puisse y faire voir l'île de Shetland. Nous avons démontré que la Thule, découverte par Pythéas, était un canton du Jutland, mais que les diverses évaluations des *Stades*, employées par ce voyageur (ou dans les mémoires qu'il copiait), ont fait chercher le mot de cette énigme géographique dans le Thilemarck de Norwége, dans l'Islande, et jusque sous le pôle.

L'Hibernie ou l'Ierne, que Strabon avait placée au nord de la Bretagne, quoique sous sa vraie latitude, est remise, dans Ptolémée, à l'occident de cette île, mais à 5 degrés plus au nord qu'elle ne doit l'être. L'Ecosse, avec toutes les îles qui en dépendent, est tournée de l'ouest à l'est, au lieu de l'être du sud au nord. Mais, abstraction faite de cette erreur systématique, l'Angleterre, les côtes occidentales de la Gaule et le nord de l'Espagne, présentent un accroissement de connaissances de détail étonnant pour le temps écoulé depuis Strabon. La géographie semblerait avoir beaucoup plus gagné dans ces pays lointains que dans la Méditerranée. La forme barbare que Ptolémée assigne encore à l'Italie, est un exemple frappant de ces circonstances qui, hâtant les progrès des sciences dans certaines parties, les laissent stationnaires dans d'autres. Cependant la Méditerranée n'offre plus un asservissement rigoureux aux bases qu'Eratosthène et Strabon avaient suivies ; on remarque dans les longitudes et dans les latitudes un tâtonnement qui annonce des combinaisons nouvelles, et des efforts pour arriver à une plus grande perfection. Le détroit de Sicile n'est plus dans Ptolémée sous le parallèle du détroit des Colonnes : il y prend, à 8 minutes près, la hauteur qu'il doit occuper. La Sicile même est déjà mieux orientée ; et l'intervalle compris entre le cap Pélore et celui de Pachynus n'y est plus tracé directement de l'est à l'ouest, comme on l'avait fait jusqu'alors. La position de Carthage y est encore assujettie à la latitude beaucoup trop méridionale du promontoire Lilybée, ce qui force Ptolémée à refouler la côte septentrionale de l'Afrique vers le sud, et à en altérer les contours dans toute son étendue jusqu'au détroit de Gades. Le grand enfoncement des Syrtes disparaît, et le Péloponnèse, étant placé trop au midi, comprime d'un autre côté la Cyrénaïque, et donne à la côte une direction presque est et ouest jusqu'à Alexandrie. Cette ville est située, dans Ptolémée, plus à l'orient que Rhodes, et presque sous le méridien du cap sacré de Lycie, comme la nature l'exige.

La forme de l'Afrique fut totalement changée par Ptolémée; nous avons vu que Strabon et Pline regardaient cette partie du monde comme une île terminée en dedans de la ligne équinoxiale. L'Océan atlantique était censé joindre la mer des Indes sous la zone torride, dont les chaleurs passaient pour avoir seules empêché qu'on ne fît le tour de l'Afrique. Ptolémée, qui n'admettait point la communication de l'Océan atlantique avec la mer Erythrée, pensait, au contraire, que la côte occidentale de l'Afrique, après avoir formé un golfe médiocrement enfoncé, qu'il nomme *Hespericus*, s'étendait indéfiniment entre le sud et l'ouest; de même qu'il croyait que celle de l'Afrique orientale, après le cap *Prasum* (cap Brava) , allait rejoindre la côte de l'Asie au midi de Catigara. Cette opinion, qui divisait les mers en de grands bassins isolés les uns des autres, avait été soutenue par Hipparque : il ne doit pas paraître étonnant que l'Ecole d'Alexandrie revînt à cette erreur au siècle de Ptolémée : l'exposé des faits suivants démontrera les motifs qui les égarèrent.

Marin de Tyr, prédécesseur de Ptolémée, prétendit avoir lu l'itinéraire de deux expéditions romaines, commandées par *Septimius Flaccus* et *Julius Maternus*; ces chefs étaient partis de la grande Leptis pour Garama, capitale des Garamantes qu'ils trouvèrent distante de la première ville de 5,400 stades : ensuite, Septimius marcha pendant trois mois droit au midi et parvint à une contrée nommée *Agyzimba*, habitée par des nègres. Après quelques raisonnements, Marin de Tyr fixe la position de cette contrée à 24 degrés au sud de l'équateur.

On pourrait reléguer parmi les fables cette expédition romaine, inconnue aux Romains. Comment admettre qu'un général ait exécuté une marche plus étonnante que celle d'Alexandre, et qu'aucun historien contemporain n'en ait conservé le moindre souvenir? A quelle époque prétend-on placer cet événement? Comment d'ailleurs, une armée aurait-elle pu faire en trois mois une marche de plus de 1,100 lieues de France? Mais admettons le fait, nous allons voir que Marin de Tyr s'est contredit lui-même dans l'évaluation des distances. « Garama est, dit-il, à 5,400 stades de Leptis. » C'est précisément la distance de Leptis ou Lebida à Gherma, d'après les cartes modernes, mais il faut l'évaluer en *stades* de 833 *au degré.* Marin l'a évaluée en stades de 500 au degré ; il en résulte qu'il porte Garama à 21 degrés au lieu de 27. Si l'on réduit dans la même proportion le reste de la marche de Septimius Flaccus, on trouvera 27 degrés au lieu de 45, pour la distance de Garama à Agizymba ; cette région viendra se placer sous l'équateur et répondra à *l'Anzigo* des modernes. Cette marche, même ainsi réduite, est encore au rang des choses presqu'impossibles.

Marin de Tyr avait encore rassemblé les détails de plusieurs navigations faites depuis le cap d'*Aromata*, aujourd'hui de Guardafui, jusqu'au promontoire *Prasum*, et avait pensé que le *Prasum* devait être situé sous le tropique d'hiver. Ptolémée, d'après une nouvelle évaluation de ces itinéraires, fixe le Prasum au 15e degré de latitude sud. Il assigne la même position à la contrée Agizymba. Cette nouvelle extension de l'Afrique, en renversant l'ancienne opinion sur les bornes de cette partie du monde et sur l'Océan qu'on avait supposé sous la zone torride, semble avoir engagé Ptolémée à ressusciter les idées d'Hipparque et à joindre l'Afrique à l'Asie par une terre australe imaginaire. Mais Gosselin a prouvé que les navigations le long des côtes orientales de l'Afrique, recueillies par Marin, ne s'étendaient que jusqu'au cap Prasum. Le dessin de Ptolémée, rétabli d'après les *prolégomènes* de sa géographie, et l'évaluation exacte des mesures données par les itinéraires ne laissent aucun doute raisonnable sur ce résultat.

Les côtes occidentales de l'Afrique présentent plus d'incertitudes. Les tables de Ptolémée semblent offrir une côte qui, du détroit des Colonnes, court droit au sud, jusqu'à 5 degrés au nord de l'équateur. Le grand nombre de noms qu'elles contiennent, donnent à ces découvertes un air de réalité. Cependant, nous avons vu que l'expédition des Carthaginois sous Hannon dut s'arrêter en deçà du cap Blanc. A quelle époque les Romains auraient-ils fait le voyage dont ces découvertes auraient pu être le fruit ? Pourquoi, d'ailleurs, la côte est-elle représentée comme allant droit au midi, tandis que, dans la réalité, elle se dirige au sud-ouest ? Enfin, pourquoi les mêmes noms y sont-ils répétés jusqu'à trois fois ? C'est en développant ces arguments que Gosselin a cherché à démontrer que les côtes tracées par Ptolémée, offrant deux fois un double emploi des mêmes positions, ne s'étendaient que jusqu'au fleuve Nun. Nous croyons cependant que la position indiquée pour les îles Fortunées, obligera les géographes d'étendre plus au midi les côtes connues de Ptolémée. C'est vers le golfe de Saint-Cyprien que la côte, en tournant tout à coup vers l'ouest, a pu faire naître l'idée qu'elle s'étendait indéfiniment dans cette direction.

L'intérieur de l'Afrique chez Ptolémée présente une grande masse de notions confuses. Il est cependant le premier des anciens qui ait annoncé avec certitude l'existence du *Niger*, obscurément indiqué par Pline. Sur les bords de ce fleuve qui, en se dirigeant de l'ouest à l'est, s'écoule dans les sables ou dans un petit lac, Ptolémée place les villes de *Tucabath*, de *Nigira*, la métropole de *Ta-Gana* et de *Panagra*, dans lesquelles on a cru retrouver Tombouctou, Cashnah, Ganah et Wangara sur les rives de notre Niger ou Jolyba. Le mont *Mandrus*, près des sources du Niger, rappelle le nom des Mandingos ; les montagnes de *Caphas* semblent devoir être cherchées dans le pays de Kaffaba. Mais le point le plus difficile à expliquer dans l'Afrique centrale de Ptolémée, c'est sans contredit de savoir à quel fleuve on doit appliquer le nom de *Gyr*. On y a voulu voir tantôt le fleuve de Bornou ou le Bahr-al-Gazel, tantôt la rivière nommée Bahr-el-Misselad. Ici la science doit se résigner à douter.

L'Asie de Ptolémée offre trois points principaux ; les côtes de l'Inde en deçà et au delà du Gange, la route de la Sérique et la forme de la mer Caspienne.

Nous avons vu que Ptolémée connaissait en détail beaucoup de provinces, de villes, de rivières et de montagnes de l'Inde en deçà du Gange ; nous avons concilié ses principales notions avec celles que présentent Pline et le Périple de la mer Erythrée. Malgré l'exactitude de ces détails, Ptolémée a donné à l'Inde une configuration bizarre. Ayant, avec Eratosthène, tracé toutes les côtes d'Asie, et par conséquent les embouchures de l'Indus trop au sud, il donnait une étendue démesurée à l'île de Taprobane, soit qu'il ait faussement évalué les stades dont les premiers navigateurs s'étaient servis, soit qu'on ait longtemps confondu la presqu'île de Malabar et Coromandel avec l'île de Ceylan. L'Inde, resserrée par ces deux motifs, n'offrait plus rien de péninsulaire ; mais comme Ptolémée devait y placer les détails que de fréquentes navigations avaient fait connaître, il ne put trouver l'espace nécessaire qu'en donnant à la côte beaucoup plus de courbures et de saillies qu'elle n'en présente réellement.

Ptolémée croyait que les extrémités de l'Asie se dirigeaient au sud, et se confondaient avec une terre inconnue qui allait à l'ouest joindre l'Afrique. Il est donc évident que les voyageurs suivis par Ptolémée, n'avaient point franchi la péninsule de Malaca, puisque dans ce cas ils auraient su que l'Asie, en remontant au nord, était terminée par un vaste Océan. Les géographes antérieurs à Ptolémée ont, à la vérité, circonscrit l'Asie à l'est par une mer qu'ils nommaient Océan oriental, mais cet Océan n'avait aucun rapport avec les mers de la Chine; ce n'était que le golfe de Bengale qui, par la manière très-défectueuse dont Eratosthène et les géographes venus après lui avaient orienté l'Inde, se trouvait tout entier tourné à l'est. Pline et Méla s'expliquent clairement sur ce point en disant : Que l'Inde était non-seulement bornée par l'Océan meridional, mais encore par l'Océan oriental; que la Taprobane commençait à l'Océan oriental; enfin, que la mer des Indes ne s'étendait que depuis l'Indus jusqu'au coude où commence la mer Orientale. Ce coude était le promontoire *Colis* ou *Coliacum* qui répond au cap Comorin d'aujourd'hui, après lequel la côte était censée remonter toujours au nord et être baignée par l'Océan oriental; et c'est ce qui a fait croire, jusque vers le temps de Ptolémée, que l'embouchure du Gange était tournée à l'orient, quoiqu'elle le soit au midi. Dans l'un et l'autre système des anciens, les terres connues au delà du Gange ne pouvaient donc avoir que peu d'étendue à l'est. Les détails suivants confirmeront cette opinion.

Après l'embouchure orientale du Gange, confondue avec celle de la rivière de Mégna, Ptolémée place le fleuve *Lataméda* qui répond à la rivière de Morée. *Baracura-Emporium* se trouve dans un lieu nommé Barracoon, situé entre la rivière de Morée et celle de Curmfullée, qui est le *Tocosanna* de Ptolémée. La ville de *Lambra* peut répondre à Santatoli; et les rivières de Zajoo et de Dombac représentent les fleuves *Sadus* et *Temala*. Le promontoire *Temala*, qui répond au cap Botermango d'aujourd'hui, est, dans Ptolémée, le commencement du golfe *Sabaracus*. A la hauteur de Botermango, la mer forme un golfe qui reçoit la rivière d'Aracan, comme le Sabaracus reçoit le *Besynga*. La rivière d'Aracan se reconnaît encore pour être la Besynga, par le nom de Béting que porte une petite île située à son embouchure. Au sud de ce golfe, la ville de Baraton répond à *Berabæ* : le petit cap qui vient après, et l'enfoncement de la côte où était située *Tacola*, se retrouvent dans la pointe de Négraïs.

Ce qui caractérise le plus la *Chersonèse d'Or* dans Ptolémée, est l'embouchure d'un grand fleuve qui vient s'y diviser en trois branches avant de se jeter dans la mer. Ces canaux ont paru si considérables que chacun d'eux portait le nom de fleuve; on les appelait *Chrysoana*, *Palandas* et *Attabas*. Ptolémée ne donne aucun nom à ce fleuve au-dessus de sa division, et il n'indique point le lieu de ses sources. Ce géographe n'avait aucune connaissance de l'intérieur de la contrée nommée *Lestorum regio*, puisqu'il n'y détermine la position d'aucun lieu. Elle était habitée par un peuple de brigands chez lequel on évitait de passer; les Indiens que le commerce attirait chez les Sines, suivaient une route tracée au nord de ce pays.

Cette route rencontrait un fleuve considérable nommé *Daona* ou *Doanas*, que Ptolémée conduit jusqu'à la ville du même nom qu'habitaient les *Daonæ*. De là jusqu'à son embouchure, le cours de ce fleuve n'étant appuyé d'aucune position intermédiaire, fait assez voir qu'il est tracé au hasard. Il paraît être le même que celui qui vient se rendre dans la Chersonèse d'Or; et tous ces bras de fleuve, joints ensemble, peuvent représenter le Delta formé par la rivière d'Ava, partagée en trois bras principaux, orientés précisément comme les fleuves Chrysoana, Palandas et Attabas. La preuve que les deux fleuves de Ptolémée ne peuvent se rapporter qu'à la rivière d'Ava, c'est la position de la ville de *Daona* sur le fleuve du même nom, puisque cette ville existe encore sur la rivière d'Ava, et se nomme actuellement *Dana-Pleu*. Le fleuve même se nomme *Kien-Duen* ou rivière Duen, nom peu éloigné de Doanas. Il est d'autant plus difficile de ne pas reconnaître la *Chersonèse d'Or* dans le *Delta* péninsulaire du fleuve d'Ava que cette contrée seule, dans ces régions, présente une assez grande abondance de métaux précieux pour donner naissance aux épithètes pompeuses dont on la décorait. Longtemps avant Ptolémée, on avait parlé d'une *île d'Or*, d'un pays où le sol était composé d'or et d'argent; les *Timules* ou habitants de la côte de Coromandel y naviguaient, et c'est d'eux que Ptolémée déclare tenir les vagues relations qu'il est obligé de suivre.

L'extrémité du Delta du fleuve d'Ava, nommée aujourd'hui pointe de Bragu, représente le *Grand Promontoire* de Ptolémée, auprès duquel il plaçait *Zabæ*. Le *Perimulus Sinus* est une des petites baies formées par les embouchures orientales du fleuve ; elle tirait son nom d'une ville nommée *Perimula*, située dans une île où l'on pêchait des perles. On ne saurait admettre, avec D'Anville, que le *Perimulus Sinus* soit le détroit de Sincapour. Comment croire en effet que des navigateurs aient pu prendre un détroit pour un golfe, surtout lorsque, dans l'opinion de D'Anville, ils devaient passer par ce détroit, le suivre dans toute sa longueur et en sortir pour arriver au grand promontoire ? D'ailleurs, on ne pouvait approcher le détroit de Sincapour, sans avoir en même temps connaissance de Sumatra dans près de deux tiers de son étendue. Il est cependant certain que Ptolémée n'a connu aucune grande île dans la mer des Indes, au delà de Taprobane.

Plaçons-nous maintenant à la pointe de Bragu où était autrefois Zabæ, et consultons la route que tenaient les navigateurs pour se rendre de cette échelle à *Catigara*, principal entrepôt du commerce des *Sines*. Marin de Tyr, qui avait rapporté les itinéraires dont Ptolémée a fait usage, disait que les navigateurs, en partant de Zabæ pour Catigara, dirigeaient leur route vers le midi, et encore plus vers leur gauche : c'est-à-dire, qu'ils couraient dans une direction sud-est. Or, en partant de la pointe de Bragu, cette route mène directement à la côte occidentale du royaume de Sian ou Siam, qui doit par conséquent représenter le pays des Sines. Ce pays, suivant Marin, Ptolémée et Marcien d'Héraclée, devait être terminé au nord par les Sères, au levant et au midi par des terres inconnues, et au couchant par la mer. Il est facile de voir que, dans tous les parages de l'Inde, la côte occidentale du royaume de Siam est la seule qui soit précisément orientée comme ce passage l'exige.

Ptolémée place dans le pays des Sines un grand fleuve sous le nom de *Senus*, dont il n'a point connu la source, mais qu'il savait descendre du nord pour former un coude vers le sud, et remonter ensuite pour se jeter dans la mer. Le cours de ce fleuve est parfaitement représenté par celui de la rivière Tena-Serim. Ce qui ajoute à cette ressemblance, c'est que le Senus reçoit, dans la partie méridionale de son cours, le petit fleuve *Cotiaris*, qui est encore représenté par une petite rivière que le

Tena-Serim reçoit dans une position correspondante. Peu après le confluent, le fleuve se divise pour former deux embouchures que Ptolémée a excessivement écartées, mais qui n'en sont pas moins très-faciles à reconnaître.

C'est sur le Cotiaris que Ptolémée place l'ancienne ville de *Thinæ*, métropole de tout le pays des Sines. Nous pensons que cette ville est la même que *Tena-Serim*, dont le nom est composé de deux mots qui, traduits littéralement, signifient : peuplade de Tena. Merghi, le port de Tena-Serim, représente *Catigara*, le port de Thinæ. Cette place conserve encore sa célébrité ; l'avantage de sa situation, et son port, qui passe pour un des plus beaux de l'Asie, avaient engagé l'ancienne compagnie française des Indes orientales à y établir un comptoir qu'une révolution lui enleva peu de temps après. L'analogie qu'on vient de remarquer entre deux villes également intéressantes à connaître, est encore confirmée par le nom du pays même où elles sont situées ; car la dénomination moderne du royaume de Siam, ou *Tsian*, comme disent les Malais, présente assez de conformité avec le nom de Sinæ que ces peuples portaient autrefois. La dernière de ces observations n'avait point échappé à Isaac Vossius ; mais il a eu tort d'en conclure que la ville de Sian devait représenter la capitale des Sines de Ptolémée, qu'il nomme indifféremment Sinæ ou Thinæ. Vossius n'a point fait attention que Thinæ était l'ancienne capitale de ces peuples ; que le nom de *Sina metropolis* est moderne par rapport à Ptolémée, et qu'il n'a été en usage qu'au commencement du VIe siècle. Le premier auteur qui en parle, nous paraît être Étienne de Byzance, qui écrivait sous Anastase.

C'est aussi de Sian que parle Édrisi, sous le nom de *Sinia Sinarum*, en la plaçant dans la partie orientale du pays des Sines ; tandis que, d'un autre côté, il indique la situation de *Caitaghora* ou Catigara, ville d'un grand commerce, à l'embouchure d'un fleuve, sur la côte occidentale des Sines baignée par la mer des Indes ; ce qui s'accorde parfaitement avec la position de Merghi. Cosmas, auteur du VIe siècle, est le premier qui ait su que *Tzinista*, c'est-à-dire le pays des Tzines, était borné à l'est par l'Océan ; mais, quand il parle de la ville *Tzinitza*, il en décrit la situation conformément à Ptolémée.

La recherche de Thinæ nous a fait laisser en arrière la description du grand golfe (*Magnus Sinus*), qui doit baigner une partie de la côte des Sines. On le reconnaît dans celui de Martaban. La plus intéressante des positions est celle du fleuve *Serus*, que Ptolémée place précisément dans le fond du golfe : ce fleuve répond à celui du Pégu : son nom indique qu'il descend de la *Sérique* ou du Thibet. La ville de *Tomara*, située sur sa rive gauche, près de son embouchure, se retrouve aujourd'hui dans un lieu appelé Mararco, dont le nom n'a subi qu'une légère altération. *Aspithra*, qui vient après, doit être Martaban, située, comme elle, à une petite distance de la mer, et sur un fleuve peu considérable. Enfin, *Rhabana* et le fleuve *Ambastūs* peuvent se rapporter à Tavay et à la rivière du même nom.

Nous avons reconnu plus haut le *Senus* et le *Cotiaris* dans les deux rivières qui baignent les murs de Tena-Serim. Le reste de la côte, qu'on savait se diriger vers le midi, a fait naître l'idée qu'elle se prolongeait jusqu'en Afrique où elle allait joindre le promontoire Prasum. Les auteurs modernes, qui ont placé les *Sines* chez les Chinois ou dans la Cochinchine, n'ont pas fait attention que, si les connaissances de Ptolémée s'étaient étendues jusque-là, jamais il n'aurait imaginé que cette côte retournât à l'occident pour former de la mer Erythrée un vaste bassin. Tous les renseignements que les anciens auraient pu recueillir, leur auraient indiqué au contraire que la côte remontait au nord sans interruption.

Nous venons de constater les limites des découvertes que les anciens avaient faites dans le midi de l'Asie. Ptolémée nous offre encore quelques lumières nouvelles sur les progrès des connaissances dans l'intérieur de cette partie du monde. On avait de nouveau appris que la mer Caspienne n'était pas un golfe de l'Océan septentrional, et qu'elle en était même fort éloignée, puisque le Wolga avait été remonté jusqu'à ses sources. Mais dans la partie orientale de la même mer, Ptolémée nous paraît faire une erreur : c'est de porter au nord-est la côte de toute l'Hyrcanie jusqu'au fleuve Polytimetus, quoiqu'elle dût aller directement au nord, ce qui aurait diminué la largeur de la mer de ce côté. Cette erreur tenait à des notions imparfaites sur le lac Aral, qu'on croyait faire partie de la mer Caspienne. Par une conséquence nécessaire, les fleuves *Iaxartes*, notre Syr-Daria ou Sihon, et *Oxus*, notre Gihon, étaient censés s'écouler dans cette mer.

Depuis les bords de l'Iaxartes au sud, et ceux du fleuve Rha ou

Wolga à l'ouest, la *Scythie* s'étendait au nord jusqu'à des terres inconnues, et à l'est au delà d'une chaîne de montagnes nommée *Imaüs*, partant de l'Inde et se dirigeant au nord; ayant dépassé cette chaîne, elle venait toucher à la *Sérique*. Si l'on cherche ces montagnes sur une carte moderne, on n'y verra que les monts Belour, et leur suite, les monts d'Eygour. Les nations les plus remarquables de la Scythie en deçà de l'Imaüs, étaient les nombreuses tribus des *Alains* et des *Massagètes*, vers le nord et le nord-est; les *Iaxartæ*, sur le fleuve du même nom; les *Comœdi*, autour des sources de ce même fleuve, et les *Sacæ*, dans le canton de la Boukharie nommé aujourd'hui Sakita. Dans la Scythie au delà de l'Imaüs, le point le plus reconnaissable est la *Casia regio*, dont le nom est resté à Cashgar. L'*Auzakitis regio* semble être le canton d'Acsou, au nord-est de Cashgar. On ne trouve aucune trace du nom des *Issedones* ou *Essedones* de la Scythie; on sait par Hérodote qu'ils demeuraient vis-à-vis des Massagètes, et Ptolémée place ceux-ci au nord-est de Sacæ. On sait encore que ces peuples, vivant sur des chariots (ainsi que leur nom le dit), occupaient le même pays où les *Myrméces*, les fabuleuses fourmis indiennes, ramassaient des sables d'or. Ces circonstances semblent leur assigner leur demeure dans l'Igour et vers les monts Altaï. Les *Chatæ Scythæ* ne doivent point être cherchés à Koten, mais dans une vallée de l'Imaüs, vers les sources de l'Indus, qui, selon des rapports modernes, prend son origine dans un pays nommé Cathay, c'est-à-dire le désert. Sans nous livrer à de plus longues recherches sur les tribus vagabondes nommées *Scythes d'Asie*, que nous croyons être les Tatares ou les Turcs du moyen âge, sans examiner si le lac de Tenghis, autrefois plus étendu, a pu offrir aux anciens l'image trompeuse d'un golfe de ce prétendu *Océan scythique*, sur les bords duquel Pline et Méla indiquent même des promontoires, tandis que Ptolémée, plus instruit, le remplace par une vaste étendue de *terres inconnues*; tâchons de fixer la position de la fameuse *Sérique*, la patrie du coton et de la soie, le terme des découvertes des Grecs et des Romains du côté de l'orient.

« Les *Sères* demeurent au milieu des régions orientales dont les Scythes » et les Indiens occupent les deux extrémités; » voilà ce qu'assurent unanimement Pline et Méla. Or, puisque ces deux auteurs terminaient l'Asie un peu à l'est du Gange et un peu au nord de la mer Caspienne, qu'ils regardaient comme un golfe du prétendu Océan scythique et sérique, il reste évident qu'ils devaient placer les *Sères* dans le Thibet et les contrées voisines. Les détails donnés par Pline confirment cette explication. Après avoir nommé quatre rivières, *Psitaras*, *Carabi*, *Lanos* et *Cyrnabas*, qu'il dirige vers son Océan sérique, mais qui, dans la réalité, représentent les rivières méridionales de la petite Boukharie, dont les eaux se perdent dans les sables du grand désert, limite naturelle des connaissances des anciens, Pline nous indique les *Tochari*, les *Thyri*, les *Casiri*, les *Asangæ* et les *Attacori*, comme les principales nations de la Sérique. La première de ces tribus est placée par Ptolémée dans la Bactriane, où elle a laissé son nom à la contrée de Tocaristan, partie de la grande Boukharie. Les *Thyri* rappellent la ville *Kaspatyros* d'Hérodote, située non loin de la contrée *Paktyika*, voisine de la Bactriane et de l'Inde. *Tyr* ou *Thyr* signifie en persan porte ; *Kasp* est le nom générique des montagnes. Les *Casiri* qui, selon Pline, pouvaient déjà être censés faire partie de l'Inde, sont probablement les *Caspiri* ou habitants de Kachmyre. D'après l'ensemble de ces positions, l'heureuse vallée des *Attacori*, garantie contre les frimas du nord et les vapeurs pestiférées du midi, doit être cherchée dans le royaume de Latac ; les *Asangæ* se retrouvent dans le canton voisin de *Sanké*. Le nom même des Attacori paraît tenir à la langue sanscrite, et cette remarque, commune à la plupart des noms de la Sérique, concourt, avec tant d'autres circonstances, à placer ce pays près des sources de l'Indus et du Gange, où les anciens livres sanscrits nous dépeignent le pays sacré, le séjour de l'abondance et de la félicité, le fameux *Siri-Nagur*. On peut même croire que la tradition sur la longue vie des Sères, portée à 200 ans ou du moins à 120, avait été puisée dans les fables sacrées des Brahmes.

Les auteurs contemporains de Pline s'accordent parfaitement avec cet exposé. Denys le Periégète rapproche les Sères des Tochari; selon le Périple de la mer Erythrée, les marchandises de la Sérique arrivaient dans les ports de l'Inde par la route de Bactres, aussi bien que par celle du Gange. Tous ces indices ne conviennent qu'au Thibet.

La Sérique, selon Ptolémée, était bornée à l'est par des terres inconnues : ce n'était donc point la Chine, baignée à l'est par des mers. Au sud, les monts *Emodus* et *Ottorocorras* la séparaient de l'Inde ; or, l'Emodus et l'Imaüs des anciens est la chaîne nommée Emod, Hema et Himalaya par les Indiens modernes ; le nom Ottorocorras est évidemment composé des mots sanscrits *Uttara-Curu*, qui signifient *pays du nord*, et ce nom reste encore, avec peu de changement, à la partie septentrionale du royaume d'Ascham. Ces circonstances fixent la position de la Sérique au nord de l'Inde. Quand nous aurons ajouté, d'après Ammien Marcellin, que les Sères étaient voisins de l'*Ariane*, c'est-à-dire de la partie orientale de la Perse, et que la Sérique était un plateau très-élevé, couronné de hautes montagnes et versant ses eaux de tous les côtés, il ne peut rester douteux que ce vaste pays n'ait compris le grand et le petit Thibet, avec une partie de la petite Boukharie, le Kachmyre et quelques autres vallées des pays montagneux où naissent l'Indus et le Gange. Aussi un géographe du VIe siècle traite les Sères d'Indiens, et, dans le IXe, un autre écrivain étend l'*Inde Sérique* depuis Bactres jusqu'à Palibothra.

Les peuples et les villes de la Sérique se retrouvent dans les contrées que nous venons d'indiquer. Les *Tochari*, les *Attacori* et quelques autres nous sont déjà connus. *Asmira* paraît être Kachmyre, *Issedon* répond à Iscerdon ou Shekerdon dans le petit Thibet, et *Sera*, la métropole, est probablement Serinagor. Une montagne à l'est de Kachmyre, nommée *Naubandh*, a donné son nom aux *Nabannæ* de Ptolémée. La ville de Serhind est la *Serinda*, où, selon Procope, les Grecs du Bas-Empire allaient chercher les vers à soie. Les *Batæ* de Ptolémée ou *Betæ* d'Ammien rappellent le nom de Thibet, prononcé *Tabathe* par des nations indiennes. D'autres noms se retrouveront quand la petite Boukharie et le nord du Thibet seront mieux connus. Le fleuve *Occhardis*, venant des montagnes de la Scythie, répond à celui d'Yarkend. Le *Bautis*, avec ses deux branches, représente la partie supérieure du Gange, dont le bras principal, parmi d'autres surnoms indiens, porte celui de *Badauti*.

La route des caravanes marchandes se reconnaît avec assez de certitude, surtout si on se rappelle le genre de commerce qu'elles avaient pour objet. La *matière sérique* était, selon toutes les probabilités, cette soie sauvage que, dans les pays au nord de l'Inde, l'aveugle industrie d'un insecte dépose sur les feuilles des mûriers. Pline, quoiqu'en la prenant pour un duvet naturel, la distingue pourtant du coton. Outre la matière sérique, il faut remarquer le *sericum*, étoffe de soie, probablement du genre de celles qu'on fait encore dans le royaume d'Ascham, et que les femmes romaines dépeçaient fil par fil, afin d'en tisser de nouveau ces gazes transparentes sous lesquelles une matrone, vêtue sans être couverte, étalait en public tous ses charmes. L'île de Cos, où croissait une soie grossière, avait donné le modèle de ces étoffes, d'abord réservées aux seules courtisanes. Lorsque les guerres avec les Parthes eurent interrompu le commerce direct avec la Sérique, la soie redevint si rare qu'on la payait au poids de l'or. Des moines, envoyés par Justinien, apportèrent, des bords de l'Indus, ces vers précieux devenus depuis une des richesses de l'Europe méridionale. Un autre objet du commerce de la Sérique, c'était de l'excellent fer; c'est encore une des meilleures productions des pays où naissent le Gange et l'Indus. Enfin, on tirait de la Sérique des boules odorantes et aromatiques, nommées *malabathrum*; on a voulu y voir la feuille de bétel, nommée *tamalapatra* dans l'Indostan; nous croirions plutôt que c'était du musc du Thibet. Le meilleur venait du canton de *Cirradia*, aujourd'hui Sirote, au nord-est du Bengale.

Les caravanes marchandes de la Sérique, parties de Bactres ou Balk, remontaient chez les Comedi, près des sources de l'Iaxartes, se rendaient à Taschkend, qui est la *tour de pierre* de Ptolémée, passaient probablement par le défilé de Conghez, traversaient la région *Casia*, notre Gashgar; et de là, se dirigeant au sud-est, atteignaient la capitale des Sères, après une course de sept mois, employée sans doute à visiter le pays dans toutes les directions et à ramasser partout de la soie et du *malabathrum*.

Les *Sères*, peuple doux, mais sauvage, fuyaient la société des autres nations, attendaient la visite des marchands étrangers, et échangeaient, sans leur adresser une parole, les produits de leur sol contre les métaux de l'Europe. Un semblable commerce suppose nécessairement un long séjour et des courses multipliées. C'est en voulant évaluer ces courses, que Marin et Ptolémée ont porté la Sérique beaucoup trop à l'est. Mais le seul fait positif de cet itinéraire, la marche au *sud-est* depuis Cashgar jusqu'à *Sera-Métropolis*, se joint à l'ensemble des preuves que nous avons apportées pour ne plus laisser de doute sur l'identité du Thibet et de la Sérique. C'est parmi ces Alpes de l'Asie et aux bords du grand désert de Shamo qu'expirent les dernières clartés de la géographie ancienne.

Ce monde connu des Grecs et des Romains, ce monde ancien dont nous venons d'atteindre les extrêmes limites, va maintenant s'écrouler et disparaître à jamais. Les peuples barbares sont levés; leurs hordes innombrables brûlent de détruire ces villes superbes dont nous avons cherché l'emplacement. Suivons par la pensée ces révolutions rapides qui, à chaque moment, font varier le tableau confus et sombre de la *géographie du moyen âge.*

CHAPITRE QUATORZIÈME.

Tableau des migrations des peuples depuis l'an 500 jusqu'à l'an 900.

L'*empire romain*, partagé entre les fils de Théodose, marche vers sa dissolution : l'*Occident* devient tout entier la proie des barbares. L'Angleterre est abandonnée aux Saxons; la Gaule est occupée par les Francs, l'Espagne par les Visigoths, l'Afrique par les Vandales; Rome et l'Italie elle-même passent du joug des Hérules sous la domination des Ostrogoths. En vain Bélisaire et Narsès délivrent-ils l'Italie et l'Afrique; Constantinople ne jouit pas longtemps de ces conquêtes. L'Italie négligée tombe dans les mains des Lombards; quelques provinces méridionales restent seules entre celles des Grecs. Rome se jette enfin dans les bras de Charlemagne, et pose sur sa tête la nouvelle couronne impériale d'Occident. Ainsi cessèrent, en l'an 800, les bouleversements géographiques de l'Europe occidentale. Mais l'Orient restait à cette époque dans un état indécis. Les nations gothiques et hunniques avaient dévasté ses provinces d'Europe; les Bulgares, les Serviens, les Hongrois, les Valaques s'y fixèrent. La Perse envahissait les frontières orientales. L'empire, qui déjà se défendait faiblement contre cette double attaque, fut comme pris en flanc par un troisième ennemi. Les Arabes s'emparèrent de presque toutes les provinces d'Asie et d'Afrique; mais leur inexpérience dans la guerre maritime et la position très-forte de Constantinople arrêtèrent leurs progrès.

Ce débordement des peuples avait sans doute pour cause générale un accroissement de population dans le Nord, peu proportionné aux moyens de subsistance que fournissait alors une terre mal cultivée. Mais, pour déterminer le mouvement presque simultané de tant de nations, il fallut une première impulsion. Elle fut donnée de deux points très-éloignés l'un de l'autre : du centre de l'Asie, la rage du désespoir précipita l'immense foule des *Huns* de ruines en ruines; du centre de la Scandinavie, un esprit audacieux et entreprenant conduisit un petit nombre de *Goths* de conquête en conquête ; le choc de ces deux nations ébranla l'empire romain et en ouvrit les avenues. Tous les peuples barbares se jetèrent sur la riche proie qui venait de leur être indiquée.

La nation des *Huns* est connue des Chinois sous le nom de *Hiong-nu*. Elle habitait, deux siècles avant J.-C., au nord-ouest de la Chine, dans le pays actuel des Mongols et des Kalmouks. Les Huns étaient certainement de la même race que ces deux peuples ; leur portrait, tracé par Ammien Marcellin le prouve. L'Europe vit avec autant d'indignation que d'effroi ces conquérants d'un extérieur ignoble, petits, trapus, ayant des cheveux rudes comme des crins, des nez difformes et les os de la joue très-saillants. Des révolutions civiles et des guerres malheureuses déterminèrent une portion des Huns à émigrer vers l'Occident. Ils s'étendaient, en l'an 300, jusque dans le pays actuel des Baschkirs, qu'on appela *grande Hunnie* ou *Hungarie*. Attaqués dans ce pays par d'autres tribus asiatiques, ils envahirent, vers l'an 400, les contrées autour de la Palus-Méotide, où ils subjuguèrent les Alains ; ils s'incorporèrent cette nombreuse nation, soumirent le royaume gothique en Pologne, pénétrèrent, selon quelques auteurs, jusqu'en Scandinavie. Attila tourne ses armes vers le midi et l'Occident; la Germanie, la Dacie, la Gaule sont envahies; les forces réunies des Francs, des Visigoths et des Romains arrêtent enfin, dans les plaines de Châlons, ce torrent dévastateur. Cependant, l'année suivante, Attila détruit Aquilée ; il aurait peut-être achevé la conquête de l'Europe, si une mort subite n'eût mis un terme à ses vastes projets. Son immense empire se dissout; les Gépides et d'autres nations domptées secouent le joug ; les hordes hunniques, désunies, se réfugient vers les marais de la Méotide, comme les *Uturguri*, dans les antres du Caucase, comme les *Sabiri*, ou se fondent dans la masse des nations paisibles. Peut-être les Russes doivent-ils leur origine à un mélange des Huns avec des Slavons.

Nous avons vu que les anciens connaissaient des *Unni* sur les bords de la mer Caspienne et des *Chuni* vers le milieu du cours du Borysthène. C'étaient sans doute deux tribus de la grande nation hunnique. On ne saurait pas en affirmer autant à l'égard des Huns ou Hunes, établis dans la Frise et la Westphalie avant le ve ou vi[e] siècle.

Les *Goths* figurent moins dans l'histoire de la grande migration comme un peuple que comme une armée d'aventuriers. Je ne discuterai point si, avec beaucoup d'autres peuples européens, les Goths sont venus de l'Asie. Il se peut que, sortis des environs du Tanaïs, à une époque reculée dans la nuit des siècles, ils aient tenu à peu près la même route que les Sarmates pour aller se fixer en Scandinavie, où des nations gothiques ont dû être établies plus de cinq siècles avant J.-C., puisque Pythéas, un siècle plus tard, les trouva dans un état qui n'est pas celui des peuples sauvages primitifs. Il est donc d'une absurdité manifeste de rejeter les traditions historiques des Islandais, fondées sur des généalogies qui remontent au moins à l'an 250 avant J.-C. Les Islandais connaissaient des Goths continentaux sur les rivages de la Baltique, dans un pays nommé *Reid-Gothland*, probablement entre les embouchures de la Vistule et de l'Oder, et des Goths insulaires dans l'*Ey-Gothland*, probablement la péninsule de Scandinavie. Jornandès, auteur ignare, mais seul copiste des écrivains gothiques du ve siècle, s'accorde avec les Islandais sur le point principal; il fait sortir les Goths continentaux de la Scandinavie, et il nomme dans cette péninsule les cantons et peuples d'*Ostrogothie*, de *Vagoth*, c'est-à-dire *West-Gothie*, de *Suethans* ou Suédois, de *Finnaith*, le district de Finved en Smolande, de *Raumarike* et de *Ragnarike*, dans la Norwége méridionale, et encore d'autres dont il serait fastidieux de discuter la barbare orthographe. Ces noms, parvenus jusqu'aux oreilles de Jornandès, dans le VIe siècle, ont nécessairement dû être en usage longtemps auparavant. Plusieurs de ces dénominations gothiques restent encore aux cantons qui les portaient il y a quinze siècles; preuve victorieuse de la véracité des auteurs copiés par Jornandès.

Dans leur marche vers le midi, les Goths semblent avoir suivi le cours de la Vistule et ensuite la chaîne des monts Carpathes. Ptolémée, qui connaissait en Scandinavie les *Gutæ*, nommés expressément Goths par un auteur du ve siècle, place une nation gothique près de l'embouchure de la Vistule sous le nom de *Gythones*; Pline et Tacite paraissent étendre leur pays jusqu'aux bords de l'Oder; Pline compte les Goths comme une tribu secondaire parmi les *Vandalii* ou Vandales; apparemment que ceux-ci formaient alors le peuple dominant. Ces Goths de la Prusse étaient donc ou de faibles restes de l'ancienne migration de leur race, ou des colonies nouvellement établies. Les émigrations successives des Goths de la Scandinavie, divisés en *Ostrogoths* et *Westrogoths* ou Visigoths, donnèrent aux Goths de la Sarmatie de nouvelles forces et des chefs audacieux. Ils envahirent toutes les contrés sur la Vistule; ils soumirent les Vandales et divers autres peuples qui furent dès lors considérés comme Goths. Une tribu gothique, les *Victofales*, combattit avec les Quades et les Marcomans contre Marc-Aurèle. Sous Caracalla, en 215, ils se trouvaient déjà avancés au delà des Carpathes, puisqu'ils firent la guerre aux Romains sur le Danube. Ils envahirent, probablement entre l'an 280 et 300, le pays des Bastarnes, situé sur le Dniester et le Pruth. Les Goths suivirent naturellement le cours de la Vistule et ensuite celui du Dnieper; aussi voit-on les *Hérules*, nation probablement gothique, descendre le Borysthène avec une flotte de 500 voiles pour piller Byzance. Il n'est pas étonnant que les Romains, se voyant attaqués par les Goths du côté du bas Danube, aient confondu ces peuples, tantôt avec les Gètes, tantôt avec les Scythes.

Le grand *Hermanaric* monte sur le trône des Goths; il réunit sous ses lois toutes ces bandes guerrières qui étendaient leurs courses depuis la Baltique jusqu'au Danube, et depuis la Vistule jusqu'au delà du Borysthène. Hermanaric tourne ses armes du côté de nord-est; il soumet les Æstiens, pêcheurs de l'ambre jaune, les *Coldas*, probablement en Courlande autour de la ville de Koldiga (Goldingen), les *Mérens*, sur les bords du Merecz en Lithuanie, les *Mordensimnis*, et d'autres peuples dont les noms paraissent sarmatiques et finnois. Mais les Huns attaquent l'empire d'Hermanaric. Les Goths, qui formaient plutôt une armée qu'un *peuple*, ne peuvent résister aux hordes innombrables que vomissaient le Wolga et le Tanaïs. Ils succombent (An 376) et l'Europe avec eux.

Dans ce grand naufrage, une partie des Goths se sauva dans une contrée nommée *Caucaland*, probablement le district de *Cacoenses* chez Ptolémée, et le *Cacawa* des cartes modernes, au sud d'Hermanstadt en Transylvanie. Une autre troupe de Goths semble s'être réfugiée dans les montagnes au midi de Cracovie, où la plupart des noms de famille sont *gothiques* et non slavons. Un reste des Goths s'est maintenu longtemps en Prusse, sous le nom de *Gudiwari* ou *Withi-wari*, c'est-à-dire restes des Withi ou Goths. C'est pour cela que les Lithuaniens donnent encore aujourd'hui aux Prussiens le nom de *Gudai*. Le plus grand nomdre des Goths se réfugia sur les terres des Romains. Les Ostrogoths obtinrent une nouvelle patrie en Pannonie. Le sage et valeureux *Théodoric*, en 489, les conduisit à la conquête de l'Italie ; il y joignit encore la Rhétie, la Norique, une partie de l'Illyrique, et, en Gaule, la Provence. *Ravenne* devint la capitale de ce vaste État que les successeurs de Théodoric ne surent pas maintenir. Les Grecs du Bas-Empire se rendirent maîtres de l'Italie vers l'an 553.

Que ne m'est-il permis de m'arrêter quelques instants pour rendre un juste hommage à la grandeur morale d'un peuple, vainqueur des vainqueurs de la terre ! Nous aurions vu les Ostrogoths rétablir en Italie l'ordre civil et administratif, faire de nouveau respecter le sénat romain, élever ou restaurer plus de monuments qu'ils n'en avaient détruit, réprimer les dissensions des sectes chrétiennes, dessécher les marais, protéger le commerce, et en un mot, se conduire de manière que le grand roi Théodoric osa dire à ses sujets romains : « Imitez mes Goths ; ils joignent à votre civilisation la vertu de leurs ancêtres ; ils savent combattre leurs ennemis et vivre en paix entre eux. » Mais le plan de cet ouvrage nous oblige de suivre sans interruption les traces des nations gothiques.

Une partie des Goths établis sur le Borysthène chercha dans la Chersonèse taurique un asile contre la fureur des Huns ; les écrivains byzantins les connurent sous le nom de *Gothi Tetraxitæ*. Des écrivains des xive et xve siècles parlent d'une contrée des Goths en Crimée, et un voyageur du xvie siècle connut à Constantinople des habitants de cette péninsule qui parlaient un idiome gothique. Une branche des Ostrogoths, les *Gruthungi*, étaient dispersés jusque dans l'intérieur de l'Asie Mineure. Leur nom vient probablement de *Grud*, alliance, et ils formèrent peut-être la souche de la milice gothique nommée dans le Bas-Empire les *Federati*.

La Thrace était devenue l'asile des Visigoths pendant l'invasion hunnique. *Alaric*, chef d'une partie de la nation, marche en Italie vers l'an 400. Les Visigoths, sous *Ataulfe* (Adolphe), passent en Gaule et en Espagne. La Septimanie échangea son nom contre celui de *Gothie*. Toulouse fut longtemps la capitale des Visigoths ; le roi *Eurich* ou Eric, législateur de son peuple, étendit sa domination jusqu'aux bords de la Loire ; mais sous son fils la bataille de Vouillé donna la Gaule aux Francs. En Espagne, le royaume des Suèves, qui renfermait la partie nord et ouest, est conquis pas les Visigoths, qui à leur tour sont défaits par les Arabes en 714. L'Espagne renaît ensuite sous son ancien nom ; la *Catalogne* ou *Gothalanie* seule, dans son nom comme dans le génie et l'audace de ses habitants, conserve le souvenir des Goths et de leurs alliés et précurseurs les *Alains*.

Ce dernier peuple, parti des environs du Caucase ou selon d'autres, des bords de l'Iaïk, termina ses courses et son existence en Lusitanie. Ils étaient probablement de la race primitive des Goths, restée en Asie à une époque inconnue. Les anciens en connaissaient déjà des colonies sur le Borysthène. L'histoire du Ier siècle de l'ère vulgaire les montre, d'un côté, voisins du Danube ; de l'autre, maîtres des défilés du Caucase et ennemis des Parthes. Dans le IVe siècle, ils paraissent constamment voisins et alliés des Goths. Cependant tous les historiens byzantins donnent aux Albanais du Caucase le nom d'*Alanes*, et les voyageurs jusque dans le XVIe siècle emploient le même nom, sans qu'il soit possible de décider si ces Alanes du Caucase sont un reste des autres, ou si une dénomination semblable a été commune à deux nations différentes. Les Alanes connus dans la grande migration, eurent pour compagnons d'aventures les *Suèves* et les *Vandales*. Ces deux noms désignent moins une nation qu'une ligue de plusieurs peuples ; telles que furent depuis les confédérations des Francs et des Saxons. Le nom même de *Suèves* indique un peuple errant ; ceux qui en partie suivirent les Alains, occupèrent la haute Souabe, tandis que les *Alamanni* demeuraient sur les bords du Necker. Les Vandales habitaient, d'après l'opinion la plus vraisemblable, en Moravie ou peut-être vers les sources de l'Elbe. C'était du moins le siége des *Silingi*, tribu vandalique nommée par Ptolémée. C'est sur le Danube, en Autriche et en Bavière, qu'on voit les Vandales se montrer tour à tour ennemis ou voisins tranquilles des Romains. La table de Peutinger les place en Bavière.

Les *Astingi*, tribu vandale, demeurèrent comme vassaux sujets des Romains, d'abord dans la Dacie, ensuite en Pannonie. Les Alains, en suivant le cours du Danube, réunirent sous leurs drapeaux les tribus vandaliques et les Suèves ; ces hordes ravagèrent la Gaule et l'Espagne vers l'an 407—410. Les Suèves se fixèrent dans la Galice, où leur royaume, toujours resserré de plus en plus par les Visigoths, cessa d'exister en 585. Les Vandales occupèrent la Bétique, qui prit alors le nom de *Vandalicie*, d'où l'on a fait *Andalousie* : conduits par le génie audacieux de Genséric, ils passèrent en Afrique et soumirent les côtes septentrionales de cette partie du monde; la mer Méditerranée même prit alors le nom de *Wendelsea*, mer des Vandales; la Sicile et la Sardaigne firent pendant quelque temps partie de leur royaume, qui s'écroula en 530, sous les coups de Bélisaire. Les Vandales, semblables aux Goths par leur haute stature, la blancheur éclatante de leur peau et la couleur blonde de leurs cheveux, se livrèrent en Afrique aux mêmes voluptés qui avaient affaibli la puissance romaine ; mais le tableau des cruautés exercées par ce peuple doit ses plus sombres couleurs à la haine religieuse qui armait les chrétiens orthodoxes contre les sectateurs d'Arius, au nombre desquels étaient les Vandales.

On ne saurait décider de quel point de la Germanie partirent les *Burgundi* ou *Bourguignons*, qui attaquèrent l'empire romain vers l'an 275. D'après l'opinion la plus généralement reçue, ils formaient une tribu gothique ou vandalique, qui des bords de la basse Vistule fit des courses, d'un côté vers la Transylvanie, de l'autre vers le centre de l'Allemagne. En 407, les *Burgundi* partirent des bords du Mein pour passer le Rhin et s'établirent dans la Gaule vers l'an 436.

Le premier royaume de *Bourgogne* renfermait dans ses limites la Bourgogne moderne, la Franche-Comté, la Suisse, le Valais, le Lyonnais; il s'étendit même pour quelque temps jusqu'en Provence. Il ne dura que de 414 à 536, époque à la quelle les Francs s'en rendirent les maîtres. Tout ce qui nous reste de la langue des Bourguignons est gothique. Même l'habit rouge sans manches, nommé *armilausa* et qui a fait donner à une tribu bourguignonne le nom d'*Armilausini*, concourt à prouver que ces peuples parlaient un idiome gothique.

Combien de tribus, connues et même célèbres dans l'histoire, mais dont le géographe cherche en vain les traces fugitives sur cette terre qu'ils ont remplie du bruit de leurs exploits ! Le premier conquérant barbare qui osa s'asseoir au Capitole en souverain, le fameux Odoacre, fut chef des *Turcilinges*, des *Scyres* et des *Hérules* ; mais d'où venaient ces peuplades qui renversèrent le trône de l'Occident ? Quand on voit le nom de *Turcæ* paraître chez Pline et Méla ; quand on réfléchit sur la position de ces peuples vers les sources de la Cama ou du *Rha* oriental ; quand enfin on se rappelle les Turcs qui, selon l'Edda, accompagnèrent Odin lors de son arrivée en Scandinavie, on serait tenté d'admettre une très-ancienne émigration de quelques familles turques ou tatares, vers le nord de l'Europe. Le nom de Turcilinges, expliqué d'après l'analogie des langues gothiques, signifie descendant des Turcs. Les *Scyri* sont placés par Pline à côté des *Hirri*, au nord des Venedi, dans la Courlande et la Livonie actuelle; ils paraissent à la fin du IVe siècle, vers le bas Danube. Leurs nombreuses hordes, après avoir eu des démêlés avec les Goths en Pannonie, osèrent demander aux Romains le tiers de toutes les terres d'Italie; unies aux Hérules, elles détrônèrent le dernier empereur d'Occident : mais leur puissance éphémère fit place à celle des Ostrogoths.

Selon les témoignages peu nombreux que les historiens nous fournissent, les *Hérules*, chassés de la Scandinavie par les Danois, paraissent avoir demeuré quelque temps dans le Meklembourg actuel. Les premières incursions (An 291) de ces hardis aventuriers embrassèrent tout l'empire romain; ici, on les voit attaquer la Gaule conjointement avec les *Chaibones* ou Caviones, passer par le détroit de Gibraltar, et ravager les côtes d'Italie; là, leurs flottes nombreuses sortent du Dniester, prennent Byzance, et portent le fer et la flamme sur les rivages de la Grèce. Quelque temps avant et après leur invasion en Italie, ils possédaient de vastes Etats dans la haute Hongrie et la Moravie; ils paraissent avoir touché d'un côté aux Thuringiens, et de l'autre aux Lombards qui anéantirent leur puissance. Il faut convenir que la tribu des Hérules différait de toutes les autres par plusieurs caractères essentiels. Quelle rapidité dans leurs courses multipliées! D'autres ont franchi les monts et les mers avec la prestesse de l'aigle; les mouvements des Hérules ressemblent à ceux de la foudre. Ils combattaient presque nus, comme les *Berserkes* des historiens islandais : leur bravoure ressemblait à la rage; très-peu nombreux, ils étaient pour la plupart du sang royal. Mais quelle férocité, quelle licence effrénée souille partout leurs victoires! Le Goth respecte les temples, les prêtres, le sénat; l'Hérule massacre tout; point de pitié pour la vieillesse; point d'asile pour la pudeur. Entre eux, même férocité; les malades et les vieillards se font donner la mort au milieu d'une fête solennelle; la veuve termine ses jours en se suspendant à l'arbre qui ombrage le tombeau de son époux. Tous ces indices, en frappant un esprit familier avec les histoires scandinaves, pourraient bien faire entrevoir dans les Hérules moins une nation qu'une réunion de princes et de seigneurs obligés par un serment à vivre et mourir ensemble, les armes à la main. Leur nom, écrit tantôt *Heruli* ou *Eruli*, tantôt *Airuli*, avait selon un auteur ancien, la signification de *seigneurs*.

Les *Rugiens*, tribu germanique, habitaient des deux côtés de l'embouchure de l'Oder. Une île de la Baltique a conservé leur nom. Chassés par les Goths, ils formèrent, de 450 à 487, sur les bords septentrionaux du Danube vis-à-vis de la Norique, un État nommé *Rugiland* qui probablement embrassait la Moravie et une partie de l'Autriche. Vaincus par les Hérules, ils trouvèrent en partie un asile chez les Ostrogoths.

La série des nations venues de la Scandinavie ou des rivages de la Baltique, se termine avec les *Gépides*. Leurs premières aventures, la situation de leur île, entourée par la Vistule et nommée *Gepid-Oios*, leur demeure lors de l'invasion des Huns, tout est enveloppé d'épaisses ténèbres. Distingués par leur valeur parmi les peuples qu'Attila conduisit aux champs catalauniens, ils profitent de la faiblesse de ses enfants pour secouer le joug des Huns et pour repousser ces barbares vers les bords du Tanaïs. Maîtres des pays situés entre le Danube, la Theisse ou *Tisianus* et la *Tausis*, fleuve inconnu, ils donnent à ces contrées, la Dacie des Romains, le nom de *Gepidia*; ils se répandent même en Pannonie, au delà de la Theisse et du Danube, et reçoivent des Romains effrayés un tribu annuel. Au bout d'un siècle, les Longobards renversent la puissance des Gépides, et, après avoir d'abord partagé leur pays avec les Awares, en laissent bientôt la possession à cette nation asiatique.

Les peuples qui bouleversent le monde politique, laissent ordinairement plus de souvenirs bruyants que de monuments durables. Les royaumes fondés par les Goths ont brillé un moment, comme ces météores qui embrasent au loin la voûte des cieux. La géographie conserve les traces plus profondément marquées des *Alamannes*, des *Francs*, des *Bavarois*, des *Lombards*, des *Thuringiens*, des *Saxons* et des *Frisons*, tous peuples germaniques.

Les *Lombards*, originaires de la Scandinavie selon leurs propres traditions, demeuraient au Ier siècle parmi les nations suéviques de la Germanie. Dans le IIe, leur puissance, d'après Ptolémée, semblerait avoir, pendant quelques instants, atteint les bords du Rhin. Ils disparaissent de la Germanie; mais il est presqu'impossible de les suivre dans leurs courses vagabondes. Enfin, en 568, ils entrent en Italie, et en soumettent successivement la partie supérieure avec la Toscane et les régions centrales jusqu'à Bénévent : la ville de Rome, l'exarchat de Ravenne et les extrémités méridionales restèrent dans les mains des Grecs. Le royaume de Lombardie fut conquis par Charlemagne, en 774; mais il fut longtemps considéré comme un État à part; aussi le nom de la Lombardie a-t-il maintenu jusqu'à nos jours son ancienne célébrité.

La destruction du royaume des Lombards nous conduit à parler des *Francs*, de ce peuple qui a changé le nom de la riche et fertile Gaule. Plusieurs hypothèses ont été formées sur son origine. La seule opinion aujourd'hui admise par les historiens critiques, les regarde comme une *confédération* des nations connues au Ier siècle sous le nom d'Istœvons. Une tribu de Cattes, les *Marvingi* ou Mérovingiens, demeurant sur la Saale en Franconie, et qui en tiraient l'épithète de *Salii*, se trouva bientôt à la tête de cette ligue dont la dénomination générale annonce le noble projet de vivre ou mourir libre. Par leur valeur, les Francs firent entrer successivement dans leur fédération tous les peuples depuis le Weser jusqu'au Rhin; voilà pourquoi l'on ne saurait fixer d'une manière positive les limites de la *Francia* primitive, nommée *teutonique* ou orientale. Unis aux Alemanni et aux Iuthunges, les Francs firent déjà, en l'an 260 une invasion dans la Gaule. A l'exemple des Saxons et d'accord avec ceux-ci, ils ravagèrent les côtes de l'Armorique; l'audace leur tint lieu de l'expérience des peuples navigateurs. On vit des Francs, amenés comme prisonniers sur les bords du Pont-Euxin, s'emparer de quelques bâtiments, parcourir la Méditerranée, en dévaster toutes les côtes, passer le détroit de Gibraltar, et, à travers l'Océan, retourner sur les côtes de la Batavie, dont une lisière appartenait à leur nation. Les Francs s'établirent dans la Gaule belgique vers 437; leurs possessions allaient jusqu'aux bords de la Somme. Les conquêtes des Francs-Marvinges ou Saliens s'étendaient déjà, sous Childéric, jusqu'à Orléans et Angers.

La barbare politique de Clovis ou Chludwig crée la monarchie Franco-Gauloise. Par ses ordres, le fer assassin éteint les autres dynasties qui régnaient à Cologne, à Cambrai, au Mans, sur des Etats particuliers. La Gaule, encore romaine, ou les pays entre la Seine et la Loire, depuis

Rennes et Nantes jusque vers Autun, passe sous les lois de Clovis (An 486.); les Bretons même deviennent ses vassaux. Il soumet les *Allemanni* et s'efforce de dompter les *Boiouriens* ou Bavarois. Aidé par le fanatisme religieux de ses peuples, cet infatigable conquérant (An 507.) se rend maître des États gaulois des Visigoths, qui s'étendaient depuis la Loire jusqu'aux Pyrénées; il ne leur laisse qu'une partie du Languedoc ou de la Septimanie, avec la Provence. Le royaume de Bourgogne, qui, en 517, s'étendait depuis Autun jusqu'au centre de l'Helvétie, et depuis le pied des Vosges jusqu'à Avignon, devient tributaire sous Clovis : il est conquis, en 534, par ses trois fils. En 536, les Ostrogoths, pressés par Bélisaire, cédent aux Francs la partie du royanme de Bourgogne, située entre le Rhône et les Alpes, ainsi que la Provence. Les *Vascones* ou Gascons, maîtres pour quelque temps de la Novempopulanie qui prit leur nom, sont soumis en 630; et environ un siècle plus tard, Charles-Martel enlève la Septimanie aux Sarrasins qui venaient de subjuguer les Visigoths. Du côté de la Germanie, la conquête de la Thuringe avait été le fruit d'une seule bataille gagnée en 530 ou 531; les intrépides Frisons même succombèrent vers la fin du VIIe siècle; la Saxe seule, tour à tour soumise ou libre, échappait encore au joug des Francs.

Les Francs unirent de bonne heure à la férocité des nations barbares la corruption la plus profonde. Du moins, c'est sous ces couleurs que l'histoire nous présente la cour des Mérovingiens. Les partages de cette dynastie et les usurpations continuelles faisaient varier d'un jour à l'autre les limites confuses des divers royaumes formés par les descendants de Clovis. Néanmoins deux grandes divisions méritent notre attention. Les pays entre la Meuse et la Loire, portèrent le nom de *Neustrie*, formé par corruption de celui de *Westria*, ou partie occidentale. Dans les divers partages, les villes de Soissons, de Paris et d'Orléans en furent ordinairement les capitales. Metz fut le plus souvent la résidence des rois de l'*Austrasie* ou France orientale. Le sens de ces deux dénominations, changeant selon les temps, se restreignit de plus en plus; la Neustrie finit par ne comprendre que la Normandie, et le nom d'Austrasie, appliqué quelquefois à toute la *France teutonique* ancienne et nouvelle, fut borné à une partie de la Lorraine. Charlemagne, devenu roi de toute la France, en étend les frontières de l'Elbe à Bénévent, et de l'Ebre aux bords du Raab en Hongrie.

La ligue des nations comprises sous le nom de Saxons, et qui semble répondre aux anciens Ingœvones, la Saxe primitive, doit être cherchée dans le Holstein ; le canton des *Anglo-Saxons* ou l'Anglia, située entre Flensbourg et Slesurik, semble marquer leur plus grande extension au nord. Déjà dans le IVe siècle, ils semblent avoir été maîtres des parties septentrionales des cercles modernes de Basse-Saxe et de Westphalie ; et comme les noms des anciennes tribus germaniques disparaissent à cette époque, ils est probable que dès lors les dénominations d'*Ostphalie* et *Westphalie* ou Saxe orientale et occidentale devinrent usités. Nous n'en avons des témoignages positifs que du siècle de Charlemagne. L'*Ostphalie* s'étendait du Wéser à l'Elbe ; elle comprenait aussi les conquêtes faites sur les Thuringiens. Les pays que baignent le Wéser, l'Ems et la Lippe, et que les possessions des Frisons empêchaient d'atteindre la mer, formaient la *Westphalie*, dont les parties les plus basses portaient le nom d'*Engrie*. Le *Nord-Albingia* ou le Holstein est indiqué comme un *pagus* ou canton à part. Il est probable que les cantons nommés en allemand *gau*, formaient autant de petits États confédérés, et que la dénomination de *Phalie*, purement géographique, répond à celle de contrée. Les frontières entre les Saxons et les Francs varièrent selon la fortune des armes. Les Saxons, maîtres pendant quelque temps de la Batavie et alliés des Frisons, devinrent, dans le IIIe siècle, des pirates redoutables. Le Nord entier, fournissait déjà des renforts à ces hordes maritimes ; les liaisons subséquentes des nations scandinaves et saxonnes le démontrent assez ; lorsque les Bretons, abandonnés des légions romaines, cherchaient de nouveaux maîtres, la Saxe et la Chersonèse cimbrique leur en fournirent également. Les *Jutes* s'établissent les premiers dans une partie du Kent, en l'an 449. Les Saxons y fondent en 477 l'État de *Sussex*, ou Saxe du sud, en 495 le *West-Sex*, et en 527 l'*Essex*. On donnait à ces provinces le nom de Saxonie d'outre-mer. En 547, les *Angles* débarquent en Bernicie, et fondent, plus tard, le royaume de d'*Ostangle*. Le royaume de *Mercie* commence en 585. Ces États forment la fameuse *Heptarchie* des Anglo-Saxons : les princes élisaient ordinairement entr'eux un chef suprême qui portait le titre de monarque, tandis que les assemblées de la nation s'appelaient *Wittena-gemot*. Les contrées situées à l'ouest de la Saverne eurent alors le nom de *Pays des Galles*. Les Welches ou Bretons anciens qui s'y réfugièrent, ainsi que dans le Cornouailles, n'étaient pas des Celtes purs, mais un mélange de Celtes, de Belges et de descendants des Romains.

Tous les peuples germaniques n'eurent pas des destins aussi tumultueux. Les *Thuringiens*, qui nous paraissent les *Teuriochœmæ* de Ptolémée, étendirent leurs possessions depuis les bords de l'Oder jusqu'au centre de la Germanie. Dans les IVe et Ve siècles, le royaume de Thuringe arrivait jusqu'aux bords du Danube dans les environs de Ratisbonne. En l'an 531, les Saxons et les Francs se partagèrent la Thuringe ; des peuplades slavonnes occupèrent les parties au delà de l'Elbe. C'est alors que le nom de Franconie fut étendu à toutes les contrées sur le Mein, et que le haut Palatinat des modernes, devenu en partie une possession bavaroise, fut appelé *Nord-gau*. Les *Bavarois* ou *Boiovarii* qui s'étendaient jusqu'à l'Ems et aux Alpes, descendaient peut-être en partie des anciens *Boii*. La syllabe *var*, ajoutée au nom des *Boii*, paraît dans quelques dialectes germaniques avoir signifié *reste* ou dépendant. Les Boiovarii, nommés déjà *Bawarii* par les Francs, restèrent indépendants tant que la fortune des Goths balança celle des Francs. Les frontières de ce pays étaient la rivière de Lech à l'ouest, la ville de Botzen ou *Bauzanum* au midi, et le Danube au nord. La limite orientale variait avec la fortune des armes ; Charlemagne, après avoir réuni la Bavière à son empire, étendit momentanément cette limite jusqu'à la rivière de Raab.

La ligue des *Allemanni*, c'est-à-dire, des hommes de toutes les tribus, se montra vers l'an 247 ; ils habitaient sur le Rhin, le Necker et le haut Danube ; dans le IVe siècle, l'*Allemannia* s'étendit depuis la Thuringe jusqu'à Langres en Champagne. La bataille de Tolbiac rendit tous ces peuples vassaux des Francs. De leur nom, la Germanie entière a reçu le nom d'Allemagne, en français et en italien. L'histoire des Allemanni, traitée par des savants du premier ordre, offre encore des obscurités. On ignore si les *Suevi* formaient seulement une des tribus principales de la ligue, ou si tous ces peuples, appelés Allemanni par les étrangers, se nommaient eux-mêmes *Suevi*, ce dernier nom s'étant seul conservé dans le pays. On n'a pas encore expliqué l'origine des *Iuthungi* que trois témoignages positifs représentent comme une grande nation, voisine des Quadi et des Sarmates, pouvant mettre sur pied trois cent mille cavaliers, tandis que beaucoup d'autres passages non moins authentiques en font une tribu allémannique, voisine de la Rhétie, et qui paraît avoir très-longtemps conservé le culte d'Odin.

Les *Frisons*, dont le nom indique un peuple qui creuse des canaux, habitaient, du temps d'Auguste, dans la Hollande propre; ils se répandirent, dans les IIe et IIIe siècles, depuis l'Escaut jusqu'au Weser. Ils prirent part à l'invasion de la Grande-Bretagne par les Saxons. Les Francs, sous Pepin et Charles-Martel, vainquirent et subjuguèrent cette nation opiniâtrément attachée à sa liberté et au culte de ses ancêtres. A l'occasion des guerres de Charlemagne avec les Danois, plusieurs Frisons trouvèrent un asile dans les îles des côtes occidentales du Jutland. Dans toutes ces contrées, on retrouve encore les traces de leur idiome et de leurs mœurs. Dix-huit siècles ont vu le Rhin changer son cours, et l'Océan engloutir ses rivages; la nation frisonne est restée debout comme un monument historique, digne d'intéresser également les descendants des Francs, des Anglo-Saxons et des Scandinaves.

A l'est des peuples germaniques et gothiques, et quelquefois au milieu de ces derniers, nous trouvons dans le VIe siècle les vastes établissements des *Slavons*, qu'on a voulu, sans aucun argument plausible, considérer comme une nation venue d'Asie pendant la grande migration. Il est aujourd'hui prouvé que les *Venedæ*, vers les rivages de la Baltique, les *Lygii* sur la Vistule, et les Daces ou Gètes au pied des monts Carpathes, forment la souche des Slavons. Si l'on peut varier sur le nombre d'anciens peuples qu'il faut compter dans cette famille, du moins il n'est plus permis de douter que les Slavons, aussi bien que les Grecs, les Celtes, les Germains, n'aient habité l'Europe depuis un temps immémorial. Procope, le premier qui les ait nommés, étend leurs demeures depuis le Danube jusqu'aux terres des *Varnes*, peuple du Mecklembourg. Jornandès, contemporain de Procope, comprend toutes ces nations sous le nom de *Winidi* ou *Veneti*; il les distingue en trois grandes branches, les *Winidæ*, proprement dits, les *Antes* et les *Slavini*. Mais ces auteurs se sont probablement trompés, puisqu'encore aujourd'hui toutes les nations slavonnes, depuis la mer Adriatique jusqu'à la Baltique, et des bords de l'Elbe à ceux du Wolga se donnent d'un accord unanime, le nom diversement modifié de Slavons.

Il paraît que dans le VIe siècle les Wendes demeuraient principalement au sud de la Baltique, les Slaves vers les sources de la Vistule et de l'Oder; enfin les *Antes*, troisième branche de cette race, sur les bords du Dnieper et du Dniester. Ces Antes, qui, conjointement avec des Slaves établis en Moldavie, faisaient la guerre à l'empire grec, disparaissent de la scène de l'histoire; ils furent, sans doute, en partie anéantis par les hordes asiatiques, et en partie repoussés au sud du Danube, dans la Pannonie et l'Illyricum. C'est ici que nous voyons pour la première fois paraître les *sept tribus* de Slavons, dont la langue encore aujourd'hui plus rapprochée du russe que du polonais ou du bohémien, prouve leur parenté avec les Slavons orientaux ou de Russie. Il est vrai qu'un empereur byzantin fait arriver les Slavons d'Illyrie, des bords de la Vistule et de l'Oder, où il place le pays de *Grande-Chrobatie* et *Grande-Serblie*, patrie, selon lui, des Croates et des Serviens d'Illyrie. Cette opinion prouve seulement que les Byzantins connaissaient ces peuples pour être Européens d'origine; mais quant aux Serbli, Sorabes ou Serviens de la Lusace et de la Saxe, il est prouvé que leur idiome ressemble assez peu au servien, parlé sur les bords du Danube; et à l'égard du nom de Chrobates, Horovates ou Croates, il signifie *montagnards*, et peut par conséquent avoir été appliqué à des tribus absolument différentes entr'elles. Quoi qu'il en soit, les Chrobates arrachèrent aux Avares, vers l'an 620, la *Dalmatie*, la *Croatie* et la *Bosnie* actuelle; d'autres tribus slavonnes donnèrent de l'existence et des noms aux petits États de *Carinthie* ou *Carantanum*, de *Carniole*, de *Servie*, de *Zellia* ou le comté de Cilley, nommé aussi *Marche venède*, l'*Esclavonie* proprement dite. Mêlés aux anciens Illyriens, ils se répandirent même en Albanie et en Grèce. Nous ne cacherons point qu'il y a des raisons pour croire que plusieurs peuples Slavons étaient établis dans ces régions longtemps avant la migration des peuples. Le nom slavon des *Carni*, peuple connu avant la naissance de J.-C., et qui occupait la Carniole, semble prouver que cette contrée n'a point changé d'habitants. Sans rien décider à cet égard, remarquons seulement que l'opinion de ceux qui considèrent les anciens Illyriens comme Slavons, se concilie facilement avec les arguments positifs qui nous font regarder la race slavonne comme également indigène des régions qu'arrose la Vistule.

Mais les grands établissements des Slaves eurent lieu en Bohême, Pologne et Russie. Les *Tchèches*, qui peuplèrent la Bohême, doivent à leur position géographique leur nom qui signifie littéralement, *ceux en avant*; la Bohême est en effet le plus occidental des grands États fondés par les Slavons. Les *Liaiches* ou Lèches fondèrent les divers duchés de Pologne, dont la Silésie fit partie jusqu'en 1163. Nous avons déjà reconnu cette nation dans les *Lygiens* que Pline place sur les bords de la Vistule. D'autres tribus slavonnes semblent avoir toujours rempli les pays sur la Vistule et l'Oder; dès 536, on voit les Francs attaquer deux États slavons connus également des auteurs byzantins. La *Grande Chrobatie* embrassait la Bohême, du moins en partie, la haute Silésie et peut-être la haute Pologne. Les Avares subjuguèrent la Grande Croatie; mais *Samo*, particulier devenu riche et puissant par le commerce, affranchit ses compatriotes et fonda, vers 623, un grand empire slavon. Séduits par le nom de Croates, quelques historiens ont voulu circonscrire les exploits de Samo dans l'étroite sphère des régions Illyriennes. Mais les *Wendes-Bisulciens*, ses premiers sujets, habitaient plutôt sur la Vistule, nommée *Bisula* par Ptolémée, que dans le petit canton de la Marche-Venède. Les *Belo-Croates* ou Croates blancs ne différaient probablement pas des habitants de la Grande Croatie; la prononciation et l'orthographe des Grecs byzantins leur faisaient confondre les deux mots slavons, *Weli* et *Beli* qui signifient *grand* et *blanc*. Après la mort de Samo, les Slavons formèrent de petits États, parmi lesquels la *Moravie* ou *Mahravania* devint une puissance respectable. Il est difficile de décider en quels lieux et à quelle époque a existé le royaume slavon, nommé *grande Serblie* ou Servie. L'opinion la plus généralement reçue comprend sous ce nom une partie du royaume actuel de Saxe, depuis l'Oder jusqu'à la Saale, pays que les Slavons de Bohême appellent encore *Serbsko* et où les armes de Charlemagne rencontrèrent si souvent une puissante nation slavonne ou wende, désignée dans les chroniques du temps sous le nom latinisé de *Sorabes*.

Les Wendes, proprement dits, se répandirent dans toutes les contrées où l'Oder et la Vistule roulent leurs flots vers la mer Baltique. Les *Lutzizes* ou *Leuticii* ont laissé leur nom à la Lusace; ils étaient une des principales tribus de la nation appelée *Wilzes* par les Allemands, et *Welatabi* ou plutôt *Wladawi* dans leur propre langue. Ce nom exprime leur puissance qui, surtout dans les VIIe et VIIIe siècles, s'étendait sur le Brandebourg, la Poméranie occidentale, et une partie du Mecklembourg. L'Oder les séparait des Poméraniens ou des *Po-morski*, c'est-à-dire peuples maritimes; la rivière d'Harwel servait de limite entr'eux et les Sorabes ou Serbes; leur capitale s'appelait *Rhetra*. Les *Obotrites* occupaient le Mecklembourg; leurs rois, dans le XIe siècle, eurent quelque célébrité.

Deux nations de race slavonne avaient bâti à une époque inconnue, l'une la ville de Kiow, sur le Dnieper, l'autre la cité de Novogorod, sur les bords du lac Ilmen. Vers 850, des Scandinaves nommés *Wariégues*, et conduits par Rurik, devinrent les maîtres de l'État de Novogorod; mêlés avec les Slavons, ils formèrent un peuple connu depuis sous le nom de *Russes*. Les conquérants scandinaves, en suivant le cours du Borysthènes, soumirent encore l'État de Kiow, et firent retentir, jusqu'à Constantinople, le bruit de leurs armes victorieuses.

A l'est de ces vastes contrées demeuraient les restes des Scythes d'Europe, connus sous l'appellation moderne de nations finnoises. Les siéges actuels des Lapons, des Finnois, des Permiens, des Tchérémisses et des autres nations comprises dans cette race, indiquent assez l'ancienne étendue des régions qu'ils occupèrent depuis la mer Glaciale jusqu'au Wolga et vers la mer Caspienne. Au sud-est des nations finnoises, vers le lac Aral et au pied du mont Altaï, demeuraient les *Turcs*, et plus loin, vers le centre de l'Asie, les *Oïgours* ou *Igours*: les uns et les autres très-vraisemblablement sont des restes des Scythes d'Asie. C'est de ce monde presqu'inconnu aux Grecs et aux Romains, même à ceux de Byzance, que, dans le VIe siècle, on vit sortir un nouvel essaim de barbares, connus sous les noms de *Bulgares*, *Awares*, *Chazares*, *Ougres*, *Hongrois* et autres. Les savants n'ont pu s'accorder encore sur l'origine de ces hordes, qui, probablement, étaient un mélange de tribus finnoises et turques.

Les *Bulgares*, qui, selon les auteurs byzantins, seraient une branche des Ougres, mais qui offrent bien plus de traits de ressemblance avec les Turcs, tiraient sans doute leur nom du fleuve sur lequel ils habitaient originairement. Leur premier pays, ou la *Grande Bulgarie*, était arrosé par le Wolga. Ils demeurèrent ensuite sur le Kouban et enfin sur le Danube, où ils subjuguèrent, vers l'an 500, les Slavons-Serviens établis sur le bas Danube. Soumis à leur tour par les Awares, ils s'affranchirent de ce joug en 635; leur empire comprit alors les *Cuturgores*, restes des Huns, établis vers les Palus-Méotides. La Bulgarie danubienne, démembrement de ce vaste État, se rendit longtemps redoutable à l'empire byzantin.

A côté des Bulgares on voit paraître les *Valaques*, Walaches ou Woloches, mélange d'anciens Gètes ou Daces et de colons romains, comme le prouve leur langue, composée du slavon et du latin. Réfugiés dans les vallées du mont Hémus, ces peuples revinrent dans leurs anciennes demeures, où successivement esclaves de diverses nations, ils ne formèrent des États indépendants que dans le XIIIe siècle.

Les *Awares* paraissent être les *Aorsi* de la géographie ancienne. S'étant montrés d'abord comme ennemis des *Sabires*, peuples du Caucase, ils se portèrent sur le Danube et pillèrent la Thrace en 474. Vainqueurs des Gépides, ils établirent, en 566, un royaume dans la Dacie et la Pannonie, d'où ils ravagèrent toute l'Allemagne méridionale; leur barbarie, ainsi que leur mélange avec quelques restes des hordes hunniques vivant dans le pays de *Hunnivar*, ou dans la haute Hongrie, les fit nommer *Huns-Avares*. Plusieurs auteurs du moyen âge les considèrent comme de vrais Huns; mais comme les historiens byzantins assurent que les Avares parvenus en Europe n'étaient que des Ougres, autrefois sujets des vrais Avares, nous restons dans le doute.

L'empire des Chagans, ou princes des Avares, s'étendait depuis la mer Adriatique jusqu'au Pont-Euxin; il embrassait une grande partie du cours du Danube et de la Vistule. Leurs courses s'étendaient jusqu'en Thuringe. Les richesses de vingt contrées étaient accumulées dans leurs *Ringi*, ou camps retranchés; mais ce peuple brigand ne conserva pas longtemps sa funeste puissance. Très-affaiblie par les guerres avec les Bulgares, la *Hunavarie* succomba sous les armes de Charlemagne, en 796; et, resserrée en Dacie, elle devint dans le IXe siècle la proie des Moraviens et des Patzinakites.

Les *Chazares*, nommés aussi *Ougres blancs* par les historiens byzantins se montrèrent d'abord entre la mer Caspienne et la Palus-Méotide. Délivrés du joug passager des Huns et des Bulgares, ils étendirent leur domination jusqu'à la rivière de Theisse, et restèrent pendant les VIIe et VIIIe siècles la nation prépondérante dans cette partie du monde. Ennemis des Persans et ensuite des Arabes, l'empire byzantin eut en eux de puissants alliés; mais vers l'an 884, les Patzinakites commencèrent à ébranler leur puissance. Le nom de *Chazaria* resta jusque dans le XIIe siècle à la péninsule de la Tauride, aujourd'hui la Crimée.

Les *Ougres*, dont le nom s'écrit aussi *Hongrois*, *Onogures*, *Hunnugares* et *Unnogundures*, mais qui s'appelaient eux-mêmes *Magyar*, d'après la principale de leurs tribus, vivaient dans le ve siècle vers les sources du Wolga dans une contrée qui conserva jusqu'au XIIIe le nom de *Grande Hongrie*. Ils s'approchèrent, dans les VIIe, VIIIe et IXe siècles, des bords du Don et des Palus-Méotides; les ruines d'une ville nommée *Madchar*, qui se trouvent dans les déserts au sud-ouest d'Astrakan, attestent leur séjour dans ces régions. Dans le IXe siècle, ils se rapprochèrent des monts Carpathes, d'abord comme auxiliaires des Slavons-Moraviens contre les Allemands, et ensuite comme alliés d'Arnulphe, roi de Germanie, contre la Moravie. Ils finirent par s'emparer du vaste pays qui porte encore leur nom, et d'où leurs hordes sanguinaires se précipitaient tantôt sur l'Allemagne et tantôt sur l'Italie. On les confondit avec les Avares, qu'on avait déjà confondus avec les Huns; mais comment le Hongrois à la taille élancée, à la mine noble et fière, serait-il le descendant de l'informe Hun ou Mongol? La langue hongroise, qui a quelques rapports avec le turc et les autres langues orientales, ressemble par les caractères les plus essentiels aux langues finnoises, et prouve que les Hongrois ont dû leur origine à un mélange de Turcs ou Tatars et de Finnois.

Ici se termine, du moins pour l'Europe et pour quelques siècles, cette immense série de hordes barbares, qui, semblables aux nuages chargés de foudres qu'un vent impétueux roule les uns sur les autres, se sont précipitées des déserts du nord et de l'orient sur les fertiles régions de l'occident et du midi.

CHAPITRE QUINZIÈME.

Décadence de la Géographie en Europe. Voyages, découvertes et ouvrages géographiques des Arabes. A. 700-1400.

Nous avons esquissé les changements géographiques dont la grande migration des peuples fut la source. Comment fixer les détails à une époque où la science géographique avait presque disparu sous les ruines du monde ? La Géographie de Ptolémée, et le Voyage en Grèce par Pausanias, qui florissait sous les Antonins, sont les derniers ouvrages dans lesquels brillent encore les lumières de l'antiquité. Les *Itinéraires*, la *Table Peutingérienne*, que nous avons fait connaître, le dessin géographique du monde entier qui, encore dans le IVe siècle, ornait les murs de l'école d'Autun et quelques autres monuments semblables, prouvent le zèle avec lequel la géographie avait été cultivée; mais dans ces ouvrages on n'aperçoit que peu de science. Nous devons quelque reconnaissance à des faiseurs d'abrégés, comme *Marcien d'Héraclée* et *Agathémère*, parce qu'ils nous ont conservé des fragments des ouvrages perdus du Ier et du IIe siècle. *Festus Avienus*, froid imitateur des beaux vers de Denys le Périégète, a rendu un service éminent à l'histoire de la géographie, en nous conservant dans son *Ora maritima*, les traditions des Carthaginois sur les voyages que leurs navigateurs avaient faits le long des côtes de l'Espagne, des Gaules et d'Albion. La géographie d'Ethicus, les diverses *notices des provinces* et d'autres ouvrages de nomenclature nous fournissent des renseignements utiles. Les dictionnaires géographiques de *Vibius Sequester* pour le monde romain, et d'*Eusèbe* pour les lieux nommés dans la Sainte Ecriture, ressemblent à nos dictionnaires modernes; ils ne sont ni exacts ni complets; celui d'*Etienne de Byzance*, beaucoup mieux fait, ne nous est parvenu que par extrait.

Cosmas, moine égyptien, à qui ses vogages dans l'Ethiopie, appelée souvent Inde, avaient fait donner le surnom d'*Indopleustes*, nous a laissé le seul ouvrage original de toute cette époque. Sa *Topographie du Monde chrétien* offre beaucoup de détails que les naturalistes ont cherché à expliquer, et dont on trouvera quelques exemples dans la suite de cet ouvrage. Nous avons déjà cité ses notices sur le *Tzinistan*, et cette fameuse inscription qu'il avait copiée à Adulis, en Ethiopie. Le système cosmographique de cet auteur du VIe siècle mérite peut-être autant d'attention que celui de Ptolémée ; il considère la terre comme une vaste surface plane, entourée d'une muraille ; le firmament comme une voûte appuyée sur cette muraille, et la succession des jours et des nuits comme l'effet d'une grande montagne placée au nord de la terre et derrière laquelle le soleil se cache tous les soirs. Cosmas démontre très-bien que ces opinions étaient celles des plus anciens philosophes grecs; son système ne diffère de celui d'Homère que par la figure carrée qu'il assigne à la terre ; ainsi, cette cosmographie, adoptée par beaucoup d'écrivains chrétiens, est-elle un monument de l'influence que la géographie poétique d'Homère eut sur les idées même des générations les plus éloignées.

A côté de la géographie ancienne qui expirait, nous voyons la géographie du moyen âge naître dans les ouvrages des écrivains sortis du sein des nations barbares. *Moses Chorenensis*, Arménien, composa dans le Ve siècle un ouvrage géographique où l'on trouve plusieurs traits curieux sur les parties orientales de l'Asie. Un historien du VIe siècle, *Jornandes*, nous a transmis, quelques renseignements précieux sur les migrations des Goths et des Huns, ainsi que sur la géographie du nord et de l'est de l'Europe à cette époque. A peu près dans le même temps, vivait *Paul Warnefrid* ou *Paulus Diaconus*, auteur d'une histoire des Lombards où le géographe ne découvre que peu d'indices. Un Goth dont on ignore le nom, et qu'on appelle communément le *géographe de Ravenne*, nous a laissé une description générale du monde connu dans le VIIIe siècle.

Les pèlerinages des chrétiens commencèrent déjà dans le VIIe siècle à ressusciter l'esprit observateur.

Adaman, abbé de Jona, composa une description de Jérusalem et des lieux saints d'après ce que lui raconta Saint Arculfe. Willibald, premier évêque d'Aichstedt, a laissé une relation détaillée de son pèlerinage à la terre sainte en 730 : il s'y rendit par l'Italie et l'île de Chypre.

Il existe aussi une autre relation d'un moine français nommé Bernard, faite en 870, et celle d'un voyage de Bâle à Constantinople par Haiton. On cite même des cartes géographiques de ces siècles de barbarie : Saint Gall, fondateur de la célèbre abbaye qui porte son nom, et qui vivait dans le VIIe siècle, en possédait une, qu'un historien de cette abbaye appelle *mappam subtili opere*, « carte d'un dessin élégant. » On connaît les trois tables d'argent de Charlemagne sur lesquelles étaient représentées la terre entière, les villes de Rome et de Constantinople. Dans un commentaire manuscrit de l'Apocalypse, composé en 787, et qui est dans la bibliothèque de Turin, on trouve une carte très-curieuse qui représente toute la terre et peut servir à l'explication du géographe de Ravenne. Elle représente la terre comme un planisphère circulaire, composé de trois parties inégales. Au midi, l'Afrique est séparée par l'Océan d'une terre appelée la quatrième partie du monde, où est le séjour des Antipodes, et que la chaleur excessive a empêché de visiter jusqu'à ce moment.

Abandonnons pour quelques moments l'Europe, devenue le siége de l'ignorance. D'autres peuples ont hérité du feu éternel de la science; d'autres parties du monde offrent un nouveau théâtre à l'esprit de découvertes. La géographie, qui en Europe paraissait prête à s'éteindre, est remise en honneur et cultivée avec succès par les Arabes. Ce peuple, dont le génie avait été réveillé par Mahomet, recula les bornes du monde connu, surtout en Asie et en Afrique. Dès leurs premières conquêtes, les califes ordonnèrent à leurs généraux de faire faire des descriptions géographiques des pays soumis. En 833, le calife Mamoun fit mesurer, par les trois frères Ben Schaker, un degré de latitude dans le désert de Sandgiar, entre Racca et Palmyre : cette mesure, répétée près de la ville de Kufa, servit à déterminer la grandeur de la terre. Longtemps avant Christophe Colomb, des aventuriers arabes, nommés les *Almagrurim*, firent voile de Lisbonne pour arriver aux terres occidentales au delà de la mer Ténébreuse ou Atlantique. La nation arabe fit des découvertes plus positives dans la mer des Indes et de la Chine. Deux observateurs zélés, Wahad et Abouseid, parcoururent et décrivirent, depuis 851 jusqu'en 877, les pays les plus reculés de l'Asie, qui avaient échappé à la connaissance des anciens. Malheureusement le laps de temps et l'ignorance de la langue, nous ont fait perdre la plupart des monuments géographiques des Arabes. Nous ne connaissons plusieurs de leurs plus célèbres auteurs en cette partie, que par des citations d'autres écrivains qui mirent leurs ouvrages à profit, ou par des extraits que plusieurs savants en ont publiés. En attendant, les géographies arabes, imprimées jusqu'à présent, donnent une idée des connaissances étendues que ce peuple avait acquises ; mais ce que nous en possédons ayant été composé durant un période d'environ 600 ans, et la manière d'écrire des Arabes étant contraire à une méthode chronologique exacte, le tableau de leurs connaissances ne saurait être tracé avec la précision que nous avons cherché à mettre dans celui de la géographie grecque et romaine. Indiquons d'abord les principaux auteurs arabes et persans dont les ouvrages ont été extraits ou imprimés en entier et traduits.

Massoudi écrivait en 947 et mourut au Caire en 957. Il existe de lui, sous le titre de *La Prairie dorée et les mines de pierres précieuses*, une histoire générale des royaumes les plus connus des trois parties du monde. Il entre dans de grands détails géographiques, particulièrement à l'égard de l'Afrique, de l'Inde, et de l'Asie moyenne.

Le xe siècle vit naître *Ibn-Haukal*, auteur d'une géographie intitulée *Kitaab Messaalek*. Grand voyageur et écrivain élégant, Ibn-Haukal a tracé des tableaux aussi instructifs qu'intéressants de tous les pays soumis à l'*Islam* ou religion mahométane : le reste n'est traité que superficiellement, et la raison qu'en donne l'auteur n'est pas flatteuse pour les Européens de son siècle. « Quant aux pays des Nazaréens (ou Chrétiens) et des Ethiopiens, je n'en ferai, dit-il, qu'une mention légère, attendu que mon amour inné pour la sagesse, la justice, la religion et les gouvernements réguliers, ne me laisse rien à louer ni à citer chez ces nations. »

Vers l'an 1153, le chérif *Al-Edrisi*, appelé communément le géographe de Nubie, composa, à la cour de Roger Ier, roi de Sicile, ses *Récréations géographiques* pour donner l'explication d'un globe terrestre, en argent, que ce prince avait fait faire, et qui pesait huit cents marcs. Edrisi était né à Ceuta, et avant de composer sa géographie avait étudié à Cordoue ; il descendait d'une famille qui avait régné en Nubie ou en Egypte, de sorte que ce n'est pas sans raison qu'on lui a donné le nom de géographe de Nubie.

Ibn-al-Ouardi composa à Alep, en 1232, un ouvrage de géographie physique, intitulé *La Perle merveilleuse.* Il y a semé beaucoup de détails d'histoire des trois règnes de la nature. Il entre dans de grands détails sur l'Afrique, l'Arabie et la Syrie, mais il est très-succinct sur l'Europe, l'Inde, et le nord de l'Asie. Il avait joint à son ouvrage une carte générale de la terre qui prouve que les premiers géographes et dessinateurs de cartes chez les Chrétiens, copièrent les Arabes.

Le géographe persan, *Hamdoullah,* dont l'ouvrage est estimé par tous les orientalistes, vivait à peu près du temps d'Ibn-al-Ouardi.

Aboulféda, prince de Hamah en Syrie, mort en 1331, est un écrivain célèbre chez les Arabes. Nous avons de lui le *Takwim al boldan*; c'est une description très-détaillée de la terre par tables rangées suivant les climats, avec les degrés de longitude et de latitude de chaque lieu; il ne fait cependant pas comme les autres géographes arabes, qui parlent des divers pays, de chaque climat, en allant de l'occident à l'orient; il décrit chaque contrée principale dans un chapitre séparé; et, dans l'introduction, il s'étend sur la géographie mathématique, les mers, les rivières et les montagnes les plus considérables du monde. La Syrie, étant la patrie d'Aboulféda, est le pays qu'il a le mieux décrit. Il donne aussi des renseignements précieux sur les contrées voisines, comme l'Arabie, la Perse, l'Egypte et le *Magreb,* c'est-à-dire toute la côte septentrionale de l'Afrique. Ses notions sur le Turkestan ou la Tartarie et sur la Chine, n'offrent pas les détails auxquels on pourrait s'attendre d'après les fréquentes communications des Arabes avec ces pays. L'Europe chrétienne et les contrées de l'Afrique habitées par les Nègres lui ont paru peu dignes d'attention.

El-Bakoui, qui a publié les *Merveilles de la toute-puissance sur la terre,* vivait à la fin du XIVe siècle : une confusion dans le manuscrit parisien a fait changer son nom en *El-Yakouti,* quoique le véritable *Yakouti,* auteur d'un grand dictionnaire géographique intitulé *Kitaab modschaan el boldaan,* ait vécu à la fin du XIIe siècle.

Léon l'Africain, auteur d'une description de l'Afrique, appartient presqu'à la géographie moderne. Il serait inutile de nommer d'autres géographes arabes moins célèbres et moins importants.

Ce peuple connut principalement les pays qui avaient embrassé la doctrine du Coran, et qui furent visités par leurs commerçants, ou vaincus par leurs armes. Cependant les contrées de l'Europe les plus reculées et les déserts de l'Asie au delà de la mer Caspienne, n'échappèrent pas entièrement à leurs regards; mais les notions isolées qu'on trouve dans leurs géographies sur quelques pays et villes, comme sur l'Irlande, sur Paris, sur l'Angleterre, sur le Schleswig, la ville de Kiow, et quelques autres endroits, font qu'on a peine à concevoir comment ils ont obtenu sur quelques points ces renseignements précis, tandis qu'ils n'ont rien su du tout sur tant d'autres contrées voisines.

Les Arabes étant maîtres de la plus grande partie de l'Afrique, parcoururent cette partie du monde jusqu'aux environs de Sofala à l'orient, et jusqu'au delà du Niger dans l'intérieur; mais sur la côte occidentale leurs connaissances semblent s'être arrêtées vers le cap Blanc. Les six îles Fortunées des anciens étaient connues des Arabes. Quelques auteurs s'en tenant aux plus grandes, n'en nomment que deux, Lancerote et Forteventura. Les statues qui montraient du doigt l'occident, et qui figurent sur tant de cartes du moyen âge, se trouvent indiquées par les auteurs arabes dès le commencement du XIIIe siècle. Les peuples qui habitaient ces îles sont représentés sans barbe. Parmi les autres îles de la mer Occidentale ou Ténébreuse, les Arabes semblent avoir connu Ténériffe avec sa célèbre montagne sous le nom de *Chasaran*. D'autres terres se montrent dans un lointain obscur. En ne marquant aucune distance, les Arabes ont ouvert la porte à toutes les conjectures; on a même prétendu que les frères *Almagrurim* avaient fait un voyage en Amérique avant l'an 1147.

Huit habitants arabes de Lisbonne, auxquels on donna le nom d'Almagrurim, ou errants, entreprirent un voyage pour découvrir les terres les plus reculées à l'occident; ayant navigué onze jours à l'ouest et vingt-quatre au midi, ils trouvèrent plusieurs îles. L'une d'elles était très-riche en brebis qui avaient la chair si amère qu'ils n'en purent pas manger. Une autre était habitée par des hommes qui leur dirent que l'Océan était encore navigable trente journées plus loin, mais qu'au delà l'obscurité empêchait d'avancer. La relation des pays qu'ils prétendaient avoir vus pourrait s'appliquer à cette grande île hypothétique que plusieurs cartes, faites avant les découvertes de Christophe Colomb, placent à l'occident de l'Europe. Mais il est plus naturel d'admettre la réalité du voyage, et de croire que ces navigateurs auront visité les Canaries, puisqu'ils revinrent au port d'*Asfi* ou d'*Asafi* situé dans le *Magreb-el-aksâa* ou l'Afrique la plus occidentale.

Edrisi connaît les *Zanhagi*, tribu qui a donné son nom au fleuve Sénégal. Des documents du XIIIe siècle, conservés à Gènes, indiquent le *Rio do Ouro* sous le nom arabe de Wadimel. Il semble donc que les connaissances des Arabes ont dépassé le cap Boyador.

La géographie moderne n'offre guère de renseignements postérieurs à ceux que donnent les Arabes sur la plus grande partie de la Nigritie. Ainsi, la discussion sur le *Nil des Nègres*, ne saurait être séparée de la description de l'Afrique. Ce fleuve que, selon la juste remarque de M. de Lalande, quelques auteurs arabes font couler à l'ouest sera peut-être un jour retrouvé dans une rivière différente du Joliba ou notre Niger. La contrée *Meczara*, avec la ville, ou, selon d'autres, l'île d'*Oulil* termine ici la géographie arabe à l'occident comme le pays de *Lamlam* au midi. La Nigritie ou le *Belad-al-Soudan*, dont certains cantons s'appellent aussi *Belad-al-Tibr* (pays de l'or), renfermait les villes de *Tocrur*, *Sallah*, *Berassa*, *Gana*, célèbres par leur grand commerce, et qui peut-être florissent encore. Au nord de ces pays était le désert de Sahara, que les caravanes des habitants de *Vareclan* traversaient, ou sur les confins duquel elles se rendaient, pour aller chercher l'or, les esclaves, et l'ivoire du pays des nègres.

L'Afrique orientale, depuis l'Égypte jusqu'au cap Corientes, fut fréquentée par les Arabes dès le Xe siècle. Ils y établirent leur domination et leur religion. Les noms qu'ils donnèrent aux peuples de ces contrées sont les mêmes qu'ils portent aujourd'hui. Les villes de Mélinde, Mombaze et Sofala florissaient dès le XIIe siècle. Les géographes arabes placent au-dessous de l'Égypte, la Nubie, dont les habitants étaient très-recherchés pour esclaves. A ce pays confinait l'*Habach* ou l'Abyssinie, où l'on trouvait beaucoup de girafes, et qui était limitrophe du pays de l'or. Sur la même côte, plus au sud, était le pays de *Zindges* ou Zanguebar, où se trouvent les villes dont nous venons de parler, et d'autres encore célèbres par leur commerce. Avec le pays de *Sofala*, qui, outre l'or, produisait beaucoup de fer, se terminait l'Ethiopie connue des Arabes. Les Arabes ne savaient pas que la mer entre l'Afrique et l'Inde ne faisait qu'un tout avec la mer Atlantique; au contraire, quelques-uns de leurs géographes répètent les erreurs de Ptolémée sur l'adhérence des parties méridionales de l'Afrique et de l'Asie. Du moins, Édrisi place près des îles de *Sanf* et de *Malai*, les plus reculées des Indes, une grande terre qui s'étendait de l'ouest à l'est, qui à l'ouest est unie à la côte de Zindge en Afrique, et au nord se prolonge jusqu'aux côtes de *Sin*, c'est-à-dire, l'Inde au delà du Gange. Les géographes arabes parlent de beaucoup d'îles de l'Océan indien. Il est certain que dès lors Madagascar était fréquenté par les étrangers, ainsi que le prouvent d'anciennes colonies arabes qui y sont établies. Massoudi dit, qu'à environ deux journées de navigation de Zanguebar, était l'île de *Phanbalu*, dont les habitants avaient embrassé la religion de Mahomet. Nous avons déjà fait remarquer la ressemblance de ce nom avec celui de *Phébol*, grande île de la mer des Indes, connue du temps d'Aristote.

L'île *Seranda* ou Sérandip, évidemment le Selandiv des Indiens et notre Ceylan, est placée près de l'Afrique par Édrisi. C'est encore une suite des idées des Grecs sur Taprobane.

Les Arabes connurent la plupart des pays et des peuples de l'Asie, et ce qu'ils offraient de remarquable. Leurs missionnaires répandirent la doctrine de Mahomet jusque dans les recoins les plus cachés de cette partie du monde. Ils conservèrent et augmentèrent même les notions que l'on avait déjà sur la Syrie et la Perse. L'Arabie, leur patrie, ne tarda pas à sortir de l'obscurité; et grâce à leurs écrivains, on connut chaque province et chaque ville de cette presqu'île, dont on ne distinguait auparavant que quelques villes le long de la côte. Parmi les autres contrées de l'Asie, celles au nord de l'Inde et de la Perse, l'ancienne Bactriane, et la Transoxiane, ayant passé de la domination des Perses sous la leur, ils en acquirent une connaissance très-détaillée. Ils avaient aussi appris beaucoup de particularités sur les contrées au nord et à l'est du fleuve Gihon; mais comme ces pays n'ont été que fort peu visités depuis cette époque, comme les villes et les royaumes y disparaissent, ainsi que les collines de sable se dissipent devant le souffle des vents impétueux, ce que les Arabes en ont écrit reste pour nous d'une obscurité impénétrable. La presqu'île au delà du Gange, et les îles de l'Inde découvertes par les Portugais au delà de Sumatra et de Java, n'ont été que vaguement indiquées par les Arabes.

Leurs connaissances exactes et détaillées de l'Asie à l'est de la mer Noire, et des contrées limitrophes de l'Europe, habitées par les peuples

Slaves, finissaient aux gorges du Caucase du côté de *Bab-el-Abuab*, à cette espèce d'immense mur de séparation, découvert dans le XVIIIe siècle par les Russes, près de Derbent. Le défilé de Derbent a donné lieu à quelques erreurs géographiques, parce qu'on l'a souvent confondu avec un autre qu'on aurait dû chercher dans la Boukharie au delà du Gihon. Celui-ci s'appelait, comme le premier, la porte de fer, et se trouvait près de la ville de *Termed*, sur le Gihon, dans la province de Balk. Mais il est clair qu'Aboulféda et Édrisi le confondent souvent avec la porte de fer, près de Derbent. Cependant ce dernier auteur, dans un endroit de son ouvrage, assigne à celle-ci sa véritable place. Le passage de Termed est fameux, parce que Tamerlan le traversa avec son armée ; et Cherefeddin, son historien, donne le nom de Kolugga à l'endroit près duquel il se trouvait. Clavijo, qui, en 1403, fut envoyé en ambassade à Tamerlan par le roi de Castille, est celui qui a le mieux décrit ce passage principal de l'Inde à Samarcand. L'allemand Schildberger le traversa aussi dans le même temps à la suite de Scharock, au service duquel il était.

Aboulféda a placé dans le voisinage de la porte de fer près de Derbent, les Lesgiens et autres peuples qui parlaient des langages différents. Guldenstedt les a trouvés dans le Caucase. Au delà de cette chaîne de montagnes était situé *Seclab* ou le pays des Esclavons. Les habitants avaient les cheveux rouges. Parmi leurs villes *Maschput* était fort célèbre, ainsi que les salines de *Susith*. La contrée limitrophe de celle-ci, ainsi que du Volga, était *Belad-al-Rus*, la Russie actuelle, habitée par un peuple fort sale. Quelques géographes arabes donnent les noms de beaucoup de villes russes ; mais ce n'est qu'avec beaucoup de difficulté que l'on vient à bout de reconnaître celui de Kiow, l'ancienne capitale, dans *Kénan*, *Kujah* ou *Kujavah*. Sur le bord du Volga ou *Atil*, ils placent les *Chozares*, peuple tartare, parmi lequel vivaient des chrétiens, des païens et des mahométans. A ceux-ci confinaient les *Bulgares*. Presque tous les géographes font mention de *Bolgar* ou Bolar, leur capitale, située sur le Volga. Ses ruines qu'on voit encore à 80 verstes au-dessus de Sinbirsk, prouvent son ancienne importance. Quelques Orientaux la regardaient comme la ville la plus septentrionale du monde ; on trouvait dans ses environs les os de mammouth ou l'ivoire de Sibérie.

Les Arabes connaissaient la véritable figure et l'étendue du nord au sud, de la mer Caspienne dite de *Chozar*, de *Tabaristan* ou de *Gorgan*, et les principaux fleuves qui s'y jettent. Ils donnaient aux vastes plaines situées au nord de cette mer, et où erraient plusieurs hordes turques et tartares, les noms de *Kiptchack* ou *Descht-Kaptschack*, déserts de Kaptschack, qu'elles portent chez les Orientaux. Entr'autres hordes, on rencontrait là celle qui s'appelait la dorée, ou les peuples du trône d'or, dont le khan demeurait dans la ville de *Saray* près de l'embouchure du Volga. Avant sa destruction par Tamerlan en 1395, Saray était un marché d'esclaves très-fameux. Les caravanes des chrétiens qui se rendaient à la Chine, avaient coutume d'y passer. A l'orient de la mer Caspienne, les armes des Arabes ne pénétrèrent pas beaucoup plus loin que celles d'Alexandre et de ses successeurs. La Transoxiane ou le *Mavarelnahr* fut l'État arabe le plus reculé vers le nord. Il confinait avec le Turkestan, nommé *Belad-Tatar* et *Belad-Kargis*, habité par ces mêmes hordes qui y errent encore aujourd'hui. La contrée au nord-est de la Perse, et qui s'étendait jusqu'à l'Oxus, s'appelait le *Khorasan*; quelquefois on y comprenait le Candahar et la province de Balk. Les villes de Herat, Nisabour, Khojen et les deux Merou, dont Aboulféda et Bakoui font mention, subsistent encore.

Plus au nord, ou le long de la côte sud-est de la mer Caspienne, s'étendait le pays de *Khowarezm* ou *Karizm*, traversé par le Gihon, et entouré de plusieurs côtés de déserts sablonneux et stériles. Les principales villes étaient *Otrar* ou Farah, *Urgenz*, *Amol*, *Hazarasp* et *Cath*. Quelques-unes existent encore. Abdul-Kerim, qui accompagnait Nadir-Schah, parle d'Urgenz et d'Hazarasp comme des villes les plus florissantes de cette province. Au Khorasan confinaient les provinces de *Gur* et de *Badakschan*. Celle de Gur était un petit État particulier dans la partie orientale des montagnes du Khorasan au midi de la province de Balk, et avait une capitale du même nom. Le Badakschan ou la *Balaxiana* de Marc Paul, fameuse par ses mines de pierres précieuses, confinait, selon Édrisi, avec le royaume indien de *Canoge* sur le Gange, état jadis très-célèbre dans tout l'Orient. Le *Thibet*, situé dans les hautes montagnes entre l'Inde et la Chine, paraît dans les géographies arabes sous les noms de *Tobbat* et d'*Alboton*; il était alors divisé comme aujourd'hui en trois parties, le Thibet supérieur, celui du milieu, et l'inférieur. Les

Arabes savaient qu'on y trouve le borax et l'animal qui donne le musc; ce qu'ils disent de la manière dont on recueille la première substance, s'accorde avec le rapport des naturalistes modernes. Les autres pays plus au nord, à l'exception du Mavarelnahr, paraissent ne leur avoir été connus que d'une manière très-confuse. Le Mavarelnahr qui devint ensuite un État mogol particulier, et porta, avec une partie de la grande Tartarie, le nom de *Zagathai*, était situé entre le Sihon et le Gihon; après avoir arrosé cette province et avoir passé assez près de ses villes principales, Bokhara, Samarcand et autres, ces fleuves étaient censés se jeter dans la mer Caspienne. Cette ancienne erreur, répétée par des géographes européens, est contredite par Abdul-Kérim qui visita ce pays vers le milieu du siècle précédent. Le pays des Turcs, le *Turkestan*, s'étendait au delà du Gihon vers le nord et l'est; mais ce qu'en disent les écrivains arabes ne répand qu'une lumière très-faible sur la grande Tartarie, dont les conquêtes des Russes nous ont fait connaître les différentes parties.

Quant à la partie la plus reculée au nord de l'Asie, où les grands fleuves de l'Oby, du Jenisei, de la Lena arrosent les déserts des Tongouses et d'autres peuplades barbares, elle resta inconnue aux Arabes. Le pays le plus septentrional de cette partie du monde, selon eux, était celui de *Gog* et *Magog;* mais cette contrée ne se montre qu'au milieu d'un nuage de fables. Suivant quelques auteurs, cette prétendue extrémité du monde était séparée des autres pays par une muraille énorme, et il fallait vingt-huit mois pour venir de la mer Caspienne jusque-là. Les fables qu'ils débitaient sur ce pays inaccessible, passèrent dans la géographie des chrétiens. Voilà pourquoi les faiseurs de cartes du moyen âge, et même ceux du XVIIe siècle, plaçaient dans le voisinage de la mer Caspienne une grande chaîne de montagnes et au delà le château de Gog et Magog. Des géographes moins crédules, tels que Mercator, Blaeuw et Sanson, ont cependant conservé sur leurs cartes Gog et Magog, avec cette différence qu'ils regardèrent ces noms comme les équivalents de ceux des peuples mogols.

Des ambassadeurs arabes et d'autres voyageurs allèrent en Chine à une époque assez reculée. Sous le calife Walid, qui régna de 704 à 715, des envoyés de cette nation se rendirent dans ce pays en traversant Cashgar, et en rapportèrent de riches présents. Depuis lors, les voyages par terre de Samarcand à Canfou, en Chine, furent assez fréquents. Dans le IXe siècle, cet empire fut visité par les navigateurs arabes, comme nous l'apprend le voyage que Wahab et Abouseïd firent à Canton par mer. C'est, selon toutes les apparences, le même endroit que Marc Paul appelle *Canfou* ; c'est là que se bornait leur commerce par mer. En 850, ils y avaient un consul et se trouvaient en grand nombre dans l'empire. Outre le port de Canfou, plusieurs villes de l'intérieur leur étaient ouvertes, comme *Jangu, Chansa, Zayton* et d'autres; leurs commerçants connaissaient parfaitement le pays et les avantages qu'ils pouvaient en retirer; mais leurs géographes n'ont su ni déchiffrer ni comprendre les noms des provinces et des villes. Aussi ne citent-ils que les plus renommées, et sont-ils très-concis sur un pays que les deux voyageurs traduits par Renaudot ont décrit avec tant de détails. Ceux-ci y trouvèrent des communautés chrétiennes; la langue et la religion des Arabes n'y firent que de faibles progrès. C'est dans leur relation que nous voyons la plus ancienne mention qui ait été faite de l'eau-de-vie, du thé, de la porcelaine, et de cette monnaie chinoise de bas aloi, appelée Falus, et qui conserve encore aujourd'hui son ancienne forme. Chez eux, la Chine porte plusieurs noms. Ils distinguent les provinces du nord de celles du midi ; ils appellent les premières *Cathai* et *Tcha-Cathai*, c'est-à-dire Cathai du Thé, et leur capitale *Chanbalek* ou *Cambalu*; celles du midi étaient nommées *Tchin* ou *Sin*. On pourrait même croire que, sous ce dernier nom, ils comprenaient toute la presqu'île au delà du Gange, dont aucun de leurs géographes ne fait mention sous une dénomination particulière; peut-être est-ce là qu'il faudrait chercher plusieurs villes de Sin, dont les noms ne ressemblent en aucune manière à ceux des villes de la Chine; peut-être ces noms ont-ils été mal entendus et écrits peu correctement, ou bien ces villes, comme celles du Turkestan mentionnées par Edrisi, auront-elles été détruites avec les royaumes où elles étaient situées.

L'Arménien Haiton place au midi de la Chine le riche pays de *Sym*, où il y a des mines de diamants, et qui confine avec l'Inde et le Cathai. *L'Ayin Akbory* dit qu'au commencement du XVIIe siècle le Pégu portait dans l'Orient le nom de *Chin* ou *Tschin*. Nous avons vu que c'est dans ces environs qu'on doit chercher le pays de *Sinæ* et la fameuse ville de *Thinæ*. Pour distinguer le midi de la Chine, on lui donna le nom de *Maha-Chin*, c'est-à-dire Grande-Chine, d'où l'on fit par corruption *Manci*.

Ce que nous comprenons aujourd'hui sous le nom d'Hindostan, était divisé en deux grandes provinces, *Sind* et *Hind*. La première comprenait les pays le long de l'Indus, le Lahor, le Moultan, l'Adjmir et le Guzarate, ou plutôt une partie de ces provinces et des voisines. L'Hind était à l'orient, et renfermait les provinces de Delhy et d'Agra, le pays d'Oude et le Bengale, ou les contrées le long du Gange. Le Decan ou la presqu'île méridionale appartenait au Sind. Les Arabes ne connaissaient ni l'intérieur ni la côte de Coromandel. La connaissance certaine et détaillée qu'ils avaient du continent, finissait au cap Comorin ou *Ras-Comr*. Une partie du Sind leur fut soumise de bonne heure; à la même époque où le calife Walid fit achever la conquête de l'Espagne et du Khorasan, ses armées réduisaient le Moultan et le Lahor. Les géographes arabes dépeignent les délices de la vallée du Cachemire et de ses villes populeuses; ils parlent de son climat tempéré et de la chaîne de montagnes dont elle est ceinte de tous les côtés; ils décrivent l'État florissant d'*Almansoura* qui s'étendait sur tout le Delta de l'Indus; ils connaissaient plus particulièrement le Guzarate; ils font mention des villes de *Sumenat*, *Cambay*, et surtout de *Nahrwahra* ou *Nahelwahra*, résidence du roi le plus puissant des Indes, connu chez les Arabes sous le nom de Maha-Balara. Aboulfeda l'appelle *Ilbara*, c'est-à-dire roi des rois; son royaume s'étendait depuis le Guzarate et le Concan jusqu'au Gange. Les autres rois de l'Inde, dont le nombre était considérable, lui cédaient le rang. Ce royaume de Balara fut renversé par les Mahométans en 1204. Il était borné à l'orient par le Bengale, état ancien et puissant qui portait alors le nom de Canoge, d'après celui de sa capitale. Elle était sur le Gange, et avait trois cents marchés seulement pour les pierres précieuses. Les ruines qui en existent encore aujourd'hui, font voir qu'elle était d'une immense étendue; cependant l'Ayin-Akbery n'en fait pas la plus légère mention. Les géographes arabes citent encore, dans cette partie de l'Hindostan, Benarès ou *Banars*, l'antique école de la philosophie indienne. Ils parlent aussi de la forteresse imprenable de Gualior.

Les Arabes ayant fréquenté les côtes de *Concan* et de *Malabar* comme pilotes des Romains, et ayant servi de guides aux Portugais lorsque ceux-ci découvrirent la route si longtemps cherchée pour y arriver par mer, il s'ensuit qu'elles leur étaient connues ; cependant leurs écrivains ne parlent d'aucune ville de commerce aujourd'hui fréquentée, excepté *Mangalor*. Il est possible que celles dont ils font mention aient éprouvé le sort général des autres villes de l'Asie. On croit reconnaître *Tanna* dans l'île de Salcette, voisine de Bombay, et qui, dans le XIIIe siècle, était renommée par son commerce. Ils citent aussi la côte de Malabar ou *Melibar* ou *al Mabar*, comme le sol natal du meilleur poivre ; ils y connaissaient encore la ville de *Coïlan*, *Quilon* ou *Caulam*, dans le royaume de Travancor, à l'extrémité de la Côte du poivre. Ils placent aussi sur cette côte une ville dont les habitants étaient Juifs ; ils avaient donc des notions sur la colonie juive qui, depuis un temps immémorial, est établie à Cochin. Peut-être s'étaient-ils eux-mêmes fixés de bonne heure le long de la côte du poivre. Ce qui est certain, c'est que les Portugais, lors de leurs premiers voyages à la côte de Malabar et au royaume de Cananor, y trouvèrent les Mahométans, sous le nom de *Mapouletes*, en si grand nombre, qu'ils composaient la cinquième partie des habitants. Ce ne fut que l'arrivée des Portugais et leur présence qui les empêcha de se rendre maîtres de toute la côte.

Le cap Comorin, avec une ville du même nom, formait la limite entre le Sind et l'Hind. Les îles Maldives furent connues des navigateurs arabes sous le nom de *Rohaibat*. Ils les fréquentaient dès lors pour le commerce des cauris ou coquillages servant de monnaie ; ils remarquèrent que les habitants préparaient toutes sortes de tissus avec l'enveloppe fibreuse du coco. Ils estimaient le nombre de ces îles à 1900. Quelques-uns de leurs géographes placent exactement près de l'Inde l'île de Ceylan ou *Serendip*, et la décrivent comme étant grande, riche, bien peuplée, et produisant des épiceries, du bois de sandal et de Brésil, ainsi que des perles. A la suite de cette île vient ordinairement le royaume de *Ramani*, que l'on pourrait, d'après la mythologie indienne, prendre pour la partie méridionale du Coromandel, où s'étend le banc de récifs nommé *pont de Rama*, et par où le dieu de ce nom est censé avoir passé pour combattre les géants de Ceylan. Une île entre Ceylan et le continent porte le nom de *Ramana-Coil*, et, dans le delta formé par le fleuve Madura, il existe une ville de *Ramana*, ancienne capitale d'un royaume. C'est donc ici qu'il faut chercher l'île ou le royaume de Ramani, quoique les Arabes l'aient confondu avec Sumatra. La côte de Coromandel et du Bengale leur était vaguement connue sous le nom de *Mah'bar*. Les deux voyageurs de Renaudot font mention, à la vérité, d'un royaume de *Zapaga* qui se terminait à Comor, et dont les souverains avaient le nom de *Mehrage*. Nous ne savons si on peut entendre par-là le titre de *Maha-rajah* que portaient jadis les princes mahrattes. D'autres anciens royaumes, placés sur cette côte, sont aussi peu reconnaissables, comme, par exemple, ceux de *Tafex*, d'*Hitrage*, de *Mugat*. Il est peut-être même trop hardi d'affirmer que la grande île de *Malaï* d'Edrisi est la presqu'île de Malacca.

Mais il n'y a pas de doute que, sous le nom de *Lamery*, les Arabes entendaient l'île de Sumatra. Les productions de Lamery, telles que le camphre, le bois de teinture (*lignum Brasilii*), l'or, l'ivoire, etc., sont celles que l'on tire encore aujourd'hui de Sumatra. Le nom de *Lambry* ou Jambée existait encore du temps de Marc-Paul et de Mandeville. Ce dernier fait mention d'une île de *Lamery*, qui est auprès d'une autre, appelée *Sumabar* ou Sumatra. Ribeiro place, sur sa mappemonde faite en 1529, un royaume de Lambry dans l'île de Sumatra. Marc-Paul parle d'un ancien royaume de *Fanfour* situé dans cette île, et fameux dans tout l'Orient pour l'excellence de son camphre. Les Arabes désignent sous ce nom, tantôt une ville, et tantôt une île riche en ambre, qu'ils placent dans le voisinage de Java. Edrisi connaît même la dénomination actuelle de Sumatra, ou une autre qui n'en est qu'une variante : il l'appelle *Soborma*, ce qui est un des noms que lui donnent les Arabes et les écrivains du moyen âge. Alors ses habitants étaient encore sauvages et anthropophages; Oderich de Portenau les trouva de même dans le XIVe siècle. Ils vendaient des esclaves engraissés aux étrangers qui abordaient sur leurs côtes. Java, ou *Al Djauah*, était déjà connue des Arabes comme une île riche en épiceries, mais ébranlée par ses volcans. Les géographes arabes indiquèrent confusément les îles situées plus à l'est, et découvertes depuis par les Portugais et les Hollandais. Mais les descriptions qu'ils en font, les noms qu'ils leur donnent, et les fables qu'ils débitent, ne peuvent s'appliquer avec certitude à l'une de ces îles plutôt qu'à une autre ; ils savaient que le pays des épiceries se trouvait dans ces parages.

Très-peu de temps avant l'arrivée des Portugais aux Moluques, des colons arabes venaient de s'y établir et d'y introduire leur religion et leur commerce, dans Tidor et dans Ternate. Leur langage, leur religion et leurs opinions se retrouvent aux Philippines, à Mindanao, et peut-être jusqu'aux Carolines.

Toutes ces terres avaient sans doute été découvertes et peuplées par les Malais et les Japonais, longtemps avant qu'un navire arabe ne fendît les flots de l'Océan oriental.

CHAPITRE SEIZIÈME.

Voyages et découvertes des Normands ou Scandinaves. Première découverte de l'Améri que Discussion des relations des frères Zeni. An 100–1380.

Tandis que le peuple de Mahomet étendait ses courses victorieuses jusqu'aux extrémités de l'Orient, le peuple d'Odin, toujours agité d'un héroïsme fanatique, continuait ses migrations qui avaient, depuis tant de siècles, ébranlé l'Europe. Les frères des Goths, des Hérules et des Anglo-Saxons, reparaissent de nouveau sur la scène, sous les noms de *Normands*, de *Warégues*, d'*Ostmens* et autres : mais, arrêtées au centre de l'Europe par les rois d'Allemagne et de France, ces nouvelles excursions des Scandinaves durent principalement avoir la mer pour théâtre.

Après le IXe siècle, il sortit du milieu de ces pirates des géographes instruits et des navigateurs avides de découvertes. La mémoire des services qu'ils ont rendus à la géographie nous a été conservée par le roi Alfred, par Adam de Brême, par l'*Hims-Kringla*, ouvrage historique de Snorron, écrit dans le XIIe siècle, par diverses autres chroniques islandaises et par la carte des deux frères Zeni. La plus ancienne description claire et précise des pays du nord de l'Europe est celle qu'en traça le roi Alfred. Ce roi d'Angleterre, qui régna de 872 en 900, inséra dans sa traduction anglo-saxonne d'Orosius un extrait de deux relations scandinaves ; dans l'une le Norwégien *Other* retraçait ses voyages depuis le *Halogaland* en Norwége jusqu'à la Biarmie à l'est de la mer Blanche, et, d'un autre côté, le long des côtes norwégiennes et danoises par le Sund jusqu'à la ville de *Hæthum* ou Sleswick ; l'autre relation était celle d'un voyage du Danois *Wulfstan*, depuis Sleswick jusqu'à *Truso*, ville de commerce dans le pays d'*Estum* ou la Prusse.

Alfred comprend dans la Scandinavie les pays suivants : La Biarmie, la Finnmarkie, le Queenland, la Gothie, la Suède, la Norwége et le

Danemarck. Le nom général, le plus ancien, pour désigner toutes les contrées de la Scandinavie habitées par des Goths, paraît avoir été celui de *Mannaheim*, c'est-à-dire patrie des hommes.

La Norwége ou *Northmannaland* consistait dans la côte occidentale de la Scandinavie, depuis la rivière Gotha jusqu'à *Halogaland*. Les côtes méridionales se nommaient *Viken*, c'est-à-dire le golfe; c'est là qu'il faut chercher la ville de *Kiningesheal*, le Koughille moderne, nommé *Scyringesheal* par une faute de copiste.

La Finnmarchie ou le *Finmærk* est la Laponie actuelle, dont les habitants avaient la réputation d'être sorciers. Ayant passé cette extrémité de l'Europe, Other entra dans le grand golfe, nommé aujourd'hui la mer Blanche, alors *Quen-Sia*, mer des Quènes ou *Gandvik*. Il visita ensuite la *Biarmie* ou Permie; c'est la côte habitée par les Samoyèdes le long de la mer Blanche près de l'embouchure de la Dwina. Les Biarmiens, peuple de race finnoise ou scythique, s'étendaient jusqu'aux Bulgares vers les sources du Wolga. Le commerce des pelleteries et peut-être les mines de l'Oural les enrichissaient. Les princes norwégiens ravageaient souvent ces contrées.

Les noms de *Quène* et de *Quenland*, par leur ressemblance avec le mot gothique qui signifie *femme*, donna occasion aux écrivains du moyen âge de placer dans l'extrême nord un royaume des Amazones. Les *Quènes* s'étendaient depuis la mer Blanche jusqu'à l'ouest du golfe Bothnique. Ils touchèrent à la frontière de la Norwége. Ces pays, peu habités aujourd'hui, n'étaient alors que des déserts couverts de forêts épaisses.

La Suède (ou *Suéonie*) avait alors des bornes bien plus resserrées qu'aujourd'hui; d'ailleurs, les voyages d'Other et de Wulfstan ne les y avaient pas conduits. Il faut donc se garder de conclure du silence d'Alfred sur cette contrée, qu'elle était un désert inhabité. Le témoignage de Tacite, d'accord avec les historiens islandais, prouve assez que les *Sviones* ou *Sviar* formaient dès le Ier siècle une nation puissante et plus civilisée que les tribus de la Germanie. L'Hérodote du Nord, Snorron, explique même le passage obscur où Tacite parle des *Sitones*, en nous apprenant qu'une partie de l'*Upland*, le pays des *Up-Sviar*, c'est-à-dire la haute Suède, formaient un État particulier qui, de sa capitale, prit le nom de *Sigtun*.

Alfred, en se bornant aux pays visités par Other, ne put nommer que la Scanie, *Schoneg*; la Blekingie, *Becinga-Eg*; le *Méore*, probablement une partie du Smoland ainsi que les îles d'Œland et Gothland. Adam de Brême, qui écrivait deux cents ans après lui, fait mention de l'Ostrogothie et de la Vestrogothie, déjà connues de Jornandès, du Vermeland, et des villes de Birca, Sigtuna, et Scara. Il est le premier qui ait nommé l'*Helsingie*, qui, longtemps déserte, avait peut-être été, à une époque inconnue, la demeure des *Huns* scandinaves. Les noms des autres provinces de la Suède sont de temps plus modernes. Le Danemarck portait déjà ce nom et comprenait les îles de Seland ou *Sillande*, de Langeland, Laland, Falster et autres, ainsi que le Jutland où la ville de Sleswik était célèbre, sous le nom de *Hœthum*.

Toutes les relations sur la Scandinavie, depuis le siècle de Pythéas jusqu'à celui d'Alfred, offrent des noms gothiques. D'un autre côté, la mythologie scandinave, conservée dans l'Edda, ne présente que des traits physiques conformes à la nature des pays septentrionaux, et des usages pris dans la vie d'un peuple guerrier et navigateur. Tout cet ensemble des antiquités scandinaves, soit poétiques, soit historiques, concourt, avec la géographie, à nous montrer depuis les temps les plus reculés un seul et unique peuple, comme maître de la Scandinavie proprement dite. Mais à l'est de la terre héréditaire des Goths, erraient les tribus nomades des Scythes et des Sarmates. C'est aux entreprises des Scandinaves que le xe et le xie siècle durent quelques notions positives sur ces nations.

Jusqu'en 1157, la Finlande n'était que le repaire de sauvages qui exerçaient la piraterie, et qu'on appelait *Finnois* et *Kyriales*. Les Finnois, que dans le Ier siècle nous avons trouvés établis dans la Pologne actuelle, étaient déjà avant le VIe siècle en possession du pays qui a conservé leur nom; il paraît que des colonies finnoises pénétrèrent dans quelques cantons de la Scandinavie. Le golfe de Finlande est appelé *Kyrila-Botn* dans le xe ou xie siècle; c'était une des arènes les plus fréquentées par les pirates scandinaves. Les Suédois, devenus chrétiens, soumirent les côtes de la Finlande vers la fin du XIIe siècle. Dans cet intervalle, on bâtit dans le midi du pays la ville d'Abo, nommée en finnois *Turku*, du mot suédois *Torg*, qui veut dire une place ou marché. On bâtit aussi Tavastehus et Vibourg. La mer Baltique, nommée par les Scandinaves *Austur-Saltr*, c'est-à-dire, eau salée d'est, était le théâtre ordinaire où s'élançait une jeunesse avide de combats et de pillage. Les côtes méridionales et orientales de cette mer portèrent les noms scandinaves d'*Austurveg*, route d'est, d'*Eystland*, contrée d'est, et autres semblables. Eginhard écrivit le premier une description de la mer Baltique, mais il n'en connaît pas l'extrémité orientale, et se contente de nommer les principales peuplades. Le Danois Wulfstan, contemporain d'Other, en donna une description plus complète au roi Alfred. Il lui marque en particulier les îles les plus considérables, et outre celles dont on a déjà parlé, il indique l'île de Bornholm sous le nom de *Burgendaland*, nom que les Scandinaves rendaient plus souvent par *Borgundar-Holm*, et qui rappelle d'une manière frappante les *Burgundi* ou Bourguignons, peuples autrefois voisins des Gothones sur les bords de la Vistule. Il donne l'embouchure de la Vistule pour le point de séparation entre le *Weonodland* ou le pays des Wendes et les contrées des Estiens. Il ne connaît pas encore *Jumme* ou Vineta, république célèbre fondée cent ans plus tard par Palnatoke, soumise tantôt aux Normands et tantôt aux Vendes, et enfin détruite par l'archevêque Absalon.

La première description exacte et détaillée de la Prusse est due aux Normands; cependant ils ne parlèrent point de l'ambre jaune qui y est si abondant. Wulfstan fait mention de la Prusse sous le nom de *Witland*, nom dont on voit un indice dans les *Vitiens* du géographe de Ravenne, et qu'une partie du Samland portait encore dans le XIIIe siècle. Les Scandinaves donnaient généralement l'épithète d'Estiens à tous les peuples qui habitaient à l'est, à l'orient de la Vistule. C'est dans le pays des Estiens que Wulfstan trouva une ville nommée *Truso*, probablement sur le lac Drausen non loin d'Elbing. Ce navigateur nous apprend que les Estiens buvaient du koumis ou lait de jument, qu'ils n'enterraient point leurs morts pendant l'hiver, comme faisaient encore les Russes à la fin du XVIe siècle, et qu'ils laissaient leur héritage, non point à leur parent le plus proche, mais au meilleur cavalier de leur tribu. Les écrivains islandais du XIe ou XIIe siècle connaissent l'*Ermeland* province de la Prusse, désignée aussi sous le nom d'*Ormanland*, et dont les habitants sont appelés *Ormoii* et *Wermiani*. Derrière ces contrées, Alfred plaçait le *Wislaland*, ou le pays de la Vistule, qui dans les Sagas porte le nom de *Poulina-land* ou Pologne. Plus loin, les Scandinaves, ainsi que nous l'avons vu, jetèrent les fondements de l'empire russe, dont les Sagas parlent très-souvent en l'appelant *Gardarike*, c'est-à-dire l'empire de la *Cité*. Cette cité était la célèbre ville de Novogorod, que les Scandinaves appelaient *Holmgard* et *Austurgard*. Le port de Novogorod sur le golfe de Finlande se nommait *Aldeigubord*. Les liaisons entre les Warié-gues-Russes et les autres Scandinaves, furent longtemps très-intimes ; aussi les Sagas connaissent-elles les Etats formés en Russie par les diverses branches de la famille de Rurik, tels que *Kiœnugard* ou Kiow, *Palteskia* ou Polocz, *Muramar* ou Murom, *Sursdal* ou Susdal, et autres.

Depuis le IXe siècle, les navigateurs scandinaves, connus sous les noms de Normans et d'Ostmans, visitèrent les îles et les côtes les plus reculées de la mer du Nord, qui auparavant étaient ou inconnues ou du moins peu fréquentées. L'Irlande, quoique très-éloignée de leur patrie, fut, suivant leurs écrivains, découverte dès la fin du VIIe siècle. Le terme de la langue du pays dont on se sert encore pour désigner un étranger, *Dauair* ou Danois, confirme par son étymologie l'assertion qu'avant l'arrivée des Scandinaves, les Irlandais du nord n'avaient encore été visités par aucun étranger. Les Scandinaves, nommés ici *Ostmens* ou hommes d'est, fondèrent dans cette île les royaumes de Dublin, d'Ulster et de Connaught, qui leur payèrent longtemps tribut, et qui furent soumis par les Anglais depuis 1171, de même que les anciens habitants.

Les Normans occupèrent plus tard (An 964) les îles de Shetland, *Jetland* ou *Hialtland*, qui firent pendant quelque temps partie du comté des Orcades. Ce furent encore les flibustiers normans qui firent connaître plus exactement ces dernières îles, confondues souvent avec celle de Thule ; ils chassèrent et exterminèrent les anciens habitants nommés *Peti* et *Papa*, et qui sont probablement les Picti des auteurs romains. Il paraît même que les Islandais donnaient à toute l'Ecosse le nom de *Pettoland*. Mais l'origine scandinave des *Picti* ou *Petti*, quoiqu'extrêmement vraisemblable, se rapporte à des siècles reculés qu'aucun rayon historique n'éclaire. La province de Cathness, qui est la plus septentrionale de l'Ecosse, formait un État très-peu connu ; mais son souvenir existe encore dans la tradition du pays, ainsi que celui des Normans, ses fondateurs, à qui on attribue tous les monuments dont on découvre les ruines dans ces sauvages montagnes.

Les Normans avaient conquis en 893 les îles Hébudes des anciens, situées le long de la côte occidentale d'Ecosse, et qui portèrent le nom de *Suder-Eyar*, îles méridionales, par rapport aux Orcades et au pays de Cathness.

L'audace ou le hasard conduisit, vers l'an 861, un bâtiment scandinave aux îles *Féroer*; cet archipel lointain semblait annoncer d'autres terres; le vol des corbeaux confirmait cet indice. Entre 860 et 872, trois navigateurs visitèrent l'*Islande*, île célèbre par les manuscrits qui y ont été conservés et par les services que ses habitants ont rendus à l'histoire du Nord. Les premiers navigateurs scandinaves indiquèrent la vraie circonférence de l'Islande d'une manière conforme aux observations modernes des astronomes français; on pouvait, disaient-ils, faire le tour du pays en sept jours, et la circonférence était de 168 *vikur* ou lieues de 15 au degré.

Le *Groenland*, grande île ou presqu'île séparée de l'Amérique septentrionale par le détroit de Davis, fut découvert, suivant la plupart des chroniques, en 982, et peuplé en 986; suivant d'autres, il le fut dès 932. L'Islandais *Eric Rauda* fut le premier qui s'y fixa. Il n'y avait guère que des aventuriers très-hardis qui entreprissent ces voyages. Par la même raison, le Groenland était le pays des prodiges; on en débitait les fables les plus incroyables. Le livre islandais intitulé : *Miroir royal*, en donne une idée plus juste. L'ancien Groenland ne différait presqu'en rien du Groenland moderne; la côte, même en été, était entourée de montagnes énormes de glace, telles que les Norwégiens n'en avaient jamais vu dans leur patrie. Les colons établis sur cette presqu'île ne connaissaient pas le pain, et n'exerçaient point l'agriculture. Ils échangeaient des dents de walross et des peaux de veaux marins contre le bois dont ils avaient besoin pour se chauffer et pour construire leurs habitations. Ils avaient du gros bétail et des brebis, tandis que les colons actuels, moins industrieux, n'ont que de ces dernières. La côte n'était habitée que dans les endroits où la pêche était abondante; l'intérieur du pays, rempli de montagnes et de vallées couvertes de neige et de glace, n'offrait pas un accès plus facile qu'aujourd'hui. Le nombre des colons était peu considérable et ne faisait que le tiers de celui d'une grande paroisse de Norwége. La colonie scandinave dans le Groenland était divisée en deux cantons, l'un occidental où il n'y avait que quatre églises, l'autre oriental où se trouvaient les deux villes ou plutôt hameaux.

En examinant les relations des premiers navigateurs, on voit qu'en partant de l'Islande pour aller au Groenland, ils se dirigeaient au sud-ouest, évitaient une côte entourée de glaces, vue par le nommé Gunbiorn, doublaient la pointe de *Hvarf*, et faisaient ensuite voile au nord-ouest pour arriver à la colonie. En partant de Bergen en Norwége, pour aller à cette pointe de *Hvarf*, ils se dirigeaient droit à l'ouest, reconnaissaient les îles Shetland et Féroer, et voyaient des oiseaux arriver de l'Islande. En suivant ces deux routes sur une carte, on reste persuadé que la pointe Hvarf est l'extrémité méridionale du Groenland. Par conséquent, l'ancien Groenland oriental n'aurait été que la portion la plus orientale et la plus méridionale de la côte d'ouest. En effet, c'est là seulement que, pendant le mois de juin, quelques bosquets de bouleaux et le parfum des fleurs justifient le nom de *Terre-Verte* que les Islandais donnèrent à cette contrée. Plus haut, les glaces accumulées par le double effet du courant Polacie et du courant dit *du Golfe*, ont de tout temps dû repousser même les pirates les plus hardis. Enfin, les ruines des anciens hameaux et églises des Normans mettent le dernier sceau à cette explication. On en a trouvé beaucoup sur la côte sud-ouest; on y a découvert jusqu'à sept églises. Après un espace absolument dépourvu de ruines, on en a encore trouvé au nord du cap de Désolation, mais en très-petit nombre. Ces deux séries de ruines indiquent, sans contredit, les emplacements de deux colonies scandinaves.

La grande peste qui, vers le milieu du XIVe siècle, ravagea l'Europe et dépeupla surtout le Nord, étendit ses ravages jusqu'au Groenland. Le commerce avec cette colonie devint ensuite un droit régalien des reines de la Norwége. A ces causes de décadence se joignit enfin, en 1418, une invasion ennemie; une flotte vint, on ne sait d'où, attaquer la colonie déjà affaiblie; tout fut détruit par le fer et le feu. Cette flotte appartenait probablement au prince *Zichmni* de Frislande.

Ces recherches sur la vraie position des colonies scandinaves en Groenland, nous conduisent à une question bien plus intéressante; les Normans ont-ils découvert l'Amérique avant Christophe Colomb? Nous ne pensons pas qu'on puisse hésiter à y répondre affirmativement après avoir lu les détails qui vont suivre.

En 1001, l'Islandais Biorn, cherchant son père au Groenland, est poussé, par une tempête, fort loin au sud-ouest; il aperçoit un pays plat tout couvert de bois, et revient, par le nord-est, au lieu de sa destination. Son récit enflamme l'ambition de Léif, fils de cet Eric Rauda qui avait fondé les établissements du Groenland. Un vaisseau est équipé; Léif et Biorn partent ensemble; ils arrivent sur la côte que ce dernier avait vue. Une île couverte de rochers se présente; elle est nommée *Helleland*. Une terre basse, sablonneuse, couverte de bois, reçoit le nom de *Markland*. Deux jours après, ils rencontrent une nouvelle côte, au nord de laquelle s'étendait une île; ils remontent une rivière dont les bords étaient couverts de buissons qui portaient des fruits très-agréables; la température de l'air paraissait douce à nos Groenlandais; le sol semblait fertile, et la rivière abondait en poissons, surtout en saumons. Etant parvenus à un lac d'où sortait la rivière, nos voyageurs résolurent d'y passer l'hiver; dans le jour le plus court, ils virent le soleil rester huit heures sur l'horizon; ce qui suppose que cette contrée devrait être à peu près par les 49 degrés de latitude. Un Allemand, qui était du voyage, y trouva des raisins sauvages; il en expliqua l'usage aux navigateurs scandinaves, qui en prirent occasion de nommer le pays *Vinland*, c'est-à-dire, pays du vin. Les parents de Léif firent plusieurs voyages au Vinland. Le troisième été, les Normans virent arriver dans des bateaux de cuir quelques indigènes d'une petite taille qu'ils nommèrent *Skrælingues*, c'est-à-dire, nains; ils les massacrèrent et se virent attaqués par toute la tribu qu'ils avaient si gratuitement offensée. Quelques années plus tard, la colonie scandinave faisait un commerce d'échange avec les naturels du pays, qui leur fournissaient en abondance les plus belles fourrures. Les richesses que ce commerce avait procurées à quelques hommes entreprenants, engagèrent beaucoup d'autres à suivre leurs traces. Aucun témoignage positif n'indique que ces navigateurs y aient fondé des établissements stables; seulement, on sait qu'en 1121, un évêque Eric se rendit du Groenland au Vinland, dans l'intention de convertir au christianisme ses compatriotes encore païens.

Révoquer en doute la véracité de rapports aussi simples et aussi vraisemblables, ce serait outrer le scepticisme; mais, si on les admet, il est impossible de chercher Vinland autre part que sur les côtes de l'*Amérique septentrionale*. Cette partie du monde avait donc été découverte par des Européens, cinq siècles avant Christophe Colomb; et cette découverte, la première qui soit historiquement prouvée, ne fut peut-être pas entièrement inconnue à l'habile et courageux Génois, qui, le premier, sut ouvrir entre les deux hémisphères une communication suivie.

Car, sans parler ici d'un voyage douteux, attribué à *Madoc-ap-Owen* vers l'an 1170, nous possédons les documents authentiques des navigations exécutées dans le XIVe siècle par les deux *Zéni*, nobles vénitiens, qui, entrés en 1380 au service d'un prince des îles Féroer et Shetland, visitèrent de nouveau les contrées découvertes par les Scandinaves, ou du moins en recueillirent une description qui confirme les relations islandaises et qui a dû être connue de Colomb. Cette assertion a besoin d'être prouvée; mais les preuves ne sauraient être tirées que de la *carte des navigations* des deux Zéni, et de la *relation* de ces voyages, publiées pour la première fois à Venise, en 1558, par un descendant de Nicolo Zéno. Voici des détails que nous croyons suffisants pour éclairer l'opinion de nos lecteurs.

La carte des deux Zéni, copiée d'après une vieille gravure sur bois, offre, sous une graduation grossière, les pays suivants. Au midi, et du côté d'est, on voit *Scocia*, l'Ecosse. Au sud-est se présente *Dania*, le Danemarck : la forme en est remarquablement exacte pour ce siècle; on reconnaît tous les détails de la côte occidentale du Jutland, les îles d'*Amere* ou Amro, *Salt* ou Sylt, et ainsi de suite jusqu'à la pointe de Bovenbergen, dont le nom est écrit *Bomienbergen*. A l'est on voit *Gocia*, la Gothie, et *Succia*; les côtes offrent des contours assez exacts. Toutes les positions sont cependant trop au nord; la Norwége, *Norvegia*, ne commence qu'à 64 degrés. Le cap Lindesnes ou Der-Neus est nommé *Géranes*. On reconnaît Bergen dans *Pergen*, Trondhiem dans *Trondo*, et l'île de Tromsæ dans *Trons*; le cap *Stat* est marqué par son nom; on retrouve jusqu'à des villages, tels que *Gasendel* ou Giesdal. A l'ouest de la Norwége, on aperçoit un archipel nommé *Estland*, composé d'une grande et de plusieurs petites îles. La position, ainsi que les mots *Sumbercouit*, ou cap de Sumburg, *S. Magnus*, baie de S. Magne, *Bristund*,

Bressa-Sound, *Scalogui*, Scallowag, et quelques autres, démontrent que ce groupe de la carte de Zéno représente les îles Shetland, appelées par les Norwégiens *Ietland*, *Hialteland* et *Hitland*. La carte donne même à un îlot de cet archipel le nom d'*Illand*. La position de l'Islande n'est pas moins évidente; on reconnaît, dans *Scalodin* et *Olensis*, les villages de Scalholt et d'Hola; le dernier nom n'est évidemment qu'une abréviation de ces mots *Olensis episcopi sedes*. La partie orientale de l'Islande est représentée comme un assemblage d'îles.

Jusqu'ici tout s'explique sans efforts; les difficultés vont se présenter. Au midi de l'Islande, au nord-est de l'Ecosse, entre les 61 et 65 degrés de latitude, on aperçoit une grande île entourée de plusieurs petites. Cette terre, appelée *Frislande*, appartenait au roi de Norwége; mais elle lui fut enlevée par un prince du nom de *Zichmni* ou *Zicno* qui, à l'instar des anciens héros normans, fondait sa gloire sur des courses de piraterie. Cette île de Frislande est nommée, dans la vie de Christophe Colomb, de manière à laisser douteux si cet illustre navigateur l'a visitée en 1477, ou si c'est vers l'Islande qu'il avait dirigé sa course; elle a été copiée, d'après la carte de Zéno, par beaucoup d'auteurs du XVIe siècle. Buache a prouvé que la position géographique de la Frislande répond à celle de l'archipel Féroer. Zéno dit expressément que les îles d'Estland ou Shetland étaient *entre* la Norwége et la Frislande. La distance de vingt journées de navigation entre cette dernière terre et le cap méridional d'*Engroneland* ou Groenland, évaluée à vingt lieues marines par jour, nous reporte vers les îles Féroer, dont la latitude correspond à celle de la Frislande. Eggers s'est surtout attaché à démontrer l'identité des noms, tels que *Monaco* ou le Moine, rocher au sud de cet archipel; *Sorand*, ou Sorrey, pour *Sudereyan*, l'île la plus méridionale; *Sudero-golfo*, encore aujourd'hui appelée détroit de Suderoé; *Andeford* ou *Andefiord*, baie des canards, et d'autres ressemblances moins évidentes. Si à ces arguments on ajoute que Zéno, en nommant toutes les possessions du roi de Norwége attaquées par Zichmni, passe sous silence l'archipel de Féroer, et que, de l'autre côté, aucun écrivain islandais ne connaît la Frislande, l'identité de ces deux contrées, désignées sous deux noms différents, devient extrêmement vraisemblable. La grande étendue de l'île principale dans la carte de Zéno, provient sans doute de ce que le dessin original, très-délabré lorsqu'il fut copié, n'offrait qu'une image confuse des canaux qui séparent les îles de Féroer. D'ailleurs, les exagérations de ce genre sont très-communes dans les cartes du moyen âge. Quant au nom de Frislande, que les auteurs anglais écrivent *Freesland*, il semble n'être qu'une modification de celui de *Fereys-land*, ou terre de Féroer, dénomination pléonastique, il est vrai, mais conforme au génie des langues scandinaves.

Forster, qui d'ailleurs a très-mal expliqué le voyage de Zéno, observe qu'un comte *Sinclair*, possesseur des Orcades vers la fin du XIVe siècle, pourrait bien être le prince *Zichmni* ou *Zéno* de ce voyageur. Mais avant de parler des terres découvertes au sud-est de la Frislande, examinons le haut de la carte.

Au nord de l'Islande, on voit une immense péninsule semblable, par sa configuration, au Groenland et qui, au nord-est, va joindre la Norwége. Il est vrai que la liaison n'est formée que par une ligne vague, où les mots « *mare et terre incognite* » indiquent les doutes de l'auteur. Toutefois la relation dit positivement que Nicolo Zéno, allant de l'Islande, et probablement de l'Islande orientale au nord, trouva une terre appelée *Engroniland* dans le texte, mais qui, sur la carte, porte les deux noms d'*Engronelandt* et de *Grolandia*, l'un placé à l'ouest, l'autre à l'est. L'un et l'autre mot rappelle le Groenland ; mais les noms particuliers ne répondent point à ceux que donnent les topographies très-détaillées des colonies scandinaves. Le seul endroit habité que la relation indique ressemble un peu à un château des fées, et a servi d'argument à ceux qui traitent de fabuleux tout le voyage.

Dans l'*Engronelandt*, selon la relation, ou dans le *Grolandia*, selon la carte, Zéno trouva un monastère de frères prêcheurs, et une église dédiée à Saint-Thomas, située près d'une montagne qui jetait du feu comme l'Etna et le Vésuve. « Il y a, dit-il, dans cet endroit, une source » d'eau bouillante avec laquelle les moines échauffent l'église, le mo- » nastère et leurs chambres ; l'eau est encore si chaude lorsqu'elle » est parvenue à la cuisine, qu'on n'a pas besoin de feu pour apprêter » les mets. Pour faire le pain, il suffit de mettre la pâte dans des vases » de cuivre, et de tenir ces vases dans l'eau ; le pain cuit de cette ma- » nière comme s'il était dans un four. Il y a aussi, dans ce monastère, » de petits jardins couverts en hiver ; on les arrose avec cette eau, ce

» qui les garantit de la neige et du froid qui, dans ces pays situés si près » du pôle, est extrêmement piquant. Par ce moyen, les moines font ve- » nir des fleurs, mûrir des fruits, et pousser diverses espèces de plantes » qui végètent aussi bien que si elles se trouvaient dans des climats » tempérés ; au point que les sauvages grossiers qui habitent ces con- » trées, étonnés de ces effets qu'ils regardent comme surnaturels, pren- » nent les moines pour des dieux.

« Ceux-ci non-seulement chauffent leurs maisons au degré qu'ils » jugent convenable, mais en ouvrant leurs fenêtres, ils peuvent en » un instant tempérer la chaleur à volonté. Ils n'emploient, pour les » bâtiments de leur monastère, d'autres matériaux que ceux qui leur » sont fournis par le volcan ; ils prennent les pierres brûlantes qui » sont lancées en forme de scories ou fraisil par la bouche de la mon- » tagne; et lorsqu'elles sont le plus chaudes, ils jettent de l'eau dessus : » elles se dissolvent entièrement par ce moyen, et se convertissent » en une bonne chaux qui se lie si bien après avoir été employée, » qu'elle ne se détruit jamais. Les scories, lorsqu'elles sont froides, » servent, au lieu de pierres, à faire des murs et des voûtes très-soli- » des; car, lorsque ces matières sont une fois refroidies, elles ne peu- » vent être entamées que par un instrument de fer. Les voûtes faites » avec ces scories sont si légères, qu'il n'est pas besoin d'appui pour » les soutenir, et qu'elles se maintiennent toujours entières. Ces facili- » tés sont cause que les moines ont construit une quantité étonnante » de murs et de bâtiments de différentes espèces. Les couvertures ou » les faîtes de leurs maisons se font, pour la plupart, de la manière » suivante : le mur est élevé d'abord perpendiculairement à la hauteur » qu'on veut lui donner; on le fait ensuite incliné et penché à peu près » jusqu'à ce qu'il forme une voûte régulière. On n'est cependant, dans » ce pays, guère incommodé de la pluie ; car la première neige qui » tombe reste gelée pendant l'espace de neuf mois, temps que dure » l'hiver. Ils vivent d'oiseaux sauvages et de poissons ; l'eau chaude du » volcan, en se jetant dans un grand hâvre, empêche la mer d'y » geler, ce qui attire en cet endroit une si grande quantité de poissons » et d'oiseaux, que les religieux en prennent autant qu'il leur en faut » pour leur subsistance, et pour celle d'un grand nomdre d'habitans » du pays qu'ils occupent continuellement tant à bâtir qu'à la chasse

» et à la pêche, ainsi qu'à divers autres ouvrages et affaires relatives » au monastère. Leurs maisons sont bâties autour de la montagne de » chaque côté; la forme en est ronde; elles ont vingt-cinq pieds de » largeur; elles s'élèvent en cône, au sommet duquel ils ménagent une » petite ouverture pour avoir du jour et de l'air. Le plancher de la » maison est si chaud, que le froid le plus rigoureux ne se fait point » sentir dans l'intérieur de la maison.

« Il vient dans cet endroit, pendant l'été, un grand nombre de bar- » ques des îles voisines et du cap au-dessus de la Norwége, ainsi que » de *Trondon* (ou Drontheim); elles sont chargées de toutes sortes » d'objets d'agréments ou d'utilité destinés pour les pères, qui donnent » en échange des peaux de différents animaux et du poisson qu'ils ont » fait sécher au soleil ou qu'ils ont conservé au moyen du froid. Les » moines reçoivent à leur tour du bois pour le chauffage et des usten- » siles de bois très-ingénieusement sculptés, avec différents grains et du » drap pour faire leurs vêtements. L'échange des deux derniers articles, » dont toutes les nations voisines ont besoin, aide les religieux à se » procurer sans peine et sans dépense tout ce qu'ils peuvent désirer. » Des moines de Norwége, de Suède et d'autres pays, mais principale- » ment d'Islande, se rendent à ce monastère: on y trouve toujours, du- » rant l'hiver, un grand nombre de barques qui ne peuvent sortir, » parce que la mer est tout à fait gelée, et qui attendent le retour » du printemps.

« Les barques des pêcheurs d'Engroneland ont la forme d'une na- » vette de tisserand; elles sont faites d'os d'animaux marins, recou- » verts de peaux de poissons cousues en plusieurs doubles; ces bar- » ques sont si imperméables et si solides, que, dans les plus grandes » tempêtes, ceux qui les montent se contentent de s'y tenir tranquilles, » peu inquiets de l'endroit où les vents et les vagues les porteront; bien » persuadés d'ailleurs que leurs barques ne courent pas risque d'être » fendues ou submergées; même s'il arrive qu'elles soient jetées sur » un roc, elles ne sont pas endommagées. Ils ont, au fond de ces bar- » ques, une espèce de manche qui est toujours serrée fortement dans » le milieu; et lorsqu'il est entré de l'eau dans la barque, ils la font » couler dans une moitié de la manche, dont ils lient le bout avec » deux morceaux de bois. Lâchant ensuite la manche en bas et en

» dehors, ils évacuent l'eau. Cette opération est répétée aussi souvent » qu'il est nécessaire, sans le moindre danger ni dommage. »

Ce tableau des merveilles d'*Engroneland* offre probablement des fragments d'une relation véridique, mal réunis, et surtout mal appliqués. Le fameux mont ignivome de l'Islande, les bains que les anciens habitants de cette île avaient construits en y employant des sources thermales, les églises et monastères du Groenland qui possédaient en domaine presque tout ce pays, les barques de cuir des Esquimaux, toutes ces circonstances, vraies en elle-mêmes, auront été accumulées pour former l'ensemble fantastique que nous venons de mettre sous les yeux de nos lecteurs. Un peu de vanité chez Zéno le voyageur, ou un peu de négligence chez Zéno le rédacteur de la relation, ont facilement pu faire naître cette confusion. Conformément à ces explications, nous regardons la côte orientale du Groenland de la carte de Zéno comme n'étant autre chose que la côte sud-est mal orientée et étendue outre mesure, peut-être d'après les récits ou inexacts ou mal compris de quelque Islandais.

A *plus de mille milles* à l'ouest de la Frislande, ou des îles Féroer, et au sud du Groenland, la carte et la relation de Zéno indiquent deux côtes nommées *Estotiland* et *Droceo*. Voici comment ces pays avaient été découverts. Une barque de pêcheurs de Frislande, jetée par une tempête très-loin à l'ouest, atterrit à une île nommée *Estotiland*, dont les habitants conduisirent les Frislandais dans une ville bien bâtie et peuplée, où demeurait le souverain. Un interprète qui parlait *latin*, et qui avait également été jeté sur cette côte par le hasard, se fit comprendre des naufragés, et leur intima l'ordre de rester dans l'île. Ils apprirent la langue du pays; l'un d'eux, ayant pénétré dans l'intérieur, assura que l'île, moins étendue que l'Islande, était beaucoup plus fertile, qu'elle abondait en toutes sortes de denrées, et que le centre était occupé par une haute montagne d'où sortaient quatre rivières. Les habitants exerçaient divers arts et métiers; ils avaient des caractères d'écriture qui leur étaient particuliers. Dans la bibliothèque du roi se trouvaient des livres latins qu'ils n'entendaient point. Le commerce avec l'*Engroneland* leur fournissait du soufre, de la poix et des fourrures. Ces insulaires semaient du blé, buvaient de la bière, demeuraient dans des maisons de pierre, et naviguaient, quoique sans le secours de la boussole. Les

Frislandais, munis de cet instrument, furent chargés par le roi d'Estotiland, d'une expédition maritime vers un pays situé au sud, et nommé *Drogeo* ou *Droceo*. Le malheur les fit tomber entre les mains d'une nation d'anthropophages; un seul Frislandais, épargné à cause de son habileté dans la pêche, devint un sujet de guerre entre les chefs de ces sauvages; chacun voulut posséder un esclave aussi utile; transféré d'un maître à l'autre, il fut à portée de connaître toute cette contrée. Il assura que c'était un pays fort étendu et comme *un nouveau monde*. Les habitants, ignorants et grossiers, ne savaient pas même se couvrir avec les peaux des bêtes qu'ils tuaient à la chasse. Armés d'un arc et d'une lance de bois, ils se livraient des combats continuels. Le vainqueur dévorait le vaincu. Plus loin au sud-ouest, des peuples un peu plus civilisés connaissaient l'usage des métaux précieux, bâtissaient des villes et des temples, mais offraient cependant des sacrifices humains à leurs affreuses idoles. Tel fut le raport du Frislandais, lorsqu'après de longues années, il revint de *Drogéo* et d'*Estotiland* dans sa patrie, devenue la conquête du prince Zichmni. Ce chef entreprenant se mit à la recherche des terres occidentales; mais, après avoir découvert une île nommée *Icaria*, il fut poussé vers les parages d'Engroneland. Les tentatives ultérieures qu'il aura pu faire nous sont restées inconnues, attendu que la suite de la relation de Zéno n'a pu être retrouvée.

Il nous semble que la description de l'Estotiland ne convient qu'à Terre-Neuve, et non point à la terre Labrador. Les habitants, assez civilisés, nous paraissent être les descendants des colons scandinaves de *Vinland*, chez qui la boussole devait être inconnue, et dont la langue, pendant trois siècles, avait pu changer assez pour être devenue presqu'inintelligible aux pêcheurs de Féroer. Des livres latins, circonstance qu'on aurait difficilement pu imaginer, y avaient été portés par cet évêque groenlandais qui, en 1121, se rendit au Vinland pour y prêcher le christianisme. La contrée de Drogéo serait, dans cette hypothèse, la Nouvelle-Ecosse et la Nouvelle-Angleterre.

Le nom d'Estotiland paraît scandinave; *Est-Outland*, en anglais, signifierait terre extérieure d'est, dénomination qui convient à la situation de Terre-Neuve à l'égard du continent d'Amérique.

Qu'on se rapelle maintenant toute cette série de recherches; qu'on réunisse sous un seul point de vue les découvertes des Scandinaves dans les xe et xie siècles, et les voyages des frères Zéni dans le xive, on restera persuadé que le nouveau monde a été visité par les peuples du nord dès l'an 1000, et l'on pensera, peut-être, que cette première découverte, historiquement prouvée, après avoir été constatée de nouveau en 1390, par le vénitien Zéno, a pu être connue de Colomb en 1477, lors de son voyage dans les mers du Nord. Loin de nous l'intention de vouloir ternir la gloire de l'immortel Génois ; mais un coup d'œil sur la carte montrera, même aux esprits les plus préoccupés, que la nature elle-même avait désigné Terre-Neuve pour recevoir la première visite des Européens.

CHAPITRE DIX-SEPTIÈME.

Coup d'œil général sur les voyageurs et les géographes européens du moyen âge. An 1000-1400.

Les découvertes des Arabes et des Normands dans les parties du monde inconnues aux anciens, restèrent assez longtemps cachées aux savants de l'Europe chrétienne. Cependant l'ignorance de la géographie dans le moyen âge, n'était ni aussi générale ni aussi grande qu'on le pourrait supposer d'après la réponse d'un abbé de Clugny. Les environs de Paris lui semblaient une contrée si éloignée et si peu connue, qu'il n'osa se rendre aux vœux du comte Bourcard, qui l'avait engagé à venir établir un monastère de son ordre à Saint-Maur des Fossés. Mais des faits de ce genre prouvent seulement que dans les monastères riches, l'esprit de l'insouciance avait succédé à l'esprit des entreprises et des voyages périlleux. On doit avouer que le clergé, dans le moyen âge, rendit des services à la géographie, comme aux sciences en général. Les annalistes du moyen âge, qui étaient pour la plupart moines, insérèrent souvent dans leurs écrits les descriptions des pays voisins ou éloignés. C'est ainsi que la chronique d'*Emon*, abbé de Werum, dans le pays de Groningue, contient, à l'occasion d'une croisade en Palestine, (An 1217), la relation détaillée du voyage entier, avec la description de tous les pays et de tous les endroits que les croisés traversèrent depuis les Pays-Bas jusqu'en Palestine. Mais ce furent surtout les prédicateurs de la foi chez les païens, qui reculèrent les limites de la géographie. *Saint Boniface*, apôtre des Allemands, a rendu de grands services en donnant connaissance des pays et des peuples qui confinaient à l'orient avec le royaume des Francs. Environ cent ans après que ces conquérants eurent appris à connaître les Slavons, il alla prêcher à ceux-ci l'Évangile. Ses lettres prouvent qu'il obéissait aux ordres des souverains pontifes, en leur envoyant des relations sur ces peuples sauvages. C'est sans doute d'après ses relations et celles des Anglais ses compagnons, qu'Alfred composa dans le IXᵉ siècle la première description des pays esclavons. Nous avons déjà parlé des principales tribus slavonnes de l'Allemagne, les Wilzes, les Obotrites, les Sorabes et les Bohêmes, connus par Alfred sous les noms de *Wiltes*, *Apdredes*, *Surpes* et *Bohèmes*. Les missionnaires, conjointement avec les commandants des frontières, firent encore connaître les nations sur l'Oder et la Vistule. De ce nombre sont les Polonais qui paraissent, pour la première fois, sous le règne d'Othon II, dans les écrits de Ditmar de Mersebourg, sous le nom de *Poleni :* il y est aussi question de la Silésie sous celui de *Pagus Silensis* qu'elle tira d'une haute montagne. Un ermite espagnol, nommé Bernard, qui introduisit l'arithmétique des Arabes en Allemagne, mais qui n'eut pas autant de succès dans ses travaux pour convertir les Slaves, engagea saint Otton, évêque de Bamberg, à aller prêcher ces païens du côté de Camin, Julin, Stettin, Belgard et Colberg, et même à essayer de planter la vigne chez eux. Il visita aussi l'île de Rugen dont les habitants repoussaient les étrangers de leurs côtes, comme font aujourd'hui les habitants de la Nouvelle Zélande. Avant ce voyage, Otton n'avait guère entendu parler de la mer Baltique. Aussi fut-il très-surpris de trouver cette mer si large, qu'un navigateur, en la traversant, n'apercevait les côtes que comme des nuages lointains. Sous Louis le Débonnaire, *Anscaire*, moine de Corbie, parcourut les royaumes de Suède et de Danemarck, peu connus jusqu'alors. Le journal détaillé de ses travaux et des dangers qu'il courut n'existe plus. Rambert, qui a écrit sa vie, et qui a parlé le premier de la Courlande sous le nom de *Coros*, n'a pas assez mis ce journal à profit, pour nous faire juger quelles étaient les connaissances que les chrétiens avaient des États du nord avant les recherches d'Alfred. Dans le moyen âge, ce journal fut la source principale de renseignements sur le Nord. En 1260, Tymo, abbé de Corbie, l'envoya complet à Rome.

Adam de Brême, qui vivait deux cents ans après Anscaire, puisa dans son ouvrage ; il l'imita en faisant une description détaillée des royaumes du nord, d'après les observations qu'il avait recueillies de la bouche de Svenon, roi de Danemarck. Cette description nous a été conservée. Adam de Brême décrit le Jutland dans le plus grand détail, et parle de plusieurs îles de la mer Baltique, dont ses devanciers n'avaient pas fait mention. Il traite de l'intérieur de la Suède dont Other et Wulfstan ne connaissaient que les côtes, et de la Russie dont auparavant le nom seul était connu. Il dit que c'est le royaume Slave le plus considérable ; que sa capitale est Kiow ou *Chue*, et que ses habitants commercent avec les Grecs par la mer Noire. Il étend même sa description jusqu'aux îles britanniques qu'il n'avait point visitées ; mais il ne fait que répéter à leur sujet les contes merveilleux de Solin et de Martianus Capella. Cette manie était générale parmi les géographes du moyen âge : ils transportaient les fables de l'antiquité dans la description des pays qu'ils n'avaient pas vus eux-mêmes. Témoin la première description détaillée de la principauté de Galles, composée par *Giraud Barry* ou *Giraldus Cambrensis*, grand doyen de Saint-Asaph, sous Henri II ; cet auteur y joignit le tableau de l'Irlande qui venait d'être conquise, mais il s'occupa malheureusement beaucoup trop de la recherche des merveilles et des prodiges ; il parle de canards qui croissent en Irlande sur des arbres, de poissons à dents dorées, et de monstres moitié hommes et moitié taureaux.

Parmi les ecclésiastiques qui ont bien mérité de la géographie, il faut encore nommer *Dicuil*, moine irlandais, dont l'ouvrage contient l'extrait des mesures de l'empire romain, prises sous Théodose, et quelques traits particuliers sur le Nil et sur les îles de l'Ecosse.

Le clergé, maître de l'instruction publique, encouragea quelquefois les études géographiques. Les relations des pays étrangers étaient accueillies avec un singulier enthousiasme. Giraud le Gallois, que nous venons de citer, fut obligé de lire trois jours de suite en public, à Oxford, sa description de l'Irlande. Le premier jour fut consacré aux pauvres de la ville ; le second aux docteurs, clercs et étudiants ; le troisième à la bourgeoisie. Les Scandinaves étaient cependant, avec les Arabes, les seuls peuples chez qui le goût des lectures historiques était devenu national. Les savants islandais, honorés dans les cours du Nord, y charmaient l'oreille des rois et des héros en leur récitant ces *sagas* ou contes historiques écrits avec la naïveté d'Hérodote, et dans lesquels une saine critique, en fixant leurs dates au XIe et au XIIe siècle, reconnaît les traces d'une histoire traditionnelle qui remonte aux temps les plus reculés, et qui, à côté de quelques obscurités, offre tous les caractères intérieurs d'un haut degré de véracité.

Quelques souverains surent apprécier la science qui fait connaître aux rois leur empire, et qui trace aux héros la route des conquêtes. Les princes scandinaves, si la boussole leur eût été connue, auraient fait le tour du monde. *Waldemar II*, roi de Danemarck, fit dresser, en 1231, un cadastre ou tableau topographique de toutes les provinces de son royaume, ouvrage étonnant pour le XIIIe siècle. Les rois d'Angleterre se montrèrent pénétrés du même esprit. Malgré la destruction générale des livres sous Henri VIII, on a trouvé, dans les anciennes bibliothèques d'Angleterre, sept cartes de ce royaume et des îles voisines faites dans le XIIe siècle, et qui jettent du jour sur l'histoire de Mathieu Pâris, sur le Polychronicon de Higeden, et sur les relations de Giraud. Les monarques anglais voulant connaître leurs États plus en détail, firent rassembler et composer des tableaux généraux des provinces et des terres où étaient marqués les terrains cultivés et ceux en friche, les villages avec le nombre de leurs habitants, et la quotité d'impôts qu'ils payaient. Tel est l'ouvrage connu sous le nom *Doosmdaybook*, auquel Guillaume le Conquérant fit travailler de 1080 à 1083, et où, à l'exception de la principauté de Galles et des provinces de Northumberland, Cumberland, Westmoreland et Durham, tout le reste de l'Angleterre est décrit de la manière la plus circonstanciée. Les districts cultivés et habités ou déserts, les habitants libres ou serfs, avec les espèces de services auxquels ils étaient assujettis; tout y est noté, jusqu'au nombre des têtes de bétail et des ruches dans quelques comtés. Edouard II fit travailler, en 1291, à un tableau général et détaillé des possessions territoriales du clergé en Angleterre et dans le pays de Galles. En Allemagne, l'empereur Charles IV fit dresser une description financière de la Marche de Brandebourg, dans le genre du Doomsdaybook : On y travailla depuis 1375 jusqu'en 1377.

Mais les principaux progrès de la géographie, pendant le moyen âge, furent dus aux grandes révolutions de l'Asie, qui, en amenant sur la scène du monde une foule de peuples jusqu'alors inconnus, et en établissant des rapports entr'eux et les Européens, firent naître le besoin de visiter la Tartarie et Chine. Rappelons en peu de mots les événements de cinq à six siècles. Le vaste empire des califes s'écroule; plusieurs monarchies naissent de ses débris. *Caïrvan* (An 800) devient la capitale du califat des Aglabites qui régnent sur l'Afrique propre et la Sicile. Les Fatemites (An 907.) héritent des dépouilles des Aglabites; le

Caire est leur capitale : en l'an 1171, le grand Saladin les détrône. Dans l'Afrique occidentale, *Zeiri* fonde un royaume qui renfermait les pays d'Alger, Fez, Segelmesse et Tripoli ; il subsista pendant deux siècles. Les Almoravides (An 835) bâtissent *Maroc*, soumettent l'Espagne musulmane, et y règnent de 1050 en 1146. Les deux royaumes de Maroc et d'Alger sont réunis sous les *Almohades* qui règnent jusqu'en 1269 ; les *Mérinites* leur succèdent. Les États de Tunis, d'Alger, de Tlemcen et autres, naquirent des démembrements qu'éprouvèrent ces monarchies. l'Afrique septentrionale prit ses formes géographiques actuelles dans le xve siècle.

En Asie, les révolutions provoquées par les croisades, eurent peu de durée. Le royaume de Jérusalem, les principautés d'Antioche, d'Edesse et autres, disparurent peu de temps après leur naissance. Diverses peuplades sauvages acquirent une existence indépendante, telles que les *Druses* et les *Curdes*. Il arriva de l'intérieur de l'Asie des hordes nomades qui occupèrent les provinces dépeuplées par la guerre ; tels sont les *Turcomans*. Plusieurs *émirs* ou princes arabes fondèrent de petits États, et l'Arabie retomba dans l'anarchie d'où le génie de Mahomet l'avait tirée. L'enthousiasme le plus aveugle maintint, pendant un siècle et demi, le singulier État des Ismaéliens ou des *assassins*, dont il y avait deux branches ,l'une en Perse, l'autre en Syrie : le chef de ces derniers fut appelé vulgairement le *Vieux de la Montagne*.

Les empires fondés par les *Turcs* avaient plus de stabilité. Les *Gaznévides* régnèrent pendant le xie et le xiie siècle sur un grand empire, dont le Caboul, le Candahar et le Khorasan formaient le noyau ; *Gazna* ou Ghizni était leur capitale. Les *Seldjoukides* eurent encore une fortune plus brillante : Togrulbeg en posa les fondements par la conquête du Khorasan en 1037 ; toute l'Asie occidentale, depuis les côtes de Syrie jusqu'aux monts de Casbhar, fut conquise. Le royame d'Iran, le principal État des Seldjoukides, fut détruit en 1195 ; celui de *Roum*, ou d'Iconieh, dura jusqu'en 1308 ; il embrassait l'Asie Mineure ; de ses cendres naquit la puissance ottomane qui engloutit les restes de l'empire d'Orient ainsi que les royaumes de Bulgarie, de Servie et autres pays voisins du Danube.

Les Kowaresmiens ou *Charissimites*, indépendants depuis 1100, et, un siècle après, vainqueurs des Seldjoukides, étendirent leur domination jusqu'aux confins de la Chine; leur empire s'écroula en 1231.

Parmi les États moins vastes, on doit citer celui fondé en Syrie par *Noureddin*, et que le célèbre *Saladin* agrandit de l'Egypte, de la Palestine et de la Mésopotamie. Cet État meurt avec son fondateur; mais de ses débris on voit naître en Egypte la monarchie des Mamelouks.

Un torrent de destruction entraîne les débris de la plupart de ces États; et, en Asie, la puissance des *Mongols* reste seule debout. Le génie gigantesque de Gengis-Khan précipite ces nomades hors de leurs immenses déserts; bientôt son empire s'étend du Dniéper à la grande Muraille. Oktaï soumet la Syrie, l'Asie Mineure, la Russie entière, la Pologne, la Silésie et la Hongrie. Les *Uzes*, connus des Russes sous le nom de *Polouzes*, et des Grecs sous celui de *Cumanes*, voient leur royaume, fondé aux dépens des Patzinakites, vainqueurs des Chazares, s'engloutir à son tour dans l'empire d'Oktaï-Khan. A l'est, ce prince achève la conquête du pays des Nioutchi. *Mangu* met fin au califat de Bagdad. *Kublaï-Khan* conquiert la Chine et une partie de l'Inde. L'Asie entière est sur le point d'être réunie en un seul empire. Les vents et les flots défendent le Japon. Bientôt l'immense monarchie mongole se partage en plusieurs *khanats*. *L'Iran* embrassait l'Asie occidentale, la résidence était *Tauris*. Dans le khanat de *Kaptschak*, était compris à peu près tout ce qui forme aujourd'hui l'empire de Russie en Europe et en Asie; Saraï était sa capitale. Le *Zagathai* renfermait dans ses limites la Tartarie, la Kalmoukie, le Thibet et l'Inde; la capitale se nommait *Bischbaligh*. Le khan de la Chine était censé le suprême chef de l'empire; mais l'éloignement rendait son pouvoir illusoire.

Cette grande révolution, en bouleversant l'Asie, la fit connaître. Les victoires des Mongols et leurs courses en Pologne, en Silésie et en Hongrie, tout en répandant la terreur parmi les chrétiens, produisirent un avantage inattendu pour la géographie. Ces événements attirèrent l'attention des Européens sur la patrie de ces dévastateurs et sur les nations qu'ils avaient subjuguées. L'empereur Frédéric renouvela plusieurs fois ses exhortations par écrit pour engager les potentats de la chrétienté à se réunir. Le pape chercha, par ses envoyés et par des missionnaires, à détourner le fléau qui menaçait l'Europe. Quelques journaux de ces ambassades se sont conservés jusqu'à nos jours. Avant les conquêtes des Russes dans le nord de l'Asie, et les nouveaux voyages entrepris pour commercer avec les pays au delà de la mer Caspienne, ils offraient les seules sources où l'on pouvait puiser des renseignements sur la Tartarie et les pays des Mongols. Le plus grand nombre de ces relations est perdu, ou est enseveli dans la poussière des bibliothèques, comme l'*Indicateur des routes de la grande Tartarie* composé, en 1306, pour l'usage des missionnaires; le Voyage d'*André Lucimel* qui, en 1245, alla prêcher le christianisme chez les Mongols; ou bien encore les Voyages en Tartarie de *Ricold de Monte Crucis*, traduits en français, en 1351, par Jean le Long d'Ypres. Les missions continuèrent ensuite durant quelques siècles. En 1312, Jean de Monte-Corvino était évêque de Pékin. Non-seulement des missionnaires isolés, mais même des troupes de prédicateurs entreprirent ces voyages pénibles par l'ordre des papes et par zèle pour la religion.

Suivant toutes les apparences, ces voyages en Asie furent précédés par la relation que le juif *Rabbi Benjamin* de Tudèle, en Navarre, écrivit en 1160, et où il décrit tout ce qui lui avait paru le plus curieux dans le midi de l'Europe, en Grèce, en Palestine, en Mésopotamie, dans les Indes, en Ethiopie et en Egypte. Il ne dit pas positivement qu'il ait visité tant de contrées diverses lui-même; il cite parfois les garants de ce qu'il rapporte. D'ailleurs, la sécheresse de ses relations et ses bévues en géographie semblent prouver qu'en général il ne parle que d'après des ouï-dire, surtout pour les pays hors de l'Europe. Il s'attache principalement à décrire les endroits où les Juifs vivaient réunis en grand nombre et retrace leur situation dans les différent États. A l'article de la Perse, il parle tout à coup de la ville de Samarcand, où se trouvaient alors cinquante mille Israélites; puis du Thibet, et de l'animal qui porte le musc. Il nomme la Chine; mais les fables qu'il raconte pour donner une idée des dangers de la route, dénotent une extrême crédulité. Ses traducteurs trouvent aussi, dans son ouvrage, des indices d'un voyage aux Indes : à la vérité, il parle de Bassora, de son commerce florissant, des Juifs noirs de l'Inde, de la culture du poivre et de l'origine des perles; mais cet épisode est trop court pour qu'on en tire des lumières. Il est impossible d'éclaircir en aucune manière plusieurs noms des endroits qu'il mentionne. Peut-être ces noms ont-ils été défigurés par ses copistes en prenant une lettre hébraïque l'une pour l'autre. Quelques-unes des villes qu'il attribue à l'Inde, étaient situées sur la côte d'Arabie, comme *Katifa* (El-Katif), et *Zabid* (Zibid), sur la mer Rouge, où il s'embarqua pour l'Afrique.

L'infatigable esprit du commerce, qui probablement n'était pas étranger à Benjamin de Tudèle, anima bien d'autres voyageurs. Des marchands de Brême, jetés par la tempête sur la côte de Livonie, comme Cabral sur celle du Brésil, complétèrent les connaissances qu'on avait déjà acquises sur la mer Baltique. Les chevaliers porte-glaives et les flottes danoises n'envahirent que les côtes de la Russie actuelle, mais les négociants anséatiques, en suivant les traces des Permiens et des Warièques, pénétrèrent probablement jusqu'en Tartarie. Nous connaissons mieux les découvertes des marchands italiens au delà de la mer Noire et de la mer Caspienne. Durant environ deux cents ans, les Génois et les Vénitiens firent, comme les Romains, le commerce de l'Inde et de la Chine par des caravanes : elles partaient des côtes de la mer Noire et de la Syrie, parce que l'Egypte, où les marchandises de l'Inde étaient apportées par la mer Rouge, leur resta fermée aussi longtemps que dura le premier feu de l'animosité entre les chrétiens et les mahométans. L'Égypte ne s'ouvrit probablement de nouveau aux chrétiens et à leur commerce de l'Inde, qu'après l'an 1260, lorsque les Génois eurent établi les Grecs sur le trône de Constantinople. En récompense de ce service, ils obtinrent des avantages exclusifs pour leur commerce. Les Vénitiens, exclus de la mer Noire, firent un traité avec le soudan d'Égypte, et Alexandrie devint le grand marché des marchandises des Indes jusqu'à l'époque où les Portugais découvrirent la route du cap de Bonne-Espérance pour aller aux Indes et aux îles des Epiceries.

Avant cette révolution commerciale, les Génois et les Vénitiens recevaient les marchandises de l'Inde et de la Chine par *Caffa*, *Tana* et *Ajazzo*; elles y arrivaient par deux voies différentes. On les faisait venir à Bassora, à l'embouchure du Tigre dans le golfe Persique; de là elles allaient par ce fleuve jusqu'à Tauris, puis elles traversaient l'Arménie et ensuite la mer Noire jusqu'à Tana, ville à l'embouchure du Tanaïs. *Sanudo* et *Pegoletti* ont parlé d'une partie de cette route du commerce; mais les objets les plus précieux étaient portés de Tauris à *Ajazzo*, ou Aias, sur la mer Méditerranée. *Sanudo* semble indiquer la route de Bagdad par le grand désert, puisqu'il se borne à dire que, de cette ville, les marchandises fines étaient envoyées jusqu'à la Méditerranée aux marchands chrétiens. Le Florentin Balduci Pegoletti, qui se trouvait dans ces contrées en 1353, décrit la route des caravanes des Indes jusqu'à la Méditerranée dans le plus grand détail, et nomme tous les endroits qu'elles traversaient, même les moins considérables, ainsi que les villes où elles acquittaient des péages. Il démontre que la route commerciale remontait jusqu'à Tauris; il n'en indique point la raison et observe seulement qu'à Tauris, *Torisso* ou *Tebriz*, on faisait le commerce d'épiceries, de perles, d'indigo et autres articles. Les marchandises étaient portées par des chameaux et autres bêtes de somme, de Tauris par le mont Ararat, par Erzeroum, et par Arzingan sur l'Euphrate, à Ajazzo, ville de commerce alors très-célèbre dans la petite Arménie sur la mer Méditerranée. Marc-Paul en parle en ces termes : « Un » grand nombre de marchands s'y rend de tous les pays, même de » Venise et de Gênes, à cause de la variété des marchandises que l'on » y trouve, surtout des aromates de différentes espèces, et autres » articles rares et précieux qui y sont apportés des régions orientales » pour être vendus; car cet endroit est comme le port de tous les » pays d'Orient. » On aimait mieux faire venir par cette route détournée les articles précieux qui n'étaient pas d'un grand poids, que de les acheter à Alexandrie ; l'encens surtout y était d'une qualité supérieure à celui qui arrivait en Egypte par la mer Rouge.

Les marchandises de l'Inde qui venaient par la deuxième grande route commerciale, faisaient un long détour avant d'arriver à la mer Noire; peut-être on les envoyait de Camboja ou Cambaye, ville commerçante du Guzerate, jusqu'à l'Indus qu'elles remontaient tant qu'il était navigable ; de là elles allaient par terre par le Candahar et le Tokharistan ou la Boukharie jusqu'au Gihon, d'où on les chargeait pour Astracan sur des chameaux, ou bien on les envoyait à *Strava*, l'Astrabad moderne, pour traverser ensuite la mer Caspienne. D'Astracan, les marchands se rendaient à Azof en longeant le pied du Caucase. Cette route paraît avoir été commune aux caravanes qui, d'Azof, se rendaient à la Chine ; il est certain qu'elles passaient au nord de la Caspienne; et, suivant Mandeville, elles restaient en chemin onze mois ou un an. Mais au delà du Volga, cette route varia probablement selon les circonstances politiques. Il paraît que Marc-Paul, Mandeville et autres anciens voyageurs, pour aller à la Chine et à la cour du grand mogol, passèrent par le midi de la petite Boukharie. Il n'y eut que *Paschalis*, moine franciscain, qui, en se rendant à Armaligh en 1338, suivit en partie la route des commerçants, tracée en détail par Pegoletti, et qui passait par le pays des Oïgours pour se terminer à Pékin.

Tous ces voyages du moyen âge offrent beaucoup d'obscurité et souvent peu d'intérêt. Les pays qu'on parcourait n'étant, en général, que des déserts habités par des nomades, on n'y rencontrait aucun de ces objets dont l'éclat commande l'attention du voyageur. Ces courses étaient accompagnées de fatigues et de dangers extraordinaires. Les envoyés européens étaient obligés de suivre les Tartares dans leur vie errante, même pendant les saisons les plus rudes, et d'endurer comme eux, et la faim et le froid. Dans une pareille position, il leur était difficile de faire des observations sur ce qu'ils voyaient. Les missionnaires, pleins d'ignorance et de crédulité, ne connaissaient ni les relations de leurs prédécesseurs, ni les remarques faites par d'autres missionnaires qui erraient en même temps qu'eux parmi les Mongols. Il en résultait qu'aucun d'eux ne songeait à remplir les lacunes qu'avaient laissées ses confrères, ni à éviter les contradictions dans les noms des lieux dont il parlait. Plusieurs de ces relations ne furent pas composées sur les lieux mêmes ; le voyageur les écrivait de mémoire à son retour, comme le prouvent les exemples de Marc-Paul et de Mandeville ; c'est ce qui fait que les pays, les peuples, les noms, la position des lieux, tout y est confondu, que les îles y sont placées en terre ferme, et que les continents se trouvent métamorphosés en îles. Ces écrivains ne distinguent pas ce qu'ils ont vu par eux-mêmes, de ce qu'ils ont appris d'autrui ; et la plupart, suivant le goût de leur siècle, cherchent à plaire en racontant des prodiges, des histoires fabuleuses et des légendes. C'était même sous le titre de *merveilles* que les voyageurs publiaient leurs relations. Plusieurs de ces écrits n'existent plus en original ; nous n'en avons que des extraits ou des copies altérées par le caprice de ceux qui les ont transcrites.

Les cartes de ces siècles d'ignorance joignaient, aux défauts qui résultent du manque de connaissances, ceux qui proviennent d'un arrangement systématique d'après des hypothèses imaginaires. On peut diviser les cartes du moyen âge en deux grandes classes, celles dans lesquelles on copia simplement les idées de Ptolémée et des anciens, et celles dans lesquelles on se permit d'insérer des terres nouvelles, soit réellement découvertes, soit dont on soupçonnait l'existence.

Dans la première classe, on trouve plusieurs mappemondes qui représentent l'Europe, l'Asie et l'Afrique comme une grande île, en terminant l'Afrique au nord de l'équateur. Nous avons déjà observé que, malgré l'autorité contraire de Ptolémée, cette opinion des Eratosthène et des Strabon s'était conservée dans l'Europe occidentale. Parmi les géographes qui l'adoptèrent, il faut citer *Martin Sanudo* qui, en proposant, vers l'an 1321, une nouvelle croisade pour arracher le commerce des Indes des mains du soudan d'Égypte, accompagna son projet d'une carte qui faisait connaître les pays dont il parlait : tous les peuples et les royaumes de l'Europe y sont marqués; mais les trois États du nord tiennent à la Russie par une langue de terre très-étroite, habitée par les Caréliens, *nation infidèle*. Le midi de l'Afrique semble ouvert à la navigation ; mais l'excès de la chaleur y rend l'intérieur du pays inhabitable. La figure de l'Asie méridionale lui était presqu'entièrement inconnue, de même que les îles de l'Océan indien. D'après les Arabes, il place Gog et Magog dans le nord-est de l'Asie; les Tartares occupent le nord de cette partie du monde.

Parmi les cartes de la seconde classe, les plus remarquables sont celles qui semblent indiquer les découvertes importantes faites à l'ouest de l'Europe et de l'Afrique dans les XIIe et XIIIe siècles. Nous avons démontré que Terre-Neuve et les côtes voisines de l'Amérique avaient été découvertes et même occupées par les Normands depuis l'an 1000. Mais ces navigations au nord-ouest, inconnues à la plupart des Européens du midi, n'ont rien de commun avec certaines navigations au sud-ouest, indiquées seulement par des cartes géographiques, et dénuées d'autres preuves historiques certaines.

Une carte de 1346, écrite en castillan, présente le cap Bojador en Afrique comme un point connu, et que les navigateurs avaient doublé. Un manuscrit conservé à Gênes, nous apprend qu'en 1346 un bâtiment de l'île Majorque partit pour aller à un fleuve nommé *Vedamel* ou *Ruijaura*, probablement Rio-do-Ouro; on n'en eut point de nouvelles. Les historiens génois nous assurent que deux de leurs compatriotes, *Tedisio Doria* et *Ugolino Vivaldi*, entreprirent de se rendre à l'Inde par l'ouest;

on ignore quel fut le sort de ces navigateurs. Les îles Canaries n'ont jamais été entièrement perdues de vue, puisque les géographes arabes les ont connues et décrites ; elles paraissent sur la carte castillane de 1346, où Ténériffe porte le nom d'*Infierno* ou île d'Enfer, sans doute à cause de son volcan. Il y a plus : l'île de Madère se montre sur une carte de 1384, sous le nom d'*Isola di legname*, île aux bois, ce qui est aussi le sens de son nom actuel. Aurait-elle donc quelque fondement, cette touchante histoire de l'Ecossais Robert Masham, qui, s'étant enfui avec la belle Anne d'Arfé, crut trouver, dans cet Elysée insulaire, un asile pour ses amours, mais qui, bientôt livré aux angoisses de la faim, vit son amante expirer dans ses bras, et ayant en vain fait retentir toutes les solitudes des cris de son désespoir, ne trouva le terme de ses maux que dans la tombe?

Combien d'aventureuses courses dont l'histoire n'a conservé aucun souvenir ! Combien d'infortunés précurseurs de Christophe Colomb, qui, engloutis dans les flots de l'Océan, ou naufragés sur quelque plage déserte, n'ont recueilli, pour fruit de leur noble audace, qu'une mort ignorée ! D'autres sont revenus en Europe ; ils ont fait connaître ces îles de *Brazil*, c'est-à-dire du Feu, de *Corvos marinos*, de *Sant-Jorzi*, et autres dont la position sur les cartes du XIVe siècle annonce que les îles Açores étaient obscurément connues dès l'an 1380, ou même plutôt, si tant est que le nom évidemment arabe de l'île de *Bentufla*, sur la carte de Bianco, nous autorise à y voir une découverte des Arabes d'Espagne.

Aucune de ces découvertes ne compromet en rien la gloire de Colomb ; mais on en cite une qui, si elle était démontrée réelle, réduirait tout le mérite de ce navigateur à avoir retrouvé des terres connues un siècle avant qu'il n'eût vu le jour. Cette prétendue découverte se trouve indiquée dans une carte faite en 1436 par *André Bianco*, et que l'on conserve dans la bibliothèque de Saint-Marc. Formaleoni en a donné une description détaillée, et a fait graver deux feuilles de dix qu'elle contient. Voici de quelle manière il représentait la terre. Les trois parties de l'ancien monde forment un grand continent partagé en deux portions inégales par la Méditerranée et par l'Océan indien qui court de l'est à l'ouest, et renferme une grande quantité d'îles. L'Afrique s'étend de l'ouest à l'est parallèlement à l'Europe et à l'Asie ;

l'Ethiopie orientale et le royaume du prêtre Jean se prolongent jusqu'à son extrémité méridionale; c'est encore l'Afrique des anciens terminée au nord de l'équateur : aussi le golfe profond que la mer forme du côté de la Guinée, n'y est pas marqué. L'Asie est tout aussi mal figurée. La côte méridionale court tout droit de l'est à l'ouest. Il n'y a presque point d'indice des deux péninsules de l'Inde ni du golfe du Bengale. La partie orientale consiste en deux grandes presqu'îles séparées par un golfe immense : sur celle du nord, on voit *Gog* et *Magog*, et sur la méridonale, le *Paradis* d'où sortent quatre grands fleuves dont deux se jettent dans la mer Caspienne. Ensuite viennent les royaumes de Cathai, de Cambalich ou *Cocobalich* ; la ville de Samarcand et l'Inde septentrionale, avec quelques villes dont les noms sont inintelligibles; puis la Perse et la Syrie. Les royaumes de l'Europe sont mentionnés, à l'exception de la Pologne et de la Hongrie. Dans leur voisinage, on voit la Tartarie avec la grande Russie qui occupe presque tout le nord, et qui est grossièrement séparée de la Suède et de la Norwége par une grande montagne.

Sur ces cartes si imparfaites, on trouve trois indications que Formaleoni a voulu appliquer à l'Amérique. Dans la septième feuille, où sont représentés les royaumes du nord, l'Islande et la Frislande de Zéno, on voit une île de *Scorafixa* ou *Stokafixa*. Formaleoni prétend que ce nom est celui de *stockfisch* ou morue en allemand, et qu'il désigne l'île de Terre-Neuve. Toutefois, comme l'Islande était dès lors fameuse pour la pêche, et comme Zéno observe dans son voyage que la Frislande avait une assez grande abondance de poissons pour en fournir la Flandre, l'Angleterre, le Danemarck et d'autres pays encore, le mot de *stockfisch* dans la carte de Bianco, pourrait, selon Sprengel, ne point désigner une île en particulier; mais, suivant l'usage des anciens géographes et entr'autres de Ribero et de Martin Behaim, ce Vénitien aurait voulu marquer sur sa carte les curiosités de ces pays éloignés. Nous avouons qu'en attendant une édition très-correcte et très-soignée de cette carte et d'autres monuments, nous penchons plus pour l'opinion de Formaleoni que pour celle de ses critiques. Mais continuons à examiner les indications d'André Bianco. A l'occident des îles Canaries, il donne le nom d'*Antilia* à une grande terre de forme carrée et très-allongée, qui se retrouve de même, seulement moins étendue, sur le globe de Martin Behaim. En Italie, on est parti de là pour avancer que l'Amérique méridionale et les Antilles avaient été connues beaucoup plus tôt qu'on ne pensait ; mais les critiques allemands, loin de soutenir les prétentions apparentes de leur compatriote, ont considéré Antilia comme un produit de l'imagination des géographes. Les découvertes de Marc-Paul et des autres voyageurs du XIIIe siècle, obligèrent les dessinateurs de cartes et de globes d'étendre plus à l'est le continent de l'Asie. Quand on se rappelle que Marin de Tyr et Ptolémée avaient reculé les contrées d'Ava, de Pegou et de Siam jusqu'à la position des îles Mariannes, on conçoit que la *Chine* et les îles *Zipangri* ou le Japon, d'après les relations vagues de Marc Paul, durent s'étendre presqu'aux lieux où se trouve l'Amérique septentrionale. Quelques savants, en partant de cette fausse idée, conclurent, comme le fit Paul Toscanelli, le conseil de Colomb, que les îles en avant de l'Inde n'étaient pas extrêmement éloignées des côtes occidentales de l'Europe. Des traditions vraies ou fabuleuses confirmaient cette opinion. On racontait que, lors de la conquête de l'Espagne par les Arabes, plusieurs chrétiens étaient allés se réfugier avec leur fortune dans une île où ils avaient bâti sept villes. Il semblerait, d'après la lettre de Toscanelli à Colomb, que le peuple donnait à cette île le nom de *Sette Cittade* ou Sept-Villes, tandis que les savants l'appelaient *Antilia*, nom que Colomb appliqua modestement aux îles qu'il a probablement visitées le premier. Car, lorsque les Espagnols découvrirent le nouveau monde, ils firent beaucoup de recherches pour trouver ces sept villes, mais elles furent toutes infructueuses.

Au nord d'Antilia, à peu près à la place de Terre-Neuve, la carte de Bianco présente une autre grande île appelée *Isola de lo Man Satanaxio* (île de la main de Satan). Ce nom prouverait, selon Sprengel, qu'on ne doit entendre par là ni Terre-Neuve, ni le Labrador; mais que Bianco, à l'exemple des anciens géographes, a placé l'enfer dans ces régions inconnues. On pourrait encore voir dans ce pays fabuleux un conte arabe du moyen âge. Dans la mer des Indes, disait-on, il y avait une île auprès de laquelle on voyait une main qui sortait hors de l'eau pendant le jour, et qui, la nuit, entraînait les habitants du pays dans les abîmes de la mer. Cette main ne pouvant être, d'après les idées du temps, que celle du diable, Bianco l'a nommée sur sa carte l'île de la main de

Satan. Cette île se trouvait probablement sur plusieurs autres mappemondes dont les navigateurs, qui les premiers découvrirent l'Amérique, se servirent dans leurs voyages. Une carte faite en France en 1543, et qui se trouve dans Ramusio, pour servir à l'intelligence d'un vieux voyage français, place au nord de Terre-Neuve l'île des Diables, dont on voit une légion voltiger à l'entour. Cortereal paraît avoir donné à une île sur la côte de Labrador le nom d'*Isola de los Demonios*. Peut-être tous ces contes ne devaient-ils leur origine qu'à des descriptions inexactes de ces fameuses statues placées dans les îles Açores, et dont parlent déjà Ibn-al-Ouardi, Edrisi et d'autres écrivains arabes. Une carte de 1367, par Picigano, offre le dessin d'une statue placée sur les rivages d'*Antilia*, et qui, en levant une main gigantesque, indique aux navigateurs le danger qu'il y aurait d'aller plus loin.

Tous ces indices obscurs pourront être renforcés par quelques cartes encore ensevelies dans la poussière des bibliothèques, telles que celles qu'avait composées, en 1471, Graciosus Benincosa d'Ancône, ou celles qu'avait tracées, en 1488, Martin Brazl, allemand. Mais, dans l'état actuel des connaissances, l'histoire ne connaît d'autre découverte de l'Amérique avant Christophe Colomb que celle qu'ont faite en l'an 1001 les Normans Scandinaves.

CHAPITRE DIX-HUITIÈME.

Voyages d'Ascelin, de Carpin, de Rubruquis et de Marc-Paul. An 1245-1290.

Nous allons examiner les principales relations des voyageurs nommés dans le chapitre précédent. Commençons par les trois missionnaires Ascelin, Carpin et Rubruquis, hommes aussi dignes que les Colomb et les Cook de l'éternelle reconnaissance des géographes, quoique des motifs étrangers à la science aient excité et soutenu leur courage. C'était la voix du souverain pontife qui leur ordonnait de franchir tant de fleuves glacés et tant d'âpres montagnes pour aller fléchir le cœur des maîtres du désert, et pour détourner sur l'empire de Mahomet l'orage qui menaçait les peuples chrétiens.

Ascelin, moine dominicain, fut envoyé en 1245, par le pape Innocent IV, aux khans tartares et mogols qui, peu auparavant, avaient ravagé la Pologne, la Silésie et la Hongrie, et qui alors gouvernaient la Russie avec un sceptre de fer. Il traversa la Syrie, la Mésopotamie et la Perse, et se rendit auprès de *Bajothnoi* ou Baju-Novian, général mogol, qui probablement campait avec ses nomades dans le *Khowarezm*, sur la rive orientale de la mer Caspienne. Comme il ne dit que peu de mots sur les pays qu'il traversa, et qu'il n'entre dans quelques détails que relativement à son séjour parmi les Mogols, son voyage n'a pas beaucoup enrichi la géographie : en outre sa relation ne nous est pas parvenue en entier.

En 1246, *Jean de Plano Carpini*, frère mineur de l'ordre de Saint-François, avait été envoyé avec quelques-uns de ses confrères au khan Batou qui régnait dans le Kaptschack. Celui-ci l'avait dépêché au khan Ajouk, souverain seigneur de toutes les hordes mogoles. Le fidèle tableau que Carpin et Rubruquis ont tracé des mœurs des Mogols démontre que, depuis six siècles, ces nomades n'ont pas beaucoup changé leur manière de vivre. Carpin passa par la Bohême, la Silésie et la Pologne pour aller à Kiow, alors capitale de la Russie; il rencontra les Mogols, qu'il nomme toujours *Tartares*, à *Canove*, ville sur le Dnieper, qui aujourd'hui s'appelle Kaniow; puis il traversa la Cumanie ou la partie sud-est de la Russie, le long de la mer Noire, jusqu'au quartier-général du khan Batou. Dans sa route, il apprit les noms actuels des quatre grands fleuves qui arrosent la Russie ; le Dnieper, le Don, le Volga et le Jaïk, noms auparavant peu connus : il traversa aussi le pays des *Cangles* ou *Cangittes*, nation soumise alors aux Cumaniens, et dont il est question avant cette époque sous le nom de *Petschenegiens* dans les annales russes, byzantines et allemandes. Du camp de Batou, Carpin fut envoyé à la horde du grand khan Ajouk qu'il nomme *cuine;* il y arriva par le pays des *Bisermines*, où il rencontra beaucoup de villes ruinées. Le nom de ce peuple est sans doute une corruption de celui de musulman, et désigne les mahométans qui demeuraient sur les côtes orientales de la mer Caspienne. Plus loin, il traversa le pays des *Naymans*, peuple mogol visité à cette époque par plusieurs voyageurs chrétiens, et qui, suivant quelques-uns, avait pour souverain le fameux *prêtre Jean*. Ce prétendu prince avait dès lors été subjugué par les Mogols, et Carpin est le premier qui parle de son empire que des voyageurs postérieurs ont soutenu avoir trouvé. Il passa aussi par le Kithai noir (*Carakitai*), c'est-à-dire le Cashgar tributaire, ou le pays que les Chitaniens occidentaux avaient conquis depuis le Sihon jusqu'à l'Oby. Il arriva enfin à *Syra Orda* ou la horde dorée, quartier-général du grand khan des Mogols; il y obtint audience, ainsi que plusieurs autres envoyés étrangers, fut renvoyé avec une lettre pour le Saint-Père, et revint par la même route jusqu'à Kiow. Ce que les Arabes et les auteurs byzantins avaient écrit avant Carpin, sur les peuples et les pays qu'il avait parcourus, n'ayant pas été répandu chez les chrétiens de l'Europe occidentale, il est le premier qui les leur ait fait connaître. Outre ses propres observations, il a inséré dans sa narration tout ce qu'il apprenait de ses compagnons de voyage le long de la route. C'est ainsi qu'il entre dans des détails sur l'ancienne *Cumanie*, nommée Kaptchack par Rubruquis, et dont Haithon l'Arménien parle comme d'un État renversé par les Mogols, et qui confinait au nord avec la Russie ou *Rassia* d'Haithon. Au delà des Russes, habitaient les Morduines, les Bulgares et les Baschkirs que Carpin nomme *Bastarcas*. Ces derniers étaient, suivant lui, ancêtres et frères des Hongrois (Magyar), et parlaient la même langue. Dans ces mêmes régions, vivaient les Samoyèdes et les *Parossites*. Ceux-ci paraissent être un de ces peuples fabuleux que les voyageurs du moyen âge introduisent si volontiers dans leurs relations, afin de flatter le goût de leur siècle pour les prodiges surnaturels. Les *Parossites* ne pouvaient manger à cause de la petitesse de leur bouche et de leur estomac, et ne vivaient que de la fumée des mets qu'ils préparaient.

Au midi de la Cumanie, était le pays des Alains auxquels Carpin donne le nom d'*Ases* et Rubruquis celui d'*Acas* et *Acias*. Les Ases de Carpin sont probablement les Awchases ou Abases sur la côte orientale de la mer Noire, qui existent encore aujourd'hui, et chez lesquels on trouve quelques vestiges de christianisme; ils se donnent le nom d'*Absne*, et ont celui d'Abasa chez leurs voisins les Circassiens, que Carpin appelle *Kaergis*. Plus loin étaient les Chazares ou *Ghazrri*, peuple de la Russie méridionale et de la Crimée, appelés encore Ghazariens par les Russes dans le XIIIe siècle. Notre voyageur place à leur suite les Ibériens, anciens habitants de la Géorgie, puis les *Cates*, probablement les habitants de Kachete, également en Géorgie. Parmi les autres peuplades du Caucase, il fait encore mention des *Brutachi* qui étaient juifs, et se rasaient entièrement la tête; peut-être Carpin veut-il parler des *Chaitakhi* qui habitent sur la frontière du Schirwan, et qu'on met au nombre des Lesgiens. Dans leur voisinage vivaient alors les *Ciches* qui, selon Rubruquis, erraient en hordes nombreuses près de l'embouchure du Don, et dont il est aussi question à une époque antérieure dans l'histoire de ce pays. Carpin finit par nommer les Géorgiens et les Arméniens.

Il avait aussi appris le nom des quatre principales tribus mogoles; mais ceux qu'il cite ne s'accordent pas avec ceux qu'on doit à d'autres auteurs du même temps. Haithon fait mention de sept principales tribus mogoles, dont les noms ne ressemblent pas aux précédents. Enfin, dans les subdivisions modernes de cette nation, il est question de tribus entièrement différentes. Sans doute Carpin aura pris des hordes particulières pour des tribus principales. La notice qu'il donne des peuples soumis les uns après les autres par les Mogols, ne contient que des noms de tribus asiatiques sans aucune remarque sur le lieu qu'elles habitaient, leurs mœurs et autres particularités.

Passons au voyage de Guillaume Rubruquis. Une lettre supposée et le bruit général que le grand khan des Mogols avait embrassé la religion chrétienne, portèrent saint Louis, roi de France, à envoyer à ce prince un frère mineur de l'ordre de Saint-François, natif de Brabant, et nommé par les uns *Rubruquis*, par d'autres plus exactement *Ruisbroeck*, accompagné du frère Barthélemi de Crémone. Le moine ambassadeur partit en 1253, prit la même route que ceux qui l'avaient précédé, et après bien des fatigues, arriva dans la ville de *Caracorum*, située dans le désert de Gobi que le khan Mangu parcourait alors. A son passage par la Crimée, il y découvrit les restes des anciens Goths qui parlaient allemand; étant originaire des Pays-Bas, il comprenait ce langage. Depuis lors, Josaphat Barbaro et Busbeck ont confirmé sa découverte. Les provinces russes qu'il visita ensuite, le long du Volga et de la Caspienne, étaient dévastées par les Mogols. De là il voyagea pendant deux mois jusqu'au quartier-général du khan *Sartach* sur le Volga, sans entrer une seule fois dans une tente ou dans une auberge, et passant toutes les nuits dans son chariot. Les Mogols qu'il rencontra étaient très-incommodes : à chaque instant ils lui demandaient des présents, des vivres et même des friandises; mais ils ne lui volèrent rien. Dans les déserts entre le Don et le Volga, vivaient alors les Morduines qu'il appelle *Moxels*, et qu'il dépeint comme païens. Ils n'avaient point de villes et habitaient des huttes éparses dans les forêts. Au nord de cette peuplade, il en trouva une autre appelée *Merdus* ou *Merduas;* ils étaient mahométans, et s'étendaient jusqu'au Volga. On reconnaît dans ces deux tribus les Tchérémisses qui, dans leur langue, se donnent le nom de *Mari*, et les Morduans qui se nomment enx-mêmes *Moksha*. Rubruquis, très-bien reçu du khan Sartach, fut encore obligé d'aller vers le khan Batou qui errait plus loin à l'est avec sa horde. A son retour, il le trouva habitant la ville de Saray sur le Volga; il traversa ensuite le fleuve Jaïk ou Oural, et le pays des Baschkirs qu'il nomme *Pascatir*, et qui parlaient la même langue que les Hongrois. Plus loin, il arriva à la ville de *Kenchat* où il trouva des vignes; il vit une grande rivière qui sortait des montagnes voisines, mais il ne put apprendre ni son nom ni celui du pays d'alentour. A peu de distance était la ville de *Talach* où quelques Allemands demeuraient parmi les Mogols. Après avoir éprouvé bien des fatigues et traversé bien des déserts, il atteignit *Equius*, ville dont les habitants parlaient la langue persane. On n'a pas encore retrouvé ces villes avec toute la certitude désirable; il est probable que la grande rivière est le Syr-Daria ou l'Iaxartes, et que la ville de Talach était située sur la rivière nommée de même. Mais la ville d'*Equius* est une énigme dont la sagacité des voyageurs futurs donnera peut-être la solution.

Rubruquis alla ensuite à *Cailac*, ville très-commerçante dans le pays d'*Organon*, pays riche en pâturages, et qui renfermait un lac dont on ne pouvait faire le tour en moins de quinze jours. Ce nom d'Organon est probablement celui d'*Irgonekon* travesti à la manière latine, et donné à une vallée entourée d'une chaîne de montagnes autour du lac Balcati; il s'y trouve beaucoup de mines, et elle est très-célèbre chez les peuples mogols. Il est possible aussi de retrouver la ville de Cailac. Marc-Paul la nomme *Calacia*, et parle de son grand commerce en faisant l'éloge des camelots qu'on y fabriquait avec de la laine blanche et le poil de chameau. Il appelle *Egrigoja* la province tangutienne dont elle était la capitale. Le peuple le plus proche était les *Oigours*; c'est dans leur pays qu'était la ville de *Caracorum*, à dix journées du quartier général du khan; ils étaient bornés d'un côté par le pays appartenant auparavant au prêtre Jean. Plus loin à l'est s'étendait le Tangut, et auprès le Thibet ainsi que les *Langes* et les *Solanges*. Ces derniers sont probablement les *Zulags*, peuples inconnus nommés dans la géographie des Birmans; et les *Langes* seraient alors les habitants d'un canton du Thibet, autour du lac Lanken.

Au delà se trouvait le *Cathai* que Rubruquis regarde comme le pays des Sères. Il paraît que le nom de Cathai a eu une acception très-vague, ou qu'il a du moins souvent été confondu avec le Karakitay ou la petite Boukharie. Rubruquis désigne par *Cathai* la Chine septentrionale; il en parle d'après des documents qu'il avait recueillis dans le camp des Mogols, où il vit des ambassadeurs chinois. Il avait observé la manière d'écrire des Chinois; il dit qu'ils emploient un pinceau semblable à celui des peintres, et qu'ils tracent plusieurs lettres réunies ensemble dans une figure qui signifie un mot ou une phrase entière; c'est désigner les caractères chinois d'une manière non équivoque. Rubruquis répète d'ailleurs les récits fabuleux touchant la capitale de la Chine, dont les murs étaient d'argent et les tours d'or; peut-être a-t-on mal interprété ce qu'il a voulu dire, l'épithète de *Dorée* étant appliquée, dans les langues de la Tartarie, à tout ce qui excelle en gloire et en puissance. A vingt journées de Cathai, était le quartier-général du khan Mangu où Rubruquis resta cinq mois : il était éloigné de dix journées du pays des fleuves Onon et Kerlon, ancienne demeure des Mogols, et lieu de la naissance de Gengiskhan. Dans cette contrée, vivaient aussi des Kirghises et des *Orangeï*, peuples pasteurs et pauvres. Les derniers, se garnissaient les pieds de petits os bien polis pour aller plus vite sur la neige et la glace. Rubruquis resta quelque temps à *Caracorum;* mais ce lieu, dont le nom faisait trembler l'Asie, était à peine aussi considérable que Saint-Denis; la ville, entourée d'un mur en terre, renfermait deux mosquées et une église chrétienne. Les Chinois habitaient une rue particulière. Caracorum fut le terme du voyage de Rubruquis; il revint par le même chemin qu'il avait suivi en allant. Cependant il passa par Saray et par un endroit voisin d'Astracan et nommé *Sumerkent*. Ce village sans murailles situé sur un bras du Volga, ne doit point être confondu avec Samarcande. De là il prit sa route par la côte occidentale de la mer Caspienne, par Derbent, traversa la Géorgie, l'Arménie et le pays du sultan des Turcs qu'il nomme Turcomanie, jusqu'à la mer Méditerranée.

Tout le long de la route, depuis Astracan jusqu'à Derbent, notre voyageur ne fait mention d'aucun lieu ni d'aucune horde; mais il reprend sa relation après avoir passé la fameuse muraille de Derbent, dont il fait une description assez détaillée, et dit que les Arabes la regardaient comme un ouvrage d'Alexandre le Grand. Entr'autres endroits où il passa à son retour, il cite la ville de Schabran sur la mer Caspienne, où il trouva beaucoup de juifs; celle de Schamacki, capitale du Chirvan, et la grande plaine de Mogan en Arménie, arrosée par la rivière de Kour, ce qui avait fait donner aux Géorgiens le nom de *Kourgiens*. Il passa ensuite par Nakchivan, endroit détruit dès ce temps-là; puis par Arzingan, Siwas, Kaiserie (*Cæsarea*), Kogni (*Iconium*), Curch jusqu'à Ajazzo.

Ce qui donne à la relation de Rubruquis un nouveau prix, c'est qu'à toute occasion, il mêle au récit de ses voyages des remarques intéressantes pour la géographie physique et l'histoire des mœurs. C'est lui qui nous apprend que les khans mogols tiraient un revenu considérable des lacs salés de la Crimée qui existent encore. Une charge de sel était vendue deux pièces d'étoffe de coton. Il a le premier fait connaître en Europe le *coumis*, boisson favorite des peuples mogols, ainsi que la manière dont ils le préparent, en laissant fermenter le lait de cavale. Il a parlé, avant Marc-Paul, de l'eau-de-vie de riz ou arrac ; il l'appelle *Terracina*. Dans le pays de Tangut, il vit les bœufs grognants, nommés encore *Sarluck* par ces peuples, et *Yak* dans le Thibet ; il en fait une description assez conforme à celle donnée par les modernes qui les ont vus ; il parle de leurs longues cornes qu'on est obligé de scier, de la crinière qu'ils portent sur le dos et sous le ventre, et de leur queue qui ressemble à celle d'un cheval, et qui est garnie de poils fins et touffus : dès ce temps-là, on en faisait usage aux Indes et à la Chine pour divers ornements de tête, et pour chasser les mouches. Il est le premier Européen, depuis Ammien Marcellin, qui fasse mention de la rhubarbe comme d'un remède ; elle fut ensuite plus généralement connue par le récit de Marc-Paul qui la trouva dans les montagnes de la province chinoise de Suchur près de la ville de Singui. Lorsque Rubruquis traversa la Caramanie, il y trouva en pleine activité les alunières qui approvisionnèrent toute l'Europe jusqu'au XVe siècle : selon lui, elles étaient situées dans le voisinage d'Iconium, et tenaient probablement à ce groupe de lacs salés et amers que nous avons appris à connaître d'après Strabon. Il vit, aussi dans les environs de Caracorum, les ânes sauvages si légers à la course, qui vont par troupes dans les landes de l'Asie, que les Mogols nomment *colans*, et que Pallas a le premier décrits en naturaliste.

Dans l'état d'enfance où était alors la géographie en Europe, on croyait généralement que la mer Caspienne était unie à l'Océan du Nord ; Rubriquis fit voir qu'elle est un grand lac isolé, auquel son immense étendue a fait donner le nom de mer.

Le grand nombre d'Allemands et de Français qu'il rencontra parmi les Mogols, et que ceux-ci employaient dans les travaux des mines, pour la fabrication des armes, et comme artisans en divers genres, prouve que ces prisonniers de guerre répandirent de bonne heure les arts de l'Europe dans l'intérieur de l'Asie. La fontaine mécanique faite par Guillaume Bouchier, de Paris, pour le grand khan de Caracorum, et les autres objets curieux possédés par les Mogols, servent à rendre raison de toutes ces figures en métal de dieux, d'animaux et de monstres, qu'on trouve dans les tombeaux de la Sibérie : il est vraisemblable qu'elles furent faites par ces artistes européens.

Les remarques de Rubruquis sur les *Oïgours* et les chrétiens Nestoriens qui vivaient parmi eux, offrent matière aux méditations de l'historien qui voudrait approfondir les rapports du système religieux du Dalaï-Lama avec celui de quelques sectes chrétiennes. Il nous semble aussi très-permis de croire que ces Nestoriens avaient, dans les VIe et VIIe siècles, porté jusqu'en Chine plusieurs arts et découvertes de l'Europe, et ainsi achevé de répandre chez ce peuple les germes de la civilisation européenne qu'ils avaient probablement reçus des Grecs de la Bactriane. Les Nestoriens, selon Rubruquis, habitaient quinze villes dans le Cathai; leur évêque résidait à *Segin*, probablement Sigan-Fou, ville de la Chine occidentale, où un monument attestait encore en 1625 l'ancienne existence d'un établissement chrétien. Rubruquis dit que les Mogols (qu'il nomme Tartares) ont pris des Oïgours leur alphabet et leur manière d'écrire, probablement originaires du même pays qui a vu naître les anciens alphabets indiens.

Les Tibétains avaient été anthropophages, comme les Padæi d'Hérodote; le souvenir de cette coutume n'était pas encore effacé du temps de Rubruquis.

L'énigme la plus célèbre qu'offrent ce voyage et celui de Carpin, c'est l'existence d'un monarque chrétien nommé le *prêtre Jean*, au centre de l'Asie, couverte alors, comme aujourd'hui, des ténèbres du paganisme.

Ce furent les croisades qui firent connaître aux chrétiens le prince qui, sous le nom de prêtre Jean, fit tant de bruit en Europe dans le moyen âge. Les écrivains du commencement du XIIe siècle, tels qu'Alberic d'Aix et Othon de Freisingen, le connaissaient déjà sous ce titre. Parmi les voyageurs qui pénétrèrent dans l'intérieur de l'Asie pour convertir les Mogols, Plan Carpin entendit parler du prêtre Jean, de ses guerres contre Gengiskhan et de ses miracles. Rubruquis qui, au nom de saint Louis, devait conclure une alliance avec lui contre les Mogols, est celui qui en parle le plus amplement. Il donne ce nom à *Unkkhan*, prince mogol, qui était chrétien nestorien, résidait à Caracorum, régnait sur les tribus mogoles de Merkit et de Keraït, et périt en 1203, un demi-siècle avant le voyage de Rubruquis, dans la guerre contre Gengiskhan. Il ne put en apprendre davantage, quoiqu'il traversât le pays de ce prince. Il recueillit tout ce qu'il en rapporte des relations des Nestoriens intéressés à répandre en Europe toutes sortes de faux bruits sur l'existence des princes chrétiens en Tartarie. D'autres voyageurs qui visitèrent ensuite ces peuples, citent aussi le prêtre Jean comme un prince qui avait régné en Asie; ils parlent de ses descendants, et cependant ils ne disent point avoir été à leur cour, et ne donnent pas une description étendue de leurs États. Jean de Monte-Corvino, un des moines que le pape envoya des derniers dans ces contrées, et de plus évêque chrétien de Cambalu et auteur d'une traduction du Nouveau Testament en mogol, écrivit de Pékin, en 1305, qu'il avait converti à la foi un prince de la race du prêtre Jean. Ainsi dans le temps où les missionnaires visitaient fréquemment le pays des Mogols, ce prince Jean n'était plus au nombre des vivants.

On a proposé diverses conjectures sur cet être mystérieux : on a même voulu y voir le Dalaï-Lama, assertion inadmissible à cause de la position que les voyageurs assignent au royaume du prêtre Jean. Il n'est pas aisé de dire avec quelque vraisemblance d'où venait le nom qu'on lui donnait en Europe. Toutes les étymologies qu'on a citées n'éclaircissent pas la question; mais l'idée la plus bizarre qu'on ait eue sur ce prince, est assurément celle des Portugais, qui, à l'époque de leurs grands voyages dans le XVe siècle, s'avisèrent de transporter tout à coup le prêtre Jean en Afrique, et de le confondre avec le Négus d'Abyssinie.

De tous les voyageurs du moyen âge, le plus célèbre et celui qui a parcouru et décrit le plus de pays différents, est *Marc-Paul*, noble vénitien. Son ouvrage sur les pays orientaux fut longtemps le manuel de toute l'Europe pour la géographie de l'Asie, et sa réputation ne fit que s'accroître lorsque les Portugais, par leurs découvertes maritimes eurent constaté la vérité de plusieurs de ses récits qu'on prétendait être forgés à plaisir. Marc-Paul parcourut l'Asie pendant vingt-six ans. Il est le premier qui ait pénétré en Chine qu'il divise en *Cathai* et en *Manci*, dans l'Inde au delà du Gange, et dans plusieurs îles de l'Océan indien, auparavant enveloppées de fables. Il entreprit ce voyage fameux vers 1271, dans la compagnie de son père, Nicolas Paul, qui avait déjà été à la cour du grand khan Kublaï; ils avaient avec eux quelques moines dominicains, dont l'un, Guillaume de Tripoli, a aussi donné la relation de ses voyages. Marc-Paul, peu après son retour dans sa patrie en 1295, fut pris par les Génois dans un combat naval, et conduit à Gênes; il y fut mis en prison, et c'est là qu'il écrivit ses voyages et les mit en ordre; malheureusement ce voyageur ne dit pas toujours s'il a réellement été dans les pays dont il fait mention, ou s'il n'en parle que par ouï-dire.

Employé dans plusieurs missions d'État par le grand khan des Mogols et des Chinois, Marc-Paul avait parcouru toute l'Asie centrale, mais comme il ne suit aucun ordre dans ses récits, il est difficile d'y retrouver quelques notions positives. *Balach* ou Balk, et la province *Scassens* ou l'Al-Shash, se reconnaissent aisément; mais où placer la contrée *Balaxiam* avec ses montagnes riches en rubis-balais, lapis-lazuli et divers minéraux, avec son climat si salubre que les malades guérissaient en y voyageant, avec ses troupeaux de moutons sauvages et ses agiles chevaux dont le dur sabot n'avait pas besoin d'un fer conservateur? Nous croyons y voir le Badakshan vers les sources du Gihon. Un canton voisin, celui de Vash, est nommé *Bascia* par notre voyageur, qui décrit aussi l'heureuse vallée de Kachemire sous le nom de *Chesimur*. Il traversa la plaine élevée de *Pamer* et les montagnes de *Belour*, et dans ces régions glacées où les loups et les hyènes poursuivent le mouflon ou mouton à grandes cornes, il observa longtemps, avant les physiciens modernes, que dans cette atmosphère raréfiée le feu brûlait avec moins de vivacité et de force.

Descendu de ces hauteurs stériles, Marc-Paul avait vu s'étendre au centre de l'Asie les régions tempérées et fertiles de *Cascar* ou Cashgar, de *Cotan* ou Coten, de *Peym* et autres cantons de la petite Boukharie. Les détails qu'il donne sur ce pays ne sont pas, aujourd'hui même, sans intérêt. Il fait mention d'une ville de *Lop* située près d'un grand lac, et de celle de *Hamul* ou Hamil, dont les habitants poussaient l'hospitalité jusqu'à céder aux voyageurs leurs filles et leurs femmes. La recherche de l'Oasis du grand désert, qu'il désigne sous le nom de *Ciartiam* ou Sertem, et celle du royaume de *Tenduch*, où régnait un descendant du prêtre Jean, ne présentent aucun espoir d'un résultat satisfaisant. Le voyageur vénitien avait décrit d'une manière assez exacte l'animal porte-musc, le grand faisan, et divers autres objets d'histoire naturelle. Son génie observateur le tint en garde contre les fables orientales, qui enchantèrent l'esprit léger de Mandeville, de Pinto, et d'autres voyageurs bien plus modernes.

Marc-Paul parcourut toutes les provinces de la Chine : il fut même au service du grand khan Mogol, et gouverneur, pendant trois ans, de la ville d'Yanguï. Sa description de ce royaume n'en embrasse pourtant pas toutes les provinces. Parmi les villes remarquables de cet empire, il décrit en détail *Cambalu* ou Pékin, sa capitale et ses douze faubourgs. L'explication qu'il donne de son nom, *ville du seigneur*, est très-juste. Il parle de Nankin, capitale du *Manci* ou de la Chine méridionale. Parmi les provinces du Manci, il décrit le district de *Nanghni*, très-important par son riche commerce de soie. Il regarde la ville de *Quinsai* comme la plus grande du monde. Son nom, en langue du pays, signifie *ville céleste*; elle était coupée par des canaux sur lesquels il y avait douze mille ponts. Pour donner une idée de l'immensité de cette ville, il dit que la consommation journalière du poivre y était de 94 quintaux. Ses habitants avaient coutume de brûler avec le corps des personnages de distinction des morceaux de papier où étaient représentés des esclaves, des chevaux et des monnaies d'or et d'argent. A 25 milles d'Italie de cette ville était le port de Canfu, par lequel elle faisait un commerce considérable avec les Indes et les îles à épiceries. Il fallait une année entière pour se rendre à ces îles, à cause des moussons ou vents périodiques. On y apportait entre autres une quantité de poivre cent mille fois plus considérable que celle qu'on importait à Alexandrie, quoique cette dernière place en approvisionnât l'Europe entière.

On pourrait trouver surprenant que Marc-Paul, qui a observé tant de choses en Chine, n'ait pas fait une seule fois mention du thé; mais il faut faire attention qu'ayant écrit son voyage de mémoire, il était difficile que tout se présentât à l'instant à son esprit. Il n'avait pas oublié la porcelaine : on en fabriquait beaucoup à Tingui, ville peu éloignée de Quinsai; elle était à si bon marché dans ces deux endroits, qu'on pouvait acheter huit grands plats pour un *grosso* de Venise. Il fallait laisser la terre à porcelaine exposée longtemps à l'air avant d'en pouvoir faire usage : elle restait ainsi trente ou quarante ans; les pères la laissaient en héritage à leurs enfants et à leurs petits-enfants. D'autres voyageurs ont fait la même observation. Ce Vénitien fut surpris de la rareté et du prix élevé de l'argent en Chine. Ce dernier métal y était à l'or dans la proportion de un à six, ou de un à huit. Les pelleteries fines y étaient à un prix excessif. Notre voyageur cite, comme une des merveilles de Pékin, le charbon de terre, ou, comme il l'appelle, la pierre noire, qu'on tirait des montagnes du Cathai et qu'on brûlait au lieu de bois.

Marc-Paul semble confondre avec les provinces du Cathai le Bengale et le Pégu ; il donne à ce dernier pays le nom de *Mien* qu'il porte encore aujourd'hui chez les Chinois. On trouvait de l'or dans ce pays, d'ailleurs très-sauvage et couvert de forêts pleines d'éléphants et d'autres animaux sauvages. Ce voyageur est le premier qui ait fait connaître le Bengale aux Européens : il en dépeint la fertilité ; il fait l'éloge du coton, du riz et du sucre qu'on y récolte. On y faisait alors, et depuis encore dans le XVe siècle, un grand commerce d'eunuques.

Ayant fait voile de *Zaithon*, port de Manci, Marc-Paul visita plusieurs îles. En faisant la description de ce voyage, il a occasion de parler du Japon, qu'il nomme *Cipangu*, d'après la dénomination chinoise *Schibyn*. Ses habitans avaient le teint blanc, et adoraient des idoles monstrueuses à plusieurs têtes et à plusieurs bras, comme celles des Indiens. Il raconte comment le khan Kublaï voulut faire la conquête de ce royaume, et comment la plus grande partie de son armée fut engloutie dans les flots. Au sud du Japon s'étendait la *mer de Cin*, où il y avait sept mille quatre cent-quarante îles, la plupart habitées et riches en épiceries, mais il dit n'y avoir jamais été. De Zaithon, il alla par le golfe d'Yunan à la province de *Ziamba*, très-riche en éléphants et en bois d'ébène. C'est le royaume de Ciampa, au sud de la Cochinchine. Au sud-est de ce pays, Marc-Paul place, d'après des rapports qu'on lui avait faits, *la grande Java*, l'île la plus considérable du monde, abondante en épiceries, que les Chinois y venaient acheter. C'est sans doute l'île de Bornéo ; au moins la description qu'en donne Edouard Barbossa, qui était dans les Indes au commencement du XVIe siècle, et la courte notice de Marc Paul, ne conviennent aussi bien à aucune autre. Il est plus difficile de deviner quelles sont les îles voisines nommées *Sondur*, *Condur* et *Boech* ou *Loeach*. La *petite Java*, qu'il visita, est bien certainement Sumatra. Les habitants des montagnes de l'intérieur sont encore aussi sauvages que

Marc-Paul les a dépeints. Les royaumes dont il fait mention, inconnus aux premiers auteurs qui ont parlé de Sumatra, tels que Barbossa et Barros, ont en partie été reconnus par des écrivains du XVIIIe siècle; le pays de *Ferlach* ou Felech porte chez Marsden le nom de Perlach, et celui de *Basman* ou Passaman est encore une contrée très-peuplée. Le royaume de Lambri avait été connu des Arabes, et Barros le nomme *Jambli*; il existe encore. Celui de *Fanfour*, dont Aboulfeda et Bakoui font mention comme étant riche en une espèce de camphre, a conservé une obscure existence sous le nom de Campar. Ainsi Marc-Paul avait recueilli d'assez bons renseignemens pendant les cinq mois qu'il resta à Sumatra. Il ne vit lui-même que le royaume de *Samara*, d'où l'île paraît avoir tiré son nom actuel; car les voyageurs européens qui sont venus après Paul, l'appellent *Samatarra, Zamatra, Zamara, Saborma* et *Samander*. La mention que Marc Paul fait de l'île *Malaiur* et de la ville de même nom, prouve qu'il avait entendu parler de ce peuple qui s'est tant répandu au delà de Malacca. Entre autres curiosités de Malacca, il décrit l'arbre au sagou, et la manière dont les insulaires préparaient un aliment avec sa moelle; il parle aussi du rhinocéros, qu'il nomme *Leoncorno*: cet animal, à ce qu'il croyait, se servait, pour sa défense, de sa langue, qui est à la vérité fort rude.

Au nord de Sumatra, il trouva les îles de Nicobar et d'Andaman, mais ici sa relation est peu conforme à la vérité; il ne connaît qu'une île dans chacun de ces groupes du golfe du Bengale : l'île de *Naucauveri* qu'il nomme *Necurau*, dans le premier, et celle d'Angana, dans le second. Les habitants étaient anthropophages, et avaient, dit-il, des têtes de chien. Ce qu'il raconte de l'état sauvage de ces îles et des habitudes cruelles des indigènes, a été confirmé par les voyageurs modernes; mais ils n'y ont pu découvrir les épiceries dont il fait l'éloge. A l'est de ces îles était celle de Ceylan, qui avait 2,400 milles d'Italie de circonférence. Jadis elle avait été plus grande : les eaux de la mer en avaient enlevé une partie, ainsi qu'il l'avait appris des cartes marines indiennes. Il répète le conte du gros rubis que possédait le roi de cette île, et que le grand Khan mogol convoitait vainement.

Il se rendit à la presqu'île du Dekkan, et d'abord dans le Pays de *Vaar*; c'est le Marawar. Sa description de l'Inde ne regarde que les pays situés le long des côtes de Coromandel, de Malabar, de Concan et de Guzerate.

Il n'avait rien appris sur l'intérieur de cette contrée, ou bien il n'a pas jugé à propos d'en parler. Il s'étend beaucoup sur les coutumes des habitants ainsi que sur les *merveilles* du pays ; il fait connaître les Bramines ou *Abrajamin*, non-seulement comme formant la première caste indienne et comme les sages de la nation, mais aussi comme *schamans* ou sorciers. Les chevaux étaient rares dans cette partie de l'Indostan : on les faisait venir par mer de l'Arabie et de la Perse, comme on le pratique encore aujourd'hui ; et à cause du manque de fourrage, on les nourrissait avec du riz cuit, même avec de la viande et autres choses qu'on n'a pas coutume de leur donner en Europe. Les voyageurs modernes ont confirmé ce que Marc-Paul rapporte à ce sujet ; on donne encore aujourd'hui aux chevaux de l'Inde de l'ail, du beurre, et des têtes de mouton bouillies. La vénération que les Indiens ont pour les bœufs et les vaches, n'échappa point à ses observations. Les habitants du Marawar regardaient comme un péché de manger du bœuf et de quelques autres animaux. Il y avait quelques tribus qu'il nomme *Gavi*, et qui osaient manger du bœuf mort naturellement, ou d'autres animaux tués. Les Indiens ne buvaient pas à la manière des Européens ; chacun avait son vase particulier pour cet usage ; ils ne le faisaient pas toucher à leurs lèvres, mais versaient d'en haut la boisson dans leur bouche, de la manière décrite par Sonnerat et autres voyageurs modernes. Dans certaines contrées de l'Inde méridionale, boire du vin était un délit ; ceux qui en buvaient n'étaient pas admis en témoignage. Ce que Marc-Paul dit de l'aversion des Hindous pour la mer, s'est plusieurs fois confirmé de nos jours. Les Anglais ont été obligés, en différentes occasions, d'envoyer les Cipayes par terre du Bengale à Madras, à travers le pays des Mahrattes et des Circars septentrionaux, parce qu'ils refusaient absolument de s'embarquer. Marc-Paul connaît aussi les courtisanes de l'Inde, les fameuses *balladeres* ; il en trouva près de chaque temple ; elles célébraient par des danses les fêtes de leurs dieux qu'elles épousaient, eux ou leurs prêtres. Il parle des palanquins, dans lesquels les principaux habitants se font transporter si voluptueusement d'un endroit à un autre. Il avait aussi appris que l'apôtre saint Thomas était venu prêcher le christianisme aux Indes, qu'il était enterré dans la ville de Méliapour, au nord du Marawar, et qu'auprès de son tombeau il se faisait baucoup de miracles.

Au nord du Marawar, sur la côte de Coromandel, était le royaume de *Murfili* ou de Morfil, c'est-à-dire, le pays de l'ivoire. Comme il ajoute qu'il y avait dans ce royaume des mines de diamant très-riches, il paraît certain qu'il a voulu parler du royaume de Golconde. On y fabriquait aussi, de même que dans le reste de l'Inde, des mousselines de la plus grande finesse et d'autres tissus de coton. A l'occident de Méliapour, on trouvait le pays de *Lar*, où il y avait beaucoup de Brahmines et de Jogées qui menaient une vie très-austère, couraient tout nus, et vivaient d'aumônes. On ne peut appliquer ce nom qu'au Guzerate des modernes, qui est la *Larice* des Grecs et le *Laar* des Arabes. Il est donc évident que Marc-Paul ne suit aucun ordre en nommant les provinces de l'Inde. En décrivant les côtes du Malabar et du Concan, le premier endroit dont il parle est *Cael*, ville très-commerçante. Il remarqua chez ses habitants la coutume de mâcher du bétel généralement répandue dans l'Inde. Comme Barbossa cite dans le royaume de Coulan une ville de Cael, qui au commencement du XVIe siècle faisait un grand commerce de perles, et que l'historien Couto nomme, parmi les principaux États du Malabar, celui de *Calecoulan*, il y a lieu de penser que le Cael de Marc-Paul désigne Calicoilang. Ce voyageur passe ensuite au royaume de *Coulan*, où habitaient beaucoup de Juifs, et qui produisait du poivre et de l'indigo en grande abondance. Il retrace tous les procédés qu'on employait pour obtenir cette drogue propre à la teinture en bleu, et qui dès ce temps-là était à Venise un article de commerce. Il décrit ensuite le royaume de *Comori* ou Comorin, sans faire observer que le continent méridional se terminait au promontoire de ce nom; il revient sur ses pas et nomme tout d'un coup le royaume de *Deli* ou Eli. Enfin il se rappelle le royaume de Malabar ou de la côte de ce nom, qui, à proprement parler, comprend tous les pays qu'on vient de nommer. Le dernier royaume de l'Inde, dont il s'occupe, est celui de Guzerate, qu'il avait déjà décrit sous le nom de Lar. Il parle de ces fameux pirates indiens qui, naguère encore inquiétaient le commerce dans ces parages. Il décrit la culture du coton, et les tissus extrêmement fins qu'on en prépare. La fabrication en était immense dans ces environs, avant que les Mahrattes y eussent détruit toute industrie. L'antique ville de *Cambaye* très-commerçante, était alors le chef-lieu d'un État indépendant. Semenat ou *Servenath*, la plus ancienne ville du Guzerate, florissait aussi par son commerce étendu. De là Marc-Paul retourne au Concan, et parle de *Canam* ou Tana, place de commerce dans l'île de Salcette et dans le voisinage de Bombay. Dans le XIIIe siècle, elle était connue des Arabes par son grand commerce. La province la plus occidentale de l'Inde est, suivant notre voyageur, celle de *Rasmacoram*, dont les habitants étaient mahométans. C'est sans doute celle de Mécran en Perse; Marc-Paul aura entendu nommer, en arabe, le Raz-Makran, c'est-à-dire le promontoire de Mécran.

Après la description de l'Inde, vient celle des principales villes de la Perse et de l'Arabie, ainsi que d'une partie de l'Afrique orientale; et enfin, celle des déserts de l'Asie septentrionale, enveloppés de fables. Le port d'*Aden* était un marché très-célèbre, d'où l'Inde tirait ses chevaux, et où l'on apportait la plus grande partie des épiceries et des marchandises destinées pour l'Europe. De là on les expédiait, par la mer Rouge, sur de petits bâtiments qui se rendaient en vingt jours à Suez, d'où on les transportait par terre à Alexandrie. Au nord d'Aden, sur la côte occidentale du golfe Persique, était *Escier*, aujourd'hui Adsjar, autre place de commerce : ses environs produisaient beaucoup d'encens. Marc-Paul parle de l'île célèbre d'*Ormus*, de son commerce étendu, et de ses navires si remarquables par leur frêle construction, et que les Arabes nomment *Trenkis* ou Tarad. Il paraît aussi qu'il a été à Bassora; du moins il observe que c'est là que croissaient les meilleures dattes, dont cette ville fait encore aujourd'hui un grand trafic. Il ajoute qu'elle était sur une des routes du commerce de l'Inde avec l'Europe. A Bagdad, qui était à dix-sept journées de la mer, on chargeait les marchandises sur des chameaux. C'était dans cette ville que se faisait presque tout le commerce des perles qu'on envoyait en Europe. Elle possédait des fabriques de brocard d'or, de damas et d'étoffes de soie brochées. Une grande quantité de marchandises allait de Bagdad à Tauris, où l'on rencontrait des négociants de l'Inde, de la Perse et d'autres pays. Notre voyageur paraît n'avoir pas connu le commerce direct de cette ville avec la Chine, dont les relations modernes nous ont entretenus; quoiqu'il soit probable qu'il eût lieu alors, tout comme au XVIe siècle, par le moyen des caravanes. Suivant lui, Bassora même n'avait point de relation immédiate avec l'Inde. Les marchandises de ce pays étaient d'abord portées à *Chisi* ou Chisti, avant d'arriver à Bassora. Il a probablement voulu parler de quelque île du golfe Persique; du moins Barbossa cite une île de Quixi. Suivant D'Anville, elle s'appelle Keish, et jadis elle était l'entrepôt du commerce de la place de *Sira*, marché très-renommé dans le xe siècle, parce que les navigateurs n'aimaient pas d'aller jusqu'à Bassora, à cause de la fréquence des orages. Par la suite, Ormus attira tout le commerce. Aujourd'hui l'île située au midi de Siraf se nomme *Kes* ou Kyen.

Dans l'Afrique orientale, notre voyageur décrit d'abord Madagascar ou *Magastar*. C'est là que se trouvait le *rock*, cet oiseau énorme qui était assez fort pour enlever un éléphant. Ibn-el-Ouardi place aussi cet animal fabuleux dans une île de l'Océan. C'est de ce géographe ou de quelqu'autre Arabe que Marc-Paul aura emprunté ce qu'il dit des îles, dont les unes n'étaient habitées que par des femmes, et les autres que par des hommes, Bakoui a aussi parlé dans sa géographie, d'hommes à tête de chien, que le voyageur vénitien raconte avoir trouvés dans une île du golfe de Bengale. Cet auteur arabe place encore dans l'île de *Cassar*, située dans la mer de la Chine, les petits nains que Marc-Paul déclare être des singes et se trouver à Sumatra.

Ce dernier ne parle que de deux pays du continent de l'Afrique; du *Zanguebar*, habité par des nègres sauvages, et de l'Abyssinie. Il n'a connu aucun des petits États arabes placés sur cette côte. Il donne à l'Abyssinie le nom arabe d'*Abascia* ou Habesch. Le souverain, qui était chrétien, régnait aussi sur des mahométans. On y trouvait des mines d'or très-abondantes.

De ces pays méridionaux, Marc-Paul passe à ceux du nord de l'Asie. Il y en avait un très-riche en pelleteries; mais le sol, composé de marais, restait couvert de neiges et de glace la plus grande partie de l'année. Au lieu de chariots, les habitants se servaient de petits traîneaux tirés par des chiens; les commerçants les employaient aussi pour eux et leurs marchandises. A ce pays de glaces, dans lequel on reconnaît la Sibérie, confinait celui des Ténèbres, dont les habitants n'avaient pas de tête. Le soleil ne s'y montrait presque pas dans l'hiver; mais, malgré la longueur des nuits, les Tartares savaient fort bien enlever aux habitants les précieuses fourrures qui s'y trouvaient en grande abondance. Dans cette partie du monde était la *Ruzie*, empire immense, tributaire des Mogols. Ses habitants faisaient un grand commerce de pelleteries, et professaient la religion grecque.

Marc-Paul est le créateur de la Géographie moderne de l'Asie; c'est le Humboldt du XIIIe siècle. Mais sa mauvaise fortune, en l'empêchant de publier une relation plus méthodique, a répandu sur ses exploits et sa gloire un sombre nuage, et a dérobé aux sciences une partie des travaux de ce grand homme.

CHAPITRE DIX-NEUVIÈME.

Itinéraire de Pegoletti. Oderic, Mandeville, Clavijo, Josaphat Barbaro, et autres voyageurs des XIVe et XVe siècles.

La religion, la politique et le commerce, ces trois grands mobiles de toutes les grandes entreprises, continuèrent pendant les XIVe et XVe siècles à diriger l'attention des Européens vers l'Asie centrale. Les exploits de Tamerlan, vainqueur pour un moment de la redoutable puissance des Turcs, fixèrent les regards et les espérances du monde chrétien. Peu à peu les nouvelles routes commerciales par l'Égypte, et ensuite par le Cap de Bonne-Espérance, firent abandonner les voyages en Asie. Nous continuerons l'histoire de ces voyages par une explication succincte de l'Itinéraire d'Azof à la Chine par François Balduin *Pegoletti* qui voyagea en Asie vers l'an 1335. C'est une indication de la route qu'on peut prendre pour aller avec des marchandises d'Azof à la Chine, et pour en revenir.

« Premièrement, dit Pegoletti, d'Azof à *Gintarchan* ou Astracan, il y » vingt-cinq jours de route en allant dans un chariot traîné par des » bœufs; quand il l'est par des chevaux, il ne faut que dix à douze » jours. On rencontre, chemin faisant, beaucoup de Mogols armés. De » Gintarchan à *Sara* il y a une journée par eau, et de Sara à *Saracanco* » ou Saratschick, huit journées aussi par eau. On peut, si l'on veut, s'y » rendre par terre; mais, quand on porte avec soi des marchandises, » le voyage est à beaucoup meilleur marché par eau. De Saracanco » à *Organci* ou Urgens, il y a vingt journées avec des chameaux. Celui » qui a des marchandises, fait bien de passer par Organci, parce qu'on » trouve à les y vendre avantageusement. De là à *Oltrare*, Otrar, on » compte trente-cinq à quarante journées, aussi avec des chameaux. » Ceux qui n'ont point de marchandises peuvent prendre un chemin » plus court, en allant directement de Saracanco à Oltrare, ce qu'ils » font en cinquante jours. D'Oltrare à *Armalech* il y a quarante-cinq » journées, qu'on fait, monté sur des ânes. Dans la route, on rencontre

» souvent des Mogols. D'Armalech à *Camexu* ou Chamil, il y a soixante-dix » journées qu'on fait encore à dos d'âne, et de là on va en soixante-cinq » jours, à cheval, jusqu'à un fleuve dont le nom n'est pas connu. De » ce fleuve on peut se rendre à *Cassai*, Quinsay, pour y vendre des lin- » gots d'argent, parce que cette marchandise y est d'un fort bon débit. » On part de Cassai avec le produit de l'argent en espèces monnayées, » et en trente jours on se rend à *Gamalecco*, Cambalu, Pékin, capitale de » la Chine. La monnaie courante y est en papier ; quatre *babissi* (c'est » le nom de cette monnaie) font un *sonmo* en argent. »

Les marchands qui faisaient ce voyage, étaient obligés de laisser croître leur barbe, et de prendre avec eux un bon interprète et des domestiques sachant la langue cumane ou turque. La valeur des marchandises et de l'argent qu'un seul négociant portait avec soi, se montait en tout à une valeur de 25,000 ducats *fins d'or;* la dépense totale du voyage jusqu'à Pékin, y compris les gages des domestiques, était estimée 300 à 350 ducats. Ces détails, un peu minutieux, prouvent que le voyage de la Chine était beaucoup plus facile au XIVe siècle qu'il ne l'est de nos jours. Aussi, les notions sur l'Asie étaient à quelques égards plus avancées qu'elles ne le sont à présent; il est malheureux que le défaut d'observations astronomiques leur ôte ce caractère de précision qu'exige la géographie. Tâchons pourtant de reconnaître les lieux indiqués dans l'Itinéraire de Pegoletti.

Gintarchan est notre Astracan : Josaphat Barbaro, dans son Voyage de Tana en Perse, fait dans le XVe siècle, en parle sous ce nom. Les épiceries et la soie y arrivent pour être ensuite portées à Tana. On appelait encore cette ville *Citracan*. Ces deux noms sont formés, par corruption, de l'arabe Hadgi-Tarkan.

Sara, la seconde station de notre voyageur, était *Saray*, capitale des États du khan de Kaptschack. Elle fut bâtie en 1266 par le khan Berkai. Aboulfeda dit qu'elle est la capitale des Tartares septentrionaux, et la place à deux journées de marche de la mer Caspienne. Elle était sur la rivière d'Actuba qui tombe dans le Wolga au-dessus d'Astracan, et fut détruite par Tamerlan en 1403.

Saracanco ou Saratschick est aussi ruinée. En 1238, c'était une ville florissante. Le franciscain *Paschalis* la visita à cette époque. Elle existait encore en 1558, lorsque Jenkinson alla d'Astracan à Boukhara ; il estime sa distance de la première ville à dix journées de route. Elle était fréquentée alors par des caravanes qui d'Astracan se rendaient à la Chine. Cette ville des Tartares Nogaïs, autrefois très-peuplée, s'étendait sur les bords du Jaïk, où l'on voit encore les vestiges de ses anciennes fortifications.

Organzi ou Urgenz, capitale du Chowarezm, était à environ un demi mille du Gihon. Les Orientaux l'appellent aussi *Dzorzanyah* et *Gurgandzi*. Cette ville, très-ancienne, souffrit beaucoup du tremblement de terre de 818. En 1558, Jenkinson, en quittant Saratschick, passa par Urgenz, qui n'était qu'un endroit misérable ; la route de la Chine le traversait à la vérité, mais il avait été ravagé quatre fois en sept ans. Deux voyageurs anglais s'y trouvèrent en 1740. De toute la ville, il n'existait plus qu'une mosquée, et les Tartares fouillaient les ruines pour y découvrir des trésors.

Les voyageurs remontaient au nord pour arriver à *Oltrare* ou Otrar, qui porte ausi le nom de Farab. Mandeville en parle comme de la meilleure ville du Turkestan. Ici l'Itinéraire de Pegoletti nous laisse sans lumières sur une des contrées le moins connues de l'Asie, en nous conduisant à travers le Turkestan directement à *Armalecco* ou Almalich, ville du pays de l'Oïgour sur la rivière Ab-Eile ou Ili. En 1400, elle fut prise par Tamerlan. Divers écrivains arabes placent dans le Turkestan, par les 120° 30, de longitude, et 44° de latitude septentrionale, une ville d'*Almaligh*, qui paraît être la même. Paschalis, qui y séjourna en 1338, dit que c'est la capitale des *Mèdes*. Mais l'Itinéraire, trop rapide, nous conduit directement à *Camexu* dans le Tangut, non loin de la grande muraille de la Chine. *Came-Xu* est la ville de Hamil ou Cami, si fameuse par la complaisance avec laquelle le beau sexe y recevait les voyageurs. Le nom Came-Xu n'est autre chose que celui de Cami, avec l'annexe chinoise *tcheou* qui signifie *ville*. Le fleuve éloigné de 65 journées de Camexu et dont le nom est omis, ne peut être que le Caramuran qui, en arrosant la Chine, porte le nom de Hoangho ou fleuve jaune. Mandeville, Oderic de Portenau et tous les voyageurs du moyen âge, le traversèrent avant d'arriver à Pékin. Marc-Paul le passa plusieurs fois.

Il a été plus difficile de retrouver *Cassai*, ancienne ville très-célèbre par son commerce, et que Mandeville et Oderic citent sous le nom de *Cassai*, *Causai*, *Cascai*, *Canasia* et *Quinsay*. Marc-Paul en parle sous ce dernier nom comme de la ville de commerce la plus grande et la plus riche de la Chine. Ce voyageur et Oderic traduisent son nom par celui de *cité céleste*. Nicolas Conty, qui parcourut toute l'Inde avant 1444, nous avait appris qu'elle était à quinze journées au delà de Cambalu ou Pékin. Aujourd'hui on admet que la *Quinsay* de ces voyageurs n'est autre que *Hang-Tcheou*, ville encore très-considérable située sur le Thsian-Thang et sur le lac Sihon.

Pékin répond certainement à la ville que l'Itinéraire nomme *Gamalecco*; c'est Cambalu ou Cambalig arrangé à l'italienne.

Tous ces voyageurs font mention du papier-monnaie de la Chine, que Pegoletti nomme *babisci*; c'était, selon lui, un papier jaune, marqué du timbre du prince. Rubruquis dit que, de son temps, la monnaie courante, à la Chine, consistait en morceaux de papier fait avec du coton, marqués du nom du souverain. Haïton affirme la même chose; Oderic de Portenau nomme ce papier-monnaie *balis*. Les habitants du pays l'employaient à payer leurs impôts. Vraisemblablement, le nom de balis ou balisi est le même que celui de *faloues*, petite monnaie de billon qui, dans le IXe siècle, était la seule courante en Chine. Mille de ces faloues valaient un denier d'or. On fit ensuite ces balisis en papier, et ils eurent une plus grande valeur. Marc-Paul est celui qui en parle avec le plus de détail : il dit expressément qu'aucune autre monnaie n'a cours en Chine, et qu'elle est fabriquée pour le compte du khan avec l'écorce du mûrier. Suivant Mandeville, il y en avait aussi en cuir. Josaphat Barbaro, qui était en Perse vers la fin du XVe siècle, observe que cette monnaie avait encore cours en Chine. Un savant, qui a passé une partie de sa vie en Chine, reconnaît l'ancienne existence du papier-monnaie dans cet empire; seulement il en attribue l'introduction aux Mongoux. Les Chinois ne reçurent cette monnaie qu'avec répugnance.

Parmi les voyageurs et géographes du XIVe siècle nous distinguerons encore Haïton, Oderich de Portenau et Mandeville. Ils ont ajouté peu de vérités et beaucoup de fables aux notions recueillies par Marc-Paul.

Haïton, prince arménien, dans son ouvrage intitulé : *Histoire orientale*, a rédigé une géographie générale des principaux États de l'Asie, à l'exception de la presqu'île au delà du Gange et des îles voisines. Pour composer cet ouvrage, il mit à profit les écrits des auteurs mogols, un mémoire qu'avait rédigé Haïton I, roi d'Arménie, lorsqu'il était avec Rubruquis à la cour du khan Mangu, et enfin ce qu'il avait lui-même appris durant son séjour en Arménie. Ce Haïton, qui avait échangé la pourpre royale contre le froc, fut mandé en France en 1307 par le pape Clément V, pour y donner des renseignements touchant la croisade qu'on préparait; et, se trouvant à Poitiers, il dicta son ouvrage en français, de mémoire, et sans aucune note écrite, à un certain Nicolas Salconi.

Dans les esquisses géographiques du prince arménien, on doit distinguer ce qu'il dit du royaume de *Tarse* situé à l'ouest de la Chine, et à l'est du Turkestan; Mandeville indique aussi la même position. Haïton donne aux habitants de Tarse le nom d'*Igours*; il y avait parmi eux des chrétiens qui se servaient de lettres particulières. Le Turkestan était borné à l'ouest par le Chowarezm. Ses habitants vivaient presque toujours sous des tentes. Leur ville principale s'appellait *Ocerra*, Otrar. Le Chowarezm s'étendait jusqu'à la mer Caspienne, et vers le nord jusqu'à la Cumanie. Il appelle sa capitale *Charesm*; c'est le nom qu'elle porte chez le géographe de Nubie. Haïton ne fait mention que de l'île d'Ormus qu'il nomme *Hermes*, parce que, dit-il, le philosophe Hermès l'a produite par l'effet de son art. Il parle aussi de Ceylan, dont le roi possédait le plus gros rubis du monde; enfin, nous lui devons le trait si souvent répété depuis sur l'orgueil des Chinois, qui disent qu'eux seuls ont deux yeux, et que les autres habitants de la terre n'en ont qu'un.

Un moine, nommé Oderic de Portenau, plein de zèle pour la conversion des infidèles, parcourut l'Asie depuis les côtes de la mer Noire jusqu'à la Chine. On ne sait pas en quelle année il commença ses courses; elles furent terminées en 1330. La relation de son voyage a été écrite en latin par Guillaume de Sologne, d'après les entretiens qu'il avait eus avec Oderic.

Oderic parcourut l'Asie dans le même temps que Mandeville; et la conformité souvent textuelle de leurs relations ferait croire que l'un a copié l'autre, ou qu'ils ont puisé tous deux dans une source commune. Un trait particulier de la relation d'Oderic, c'est que très-souvent il affirme, par serment, la vérité de plusieurs de ses récits qui n'en paraissent pas moins incroyables. C'est en arrivant sur la côte du Malabar que ce voyageur commence à mériter quelqu'attention. Selon lui, le poivre croissait dans une immense forêt, longue de quinze journées de marche, et où étaient situées deux villes encore inconnues, *Flandrima* et *Cycilin*, ou *Alandrina* et *Ziniglin* : Mandeville les nomme *Fladrina* ou *Glandina* et *Cinglans* ou *Cinglante*. La première était habitée par des juifs et des chrétiens; dans leur voisinage était *Polumbrun*, ville très-commerçante, où les femmes se brûlaient avec le corps de leur mari défunt. Oderic ajoute qu'on n'exigeait pas d'elles ce sacrifice lorsque le mari laissait des enfants. A quinze journées de là était Méliapour, où l'apôtre saint Thomas était enterré. Ici Oderic décrit la manière dont les Indiens honoraient leurs divinités, les pénitences extraordinaires que s'imposaient les fakirs, et comment, lors des fêtes, les Indiens se faisaient écraser sous les roues des chars qui portaient leurs idoles. De là il fit voile pour Sumatra ou l'île de *Lameri*, dont une province s'appelait *Symoltra*; ses habitants étaient anthropophages. Auprès de Lameri, était *Java*, île très-considérable. Entre ces deux îles, il place le royaume de *Boterigo*. A peu de distance de ce royaume inconnu, il y en avait un autre, celui de *Paten*, que Marc-Paul nomme *Peten*; mais il est situé dans l'île même de Sumatra. Dans celui de Paten, croissait l'arbre du Sagou dont la moelle servait de nourriture aux habitants. Oderic visita le royaume de Ciampa, où il y avait abondance de poissons et de tortues. Ici l'ordre du voyage paraît interrompu. On ignore ce que c'est que l'île de *Hicunera*. En parlant de Ceylan, Oderic raconte qu'outre des diamants et des rubis, on y trouve des oiseaux à *deux têtes*, monstres qui ont reparu, il y a peu d'années, dans une géographie française. Au sud de Ceylan, devait se trouver une autre île de *Dadin* ou *Badin*, habitée par des anthropophages.

Oderic comprend dans les Indes quatre mille quatre cents îles dont il n'indique pas les noms, et qui étaient gouvernées par soixante-quatre rois. Selon lui, le *Manci* ou la Chine méridionale fait aussi partie de l'Inde; il la nomme Inde supérieure. Il parle des longs ongles des personnes de qualité et des petits pieds des femmes; il dépeint le surprise que lui ont causée la grandeur et la richesse des villes qu'il visita lors de son retour de Zaiton à Pékin.

Pour revenir en Europe, il traversa le pays du prêtre Jean, dont la capitale s'appelait *Kosan*. Mandeville rapporte plusieurs particularités de cette ville, la nomme *Suse* et *Sofa* sans qu'on en sache mieux quel endroit c'est. A plusieurs journées de ce pays, on trouvait la grande province de *Cassan*, soumise à l'empereur de la Chine, et où croissait la rhubarbe; cette racine y était à si bon marché, que, pour six grossi, on en pouvait acheter la charge d'un cheval. Oderic a sans doute voulu parler du Kaschgar que Marc-Paul traversa aussi, et qu'il nomme Cassar et Cascan. Le *Cassar* est limitrophe du Thibet, dont les habitants, selon Oderic, conservaient la coutume mentionnée par d'autres voyageurs de faire servir leurs estomacs de tombeaux aux corps de leurs proches parents qui venaient à mourir, et d'employer les crânes humains en guise de gobelet. Oderic avait entendu parler du Dalaï-Lama, qu'il appelle *le pape de ces contrées*; il dit que son titre est *alfabi* ou *abassi*. Son voyage se termine au Thibet, et on ignore par quelle route il est revenu en Europe.

Le désir de parcourir les pays étrangers et de voir les célèbres merveilles de l'Asie, engagea Jean Mandeville, chevalier anglais, à quitter sa patrie en 1327. Il servit d'abord le soudan d'Egypte, puis le grand khan du Cathai dans ses guerres contre le roi du Manci. Il avait écrit ses voyages à son retour chez lui en 1356, afin de charmer les ennuis de sa solitude. De son propre aveu, il emprunta beaucoup de traits à de vieilles chroniques et à des romans de chevalerie. Il copie des pages entières du voyage d'Oderic et de la géographie d'Haiton.

Conformément au goût de son temps, Mandeville rapporte les choses les plus incroyables: ce sont des îles habitées par des géants qui ont vingt-huit et cinquante pieds de haut; ce sont des montagnes au sommet desquelles on voit des têtes de diable qui vomissent feu et flamme; il parle aussi du fameux agneau de Tartarie qui était engendré par un melon. Dans le voisinage de Sumatra, Mandeville place les îles de *Calouac*, *Tracoda*, *Cassalos* et *Multa*. Selon Sprengel, aucune de celles qu'on connaît dans ces parages n'a la plus légère ressemblance de nom avec ces îles. Ce voyageur rapporte beaucoup de choses singulières sur le pays du *prêtre Jean*; il donne à ce royaume le nom d'*île de Pentaxoire*, dont dépendent la province de *Milstorac*, l'île de *Taprobane* et une autre appelée *Bragman*, arrosée par le fleuve *Thebe*. Il décrit, dans ce pays, les villes de *Nyse* et de *Suze*. Dans cette dernière, le prêtre Jean avait un palais magnifique : on y admirait, entr'autres choses, une haute tour ornée de deux grosses pommes d'or très-éclatantes; elles contenaient chacune deux grandes escarboucles qui toute la nuit brillaient d'un éclat singulier. Dans une lettre que le prêtre Jean fit remettre, dans le XIIe siècle, à Manuel Comnène, empereur de Constantinople, et dans laquelle il fait une description exagérée de sa puissance et de ses richessee, on trouve ce passage : « Sur le faîte de mon palais sont deux pommes d'or, et dans chacune d'elles deux escarboucles; de sorte que l'or brille pendant le jour, et les escarboucles reluisent pendant la nuit. »

Ce goût des merveilles règne dans presque toutes les relations du XIVe siècle ; celles du XVe offrent un caractère moins fabuleux. On distingue surtout *Ruy-Gonzales de Clavijo* comme un voyageur instruit et véridique.

Le bruit des conquêtes de Tamerlan engagea Henri III, roi de Castille, à envoyer à ce khan des Tartares une ambassade qui devait le trouver au sein de son empire. Il désirait connaître la puissance et les mœurs des nations qui l'habitaient, la position des vaincus et le caractère du vainqueur. En conséquence, deux nobles de son royaume, *Pelajo de Sotomayor* et *Ferdinand de Palazuelos*, partirent en 1393 pour le Levant, arrivèrent à la horde de Tamerlan avant sa victore sur Bajazet, et furent témoins de la défaite complète des Turcs. Le vainqueur renvoya les Espagnols chez eux avec des présents, et les fit accompagner par une ambassade dont il honorait le roi de Castille. Henri III en envoya une seconde à Tamerlan en 1403. De cette dernière était *Clavijo*, qui revint en Espagne en 1406; il écrivit le journal de son voyage, où il raconte la réception qui lui avait été faite à Samarcand, et ce qu'il avait observé dans les différents pays qu'il avait traversés.

Clavijo s'arrêta quelque temps à Constantinople, dont il visita surtout les églises. Cette immense ville n'était pas très-peuplée; on voyait, dans son enceinte, des jardins et des champs labourés. Après une navigation très-lente dans la mer Noire, il arriva le 11 avril 1404 à Trébisonde, où les Génois et les Vénitiens occupaient chacun un château. L'ambassade traversa l'Arménie, le nord de la Perse et le Khorasan : souvent elle fut obligée de passer la nuit au milieu des déserts, ou bien avec une horde errante que Clavijo nomme *Chacateis*. Il est impossible de reconnaître les noms de beaucoup d'endroits visités par ce voyageur. A Hoï, sur la frontière de Perse et d'Arménie, il rencontra un ambassadeur du sultan de Bagdad qui, entre autres présents pour Tamerlan, lui amenait une girafe vivante. Il fit route avec lui jusqu'à Samarcand.

Depuis Tauris, il y avait des stations réglées où était un certain nombre de chevaux toujours prêts à porter les ordres du khan, ou pour le service des voyageurs. Tauris faisait un grand commerce ; on y trouvait en abondance des perles, de la soie, des toiles de coton et des huiles odoriférantes. Les Génois y jouissaient de la liberté du transit pour leurs marchandises. *Sultania* était aussi un marché célèbre pour les marchandises des Indes. Tous les ans, depuis juin jusqu'en août, il y arrivait des caravanes de ce pays; il en venait encore d'*Yésen*, probablement Yezd, et de Serpi ; les toiles de coton de toutes couleurs et le coton filé y étaient apportés du Khorasan. Les perles et les pierres précieuses venaient d'Ormus, éloigné de soixante journées, et où, suivant Clavijo, les marchands du Cathai apportaient des perles et de très-beaux rubis. Les caravanes des Indes faisaient surtout le commerce d'épiceries fines, comme girofle, muscade et macis, dont on trouvait les meilleures qualités à Sultania. Clavijo est le premier qui nous fasse connaître cette nouvelle route du commerce entre l'Inde et l'Europe. On commença peut-être à la suivre lorsque Bagdad eut été détruite par les Mogols ; mais il paraît que Sultania ne conserva pas longtemps après le passage de Clavijo ce commerce florissant ; car Josaphat Barbaro, Contareni et autres voyageurs ou marchands, qui vinrent dans cette ville vers la fin du XVe siècle, disent qu'il n'y avait de remarquable que les minarets d'une mosquée qui étaient en métal et travaillés avec beaucoup de délicatesse.

Clavijo décrit, avec les expressions d'une admiration extrême, les fêtes que Tamerlan donna aux ambassadeurs. Les tentes nombreuses où mangeaient la cour et les principaux Tartares, étaient revêtues de brocard d'or, d'étoffes de soie précieuses, enrichies de perles, de rubis et d'autres pierres fines : on y voyait des tables d'or ; les plats, les vases pour boire était d'or, d'argent, de faïence et de porcelaine. Les convives étaient régalés avec de la chair de cheval bouillie et rôtie, avec du mouton, du riz et des fruits. On servait aux envoyés des portions si énormes, qu'elles auraient suffi pour les nourrir eux et leur suite pendant un an. Les moutons et les chevaux bouillis ou rôtis étaient posés sur des brancards revêtus en or, portés par des chameaux que les domestiques conduisaient aux écuyers tranchants. Il y régnait une semblable profusion de boissons. Les convives s'enivraient avec du vin et du *coumis*. Celui qui buvait le plus, avait le titre de *bahadar*. Pour rehausser davantage l'éclat de la fête, on jetait de temps en temps aux personnes présentes des pièces d'or et d'argent ou même des turquoises. Avant de partir, les ambassadeurs visitèrent la ville de Samarcand; elle n'était pas plus grande que Séville, mais beaucoup plus peuplée, et avait des faubourgs immenses avec de grands jardins et des vignobles : Tamerlan y avait transporté et établi plus de cent cinquante mille hommes tirés des pays qu'il avait conquis, surtout des ouvriers en soie de Damas et des fourbisseurs de Turquie et d'autres endroits. A cette époque, Samarcand faisait encore un grand commerce : les Russes et les Tatares y apportaient des cuirs, des pelleteries et des toiles; il y venait des étoffes de soie, du musc, des perles, des pierres précieuses et de la rhubarbe du Cathai. Il fallait six mois pour se rendre de Samarcand à Cambalou, capitale du Cathai, et l'on en employait deux à traverser des déserts. Cette ville avait aussi des relations avec l'Inde, d'où elle recevait les épiceries fines, telles que le girofle et le macis. Clavijo répète à ce sujet l'observation qu'il a déjà faite à Sultania, que ces sortes d'épiceries ne se trouvaient pas à Alexandrie.

Parmi les autres voyageurs du xve siècle, on a souvent distingué un prisonnier de guerre allemand, nommé *Jean Schildberger*, de Munich ; il suivit Tamerlan dans ses expéditions jusqu'en 1405, et servit encore divers autres khans tartares jusqu'en 1427. Sa relation, écrite de mémoire, n'offre pas de grandes lumières à la géographie ; nous avons déjà remarqué que le passage qu'il appelle *Témurcapit*, ou la porte de fer, doit être cherché entre la Tartarie et la Mongolie, et non pas à Derbent. Comme Schildberger n'avait point étudié, il écrit tous les noms d'après la prononciation, tandis que les autres voyageurs de son temps les défigurent d'un autre manière, en leur donnant une tournure italienne ou latine.

Le géographe trouve plus d'instruction dans les voyages de *Josaphat Barbaro*, Vénitien, envoyé par sa république à Tana, en 1436, et en Perse, auprès du roi Hussum-Cassan, en 1471. Barbaro parcourut toute la Tartarie, c'est-à-dire, le Khanat de Kaptchak, qui alors embrassait tous les pays depuis l'embouchure du Dniester jusqu'aux monts Oural, et depuis les portes de Moscou jusqu'à la mer Caspienne. Le duché de Russie était un État sans force et mal peuplé; Moscou renfermait de vastes espaces, couverts de bois. Nous avons déjà fait observer que dans la Crimée, nommée encore *Chazaria*, notre voyageur rencontra des restes des Goths. Pourquoi le suivrions-nous au milieu des peuplades du Caucase, dont il défigure les noms en changeant, par exemple, celui des Mingréliens en *Menglériens?* Il serait plus intéressant de l'accompagner en Géorgie, où une nation, retombée dans l'état sauvage, ne conservait de son ancienne civilisation que des mœurs corrompues. Barbaro visita les principales villes de la Perse, telles que *Schiras*, qui comptait alors deux cent mille habitants ; *Yezd*, riche par ses manufactures de soieries, et *Strava* ou Estrava sur la mer Caspienne, port où fleurissait le commerce, et qui répond à l'Astrabad de nos jours. Elle était à vingt-cinq journées de marche à l'est de Tauris. Mais les observations de Barbaro, ne peuvent être considérées comme des découvertes.

Il est temps de quitter les voyageurs d'Asie et d'aller observer sous d'autres climats le nouvel essor de l'esprit de découvertes. Mais, avant de nous élancer sur l'Océan pour suivre les traces des Colomb et des Vasco de Gama, il faut jeter un coup d'œil rapide sur les résultats des changements géographiques opérés en Europe pendant le moyen âge.

Le traité de Verdun consacra le partage de l'empire de Charlemagne, et la séparation des royaumes de *France* et de *Germanie* : l'empereur Lothar I, en donnant à son fils, qui portait le même nom, les pays entre le Rhin, la Meuse et l'Escaut, fit naître la dénomination de *Lotharingie* ou royaume de Lothar, d'où nous avons fait Lorraine. La Lotharingie répondait alors à peu près à l'ancienne Austrasie. Le duc Boson, ayant enlevé aux rois de France la Provence, le Dauphiné, la Savoie, le Lyonnais et une partie de la Franche-Comté, on forma le royaume de *Bourgogne cisjurane*. Pendant les dissensions qui suivirent la destitution de Charles le Gros, on vit l'Helvétie détachée par Rodolphe, se transformer en royaume de *Bourgogne transjurane*. Les deux Bourgognes réunies prirent le nom de royaume d'*Arélate* ou d'*Arles*. Une troupe de Normands, plus redoutable par la valeur que par le nombre, força les faibles descendants de Charlemagne à la cession de la province qu'on désigne encore aujourd'hui sous le nom de *Normandie*. (An 911.) Les ducs de ce nouvel État, ceux de Bourgogne et d'Aquitaine ou Guienne, les comtes de Toulouse, de Champagne et de Flandres, quoique vassaux, jouirent longtemps d'une puissance presque souveraine. La maison ducale de Bourgogne acquit même en souveraineté les riches États connus depuis sous le nom de Pays-Bas, et joua jusque vers la fin du xve siècle un grand rôle parmi les puissances de l'Europe.

En Allemagne, les maisons de Luxembourg, de Hohenstaufen ou Souabe, de Bavière, de Saxe et d'Hapsbourg, se formèrent successivement des États dont les noms, après beaucoup de changements à l'égard des frontières, subsistent encore. L'Autriche grandissait. La Bohême ayant pris le titre de royaume et presque détachée de l'empire germanique, vit quelquefois ses rois monter sur les trônes de Pologne et de Hongrie. Mais de tous les États orientaux, la *Pologne* seule jeta un grand éclat; réunie sous Uladislas le Nain, elle étendit sa domination jusque sur la Moldavie et la Valachie; enfin la *Lithuanie*, État qui, dans le XIIIe siècle, avait arraché à la Russie, humiliée par les Mongols, de vastes provinces sur le Borysthène, fut incorporée à la monarchie polonaise, déjà héritière d'une partie des conquêtes faites en Prusse par les chevaliers teutoniques. Depuis la Baltique jusqu'à la mer Noire, le nom polonais dominait sur l'antique Sarmatie; mais loin des regards de l'Europe, le grand Iwan rétablissait, à la même époque, le vaste empire des Russies qui devait un jour engloutir tout l'orient de l'Europe. La nation des *Cosaques* paraît s'être formée dans le XIIe ou XIIIe siècle par un mélange des tribus russes et mongoles. Les États voisins du Danube, tels que la Hongrie, la Servie, la Bulgarie et autres, devinrent, dans le XVe siècle, l'arène sanglante où le croissant de Mahomet devait si longtemps lutter contre les armes chrétiennes.

Dans le nord, les trois royaumes de *Suède* ou d'Upsal, de *Norwége* ou de Tronhiem, et de *Danemarck* ou de Léthra héritèrent successivement (An 800-900) de tous les autres petits États scandinaves, et prirent les limites qu'ils ont conservées jusqu'en 1660. Près des glaces du pôle, la liberté fit fleurir pendant deux siècles la république d'*Islande*, devenue ensuite une misérable annexe de la Norwége. Les conquêtes des Danois en Angleterre, Prusse et Livonie, ne produisirent aucun changement durable; ce fut aussi en vain que la Sémiramis du Nord noua, pour quelques instants, le lien de cette fameuse union qui devait embrasser la Scandinavie entière.

L'*Espagne*, plus heureuse, vit les couronnes de Léon, de Castille et d'Aragon se réunir successivement sur la même tête. Le dernier de ces trois États comprenait, outre l'Aragon, la Catalogne et Valence, les îles de Sicile, de Sardaigne et les Baléares qui avaient successivement été conquises par la dynastie issue de Raymond, comte de Barcelone (An 1437-1474.) L'État de Navarre, démembré de l'empire de Charlemagne, se fond aussi dans la monarchie espagnole ; le Maure fugitif pleure dans les sables d'Afrique la perte du paradis de Grenade ; une lisière de la péninsule, seule détachée de l'ensemble, forme le royaume de *Portugal.*

Parmi les petites républiques d'Italie, brillaient *Florence*, la moderne Athènes, *Pise*, redoutée des Sarrasins, *Gênes* et *Venise*, illustres rivales dans la carrière des conquêtes maritimes ; ces États semblaient retracer dans les XIIIe et XIVe siècles une image de la Grèce. Venise et Gênes survécurent à la chute de la liberté générale. La première restait à la fin du XVe siècle, maîtresse d'un grand territoire en Lombardie, des côtes de la Dalmatie, des îles Ioniennes, de Candie et de Chypre. Dépouillée de ses comptoirs en Crimée et sur la mer Noire, Gênes retomba dans un état de faiblesse, d'où le génie dédaigné de Colomb aurait seul pu la faire sortir. Cependant les autres républiques italiennes virent sortir de leur propre sein les usurpateurs qui leur enlevèrent le plus précieux bien d'un peuple ; les Médicis, les Este, les Gonzaga, les Visconti, changèrent ainsi Florence, Modène, Mantoue, Milan, et d'autres États libres, en autant de duchés. Les comtes de Savoie fondent obscurément cette puissance qui devait un jour devenir la gardienne des Alpes. Le pontife romain avait été longtemps l'arbitre des rois, sans avoir pu se rendre souverain des États dont Pepin et Charlemagne avaient donné la suzeraineté à l'Église de Rome. Enfin, l'ancienne capitale du monde reconnut pour prince son évêque, et après avoir été agitée par diverses intrigues aristocratiques, après avoir même vu pour un instant renaître la république romaine, elle trouva dans une obéissance tranquille le plus sûr garant de sa prospérité et de sa grandeur nouvelles. Avant d'être une puissance temporelle, le pape avait déjà des vassaux dans les comtés de la Pouille et de la Calabre, qui, après avoir chassé de l'Italie méridionale les Grecs et les Arabes, se proclamèrent rois des *Deux-Siciles.*

CHAPITRE VINGTIÈME.

Découvertes des Portugais en Afrique et en Asie. An 1400-1543.

Une nouvelle carrière va s'ouvrir à nos regards. La vaste étendue de l'Afrique, et les chaleurs de la zone torride avaient paru, à la plupart des anciens, rendre impossible la navigation autour de l'Afrique. Le commerce entre l'Europe et l'Inde avait suivi constamment les deux routes de l'Euphrate et d'Alexandrie. Les événements amenèrent une révolution qui, avec la découverte du Nouveau Monde, concourut à changer la face de l'Europe, et à fixer dans l'occident le siége de la civilisation moderne.

Les Portugais, parvenus à chasser de leur pays les Maures, poursuivirent jusque sur les rivages d'Afrique ces ennemis du nom chrétien. On voulut exterminer leur religion, mais on voulut surtout s'emparer de leurs richesses. Chaque nouvelle victoire entraîna une nouvelle expédition. La boussole, invention d'une origine incertaine, avait permis aux marins de quitter les rivages et de parcourir la haute mer. Cependant c'est principalement aux succès éclatants obtenus devant Ceuta, et à la louable curiosité de l'infant don Henri, que la géographie est redevable du renouvellement de la navigation autour de l'Afrique, de la découverte des pays qui s'étendent depuis le cap Nun jusqu'au cap Guardafui, et enfin de la connaissance plus exacte de l'Indostan et des régions méridionales de l'Asie depuis Ceylan jusqu'à la nouvelle Guinée, contrées auparavant enveloppées des ténèbres de la fable. Parmi les motifs du prince Henri, il faut peut-être compter les rapports que des Juifs et des Arabes lui fournirent sur l'intérieur de ce pays, sur les *Azenaghis* qui habitaient au delà des Nègres, et sur les mines d'or de la Guinée. Le cap Nun ou Noun avait jusqu'alors été le terme ordinaire des navigations. Chacun redoutait les dangers affreux que la tradition faisait craindre à ceux qui le doubleraient. C'est ce que *Gilianez* exécuta enfin en 1433, après plusieurs tentatives inutiles. Cependant les tempêtes et les orages qui retardèrent si longtemps cette entreprise poussèrent Jean Gonzalez Zarco et Tristan Vaz vers l'île de Porto-Santo et vers celle de Madère, qui probablement avait déjà été visitée plus d'une fois, sans être pour cela connue des navigateurs. Cette terre élevée parut d'abord aux Portugais n'être qu'un épais brouillard dans le lointain. Ce fut dans les forêts immenses de Madère que les Portugais fondèrent leur première colonie; l'infant y envoya des habitants et des animaux domestiques; il y fit planter des cannes à sucre de Sicile, ainsi que des vignes de Chypre, et y fit établir des moulins à scie, afin que la mère patrie pût profiter des beaux bois qui avaient échappé aux ravages de l'incendie allumé par ceux qui avaient découvert l'île. Vers le temps où l'on doubla le cap Nun, d'autres Portugais découvrirent les Açores. Gonzalo Velho Cabral aborda à l'île de Sainte-Marie en 1432; les autres furent trouvées peu à peu, et leur découverte ne fut complétée qu'en 1450. On les prit d'abord pour les Antilles ou îles en avant des Indes de Marc-Paul, et Martin Behaim plaça dans sa carte les côtes du Cathai à leur couchant. Elles commencèrent à être peuplées en 1449. En 1466, la duchesse de Bourgogne y envoya une colonie de Flamands, ce qui leur a aussi fait donner le nom d'îles flamandes.

Il règne dans l'histoire de la découverte des Açores beaucoup d'obscurité. On s'accorde à représenter ces îles comme absolument inhabitées avant l'arrivée des Portugais; on prétend qu'on n'y trouva pas même un seul quadrupède. Cependant nous avons vu que les cartes du XIVe siècle indiquent des îles dans ces parages. La statue équestre qu'on dit avoir été trouvée par les premiers colons dans l'île de Corvo, et qui, selon les uns, montrait du doigt vers l'ouest, ou selon les autres, faisait signe aux voyageurs de retourner sur leurs pas, nous paraît la preuve d'une découverte antérieure. Mais les monnaies carthaginoises et cyrénaïques qu'on a trouvées à Corvo ne nous autorisent point à faire remonter cette découverte aux siècles de l'antiquité : elles ont pu y être portées par des Arabes et même par des Normands revenant d'une expédition en Afrique.

Cependant la guerre avec les Maures ou Arabes continuait toujours au delà du cap Bojador. En 1442, Lisbonne vit avec étonnement les premiers esclaves noirs avec leurs cheveux crépus et entièrement différents des prisonniers de guerre Maures qui n'étaient que basanés : les Mahométans les avaient donnés pour rançon de quelques-uns de leurs compatriotes tombés entre les mains des Portugais; car, avant l'établissement de la compagnie créée pour le commerce d'esclaves et établie à l'île d'Arguin découverte en 1452, et avant que l'or de la Guinée eût mis les Portugais en état d'acheter les nègres, les malheureux Africains étaient tous les jours enlevés de force. En 1445, les Portugais arrivèrent au Sénégal où ils trouvèrent les premiers nègres païens. Tous les peuples qu'ils avaient vus plus au nord, et avec qui leur comptoir d'Arguin faisait un commerce réglé, étaient mahométans. En 1456, *Aloysio de Cadamosto*, en compagnie de quelques Génois, découvrit les îles du cap Verd. Peu après *Pierre de Cintra* atteignit le premier la côte de Guinée, et alla au sud de Serra-Leone jusqu'au cap Mesurado (An 1462). Déjà la côte d'Afrique, en se repliant vers l'est, semblait ouvrir aux émissaires du prince Henri la route de l'Inde. Déjà ce prince pouvait se flatter de voir s'achever ses nobles projets lorsque la mort l'enleva en 1463. Mais la route était tracée. L'état imparfait de la navigation retarda seul les progrès des découvertes.

Quoique la compagnie privilégiée, qui seule avait la permission d'aller aux côtes de Guinée, se fût obligée de pousser les découvertes à cinq cents milles plus au sud dans l'espace de cinq ans, les Portugais n'atteignirent le cap de Bonne-Espérance que cinquante-trois ans après qu'ils eurent doublé le cap Nun (An 1486).

La compagnie privilégiée ne pouvait faire le commerce à Arguin ou au cap Verd, mais seulement sur les côtes inconnues au sud de Serra-Leone; le roi de Portugal se réservait le droit exclusif d'y acheter l'ivoire à un prix assez bas. Des navigateurs, dont les noms sont oubliés, découvrirent en 1472 les îles de Saint-Thomé, du Prince et d'Annobon, situées sous la Ligne. La première ne tarda pas à devenir fameuse pour la culture du sucre. Beaucoup de juifs espagnols s'étant réfugiés en Portugal, y furent exilés : et longtemps avant la découverte de l'Amérique, des esclaves nègres y cultivèrent la terre. La construction du fort de la Mine sur la Côte-d'Or, découverte en 1471 par Jean de Santarem et Pierre Escobar, facilita beaucoup l'accroissement des connaissances sur la Guinée. En 1484, *Diego Cam* trouva le fleuve du Zayre dans le royaume de Congo dont plusieurs habitants s'embarquèrent volontairement pour le Portugal; ils ignoraient, ces malheureux Africains, que les étrangers auxquels ils accordaient l'hospitalité venaient prendre possession de leur patrie, en y plantant une croix et en y élevant un pilier avec une inscription portugaise. Ce pilier de pierre fit d'abord donner au fleuve Zayre le nom de *Rio Pedrao* qu'il porte chez Martin Behaim. A la même époque, *Alfonse d'Aveiro* découvrit le Benin, et en apporta le piment à Lisbonne : on le connaissait déjà dans cette ville depuis longtemps. Les marchands italiens le tiraient du nord de l'Afrique, où les caravanes l'apportaient de Guinée en traversant le pays des Mandingues et les déserts du Sahara : comme on ignorait en Italie quel était le pays qui produisait cette précieuse épicerie, on lui donnait le nom de *graine de Paradis*.

Ceux qui abordèrent les premiers au Benin, ayant appris des habitants qu'à 250 milles à l'est de leur pays résidait un prince chrétien qui adorait la croix, on crut enfin avoir trouvé en Afrique le royaume du *prêtre Jean* qu'on cherchait depuis si longtemps, et on confondit avec ce personnage le négus d'Abyssinie.

Les Portugais ne firent pas d'établissement au sud du cap Negro dans le Benguela et la Cafrerie, et n'examinèrent pas le pays avec autant de soin que les parties plus septentrionales de l'Afrique. Enfin Barthélemy Diaz atteignit, en 1486, l'extrémité méridionale : il la nomma *cap des Tourmentes*; mais le génie du roi Jean II y vit le *cap de Bonne-Espérance*, et bientôt l'on ne douta plus de la possibilité de faire le tour de l'Afrique par mer.

Avant que Diaz apportât la nouvelle de sa découverte à Lisbonne, Jean II avait envoyé deux moines à Jérusalem pour obtenir des renseignements sur le prêtre Jean qui demeurait en Afrique. Cette députation n'eut aucun succès, parce que les envoyés ne comprenaient pas l'arabe. Pierre Covilham et Alphonse de Païra furent ensuite dépêchés à Alexandrie pour y chercher des notions sur ce prince chrétien, de même que sur l'Inde. Ils allèrent jusqu'au Caire : là, s'étant mis de compagnie avec des marchands maures de Fez et de Tlémecen, qui se rendaient à Aden, ils partirent pour Suez. Covilham s'y embarqua, visita Goa, Calicut et plusieurs autres villes commerçantes des Indes, ainsi que les mines d'or de Sofala en Afrique. Il revint par Aden au Caire, afin d'y attendre son compagnon Païra : celui-ci s'était rendu par terre en Abyssinie où il était mort. Mais, avant que les rapports de

Covilham parvinssent à Lisbonne, deux juifs portugais, qui avaient été longtemps à Ormus et à Calicut, donnèrent au roi de très-bons renseignements sur les Indes et sur tous les royaumes qui en dépendaient. D'après leur relation et d'après la connaissance qu'on avait acquise d'une mer qui s'étendait au midi de l'Afrique, Vasco de Gama fut envoyé, en 1497, à la recherche des Indes par cette voie; il eut la mission de conclure avec le prêtre Jean une alliance pour protéger le commerce de ces contrées contre les Maures et les Arabes qui y étaient très-puissants. Gama navigua le long des côtes orientales de l'Afrique. Les nombreuses flottes portugaises qui le suivirent, ayant tenu la même route, toutes les parties de la côte, qui n'étaient connues que des Arabes, se déployèrent pour la première fois aux regards des Européens. La *mer Ténébreuse* au delà de Sofala qui avait paru inaccessible aux Arabes, fut parcourue en tout sens. Après avoir doublé le cap de Bonne-Espérance, Gama visita une partie de la côte de Cafrerie, à laquelle il donna le nom de pays de Natal, d'après le jour auquel il en fit la découverte. Il n'alla pas jusqu'à Sofala; mais on en eut bientôt des relations par Pierre de Rhaja, qui y fit bâtir un fort en 1506. Sofala, connu chez les Arabes sous le nom de *Pays de l'Or*, appartenait au grand royaume de *Monomotapa*, ainsi appelé d'après son souverain.

Les royaumes de *Quiteve*, de *Sedanda*, de *Chicova* et de *Butua*, dépendants du Monomotapa, furent bientôt visités avec soin après que les Portugais eurent commencé à naviguer sur le grand fleuve de Zambèze, et eurent bâti sur ses bords les forts de *Sena* et de *Tate* : ils y tenaient toujours, ainsi qu'à Bucati et à Nacapa, des missions et des comptoirs pour acheter l'or des Cafres qui demeuraient dans les environs des mines. Une armée, commandée par les Portugais Baretto et Homen, partit en 1573 de Sofala et de Mozambique; après avoir essuyé bien des fatigues et livré de fréquents combats, elle pénétra jusqu'aux mines de Manica et de Butua. Il fut impossible aux Portugais de s'établir dans ces déserts. Ce n'était qu'avec beaucoup de difficulté qu'on séparait l'or du sable en le lavant; un ouvrier après avoir travaillé longtemps, en obtenait à peine quatre à cinq grains. Les Cafres ne savaient pas chercher les veines d'or dans l'intérieur de la terre : les fouilles qu'ils faisaient se comblaient journellement. Ils ne voulaient point partager le commerce de l'or avec les étrangers ; ils leur refusaient des vivres, et leur dressaient des embûches.

Gama, n'ayant pas touché à Sofala, découvrit Mozambique, où il chercha en vain des pilotes pour les Indes. Il aborda à Mombaze, ville de commerce. Ici les Portugais éprouvèrent une surprise agréable ; pour la première fois, une ville d'Afrique leur présenta des maisons régulièrement bâties et des mœurs civilisées; c'était une colonie arabe. Ils visitèrent ensuite le royaume de Mélinde, où régnait le luxe et le commerce, et où Gama vit pour la première fois des Banians ou commerçants indiens; et y obtint des pilotes pour le guider dans sa route.

Les flottes qui le suivirent, et qu'on envoyait tous les ans de Lisbonne aux Indes, achevèrent la découverte de l'Afrique orientale jusqu'à la mer Rouge : *Faria y Souza* en a tenu un registre qui embrasse cent quarante ans de 1500 à 1640. Pierre Alvarez Cabral arriva en 1500 à Quiloa, capitale d'un royaume arabe très-puissant, sur la côte de Zanguebar qui posséda assez longtemps Mombaze, Mélinde, les îles Comores et plusieurs ports à Madagascar. Albuquerque le Grand découvrit, en 1503, l'île de Zanzibar, dans le voisinage de Mombaze, et imposa à son souverain un tribut annuel. Plusieurs autres États arabes ne tardèrent pas à être soumis à de semblables contributions. On exigeait cinq cents *mitigales* par an de la république de Brava. Le roi de Portugal tirait un revenu considérable de tous ces États nègres; l'or de l'Afrique était principalement employé à payer les marchandises des Indes. Le bruit qu'on avait répandu que Madagascar, ou, comme on l'appelait alors, l'*île Saint-Laurent*, produisait des épiceries fines, engagea Tristan d'Acunha, en 1506, à la visiter en détail. Il n'y trouva que du gingembre, des Nègres farouches, et quelques Arabes répandus le long des côtes. Vers ce même temps, d'autres navigateurs portugais abordèrent à la côte d'Ajan, nom sous lequel les Arabes comprenaient tous les pays entre le fleuve Quilmance et le cap Guardafui. La ville de Magadoxo faisait alors un très-grand commerce; ses habitants avaient découvert le pays de Sofala, et étendu leur commerce le long de cette côte. Magadoxo était fréquentée par les marchands d'Aden et de Cambaye qui venaient y échanger les marchandises de l'Inde contre de l'or et de l'ivoire. Albuquerque étant enfin venu à bout d'expulser les Arabes d'Aden en 1513, la mer Rouge fut ouverte aux Portugais; ils acquirent une connaissance exacte des ports et des pays qui en bordent les côtes, ainsi que de sa navigation lente et périlleuse. L'Abyssinie leur avait été connue, dès 1487, par l'ambassade qu'ils y avaient envoyée; mais ils ne parurent pas sur les côtes de ce royaume avant 1520. Avant cette époque, Lopez Segueira y vint avec une flotte. François Alvarez fit connaître le pays par la relation de son ambassade.

Ainsi les côtes d'Afrique furent entièrement connues. Accordons que, parmi les anciens, quelques géographes aient regardé comme possible la circumnavigation de cette partie du monde, tandis que d'autres se refusaient d'y croire; admettons qu'un navire arabe, dans le IXe siècle, en allant aux Indes, ait été poussé par une tempête au sud de l'Afrique, et soit arrivé dans la Méditerranée; la route autour du cap n'en était pas moins inconnue; et les Arabes, auxquels il eût été plus facile de la découvrir, y pensèrent si peu que le navire dont nous venons de parler leur parut devoir être rentré dans la Méditerranée par la mer des Khozares, c'est-à-dire par la *mer Caspienne* qu'ils supposaient joindre à la fois l'Océan oriental et la mer Noire.

Il faut jeter un coup d'œil sur les voyages des Portugais en Asie. Nous avons perdu une des sources principales, la géographie d'Asie par Barros, la plus complète de celles de ce siècle; mais nous en avons deux autres qui contiennent d'excellents renseignements sur l'Asie méridionale depuis la mer Rouge jusqu'au Japon. L'auteur de l'une est *Edouard Barbosa* ou *Barbessa*; il y recueillit tout ce qu'il y avait observé par lui-même et ce qu'il avait appris d'autrui. Barbosa accompagna Magellan dans son voyage autour du monde, et éprouva le même sort que lui dans l'île de Zébu. Le nom de l'auteur de la seconde géographie ne nous est pas connu; cependant il avait lu Barbosa, car il dispose dans le même ordre les pays dont il parle. Il promet une description détaillée des Moluques; mais cette partie de son ouvrage est entièrement perdue.

C'est d'après ces sources que nous indiquerons les services que les Portugais ont rendus à la géographie en complétant nos connaissances sur l'Asie.

Vasco de Gama aborda en 1498 à Calicut, capitale des États du Zamorin sur la côte de Malabar. Ses compagnons ne tardèrent pas à se répandre à Cochin, à Cranganor, et dans les autres ports qui faisaient le commerce du poivre ou celui des épiceries fines. Les Arabes et les voyageurs du moyen âge avaient fait connaître isolément quelques endroits de la côte de Malabar ou d'autres contrées de l'Inde. Les premières relations des Portugais représentèrent les pays et les peuples même les moins considérables selon leur position et leur importance réelles; et on put enfin former un tableau général de l'Inde. Barbosa et Barros font déjà mention des royaumes situés entre les caps Dilli et Comorin, tels que ceux de *Calicut*, *Cranganor*, *Cochin*, *Coulan* et *Travancor*, ainsi que de plusieurs petits États des Naïrs, comme *Porca* et *Chettua*. Ces deux auteurs décrivent aussi avec les plus grands détails les usages du Malabar, la division par castes, et tout ce qui distingue les Indiens des autres nations. Les Portugais ne tardèrent pas à arriver aux montagnes des *Gates*, d'où sortent tous les fleuves considérables qui arrosent la côte de Coromandel. Bientôt après leur arrivée, ils s'étendirent tout le long de la côte occidentale jusqu'au golfe de Cambaye. Ils pénétrèrent dans le royaume de *Canara* qui touche au Malabar; sa capitale était Onor, ville commerçante qui existe encore. Baticale et Mangalor étaient dès lors des villes célèbres. Le fleuve Aliga formait aux environs des Ankedives la limite septentrionale du pays de Canara : là commençait le *Décan*, État très-puissant alors, qui s'étendait jusqu'à la côte de Coromandel, et qui était partagé en plusieurs royaumes nommés par des écrivains modernes Visapour, Bérar, Golconde et Candisch. En 1510, Albuquerque conquit dans le Décan la ville de *Goa*, depuis si célèbre, et le centre de la domination des Portugais dans les Indes. Dabul, Chaul et autres villes maritimes furent aussi forcées de se soumettre au vainqueur. Le fleuve Bate séparait le Décan du royaume de *Cambaye*, qui renfermait plusieurs villes de commerce très-florissantes, telles que Basseen, Daman, Barrach et Surate. Il avait aussi dans sa dépendance l'île de Salcette, dont les pagodes creusées dans les rochers, les idoles gigantesques et les autres antiquités, attirent encore l'admiration des voyageurs. Parvenus au Guzarate, les Portugais bâtirent une forteresse près de *Diu*, endroit qui faisait un très-grand commerce avec l'Arabie, la Perse et les pays voisins. Au nord dans les montagnes habitaient les indomptables *Rajepoutes*.

Les princes mahométans de ces États ayant essayé d'éloigner les Portugais de leurs côtes, ceux-ci formèrent des relations d'amitié avec plusieurs royaumes hindous de l'intérieur. L'alliance avec le royaume de

Bisnagor ne tarda pas à leur devenir extrêmement importante. Cet État qui portait le nom de sa capitale, aujourd'hui détruite, comptait les rajahs de Canara parmi ses vassaux. Sa domination s'étendait jusqu'à la côte de Coromandel. Barbosa donne à ce royaume le nom de *Narsinga*. Il dit qu'au nord du fleuve Aliga il était borné par le Décan, et qu'il dominait sur le Tanjaour et le Travancor. Barros semble comprendre dans ce royaume toutes les provinces méridionales de la presqu'île en deçà du Gange.

Les Portugais ne commencèrent à fréquenter la côte de Coromandel qu'après avoir découvert Malacca et les îles des épiceries. En 1518, ils arrivèrent au Bengale sous le commandement de Jean de Silveira. Vers le même temps, le roi Emmanuel donna ordre de s'occuper de la recherche du tombeau de saint Thomas à Méliapour. Aucun des historiens portugais ne fait mention des royaumes actuels de Marawar, de Tanjaour et de Carnatic, mais bien d'un grand nombre de villes parmi lesquelles Tutucoryn, Negapatnam, Tranquebar, Pondichéry, Paliacate et Masulipatam existent encore. La côte de Coromandel était approvisionnée avec le riz du Malabar. Dans la partie septentrionale de la côte de Coromandel était le royaume d'*Orissa*, entre les caps Gondavéri et Palmeiras : on y trouvait aussi plusieurs villes de commerce très-florissantes, dont la plupart existent encore. Lorsque Jean de Silveira arriva au port de Chittagong ou Chatigam dans le *Bengale*, il y fut reçu très-froidement et n'apprit que peu de chose sur ce jardin de l'Inde. Chittagong avait des relations avec tous les ports de l'Inde. Lors de l'arrivée des Portugais, on y expédiait pour la Perse un grand nombre d'eunuques qu'on vendait 100 et 200 ducats. On fabriquait au Bengale des tissus de coton de la plus grande finesse; il en venait aussi beaucoup de sucre en poudre, du gingembre et de la soie.

Les îles voisines de l'Inde ne tardèrent pas à être visitées par les conquérants portugais : François d'Almeida bâtit un fort aux *Ankedives*, afin d'intercepter les navires maures qui s'y rassemblaient depuis que les Portugais s'étaient emparés de Cochin et de Calicut, et que la côte de Malabar fourmillait de corsaires chrétiens. En 1512, Simon d'Andrada fut jeté sur les *Maldives*, qui devinrent bientôt fameuses pour leurs cocos; elles étaient déjà fréquentées; les Arabes y cherchaient les cordages qu'on y fabriquait avec les fibres des cocos, et les cauris qui tenaient lieu de petite monnaie au Bengale et à Siam. Les Portugais seuls tiraient annuellement deux à trois mille quintaux de ces petits coquillages qu'ils portaient en Guinée, au Congo et à Benin. Dès 1506 ils avaient visité *Ceylan*. Almeïda chercha à en chasser les Maures qui portaient la cannelle à Aden et à Ormus, et qui faisaient servir cette île de lieu de rafraîchissement à leurs navires chargés d'épiceries venant de Malacca et des Moluques, et se rendant aux golfes de Perse et d'Arabie. Les Portugais enseignèrent aux insulaires l'usage des armes à feu, ainsi que la fabrication des canons et d'autres armes. La forteresse de *Colombo* fut leur premier établissement dans cette île. Bientôt tous les rois voisins furent obligés de leur payer un tribut annuel en cannelle, en bagues garnies de perles et de rubis, et en éléphants. Cette île était alors divisée en neuf royaumes. Au centre était celui de Candy. On nomme déjà les villes de Jafnapatnam, Cale, Trinquemale et Battikalo.

L'espoir de trouver à *Malacca* ou dans les îles voisines la patrie des épiceries, y attira Lopez Sequeira en 1509; mais on n'y forma d'établissement fixe qu'en 1511, après la prise de Malacca par Albuquerque. Cette ville avait été bâtie depuis environ deux cent cinquante ans à la place de celle de Singapour, jadis renommée par son commerce : elle était la capitale d'un royaume particulier qui s'était séparé de celui de Siam; son port était le marché principal pour les marchandises de la Chine et les épiceries : on y voyait des négociants de l'Arabie et de la Perse; il s'y rendait des navires du Malabar, du Bengale, de Siam, de Java, de la Chine, des Moluques et des Philippines. La conquête de cette ville rendit les Portugais maîtres du commerce des épiceries, et leur ouvrit tout l'archipel Indien ainsi que la presqu'île au delà du Gange. Ils trouvèrent le royaume de *Siam*, composé de neuf autres dont Barros nous a conservé les noms. Sa capitale s'appelait Judia, et ses ports les plus fréquentés par les étrangers étaient Tennasserim et Queda. Le roi de *Pégu*, le plus puissant parmi ses voisins, prenait déjà le titre de maître de l'éléphant blanc. Martaban était l'endroit le plus commerçant du Pégu. Outre les autres marchandises des Indes, on y trouvait de la gomme laque, de la porcelaine et des aromates. Les autres royaumes de cette presqu'île, comme ceux de *Brama* ou Birman, d'*Aracan*, d'*Ava*, de *Camboje*, de *Ciampa* et de la *Cochinchine*, jusqu'alors ignorés des Européens, sortirent de l'obscurité à mesure que les Portugais poussèrent en avant leurs courses victorieuses.

Ces infatigables conquérants pénètrent dans la Chine en 1516. Ferdinand Perez, parti de Malacca, aborda à Canton, ou plus exactement à l'île de Taman, éloignée de trois milles de cette ville. Déjà les Chinois avaient conçu tant de défiance des étrangers qu'ils ne leur permettaient plus l'entrée de leur pays par terre, qu'ils les obligeaient à déposer leurs marchandises dans l'île de Taman avant de pouvoir les apporter à Canton, et qu'ils ne voulurent pas accorder aux Portugais la liberté de se promener dans la ville. Les Portugais furent surpris de l'étendue immense de la Chine. Suivant eux, elle se prolongeait 31 degrés dans le nord. Les cartes géographiques faites dans cet empire et qui parvinrent alors en Portugal, donnèrent la connaissance de la grande muraille qui sépare la Chine de la Tartarie. A leur arrivée, cet empire était composé de quinze royaumes différents, dont Barros donne les noms en général fort différents de ceux des provinces actuelles. La Chine renfermait deux cent quarante-quatre villes de premier rang. L'imprimerie, qui ne faisait que de naître en Europe, y avait été en usage depuis des siècles. Un ambassadeur arriva bien à Pékin, mais ne fut pas admis à l'audience de l'empereur. Les personnes en autorité à Canton annoncèrent les Portugais à la cour comme des espions qui venaient examiner le pays. L'ambassadeur, obligé de retourner à Canton, y mourut en prison ainsi que les gens de sa suite.

Depuis 1511 les navigateurs portugais parcoururent tout l'archipel oriental des Indes. Dès leur premier voyage, Sumatra fut examiné avec plus d'exactitude qu'on n'avait fait jusqu'alors. Barros donne les noms des vingt-neuf royaumes malais qui existaient dans cette île, sans compter ceux qui, situés dans les montagnes de l'intérieur, n'avaient aucune relation avec les Portugais; ils tiraient de cette île les mêmes marchandises qui aujourd'hui la rendent importante pour le commerce, l'étain, le poivre, le bois d'aigle, le bois de sandal et le camphre. Ils arrivèrent en 1513 à Bornéo; mais cette grande île resta moins connue que les autres, et tout ce qu'on en put dire alors, c'est qu'elle produisait aussi du camphre. Dès 1513, ils fréquentèrent beaucoup Java; cependant Barros dit que l'on ne visita pas la côte méridionale dont les habitants n'avaient guère de relation avec ceux du nord. Cette île produisait en abondance du riz, du poivre et autres articles. La ville de Japara était la résidence d'un prince puissant. Les mots javanais *Laout-Kidor*, c'est-à-dire mer méridionale, firent naître la dénomination de *mer Lanchidol*, qui, sur les cartes du XVIe siècle, désigne les parages entre Java, la Nouvelle-Hollande et la Nouvelle-Guinée.

L'immense nombre d'îles situées au sud-est de l'Asie avait frappé le Tite-Live des Portugais ; il y vit déjà *une cinquième partie du monde* que nous appelons *Océanie*. *Couto*, son continuateur, comprend toutes les îles au delà de Java et de Bornéo sous cinq groupes différents. Au premier appartiennent les *Moluques* ou Ternate, Tidor, Moutal, Maquien et Bacham, découvertes en 1511 par Antoine Abreu. On donnait le nom de Moluques à un plus grand nombre d'îles, mais il appartenait exclusivement aux cinq qu'on vient de citer, parce qu'elles produisaient le girofle et la muscade : on devrait plutôt les appeler *Moloc*, qui dans la langue du pays signifie ce qu'il y a de plus excellent et de plus délicat. Le second archipel comprenait Gilolo, Morataï et plusieurs autres îles habitées par des sauvages, ainsi que celle de Célèbes ou Macassar, dont Garcia Henriquez voulut faire l'examen en 1525, parce qu'elle était fameuse pour ses mines d'or ; mais les habitants l'empêchèrent de venir à terre. Le troisième groupe contenait la grande île de Mindanao, celle de Soloo, et plusieurs des Philippines méridionales, entr'autres Mascate. Barros connaissait moins celles qui étaient au nord, peut-être parce qu'elles appartenaient aux Espagnols. Cependant il fait mention de celle de Luçon à l'époque de l'an 1511. Parmi les peuples éloignés qui venaient faire le commerce à Malacca, il nomme les Chinois, les habitants des îles Liqueou (Lieou-Khieou), et ceux de Luçon. Le quatrième archipel était formé par les îles de Banda, Amboine, et plusieurs autres très-petites dans leur voisinage, comme Ay, Naïra et Rom. Les deux plus grandes furent découvertes en 1511 par Antoine Abreu. A Banda croissait le muscadier ; Amboine fournissait tous les ans deux mille quintaux de girofle.

Les Portugais fréquentèrent peu le cinquième archipel, parce que les habitants, pauvres et farouches, fuyaient tout commerce avec les étrangers ; ils étaient aussi noirs que les Cafres de l'Afrique, ne connaissaient aucun métal, et se servaient de dents de poisson aiguisées pour percer le bois ; ils se donnaient le nom de *Papous*, c'est-à-dire noirs.

Il y avait parmi eux quelques individus de couleur blanche, qui ne pouvaient supporter la clarté du jour. Ces particularités ne peuvent convenir qu'à la Nouvelle-Guinée et aux îles voisines. C'est aussi ce qui a fait donner, sur les cartes, à la côte nord-ouest de la Nouvelle-Guinée le nom de terre des Papous. Quoique ces contrées fussent le terme des découvertes des Portugais vers l'est, ils soupçonnèrent qu'il y avait encore d'autres îles au delà; ils supposèrent qu'elles devaient être placées le long d'une grande terre méridionale qui s'étendait jusqu'au détroit de Magellan. Nous démontrerons tout à l'heure que les Portugais ont certainement visité les côtes de la Nouvelle-Hollande avant l'an 1540, mais qu'ils les regardaient comme une partie du grand continent austral, dont on admettait l'existence d'après Ptolémée.

Malgré les obstacles qui empêchaient les Portugais de visiter la Chine, ils parcoururent la mer qui en baigne les côtes. Perez, qui aborda le premier à Canton, découvrit en 1518 les îles de Liqueou, riches en or, et dont les habitants naviguaient jusqu'à Malacca. En 1542, Antoine de Mota, qui tâchait, malgré les défenses, de pénétrer en Chine, fut jeté par la tempête sur les côtes du Japon, que ses habitants appelaient *Nipongi*. Ils étaient plus blancs que les Chinois, et avaient ainsi qu'eux de petits yeux et très-peu de barbe; ils reçurent les étrangers d'une manière très-amicale et payèrent leurs marchandises en argent. Cette découverte fut bientôt poursuivie avec ardeur, surtout par les jésuites, qui, s'empressant d'y suivre les marchands, y établirent des missions, répandirent partout la religion chrétienne, publièrent plusieurs descriptions du pays, et firent imprimer l'histoire de leurs succès.

Tels furent les résultats du projet formé par le prince Henri; car c'était l'esprit de ce grand homme qui, animant les Gama et les Albuquerque, les avait conduits des extrémités occidentales de l'Europe jusqu'aux lieux où l'immense Océan oriental semble avoir brisé en mille îles la vaste masse de l'Asie. Rien n'avait pu les arrêter, ni l'étendue des côtes arides et sauvages qu'il avait fallu parcourir, ni l'exemple effrayant de plus d'une flotte naufragée; ils avaient dispersé ces nombreuses armées d'Arabes belliqueux défendant, contre une poignée d'étrangers, leur foi, leurs trésors et leur vie. Tout avait cédé au courage d'une petite nation européenne; toutes les côtes de l'Asie et de l'Afrique envoyaient leurs tributs à Lisbonne; mais la témérité du roi Sébastien lassa enfin la fortune, et la puissance portugaise trouva son tombeau dans les plaines sanglantes d'Alcaçar-El-Kébir. Languissant sous le joug espagnol, le Portugal vit son magnifique empire, en Asie et en Afrique, dépérir et se réduire successivement à quelques comptoirs. La soif de l'or, qui avait inspiré aux chefs des colonies portugaises une conduite tyrannique, le soulèvement des nations orientales, les attaques des Hollandais, les discordes intestines, tout concourut à rendre inutiles les prodiges de valeur par lesquels le grand Castro et quelques autres cherchèrent à défendre les conquêtes d'Asie.

CHAPITRE VINGT ET UNIÈME.

Découverte de l'Amérique par Colomb. Voyages autour du monde. Découverte de la Nouvelle-Hollande et des Terres océaniques. An 1492-1850.

A mesure que nous approchons des siècles modernes, notre histoire des découvertes doit prendre une marche plus rapide ; les notions de détail appartiennent désormais à la géographie *moderne*, sur laquelle nous ne voulons point anticiper ; d'ailleurs, les événements étant plus certains, n'offrent plus une aussi ample matière à des discussions scientifiques. Nous allons cependant conduire jusqu'à nos jours la série des événements qui ont contribué aux progrès des connaissances géographiques.

Pendant que le Portugal poursuivait vers l'orient le chemin de la gloire et des richesses, l'Espagne fut, malgré elle, entraînée dans les vastes projets de *Christophe Colomb*. On a cru honorer la mémoire de ce grand homme en disant qu'il avait deviné le Nouveau-Monde. D'après ce que nous avons déjà remarqué, soit à l'égard des contrées d'Asie visitées par Marc-Paul et que les géographes étendaient beaucoup trop à l'orient, soit au sujet des voyages des Scandinaves au Groenland et à Terre-Neuve, voyages probablement connus en Italie au xve siècle, nos lecteurs jugeront sans doute que Colomb fut moins téméraire et plus savant que ses aveugles panégyristes ne le représentent ; il jugeait, comme Aristote, Marin de Tyr et d'autres anciens avaient jugé, que les extrémités de l'Inde ne devaient pas être très-éloignées des rivages de l'Espagne. Cette erreur sur les dimensions du globe fut le principal motif de l'entreprise de Colomb.

Ce que la science montrait au génie du navigateur génois, parût un rêve aux chefs des gouvernements contemporains ; mais la généreuse Isabelle a compris sa grande pensée. Trois frêles barques traversent l'Océan atlantique. Il découvre, de 1492 à 1498, l'archipel des Antilles ; dans cette dernière année, il pénètre jusqu'aux côtes de la Terre-Ferme et à l'embouchure de l'Orinoco : il s'aperçoit qu'il a trouvé ce *nouveau continent*, que l'ingratitude nomme encore *Amérique*.

Ce n'est pas que le géographe *Améric Vespuce* fût un homme sans mérite : il est même probable que ce Florentin visita, un an avant Colomb, en 1497, la côte de la Guyane et de la Terre-Ferme. Du moins il est certain qu'il en fit, en 1499, la première reconnaissance exacte. Aussi mal apprécié que Colomb, il entra au service du Portugal, examina dans deux voyages, de 1500 à 1504, les côtes du pays qui depuis a été nommé Brésil et où il découvrit le cap Saint-Augustin et la baie de Tous-les-Saints. Une tempête avait jeté le Portugais Cabral sur les côtes plus méridionales où s'élève aujourd'hui la ville de Porto-Seguro ; il appela cette côte *Terre de la Sainte-Croix;* la dénomination d'*Amérique* ne fut donnée qu'aux parties septentrionales, où croît ce bois de teinture rouge, connu longtemps avant la découverte d'Améric, sous le nom de *Brazil* ou bois couleur de feu, nom qui dans la suite effaça dans ces régions et celui d'Améric et celui de la Sainte-Croix. Mais les géographes d'Europe maintinrent le nom d'Amérique en l'étendant à tout le continent.

L'Espagne et le Portugal, jaloux de leurs découvertes mutuelles, demandèrent au pontife romain une sentence qui partageât entre eux le monde, en assignant à l'ambition de chacun son hémisphère à part. La fameuse ligne de démarcation excluait réellement les Portugais de cette partie du monde; ce ne fut qu'à force d'interprétations arbitraires et d'arrangements subséquents, qu'ils firent comprendre le Brésil dans leur hémisphère. Mais à l'est, la possession des îles à épiceries restait incertaine; les Portugais soutinrent que personne qu'eux n'avait le droit de faire des conquêtes à l'est de la ligne de démarcation ; les Espagnols en conclurent qu'ils avaient celui d'aller à l'ouest de cette même ligne aussi loin qu'ils pourraient. Le pape n'était pas obligé d'être cosmographe ni même de savoir que la terre était un globe, et que par conséquent une ligne de démarcation, tracée d'un seul côté du globe devenait illusoire.

L'espoir d'arriver à ces riches îles où le muscadier parfume les airs, engagea les Espagnols à chercher un passage aux Indes, au midi de l'Amérique. *Solis* périt dans une entreprise de ce genre, mais il découvrit le Rio de la Plata. Plus heureux, *Magellan* passa, en 1520, le redoutable détroit qui a reçu son nom ; l'Océan, qu'il appela mal à propos Pacifique, porta pour la première fois un bâtiment européen. Il découvre les îles des Larrons et des Philippines, où il trouve la mort. Ses compagnons arrivent, à l'étonnement des Portugais, aux Moluques; ils retournent par le cap de Bonne Espérance. Tel fut le premier voyage autour du monde; il avait duré 1124 jours; celui de François Drake, entrepris un demi-siècle plus tard, fut achevé en 1051 jours; un autre Anglais, Thomas Candish, n'y employa que 779 ; les Hollandais Schouten et Lemaire, les premiers qui passèrent au sud de la Terre de feu, achevèrent ce voyage en 749 jours. Dans le XVIIIe siècle, le perfectionnement de la navigation a permis à un corsaire écossais de parcourir la circonférence du globe en 240 jours, chose qui, de nos jours, ne paraîtra plus incroyable. Revenons à l'histoire des découvertes faites dans le Nouveau Monde.

Les deux Amériques sont en même temps découvertes et envahies. *Pizarro*, au Pérou, *Cortez*, dans le Mexique, établirent l'empire de l'Espagne sur des monceaux de cadavres. Il serait inutile de suivre tous les aventuriers qui parcoururent l'intérieur de l'Amérique méridionale. Remarquons seulement le nom de *Nugnez Balboa*, le premier qui aperçut le grand Océan, auquel il donna le nom impropre de mer du Sud : il y entra jusqu'à la ceinture; et, en tirant son épée, il crut prendre possession, pour le roi d'Espagne, de cette mer qui occupe une moitié du globe. Cortez mit beaucoup de zèle à rechercher un passage au nord de l'Amérique, semblable à celui que Magellan venait de découvrir au midi : il n'y réussit point; mais la découverte de la *Californie* et de la *Mer Vermeille* (An 1526-1534) eût pu suffire à la gloire d'un homme moins illustre. On sut dès lors que la Californie était une grande péninsule.

L'idée d'un détroit au nord de l'Amérique paraît avoir eu sa source dans les relations encore mal connues de *Gaspard Corteréal*, navigateur portugais. Les côtes de l'Amérique septentrionale avaient déjà été examinées (An 1494-1497) par les deux *Cabot*, Jean et Sébastien, jusqu'à une très-haute latitude, lorsque Corteréal se rendit à la Terre-Neuve, examina le fleuve Saint-Laurent (An 1500) et côtoya le continent qu'il appela *Terra de Labrador*, c'est-à-dire Terre des agriculteurs, jusqu'au détroit qui porte aujourd'hui le nom d'*Hudson*, et auquel il imposa celui d'*Anian*. Il retourna en Portugal pour annoncer la découverte de ce passage qui semblait promettre une route nouvelle aux Indes ; mais, dans un second voyage, il périt ou disparut. L'un de ses frères, étant allé à sa recherche, éprouva le même sort ; le troisième frère voulut se sacrifier à la gloire nationale et à la piété fraternelle, lorsque le roi de Portugal, par une défense formelle, rendit son noble dévouement inutile.

D'après cet exposé des découvertes de Corteréal, conforme à l'opinion des savants les plus versés dans ces matières, la célébrité du *détroit d'Anian*, les divers emplacements qu'il occupe sur les cartes du XVIe siècle, et sa disparition dans la géographie moderne, ne sont plus des énigmes inexplicables. Les géographes de ces temps donnaient toujours trop d'étendue aux découvertes qu'ils avaient à retracer. C'est ainsi qu'ils font remonter la terre de Labrador jusqu'au delà du cercle polaire : ils prolongent ensuite le détroit d'Hudson au nord de tout le continent d'Amérique. La mer que nous nommons baie d'Hudson devait, dans ce système, être prise pour l'Océan Pacifique, et les îles de Cumberland avec les détroits toujours obstrués de glaces qui les séparent les unes des autres, étaient censées se trouver sous le pôle même. Toutes ces apparentes découvertes au delà du cercle polaire, que présentent les cartes du XVIe siècle, durent être vaguement connues des Espagnols ainsi que des Anglais, et les engagèrent à chercher au nord-ouest du Mexique le fameux détroit d'Anian. Or, la côte qui, du Mexique, se prolonge vers l'Asie, offre beaucoup d'îles, de détroits et de golfes. Les navigateurs crurent donc quelquefois avoir vu le passage tant désiré, mais en avoir été repoussés par un vent défavorable ou par d'autres obstacles. Les géographes, ayant appris à connaître la baie d'Hudson et à en donner les vrais contours, conservèrent le vieux dessin du détroit d'Anian au nord de la Californie ; les plus savants jugeaient avec raison que les détails dont cette découverte était accompagnée en prouvaient la réalité, arbitrairement niée par des auteurs superficiels. La véritable origine de ce détroit d'Anian étant tombée dans l'oubli, quelques enthousiastes modernes ont imaginé que c'était le détroit de Behring, et que les navigateurs du XVIe siècle, en passant par la baie de Baffin, et en traversant les éternelles glaces des mers polaires, avaient fait le tour de l'Amérique par le nord, rêve qu'il serait ridicule de vouloir réfuter.

Les Espagnols, en cherchant le détroit d'Anian, firent quelques découvertes réelles. *Cabrillo* et son pilote Ferrelo (An 1542) côtoyèrent les régions qui portent aujourd'hui le nom de Nouvelle-Californie jusqu'au cap Blanc, ou vers le 43e degré de latitude. Ils découvrirent aussi le cap *Mendocino*, mais ne trouvèrent aucun indice d'un détroit. Quinze ans plus tard, *Urdanietta* prétend avoir trouvé un passage par le nord de l'Amérique; mais on n'a aucune donnée sur son voyage. Un autre navigateur espagnol, *Gali*, découvrit (An 1582) les côtes que les Anglais de nos jours ont nommées Nouvelle-Géorgie et Nouveau-Cornouailles; il y admira la beauté de ces montagnes colossales dont la cime se couvre de neiges éternelles, tandis que le pied est revêtu d'une verdure éclatante. Gali s'éleva jusqu'au 57e degré de latitude.

Vingt ans après, une escadre sous les ordres de *Sébastien Viscaino* examina en détail les côtes jusqu'au cap Mendocino, et découvrit le port de Monterey. Un seul bâtiment parvint à la latitude de 43 degrés, et y trouva une ouverture qu'on prit d'abord pour une rivière, mais dans laquelle on prétendit ensuite voir un détroit qu'on nomma *Entrée de Martin Aguilar*; elle n'a pas encore été retrouvée.

Pendant que les Espagnols poursuivaient ainsi à pas lents la découverte des côtes occidentales d'Amérique, l'audace de *Francis Drake* déploya tout à coup le pavillon britannique sur ces rivages que l'Espagne croyait posséder avant de les connaître (An 1578). Ce navigateur, ayant traversé le détroit de Magellan, fut pendant quelque temps le jouet des vents et des flots : il découvrit, sous le nom d'*îles Elisabéthides*, la partie occidentale de l'archipel appelé *Terre de Feu*, et atteignit même cette extrémité australe de l'Amérique, à laquelle plus tard des navigateurs hollandais imposèrent le nom de *cap Horn*. Si ces découvertes eussent été mieux déterminées, elles auraient détruit la fausse opinion qu'on avait sur l'étendue de ces terres qu'on regardait comme faisant partie d'un immense *continent austral*. Le navigateur anglais, ayant remonté vers le nord, visita les côtes déjà découvertes par Gali et Cabrillo, en prit possession, et voulut qu'elles s'appelassent *Nouvelle-Albion*. Le nom de Drake est resté attaché à cette prétendue découverte, tandis que les îles Elisabéthides, cherchées en vain hors de leur position, ont paru presque fabuleuses. Il était réservé à un savant français,

Fleurieu, de restituer à ce héros favori du peuple anglais ses vrais titres de gloire, en effaçant ceux qui n'étaient dus qu'à l'erreur.

Telles sont, à l'égard de la côte nord-ouest d'Amérique, les seules découvertes historiquement prouvées qui aient été faites dans les XVIe et XVIIe siècles. La limite des connaissances certaines de ce côté était le cap Mendocino; on avait une notion vague des côtes de la Nouvelle-Géorgie et du Nouveau-Cornouailles.

Durant ces tentatives pour trouver un passage encore problématique au nord de l'Amérique, *Vorazzani*, *Cartier* et autres examinent les côtes de Floride, de Virginie, d'Acadie et du Canada.

L'Espagnol Jean Ponce de Léon avait découvert (An 1512) le premier de ces pays où il cherchait en vain une fontaine rajeunissante. Ces contrées ne présentaient à l'avidité espagnole aucun indice de métaux précieux : ce ne fut que vers la fin du XVIe siècle et au commencement du XVIIe que les Anglais en occupèrent la meilleure partie. La *Virginie* fut explorée par un homme qui, dans les temps de la chevalerie, eût égalé les Roland, par le malheureux *Walter Raleigh*, qui, pour conjurer sa mauvaise fortune, se mit ensuite (An 1584) à la recherche d'un pays fabuleux, nommé *el Dorado*, que les traditions des Espagnols plaçaient vers le centre de la Guyane. La connaissance de l'Amérique méridionale fut achevée lorsque les Hollandais Schouten et Lemaire découvrirent le détroit qui porte le nom de ce dernier (An 1616); ils démontrèrent que les deux Océans, le Pacifique ou le grand, et l'Atlantique, se joignent au sud de l'Amérique par une vaste mer australe. Les îles voisines de cette extrémité du Nouveau Monde furent encore l'objet de quelques recherches dont il sera parlé dans la description de ces parages.

Le désir de trouver une route plus courte aux Indes fit entreprendre les courses les plus hardies. Déjà, en 1553, les Anglais, en cherchant un passage vers les Indes au nord-est, parviennent dans la mer Blanche, et commencent à faire le commerce de Russie par Archangel. Trois ans après, ils arrivent aux côtes de la Nouvelle-Zemble et au détroit de Waigatz. Deux Hollandais, Barentz et Hemskerk, osèrent pénétrer au nord de la Sibérie; ils luttent en vain contre les éléments; leur vaisseau se brise; ils hivernent dans la Nouvelle-Zemble (An 1596). L'opinion commune place vers la même époque l'arrivée des Hollandais au Spitzberg, dernière terre connue vers le nord. On a même parlé des voyages faits par les Hollandais à cent lieues plus à l'est que la Nouvelle-Zemble. On a cherché dans la politique des Russes, et dans la jalousie de la compagnie hollandaise des Indes, les raisons qui ont empêché la découverte d'une route navigable au nord de l'Asie. Mais il est à peu près certain qu'il n'existe point de route semblable, et que, dans aucune saison, le pôle n'ouvre sa barrière de glace.

On a aussi essayé la route du nord-ouest. En cherchant ce passage tant désiré, *Forbisher* retrouve les parties méridionales du Groenland qu'il appelle *Westfriseland*, et passe par un détroit entre quelques îles de la baie d'Hudson, détroit qui a été faussement transporté au Groenland. *Davis* découvre le détroit qui porte son nom et une partie du Groenland. Hudson, en cherchant le même passage, mais en se dirigeant droit au pôle, voit la côte orientale du Groenland à 73 degrés de latitude, et est arrêté à 82 degrés par les glaces. Plus tard, il découvre le *détroit* et la *baie* qui portent son nom, et où il trouva son tombeau. *Bylot* et *Baffins* découvrent la baie de Baffins (An 1616); ils en font le tour sans trouver de passage, mais il reste des doutes sur l'étendue de ce golfe. Jean *Munk*, Danois, en cherchant le passage nord-ouest, est jeté dans un golfe qu'il appelle *mare Christianeum*, et sur une côte qu'il nomme *Nouveau-Danemarck*; c'est dans la baie Welcome qu'il faut chercher ces découvertes.

Pendant que le courage se fatiguait sans fruit au milieu des glaces éternelles du pôle boréal, un nouveau monde attendait en vain quelqu'un qui voulût en faire la découverte. Je veux parler de ces vastes terres du grand Océan, regardées aujourd'hui comme une cinquième partie du monde. Il y a des raisons pour croire que les premiers navigateurs portugais en découvrirent une partie. On voit sur toutes les mappemondes du XVIe siècle une grande terre australe; et, dans la configuration de cette terre, on reconnaît les parties septentrionales de la Nouvelle-Hollande, principalement le golfe de Carpentarie et l'île considérable qui est dans l'ouest de ce golfe. Le détroit de Torres y est ordinairement marqué; mais, comme sur ces vieilles mappemondes on a joint la Nouvelle-Hollande à une terre australe imaginaire qui s'étend au sud de l'Afrique et de l'Amérique, les géographes n'ont eu aucun égard même aux parties qui semblent réellement indiquer une ancienne découverte de ces terres entre 1530 et 1540.

Cependant les droits des Portugais à l'honneur de cette découverte viennent de recevoir un nouveau jour par deux anciennes cartes qui se trouvent au Muséum britannique. La première est un grand rouleau de parchemin sur le plan de la carte du globe, par Mercator, mais sans longitudes ni latitudes. Elle est entièrement écrite en français; les noms principaux sont très-grands et très-distincts, comme dans l'Amérique méridionale, *Terre du Brésil*, etc. Le midi est au haut de la carte au lieu d'être au bas, comme c'est l'ordinaire maintenant. On y voit au midi de l'Asie une grande île dont la position correspond à notre Nouvelle-Hollande. Il y a un passage étroit entre Java et cette grande île; Timor est placé au nord-est. La grande île est appelée *Java la Grande*. Parmi les noms qui se trouvent écrits le long des côtes, on remarque celui de *côte des Herbaiges* ou des plantes, nom que l'on a cru correspondre à Botany-Bay, mais qui est trop avancé vers le nord. Au midi de la côte des Herbaiges, il y a trois autres noms à des distances considérables : le premier, *côte de Gracal*, puis un promontoire étendu et très-saillant appelé *cap de Fromose*. A une autre distance considérable au sud, se lit le mot *gouffre*, qui indique un golfe ou plutôt une grande baie. La ligne qui termine la carte coupe cette grande île et en laisse l'étendue incertaine.

Les noms *Gracal* et *Fromose* semblent être portugais, et l'on peut croire que la carte a été traduite de cette langue. Ce soupçon se trouve confirmé par une collection de cartes intitulées : *Hydrographie* par *John Rotz*, datées de 1542, et qui se conserve également dans le Muséum britannique. Ce curieux et important manuscrit est écrit en anglais, sur vélin, mais la dédicace est française. Peut-être l'auteur était-il un des Flamands qui passèrent en Angleterre avec Anne de Clèves en 1540. Il s'y trouve plusieurs cartes exécutées avec exactitude et élégance, en particulier un planisphère qui termine la collection. La Nouvelle-Hollande y est dessinée presque comme dans les cartes du XVIIe siècle, avant le voyage d'Abel Tasman : elle porte le nom de *Terre de Java*.

En comparant cet ouvrage avec la mappemonde dont il a été parlé plus haut, on est porté à croire que les cartes de Rotz sont les originaux; car elles contiennent beaucoup de noms portugais qui, dans l'autre, sont traduits en français. Dans tous deux, la côte occidentale de Bornéo est située comme elle doit l'être avec les noms *Porto de Borne* et *Baxos de Borne*. Au nord de Bornéo en voit *Polouan* ou Palawan; à l'est sont les Moluques. Ces détails rendent inadmissible l'opinion de ceux qui ont prétendu ne voir, dans la Nouvelle-Hollande de ces cartes, qu'une répétition erronée de l'île de Bornéo, nommée *Grande Java* chez Marc-Paul. Dans la mappemonde, Bornéo est à la vérité représentée par un carré oblong beaucoup trop petit; mais cette erreur est commune à toutes les cartes du même siècle.

L'accord de tant de preuves ne permet guère de douter que, dans le premier enthousiasme pour les découvertes, après le voyage de Magellan, les Portugais ou les Espagnols n'aient visité les parties septentrionales de la Nouvelle-Hollande, plus d'un siècle avant la prétendue découverte des Hollandais. Il est même probable qu'ils découvrirent la côte orientale retrouvée depuis par le capitaine Cook. Cette assertion n'aura rien d'étonnant pour ceux qui se rappellent que la *Nouvelle Guinée* ou la terre des Papous avait été découverte, selon les Portugais, par Menezes en 1527, et, d'après les Espagnols, un an plus tard par Saavedra.

Les Portugais ayant été supplantés aux Moluques par les Hollandais, l'Europe a regardé ces derniers comme les principaux auteurs de la découverte de la Nouvelle-Hollande, depuis l'année 1616 jusqu'en 1644. Debrosses date la première découverte du mois d'octobre 1616, quand l'extrémité occidentale fut visitée par *Hartog*, qui la nomma *Terre de Concorde*, en hollandais d'*Endracht*, d'après le lieu qui l'avait vu naître. La même année, la partie septentrionale appelée *terre de Diémen* fut découverte par un autre navigateur hollandais nommé *Zeachen*, qui lui donna ce nom en l'honneur d'Antoine Van-Diémen, gouverneur général des Indes Orientales. Dans les dix années suivantes, Edel, Witt et d'autres capitaines, dont on ignore les noms, complétèrent la reconnaissance des côtes occidentales. L'aspect sauvage de ces terres, et les périls sans nombre que présente leur approche, n'excitèrent que peu l'envie d'y former des établissements. La baie de *Carpentarie* fut ainsi appelée par le général Carpentier, qui la visita en détail. Pierre Nuyts, plus entreprenant que ses précurseurs, découvrit le premier la côte méridionale en 1627.

En 1642, le célèbre *Abel Tasman*, quittant Batavia avec deux vaisseaux, fit le tour de la Nouvelle-Hollande, quoiqu'à une grande distance; il découvrit au midi de ce continent l'île de Van-Diémen, qui en fut d'abord considérée comme une partie. Il était dès lors démontré que l'ensemble des terres auxquelles on commençait à donner le nom général de Nouvelle-Hollande, ne s'étendait point vers le pôle austral; mais la découverte partielle de la Nouvelle-Zélande, par le même voyageur, laissa toujours subsister la chimère d'une grande terre australe.

Depuis cette époque l'Europe entière semblait avoir oublié la Nouvelle-Hollande. L'intrépide Dampier, seul, recueillit quelques détails nouveaux sur la côte occidentale. La compagnie hollandaise des Indes Orientales envoya, entre les années 1690 et 1710, plusieurs navigateurs pour examiner ce vaste pays, dont les Hollandais se regardaient comme les souverains. Parmi ces voyages, qui ne sont pas tous connus, on doit distinguer celui de *Van-Vlaming*, qui examina soigneusement plusieurs havres et baies de la côte occidentale, où il découvrit les cygnes noirs. La compagnie hollandaise était trop faible pour s'emparer de ce continent; elle était trop jalouse pour permettre que d'autres nations profitassent de ses recherches. Ainsi l'Europe savante n'apprit aucun nouveau détail. On croyait tout le pays aussi stérile que les rochers sur lesquels Pelsart et d'autres étaient venus faire naufrage.

Cependant les géographes avaient déjà tracé vaguement le contour de cette grande île; ils la séparaient déjà du continent austral, qu'on reléguait plus au sud. Le dessin des géographes, pour la Nouvelle-Hollande, fut à peu près trouvé conforme à la vérité par le célèbre capitaine Cook, qui visita la côte orientale de ce pays. La famine seule avait ravi cette gloire au français Bougainville, qui, six ans plus tôt, dirigeait vers ces mêmes rivages ses voiles fatiguées. Cook passa entre la Nouvelle-Hollande et la Nouvelle-Guinée, ainsi que l'avait fait Torrez, le compagnon de Quiros. Le mérite d'avoir retrouvé ce détroit appartient en commun au capitaine Cook et au savant Dalrymple, qui, dans ses ouvrages, n'a jamais cessé d'indiquer les vrais moyens pour accélérer les progrès des découvertes dans ces régions australes.

La circumnavigation de la Nouvelle-Hollande a été achevée de nos jours. Un large détroit qui sépare l'île Van-Diémen du continent, détroit que Furneaux, compagnon de Cook, avait vu sans s'en douter, fut découvert par le médecin Bass, parti dans un léger esquif de la colonie anglaise de Port-Jackson, premier établissement européen dans ce monde nouveau. Les navigateurs Vancouver, d'Entrecasteaux et Flinders reconnurent successivement diverses parties de la côte méridionale de la Nouvelle-Hollande ; leurs travaux ont été achevés et perfectionnés par l'expédition française dont Péron est le digne historien. Le *golfe Spencer* a trompé l'espérance de ceux qui, pour connaître plus promptement cette vaste terre, désiraient la trouver entrecoupée d'un bras de mer.

Après avoir réuni sous un seul point de vue la série des découvertes qui ont déterminé la position de la Nouvelle-Hollande, parcourons rapidement cet immense Océan, où des miliers d'îles ont si souvent charmé les regards des navigateurs, mais n'ont point contenté leurs vœux avides.

Après les courses de Saavedra, qui trouva la Nouvelle-Guinée, et celles de *Hernando Gallego*, auquel plusieurs livres de géographie attribuent la découverte d'une terre australe très-douteuse, le premier grand voyage de recherches fut entrepris par *Alvaro Mendanna* ; parti des côtes du Pérou, il prit son essor à travers le grand Océan et découvrit un archipel qu'il nomma *Iles Salomon* (An 1568). De retour à Lima, il vanta sans cesse la beauté de ces îles, leur fertilité et surtout leur abondance en métaux précieux. Il faut toujours promettre de l'or à la multitude et aux rois. Des vues plus profondes guidaient l'intrépide *admiral des îles de Salomon* ; il pressentait le danger qui résulterait pour l'Amérique espagnole d'un établissement étranger dans la mer du Sud. Un second voyage lui servit à étendre ses découvertes. Il y retourna, pour la troisième fois, accompagné de prêtres et de soldats, afin d'y fonder une colonie. Le destin, contraire à ses projets, lui fit trouver la mort au sein de son nouvel établissement, qui ne lui survécut point (An 1595). Il avait découvert en chemin l'archipel des îles *Marquezas de Mendoça*, celui qui, de tous les groupes d'îles du grand Océan, se rapproche le plus de l'Amérique méridionale.

La position des îles Salomon, objet de tant de contestations, semble aujourd'hui démontrée. Ce sont les terres visitées par Carteret, Surville, Bougainville et Shortland, auxquelles on avait donné les noms de *Nouvelle Géorgie* et d'*Iles Arsacides*. On retrouve l'île de *Santa-Cruz* et son excellent port dans la principale de celles que les Anglais ont nommées îles de la Reine Charlotte.

Un compagnon de Mendanna, animé du même esprit et brûlant d'être le Christophe Colomb du *continent austral*, partit de Lima avec une expédition destinée, selon les expressions d'un historien espagnol, « à gagner des âmes au ciel et des royaumes à l'Espagne. » Ces vœux ne furent point exaucés ; mais la géographie dut au voyage de *Quiros* la découverte d'un grand nombre d'îles ; l'Océan Pacifique ne parut plus un désert immense. On a reconnu les principales découvertes de cet habile navigateur ; son île *Sagittaria* répond à la célèbre *Otaïti* ; on retrouve la *Terre du Saint-Esprit* dans la principale île de l'archipel, auquel le capitaine Cook a voulu imposer le nom de *Nouvelles Hébrides*. Une de ces îles, appelée *Manicolo* ou Mallicolo, était, selon les rapports des indigènes, un grand continent. L'imagination bornée des insulaires et l'œil fatigué du navigateur se trompent souvent sur l'étendue des terres qui, au sein des vastes mers, reposent et charment la vue. Quiros n'eut guère une étoile plus heureuse que Mendanna : ce fut en vain qu'avec des couleurs dont deux siècles n'ont pu effacer ni la vérité ni la vivacité, il peignit les avantages physiques de cette nouvelle partie du monde, les mœurs de ses habitants, la conduite à tenir envers eux ; on ne lui fournit que des moyens peu proportionnés à la grandeur de l'entreprise. Quiros et Mendanna furent les derniers héros de l'Espagne ; avec eux s'éteignit cet esprit entreprenant qui avait conduit les Colomb aux Antilles et les Cortès dans le palais de Montézuma.

Quelques Hollandais pensèrent à continuer les découvertes des Espagnols dans le grand Océan. Nous avons déjà nommé *Lemaire*, dont le génie fut contrarié par l'esprit borné de son capitaine Schouten. Après avoir doublé la Terre de Feu, il découvrit cette mer semée d'îlots et d'écueils, si justement surnommée la *mer Mauvaise* et voisine de *l'archipel Dangereux* de Bougainville. La route d'*Abel Tasman* fut choisie avec plus d'intelligence. S'il n'eût pas découvert les îles des Amis, la Nouvelle-Zélande et l'île de Van-Diémen, la seule direction de son voyage eût suffi pour éclairer les géographes, qui dès lors commencèrent à douter de l'existence d'une terre australe.

Le goût des découvertes s'affaiblit avec l'espoir de rencontrer un autre Pérou parmi les terres inconnues. Les premiers voyages des Espagnols aux îles Carolines n'excitèrent aucune attention. Après un long intervalle, *Dampier* paraît sur la scène, joignant l'audace d'un flibustier à la science d'un géographe. Il découvrit le détroit qui sépare la Nouvelle-Bretagne de la Nouvelle-Guinée ; il avança beaucoup la reconnaissance des côtes de cette grande île, commencée par Lemaire, et qu'un Hollandais, commandant le bâtiment *le Geelvink*, poussa encore plus loin.

Le voyage de *Roggewein* (An 1722) ne produisit que de petites découvertes, parmi lesquelles les îles de *Tienhoven* et de *Groningue*, les plus importantes de toutes, n'ont pas été retrouvées par les navigateurs. Roggewein crut avoir découvert l'*île de Pâques* qui, selon l'opinion la plus généralement reçue, est la même que la terre vue par *Davis*.

Le milieu du XVIIIe siècle vit tout à coup les Anglais et les Français, saisis d'une nouvelle ardeur, parcourir les mers australes. Tous se dirigèrent trop en ligne droite à travers les archipels de l'Océan, dont par conséquent chacun d'eux ne découvrit qu'une portion ; tous, au lieu de continuer ensuite leur navigation à l'ouest, tournèrent subitement au nord, comme pour éviter exprès la rencontre de la Nouvelle-Hollande et d'autres terres dont la découverte était indiquée par les géographes. Il est vrai que ce système de navigation leur était dicté en partie par un ennemi irrésistible, par la famine. L'anglais *Byron* détermina d'une manière très-vague les îlots dont il enrichit la géographie. *Wallis* découvrit la chaîne méridionale de l'archipel Dangereux ; il retrouva l'île Sagittaria de Quiros, devenue depuis si célèbre sous le nom d'Otaïti. Nous devons à *Carteret* une découverte plus importante : après avoir touché à l'île de Santa-Cruz, de Mendanna, et après avoir été, sans s'en apercevoir, tout près des fameuses îles Salomon, ce navigateur passa le premier par le canal Saint-Georges, entre la Nouvelle-Bretagne de Dampier et la terre qui reçut dès lors le nom de *Nouvelle-Irlande*.

Ces trois Anglais firent à eux tous moins de découvertes que *Bougainville*. Il parcourut cet archipel Dangereux, dont Wallis, presqu'à la même époque, n'avait vu que la moindre partie ; c'est en vain que la jalousie anglaise a voulu attribuer cette découverte au capitaine Cook. *La nouvelle Cythérée* (c'est ainsi que l'esprit français nomma l'île d'Otaïti) n'enchaîna que pour peu de temps un voyageur avide de connaissances. Ayant pris une route absolument nouvelle, il rencontra ce bel *archipel des Navigateurs*, dont la connaissance a été complétée par La Pérouse. Les îles que Bongainville voulut nommer *Grandes Cyclades* ne sont qu'une partie de l'archipel découvert par Quiros, sous le nom de *Terres australes du Saint-Esprit;* mais en partant de ces îles, quelle gloire nouvelle attendait le navigateur français s'il eût pu vaincre l'obstacle invincible que le défaut de vivres opposait à son courage? Il se dirigeait droit sur la côte orientale de la Nouvelle-Hollande; il y allait devancer Cook, mais la famine le força enfin de tourner au nord; cependant la découverte, absolument nouvelle, de l'archipel de la Louisiade et la vue d'une partie des îles Salomon, récompensèrent encore sa persévérance.

Le destin réservait à la froide constance du capitaine *Cook* la gloire d'achever à peu près la reconnaissance générale de cette partie du monde. Ce navigateur célèbre franchit trois fois le cercle polaire antarctique, et reconnaît, en faisant le tour du globe dans ces régions glacées, qu'il n'y existe point de *continent austral*, comme on l'avait cru jusqu'alors; il visite la côte orientale de la Nouvelle-Hollande, qu'il appelle *Nouvelle-Galles du sud;* il prouve que la *Nouvelle-Zélande* est composée de deux îles; il découvre la Nouvelle-Calédonie et examine les *Nouvelles-Hébrides*, les îles de la Société, celles des Amis et celles de Sandwich. Si ce navigateur n'a fait que peu de découvertes dans le sens rigoureux du mot, il n'en a pas moins bien mérité de la géographie, en résolvant d'une manière négative une foule de questions. Les sciences naturelles durent des lumières nouvelles aux compagnons de Cook, aux deux *Forster*, à *Sparmann*, à *Solander* et à l'immortel *Banks*. L'histoire morale des peuples gagna beaucoup par les deux derniers voyages de Cook; aux tableaux un peu romanesques de ses prédécesseurs, on vit avec plaisir succéder ce ton de la simple vérité, dont autrefois Cortez et Tasman avaient donné l'exemple. Enfin, la mort tragique de ce navigateur, en faisant oublier les défauts de son caractère, et surtout sa jalousie envers ses rivaux, lui donna une célébrité qu'aucun voyageur moderne n'a égalée.

Des hommes peut-être supérieurs à Cook, les La Pérouse, les d'Entrecasteaux, les Vancouver, ont ajouté aux archipels déjà connus des îles nouvelles, ont examiné en détail des côtes très-étendues, ont marqué des chaînes d'écueils dont le moindre est cent fois plus redoutable que Scylla. Mais les grandes découvertes étaient faites; il ne restait au génie même qu'un glanage souvent stérile.

Une autre carrière appela pour quelque temps l'audace des voyageurs.

Les découvertes des Espagnols au nord de la Californie, et des Anglais dans la baie d'Hudson, laissaient toujours dans une profonde obscurité les extrémités septentrionales de l'Amérique. On n'était pas non plus très-bien informé de la véritable situation des extrémités de l'Asie aux lieux où elle se rapproche du Nouveau-Monde.

Les Russes, il est vrai, avaient parcouru les vastes déserts de la Sibérie, franchi l'Océan oriental et découvert une grande étendue de terre en Amérique. Le cosaque Dimitri Kopilow fut le premier qui parvint jusqu'aux rivages de la mer orientale aux environs d'Ochotzk. Un autre Cosaque, nommé Deschnew, exécuta même une navigation que depuis les marins anglais ont en vain tentée. Guidé par les vents, entraîné par les flots et les glaces, il fit le tour des extrémités de l'Asie depuis la Kowima jusqu'au fleuve Anadyr. La péninsule du Kamtschatka ne fut pourtant occupée qu'un demi-siècle après ce voyage. On reconnut lentement les îles Kouriles; on aperçut au nord de la Sibérie une grande terre polaire (An 1724); mais toutes ces découvertes étaient mal tracées sur les cartes; l'Asie n'y avait point sa vraie étendue à l'est. Le génie de Pierre le Grand donna une nouvelle activité aux recherches dans ces régions lointaines. Le Danois *Béring* fixa, par son premier voyage, l'extrémité orientale de l'Asie, vis-à-vis de laquelle les cartes russes, depuis cette époque, montraient une *grande terre*; c'était l'Amérique, mais les géographes durent encore suspendre leur jugement. Le second voyage de Béring, qui y fut accompagné du russe Tchirikow, le conduisit jusqu'au continent américain, mais dans une latitude beaucoup plus méridionale. La mort du savant *Delisle de la Croyère*, géographe de l'expédition, empêcha l'Europe de connaître avec autant de précision les navigations subséquentes par lesquelles les Russes achevèrent de découvrir le nord-ouest de l'Amérique.

Il était donc utile que le capitaine Cook réunît ces reconnaissances isolées; mais il y ajouta moins de découvertes réelles que de noms nouveaux. Il devina, mais il ne prouva point que l'Amérique offrait de ce côté un continent non interrompu. Cette vérité ne fut pas non plus entièrement démontrée par les voyages de *Perez* (An 1774), qui découvrit l'entrée de Noutka quatre ans avant que Cook n'y mouillât; de *Martinez*, qui reconnut les établissements russes; de *Malaspina*, de *Galiano* et de *Valdes*, qui examinèrent avec plus de soin que Cook plusieurs parties de la côte. Cette question ne se trouva résolue que lorsque l'espagnol *Quadra* et l'anglais *Vancouver* eurent reconnu toutes les baies et toutes les îles qui, sur ces rivages, présentent si souvent l'image trompeuse d'un passage (An 1795). *Mackenzie*, en parcourant les pays qui séparent le grand Océan de la baie d'Hudson, et l'américain *Lewis*, en remontant jusqu'aux sources du Missouri et en descendant la rivière de Colombia, n'ont plus laissé dans l'obscurité que ces affreux climats où les extrémités septentrionales de l'Amérique se perdent parmi les glaces du pôle.

Un compagnon de Béring, et Danois comme lui, avait jeté quelque jour sur la géographie de cet *Archipel d'Yesso*, que les Hollandais, un siècle auparavant, avaient visité d'une manière incomplète; mais l'infortuné *Spangenberg* n'eut pas les instruments nécessaires pour donner de la précision à ses observations. Il était réservé à La Pérouse de rectifier toutes les idées erronées qu'on s'était formées sur ces contrées.

Nous terminerons ici notre résumé de l'histoire de la géographie. Depuis cette époque, la science n'a pas cessé un seul instant d'être cultivée avec zèle et dévouement, soit par les gouvernements, soit par les sociétés savantes, soit par de simples particuliers. Toutes les nations civilisées ont fourni leur contingent pour les conquêtes pacifiques de la science. L'Angleterre doit être mise en première ligne, et cela est tout simple quand on considère sa situation politique, l'étendue de ses possessions en Amérique, en Afrique, en Asie et dans l'Océanie, et la nécessité où elle se trouve de se créer partout des débouchés pour ses produits industriels. La France vient ensuite. Chez nous, il faut le reconnaître; c'est surtout l'amour pour les progrès des sciences qui a inspiré et le gouvernement et ceux de nos nationaux qui ont exploré une foule de régions peu connues. La Russie et les États-Unis d'Amérique ont également bien mérité de la science : elle leur doit des travaux d'un haut intérêt.

Comme c'est dans la partie descriptive de cet ouvrage que nous ferons connaître les résultats des expéditions maritimes de ce siècle, et que nous exposerons en détail les découvertes nombreuses qui ont enrichi la géographie de l'intérieur des continents, ce serait nous obliger à des répétitions inutiles que de les consigner ici. Nous croyons également devoir nous dispenser d'énumérer simplement les noms des hommes auxquels la science a été le plus redevable, ce serait nous condamner à une sèche nomenclature. Nous leur rendrons justice en temps et lieu, c'est-à-dire en consignant dans notre livre les faits nouveaux que chacun d'eux a fourni à la science, et en appréciant les difficultés et les périls qu'ils ont eu à surmonter.

Mais cette esquisse historique des progrès de la géographie serait incomplète si elle n'indiquait pas les révolutions qui, depuis le xve siècle, ont amené les méthodes scientifiques au point où elles se trouvent aujourd'hui.

Colomb et Vasco de Gama, en franchissant les bornes chimériques qui avaient arrêté le génie des anciens, renversèrent tout d'un coup les systèmes de Ptolémée, de Strabon et des autres géographes de l'antiquité. Magellan acheva de persuader même à la multitude que la terre est un globe. N'oublions point que dans ce grand siècle les Copernic, les Tycho-Brahé et les Galilée perfectionnèrent cette science qui soumet les corps célestes aux calculs de l'homme. Dès lors, les énormes erreurs de Ptolémée, seul guide des géographes du moyen âge, frappèrent tous les yeux. Il fallut absolument que la géographie changeât de face. Les mappemondes des frères *Appian*, et celle bien plus intéressante de *Ribeiro*, représentèrent les premières l'hémisphère nouvellement découvert. *Gemma Frisius* en publia une très-complète pour cette époque. Trois géographes se distinguèrent dans le xvie siècle : le laborieux *Sébastien Munster*, que ses contemporains comparèrent à Strabon; l'érudit *Ortelius*, celui des prédécesseurs de d'Anville dans la géographie ancienne qu'on peut encore consulter avec le plus de fruit; enfin, *Gérard Mercator*, qui, par son édition de Ptolémée, démontra l'extrême imperfection des systèmes des anciens, et en provoqua l'abolition. C'est de Mercator que date la géographie moderne.

Le xviie siècle continua l'édifice. Chaque jour vit disparaître quelque fable ou naître quelque vérité. *Cluver*, *Riccioli* et *Varénius* réformèrent toute la science géographique. Ce dernier, peu content d'avoir débrouillé la géographie mathématique, s'éleva encore à ces hautes considérations physiques qui lui méritèrent l'honneur d'avoir Newton pour traducteur et commentateur. La géographie ancienne dut à *Cellarius* des formes plus régulières. Parmi les nombreuses topographies qui avancèrent rapidement la géographie moderne, celles de *Coronelli* et de *Mérian* conservent encore une juste célébrité. Les *Sanson* en France, les *Blaeuw* en Hollande, les *Buræus* en Suède, commencèrent à soigner les détails des cartes géographiques; car jusqu'alors on avait eu peu d'égard aux distances exactes d'un lieu à l'autre. Ce siècle vit aussi naître un genre de descriptions où les ressources et les forces des États étaient indiquées, et qu'on peut considérer comme les embryons de ce qu'on appelle *statistiques*. Déjà, en 1567, *Sansovino* en avait donné les premiers modèles; il fut suivi par *Botero* et *Davity*. *Coring*, professeur allemand, les laissa tous en arrière. Il faut pourtant avouer que l'on n'avait que des idées confuses sur le but et la nature de la géographie.

Dans le commencement du XVIIIe siècle, on persista encore à considérer la géographie comme une simple science auxiliaire, subordonnée à l'histoire. Cependant la question de l'aplatissement du globe, objet de discussion entre Newton, Huyghens et Cassini, valut à la géographie mathématique la protection des sociétés savantes, l'appui des gouvernements et une place parmi les sciences exactes. *Delisle* en France et *Haase* en Allemagne portèrent les premiers le flambeau d'une critique sévère sur la construction des cartes; mais à quoi servent les principes lorsque les bons matériaux manquent pour l'exécution? Enfin, vers le milieu du siècle, on vit paraître les deux créateurs de la bonne géographie, d'*Anville* et *Busching*.

Le premier, muni d'excellents matériaux, de relations authentiques et de plans levés sur les lieux, réforma toute la géographie mathématique, éclaircit pour la première fois l'intérieur de l'Asie, et débarrassa la carte d'Afrique des royaumes imaginaires qui la surchargeaient. C'est beaucoup que de chasser l'erreur et d'ébranler l'aveugle croyance; mais d'Anville consacra encore une vie longue et tranquille à remplacer les faux systèmes par des notions plus sûres. C'est ainsi qu'après avoir resserré la géographie ancienne dans des bornes plus étroites, il remplit les pays compris dans cet espace de détails infiniment plus sûrs et plus précis que n'en avait présentés aucun de ses prédécesseurs. Ses infatigables recherches s'étendirent aussi sur le moyen âge, sujet épineux et qui n'est pas encore entièrement débrouillé.

Busching se livra de préférence à cette partie de la géographie qui fait connaître l'état actuel des nations et des empires; il y mêla, selon l'habitude de ses compatriotes, une topographie ennuyeuse. Le mérite de sa grande géographie de l'Europe est dans l'exactitude des détails, mérite malheureusement sujet à vieillir. La conscience la plus scrupuleuse présidait aux travaux du savant Berlinois. Protégé par tous les gouvernements du Nord, il tira de la poussière des archives un grand nombre de mémoires précieux ; toutes les Russies, et la Chine elle-même, devinrent tributaires de son *Magasin historico-géographique ;* mais il se bornait à enregistrer des faits, et il n'a jamais tracé des tableaux propres à émouvoir l'âme et à réveiller la pensée.

Depuis d'Anville et Busching, la géographie, considérée au point de vue critique et descriptif, a fait également des progrès considérables. Il suffit de citer, pour la géographie critique, à côté des noms de Gosselin, Rennell et Mannert, déjà connus de nos lecteurs, ceux de Valckenaer, d'Eyriès, de Klaproth, de Rémusat, de d'Avezac, et de Ritter dont nous aurons bientôt à invoquer l'autorité.

La partie descriptive graphique s'est considérablement améliorée : mais la France conserve toujours la prééminence que lui avaient acquise les cartes admirables de Cassini. Les Anglais, les Russes, les Danois et les Espagnols, ont, il est vrai, atteint à l'exactitude et à l'élégance des cartes qui avaient rendu si célèbres les travaux de ce savant; mais ils sont maintenant surpassés par les cartes nouvelles du dépôt de la guerre. Disons aussi que c'est à un de nos compatriotes, Beautemps-Beaupré, que l'Europe a décerné unanimement le titre de premier ingénieur-hydrographe de notre époque.

Quant aux ouvrages relatifs à la simple exposition historique de la géographie, il est aisé de concevoir les motifs qui nous interdisent toute appréciation à leur égard. Nous nous bornerons à constater que cette partie importante de la science n'est pas restée immobile, et qu'en général on remarque une amélioration notable dans les ouvrages, soit élémentaires, soit d'un ordre plus élevé, qui ont pour but de répandre les connaissances géographiques.

FIN DE L'HISTOIRE DE LA GÉOGRAPHIE.

GÉOGRAPHIE

MATHÉMATIQUE.

CHAPITRE PREMIER.

Théorie de la Géographie. De la Terre, considérée comme un corps céleste; des Longitudes et Latitudes; des véritables dimensions du globe; de son aplatissement et des bases du système métrique.

C'est à l'astronomie qu'il appartient de nous montrer la terre, balancée par son propre poids dans l'immensité de l'espace, rouler, avec toutes les autres planètes, autour de l'astre éclatant qui distribue à tous ces globes célestes leur portion de chaleur et de lumière. C'est à l'astronomie à calculer les lois qui gouvernent le *système solaire*, et à nous démontrer que le volume du soleil est 1,384,462 fois plus grand que celui de notre terre. Pour nous, il nous suffit d'emprunter les notions astronomiques nécessaires pour comprendre les termes d'emploie la science géographique.

La forme sphérique de la terre est le premier principe de toute géographie mathématique. Les preuves de cette vérité viennent elles-mêmes s'offrir aux sens. Pourquoi les tours, les vaisseaux, les montagnes, lorsque nous nous en éloignons, semblent-ils se plonger sous l'horizon, à commencer par leur base? Et pourquoi, au contraire, lorsque nous nous en approchons, ces objets se montrent-ils d'abord par le sommet, et ne découvrent-ils que successivement leur milieu et leur base? Ces phénomènes prouvent évidemment que toute plaine apparente sur la terre est une surface courbe. C'est la convexité de cette surface qui dérobe aux regards d'un spectateur, placé sur les bords de la mer, le corps d'un vaisseau dont il aperçoit les mâts et la voilure. Mais, dès qu'on sait que ces choses arrivent d'une manière uniforme, partout où nous allons sur la terre, vers l'orient ou vers l'occident, vers le nord comme vers le sud ; dès qu'on s'aperçoit que cet ensemble de surfaces courbes n'est nulle part sensiblement interrompu, il est impossible de ne pas en tirer la conséquence que la surface totale de la terre est un corps sphérique plus ou moins parfait.

Les premiers observateurs des astres remarquèrent que le soleil occupait, dans l'hémisphère céleste, une place opposite à certaines étoiles qui, chaque nuit, brillaient constamment au-dessus de leur tête, pendant que d'autres astres disparaissaient et revenaient tour à tour. Leurs regards se fixèrent sur l'*étoile polaire* ; ils remarquèrent dans les cieux ce point qui, seul immobile, semble servir de pivot, ou, selon l'expression grecque, de *pôle* au mouvement apparent des globes célestes. Ils tracèrent une *ligne méridienne*, une ligne droite dans la direction du soleil à l'étoile polaire ; et, tout imparfaite qu'ait dû être cette première opération, elle leur suffisait pour marquer à peu près les quatre coins du monde. Maintenant, s'ils allaient vers le nord, ils voyaient l'étoile polaire prendre une position plus élevée dans les cieux. Allaient-ils vers le midi ? cette étoile s'abaissait à vue d'œil, et d'autres, jusque-là invisibles, semblaient successivement s'élever. Il était donc impossible que la ligne, dans la direction de laquelle ils marchaient, fût une droite tracée sur une plaine horizontale ; elle devait être une courbe, un arc de cercle auquel correspondait un autre arc de cercle apparent dans les cieux. Or, comme partout les mêmes changements d'horizon avaient lieu, il était naturel de conclure que la terre était du moins circulairement courbée du sud au nord.

Les observations astronomiques, en se multipliant, se perfectionnèrent. On calcula les mouvements des corps célestes ; on détermina le retour périodique des éclipses. Dès lors il devenait aisé de s'apercevoir que le soleil se lève plus tôt pour ceux qui habitent plus à l'orient, que pour ceux qui sont moins avancés vers ce côté ; car si l'on observe une éclipse de lune tant à Paris qu'à Vienne en Autriche, et que cette éclipse commence quand il est dix heures du soir à Paris, il sera près de onze heures à Vienne, quand on observera ce commencement ; ainsi le soleil a dû se lever plus tôt pour les Viennois que pour les Parisiens. Or, cela n'arriverait pas si la superficie de la terre n'était pas courbe d'orient en occident; car alors le soleil commencerait dans le même instant à éclairer toutes les parties d'une même face de la terre plate.

De nombreux voyages faits autour du monde, ont enfin dû fermer la bouche à tous ceux qui s'obstinaient à regarder la terre comme une plaine ronde, ou comme un disque demi-sphérique. *Heemskerk*, en allant hiverner dans la Nouvelle-Zemble, confirma ce que les astronomes avaient conclu de la figure sphérique de la terre, savoir, que les jours et les nuits, vers les pôles, durent plusieurs mois. Enfin, le navigateur qui se dirige vers le cercle polaire du sud, trouve sa route toujours plus petite à mesure qu'il s'approche de ce pôle, et constate ainsi que la terre s'arrondit vers le pôle du sud comme vers celui du nord.

Mais, dira-t-on, les hautes montagnes, les Andes, les Alpes, ne font-elles point visiblement de la terre un corps irrégulier et rien moins que rond? L'une des plus hautes montagnes connues, le *Chimborasso*, s'élève à environ 6,273 mètres au-dessus de la surface des mers. Cette hauteur n'est pas seulement $\frac{1}{6,000}$ de la plus grande circonférence de la terre, ni $\frac{1}{1,900}$ de son axe. Sur un globe artificiel, de 21 pieds en circonférence, ou de 6 pieds $\frac{2}{3}$ de diamètre, le Chimborasso ne pourrait être représenté que par un grain de sable, épais d'une *demi-ligne*. Des irrégularités tellement imperceptibles ne méritent donc point d'entrer en considération.

La simple vue nous apprend que les étoiles semblent se mouvoir d'orient en occident, en décrivant des portions de cercle. Si l'on observe attentivement ce mouvement, il paraît se faire autour d'un point qui seul reste immobile ; ce point a reçu le nom de *pôle*. L'étoile qui en est la plus voisine s'appelle *étoile polaire*. On conçoit que la voûte céleste s'offrant sous l'aspect d'une sphère, il doit y avoir dans la moitié qui est invisible pour nous, un autre point immobile, c'est le *pôle céleste austral* ; celui que nous voyons est le *pôle céleste boréal*. La ligne imaginaire qui passe par ces deux points et par le centre du monde, se nomme l'*axe* du monde, d'un mot grec qui signifie *essieu*. Cette ligne passant à travers notre globe, en forme également l'axe et marque sur la surface de la terre deux points correspondans aux pôles du ciel , et qu'on nomme les *pôles terrestres*. Celui qui répond à l'étoile polaire se nomme *pôle septentrional*, *pôle nord*, ou *pôle arctique*; et l'opposé, *pôle austral*, *pôle sud*, ou *pôle antarctique*.

Le point de l'horizon qui répond au pôle nord, est le nord ou septentrion; du côté opposé se trouve le sud ou midi. Si nous concevons un cercle passant par ces deux points, et dont le plan soit perpendiculaire à l'horizon, il passera nécessairement par les pôles, et ce sera celui que les astronomes ont appelé le *méridien* : il partagera en deux parties égales l'hémisphère céleste visible, en sorte que les astres, au moment où ils se trouvent sur ce cercle, sont au milieu de leur course apparente; c'est le passage du soleil par le même cercle qui marque l'instant du midi.

La ligne qui joint le point nord de l'horizon avec celui du midi, se nomme la *méridienne*. Une ligne perpendiculaire à la méridienne et qu'on imagine prolongée de part et d'autre jusqu'à l'horizon, détermine sur ce cercle deux points opposés, que l'on désigne sous les noms de *est* et *ouest*, ou *orient* et *occident*, ou *levant* et *couchant*. Les dernières dénominations rappellent que l'un de ces points est du côté où les astres paraissent commencer leur course journalière ou se lever, que l'autre est du côté où ils semblent se plonger au-dessous du même cercle ou se coucher.

L'horizon de l'observateur tournant avec lui pendant la rotation du globe, doit s'avancer successivement vers les astres qui sembleront marcher pour s'approcher de l'horizon; de même que les rivages semblent se mouvoir aux yeux d'un spectateur placé sur un vaisseau qui vire de bord. Cette explication rend directement raison de l'apparition et de la disparition journalière des astres et notamment du soleil. Mais pour concevoir l'usage qu'on fait de ces apparences célestes en astronomie et en géographie, il faut remarquer que ces mouvements ne se mesurent que par des angles, et l'observateur détermine simplement l'arc de cercle dans ces angles. Cet arc, comme tout cercle, se divise en *degrés*; chaque cercle, grand ou petit, en comprend 360, et chaque degré est divisé en 60 *minutes*, subdivisées à leur tour en 60 *secondes*.

L'horizon dont nous venons de parler, s'appelle l'*horizon sensible*. Mais le demi-diamètre de la terre étant une valeur insignifiante relativement à la distance qui nous sépare des étoiles, on peut substituer au plan tangent à cet horizon un autre plan parallèle à celui-ci, mais passant par le centre de la terre : on a donné à ce second plan le nom d'*horizon rationnel*. Le point qui répond dans le ciel perpendiculairement au-dessus de la tête de l'observateur, se nomme le *zénith;* la ligne droite ou *verticale* qui passe par le zénith et le lieu de l'observateur, prolongée à travers le centre du globe, marque dans la partie opposite du ciel un autre point que l'on nomme le *nadir*.

Nous avons vu que l'axe du monde perce la surface de notre globe en deux points qui sont les pôles de la terre. L'équateur céleste qui est perpendiculaire à cet axe et qui partage le ciel en deux moitiés égales, partage aussi notre planète en deux *hémisphères* par un grand cercle que l'on nomme *équateur terrestre*. Tous les points de ce cercle sont éloignés de 90 degrés des deux pôles.

L'angle qui mesure la hauteur du pôle au-dessus d'un horizon quelconque, est égal à celui qui mesure la distance angulaire d'un lieu à l'équateur, comptée dans le sens du méridien. Lors donc qu'on parviendra à déterminer dans un lieu quelconque la hauteur du pôle au-dessus de l'horizon, on connaîtra la distance angulaire de ce lieu à l'équateur, ou le nombre de degrés de l'arc du méridien intercepté entre ce lieu et l'équateur. La distance d'un lieu à l'équateur, comptée sur le méridien, se nomme *latitude :* elle est *septentrionale* ou *nord*, lorsque le lieu est situé entre le pôle de ce nom et l'équateur; elle est *méridionale* ou *sud* dans l'hémisphère opposé.

Mais pour déterminer la position d'un lieu de la terre, il ne suffit pas d'en connaître la distance à l'équateur, parce que cette distance est la même pour tous les lieux situés sur un cercle qui tracerait à la surface du globe un plan parallèle à l'équateur, et passant par le lieu en question. Pour distinguer les lieux également distants de l'équateur, il faut connaître leur méridien, qui est différent pour chacun d'eux; l'observation des mouvements célestes en donne encore le moyen.

L'angle de deux méridiens, mesuré par les arcs de l'équateur ou d'un cercle parallèle, est la différence en longitude des lieux situés sous ces deux méridiens. Pour pouvoir compter ces différences d'une manière absolue, il faut convenir d'un *premier méridien*. La *longitude* absolue d'un lieu est donc l'angle que forme le méridien du lieu avec le premier méridien.

Tout le monde sait que la terre est animée d'un double mouvement, d'un mouvement de rotation sur elle-même, c'est-à-dire autour de son axe, et d'un mouvement de translation autour du soleil. C'est au premier de ces mouvements qu'est due la succession du jour et de la nuit; c'est le second qui détermine les vicissitudes des *saisons* et l'*inégalité des jours*. Ces deux derniers phénomènes dépendent des deux circonstances suivantes : 1° L'axe de la terre n'est pas perpendiculaire au plan de l'écliptique, c'est-à-dire au plan dans lequel cette planète accomplit sa révolution annuelle; 2° les extrémités de cet axe ou les deux pôles de rotation continuent de se diriger vers les mêmes points de la sphère céleste, pendant toute la durée de la révolution. En conséquence, le plan de l'équateur, quoique invariable relativement à l'espace absolu, change continuellement de position par rapport au soleil; l'effet apparent qui en résulte est le même que si le soleil avait un mouvement d'oscillation dans le ciel, s'élevant au-dessus du plan de l'équateur pendant la moitié de l'année et s'abaissant au-dessous pendant l'autre moitié. Lorsque le soleil est dans le plan de l'équateur, les deux pôles de la terre se trouvent dans le grand cercle qui sépare l'hémisphère éclairé de l'hémisphère obscur. Lorsque le soleil atteint sa plus grande déclinaison nord, la région polaire nord fait partie de l'hémisphère illuminé; quand au contraire la déclinaison du soleil est sud, les régions polaires septentrionales sont dans l'obscurité, et ce sont les régions polaires australes qui font partie de l'hémisphère éclairé. Lorsque le soleil accomplit son mouvement diurne apparent dans le plan de l'équateur, les jours et les nuits sont d'égale longueur sur toute la surface de la terre. L'angle que font entre eux les plans de l'équateur et de l'écliptique est d'environ 23 degrés et demi. Par conséquent, comme la plus grande déclinaison du soleil de l'équateur est la même quantité, il doit arriver qu'au solstice d'été le soleil est à 23 degrés et demi au nord de l'équateur, et qu'au solstice d'hiver il est à 23 degrés et demi au sud de cette ligne. L'inégalité des jours physiques est une conséquence immédiate de la déclinaison du soleil. En effet, comme les rayons solaires arrivent parallèles à la terre, il doit toujours y avoir une moitié du globe éclairée à la fois, l'autre moitié restant dans l'obscurité; en conséquence, lorsque la déclinaison du soleil est 23 degrés et demi au nord de l'équateur, toute cette partie de la terre qui est comprise dans une zone de 23 degrés et demi du pôle reste, pendant que la terre accomplit sa révolution diurne, dans l'hémisphère illuminé.

On a donné le nom de *cercle polaire* à un petit cercle de la sphère qui est parallèle à l'équateur et éloigné du pôle de 23 degrés et demi. A cette latitude, le soleil, lorsqu'il est à sa déclinaison maximum, arrive exactement à l'horizon à minuit, sans se coucher : la durée du plus long jour est donc alors de 24 heures. A l'équateur, la longueur du jour est toujours de 12 heures; mais, à partir de l'équateur jusqu'au cercle polaire, la durée du plus long jour devient de plus en plus grande à mesure de l'accroissement de la latitude. Au pôle, le soleil est au-dessus de l'horizon pendant une moitié de l'année, et au-dessous pendant l'autre moitié; et à partir du cercle polaire jusqu'au pôle, la longueur du temps que le soleil reste sur l'horizon sans se coucher, s'accroît, avec la latitude, de 24 heures à six mois.

Les deux petits cercles de la sphère parallèles à l'équateur, qui limitent la plus grande déclinaison du soleil, ont reçu le nom de *tropiques*, d'un mot grec qui signifie *retour*, parce que cet astre semble alors s'arrêter et revenir sur ses pas. Celui qui est au nord de l'équateur et répond pour nos contrées au solstice d'été, s'appelle *tropique du cancer*; le tropique opposé a reçu le nom de *tropique du capricorne*. Disons aussi que l'équateur est encore nommé *ligne équinoxiale*, parce qu'on a donné le nom d'*équinoxes* (nuits égales) aux époques où le soleil est dans le plan de l'équateur.

Les deux cercles polaires, nommés *arctique* et *antarctique*, et les tropiques partagent la surface terrestre en cinq portions qu'on nomme *zones*, c'est-à-dire bandes; celles qui sont renfermées dans chaque cercle polaire, étant privées de soleil une grande partie de l'année, ou n'en recevant jamais les rayons que très-obliquement, ont mérité le nom de *zones glaciales*. Deux autres zones comprises dans chaque hémisphère, entre le cercle polaire et le tropique, n'ont jamais le soleil à plomb, mais reçoivent ses rayons moins obliquement que les zones glaciales; ce sont les *zones tempérées*. Enfin la bande, circonscrite par les deux tropiques, dont chaque point passe deux fois sous le soleil dans l'année, et qui toujours reçoit les rayons de cet astre dans une direction peu oblique, a reçu la dénomination outrée de *zone torride*.

C'est aux traités d'astronomie et de navigation, à nous apprendre par quels procédés l'observateur peut déterminer avec une exactitude rigoureuse la latitude et la longitude, ou, en d'autres termes, la position d'un lieu quelconque. Cette connaissance, quelle que soit son importance et sa nécessité, puisque sans elle il ne saurait y avoir de géographie, n'intéresse qu'un fort petit nombre d'hommes spéciaux. En conséquence, nous nous dispenserons d'entrer dans ces détails techniques. Mais ce qui intéresse tous les lecteurs, c'est de pouvoir comprendre et se rendre compte des mesures données par les géographes et par les voyageurs. Pour cela, il faut exposer les diverses manières de compter les longitudes usitées chez les différents peuples : c'est ce que nous ferons dans le chapitre suivant.

Il ne suffit point à l'active curiosité de l'homme d'avoir démontré que la terre, sa demeure, est un globe roulant dans l'immensité de l'espace ; il veut encore connaître les dimensions exactes de la planète sur laquelle il se trouve placé. En effet, dès qu'on a pu mesurer un arc d'un méridien céleste, on a dû penser que, cet arc devant répondre à un autre arc de méridien sur la surface de la terre, on n'aurait qu'à mesurer cette dernière courbe pour en conclure la dimension du cercle entier dont elle fait partie, dimension qui répond à la circonférence du globe. C'est précisément ce qui a été essayé dans l'antiquité, ainsi que nous l'avons dit en parlant d'Eudoxus, de Posidonius, d'Hipparque, d'Ératosthène et de Ptolémée. Vers 1528, Fernel mesura la distance entre Paris et Amiens en calculant le nombre de révolutions opérées par une roue de voiture, et il trouva 57,488 toises pour la longueur du degré du méridien. En 1635, Norwood mesura l'arc du méridien entre la ville de Londres et celle d'York; il trouva le degré de 57,300 toises. Mais le premier qui employa la méthode des triangulations fut le hollandais Snellius : il obtint de cette manière 55,021 toises pour la valeur du degré terrestre. Ce fut en appliquant les lunettes aux instruments à l'aide desquels on mesure les angles que Picard, de l'Académie des sciences de Paris, se vit enfin en état de mettre la précision nécessaire dans la nouvelle mesure d'un degré qu'il commença en 1660. Il conclut de ses opérations que la longueur du degré était égale à 57,060 toises. Par conséquent, il évalua la circonférence de la terre à 7,200 lieues marines de 2,853 toises chacune. Le diamètre du globe, conclu de sa circonférence, fut évalué à 2,292 lieues marines.

L'exactitude de ce résultat sur les dimensions de notre planète paraissait incontestable, lorsqu'une expérience à jamais mémorable fit entrevoir que la terre n'était pas parfaitement sphérique et que, par conséquent, les degrés n'étaient point égaux. Je veux parler de l'observation que fit Richer à Cayenne en 1672. Son horloge à pendule, qui avait été réglée à Paris sur le mouvement moyen du soleil, se trouva, après avoir été transportée à Cayenne, qui n'est éloignée de l'équateur que de 5 degrés, retarder de 2 minutes 28 secondes chaque jour. Cette expérience, qui prouvait que la pesanteur était moindre à Cayenne qu'à Paris, coïncida parfaitement avec les raisonnements des géomètres qui commençaient à regarder la terre comme aplatie vers le pôle, ce qui expliquerait pourquoi la pesanteur ou la force qui attire vers le centre, y est plus grande, attendu que la surface aplatie s'y trouve plus rapprochée du centre.

Huyghens, géomètre hollandais, eut la gloire de deviner cette vérité, même avant que l'expérience sur le pendule fût connue. Considérant que les corps qui tournent autour d'un centre ou d'un axe, acquièrent une *force centrifuge* qui tend sans cesse à les éloigner de ce centre ou de cet axe, ainsi qu'on le voit dans la pierre lancée par une fronde, ce savant en conclut que le fluide répandu sur une grande partie de la surface terrestre, devant obéir à cette force en même temps qu'à la pesanteur dirigée vers le centre de la terre, ne pouvait affecter une forme parfaitement sphérique. Il pensa donc que la terre devait être aplatie vers les pôles, en sorte que l'axe de rotation fût plus court que les diamètres de l'équateur, de $\frac{1}{578}$, ce qui répond à environ quatre lieues marines. Cette conséquence, tirée de la force centrifuge par Huyghens, peut être rendue sensible aux yeux en faisant tourner rapidement autour d'un axe une vessie mouillée, qui prend alors la forme d'un sphéroïde aplati aux extrémités contiguës à cet axe. L'immortel *Newton*, trouva que la pesanteur variait un peu en intensité et en direction, lorsqu'on ne supposait plus la terre sphérique. Si la figure de la terre dépendait de la pesanteur, la pesanteur elle-même se réglait d'après la figure qu'avait la terre; cette force accélératrice devait, quant aux corps terrestres, être perpendiculaire à la surface et proportionnée aux distances; la terre ayant une fois pris la figure aplatie, cette seule figure, indépendamment de la force centrifuge, devait rendre la pesanteur plus petite sous l'équateur que sous les pôles. Calculant d'après ce principe, et supposant la terre homogène dans toutes ses parties, Newton trouva que l'aplatissement devait être de $\frac{1}{230}$, ou de dix lieues marines. Ces conclusions, différentes relativement à la quantité du résultat, sont d'accord entre elles sur l'altération que la figure de la terre a dû recevoir de la force centrifuge.

La théorie de l'aplatissement pouvait encore être vérifiée par des mesures prises sur le globe terrestre; car il en résultait que les degrés de latitude n'étaient pas égaux dans toute l'étendue du méridien, mais qu'on devait les trouver plus grands, ou contenant plus de mesures itinéraires dans la partie aplatie du méridien, c'est-à-dire vers les pôles, et moindres dans la partie la plus convexe de ce même méridien, c'est-à-dire vers l'équateur. L'académie des sciences de Paris voulut résoudre cette importante question. Deux commissions prises dans son sein, furent envoyées, l'une en 1736, au Pérou, et l'autre en 1737, au cercle polaire, pour mesurer les degrés du méridien dans le voisinage de l'équateur et auprès du pôle. Les résultats obtenus par chaque commission, comparés, soit entre eux, soit au degré mesuré en France par Picard, sans s'accorder parfaitement sur la quantité de l'aplatissement de la terre aux pôles, le mirent pleinement hors de doute. Le degré mesuré au cercle polaire, surpassa celui de l'équateur de 669 toises; et celui de France, plus petit que celui du cercle polaire, surpassa encore celui de l'équateur de 307 toises.

Depuis ces mémorables expéditions scientifiques, plusieurs arcs du méridien ont été mesurés en différents pays, et tous les résultats obtenus concourent à prouver que les degrés deviennent plus longs à mesure que l'on s'avance de l'équateur vers le pôle, conformément à la théorie de l'équilibre hydrostatique qui exige une augmentation de matière à l'équateur afin de contrebalancer, par son attraction, l'effet de la force centrifuge. En 1792, un projet politique donna occasion à une nouvelle mesure de l'arc du méridien qui traverse la France, en passant par la capitale. La Convention nationale avait ordonné la fixation d'un système de poids et de mesures uniforme et stable. Les savants proposèrent de prendre la base de ce système dans la nature elle-même, et de regarder, comme *unité primitive* du mètre, *la dix-millionième partie du quart du méridien terrestre*, c'est-à-dire de l'espace de l'équateur au pôle. Une métrologie fondée sur une telle base, disait-on, appartiendra à toutes les nations, à tous les siècles. Mais comment connaître précisément la longueur d'un quart du méridien ? D'un côté, on ne pouvait la conclure des mesures anciennes, car elles se contredisaient ; de l'autre, on crut donner plus d'authenticité au nouveau système métrologique, en l'appuyant sur des opérations conduites avec une précision jusqu'alors inconnue, et dirigées par les astronomes les plus habiles. *Delambre* et *Méchain* furent chargés de mesurer l'arc du méridien intercepté par les parallèles de Dunkerque et Barcelone. Cette grande entreprise, commencée en 1792, fut terminée, quant aux mesures, en 1798. En 1806, la triangulation fut étendue de Barcelone à travers l'Espagne aux côtes de la Méditerranée, et plus tard, après le décès de Méchain, mort victime de ses fatigues, l'opération fut poussée par Biot et Arago aux îles Baléares. Ainsi cette grandiose opération embrasse 12 degrés 22 minutes. D'après les observations de ces savants, le méridien de France donne, si on le considère en lui-même, un aplatissement de $\frac{1}{150}$; mais en le comparant avec le degré du Pérou, il donne $\frac{1}{334}$. C'est ce dernier résultat qui a été adopté pour la commission des mesures. On trouva aussi que la longueur de l'arc du méridien, entre le pôle et l'équateur, est de 5,130,740 toises : par conséquent on fit le mètre, ou l'unité de longueur, égal à 0,5130740 de la toise.

On convint encore, en partant toujours de la même idée, de faire le *litre*, ou l'unité de capacité, égal à un décimètre cube; de faire le *gramme*, ou l'unité de poids, égal au poids d'un centimètre cube d'eau distillée prise à la température du maximum de densité de l'eau qui arrive vers 4 degrés du thermomètre centigrade. L'unité de mesure agraire ou l'*are* reçut la valeur de cent mètres carrés, et l'unité monétaire ou le *franc* forma la valeur d'une pièce d'argent à 0, 9 de fin, pesant 5 grammes. C'est ainsi que la mesure de la terre fournit l'unité qui servit de base à la construction du système décimal, l'un des plus beaux monuments de la science.

Depuis cette époque, des observateurs éminents ont encore entrepris de mesurer des arcs du méridien plus ou moins considérables dans divers pays, et notamment dans le Hanovre, en Lithuanie, en Suède et aux Indes orientales. Les noms de Gauss, de Struve, de Svanberg, de

Lambton et d'Everest se rattachent à ces mesures. Nous citerons surtout l'arc mesuré dans l'Inde par ces deux derniers savants, à cause de son étendue qui est de près de 16 degrés. Enfin, de nouvelles recherches ont été faites sur la mesure des arcs de parallèles dans le midi de la France par Brousseaud et Nicollet, d'un côté, par Plana et Carlini, de l'autre. L'arc du parallèle moyen combiné avec les arcs des méridiens dont les mesures sont estimées les plus exactes, a donné $\frac{1}{282}$ pour l'aplatissement général du globe. Les expériences du pendule faites à différentes latitudes par Sabine, Freycinet et Duperrey, donnent $\frac{1}{288}$. Cet aplatissement ne produit, entre le diamètre de l'équateur et l'axe qui passe par les pôles, qu'une différence de 7 à 8 lieues. On voit qu'elle est assez petite pour que les géographes puissent la négliger.

Nous terminerons ce chapitre par le tableau des dimensions du globe, en rappelant que ces dimensions se rapportent à un aplatissement de $\frac{1}{334}$.

	TOISES.	MÈTRES.
Rayon de l'équateur, ou demi-grand axe de l'ellipsoïde terrestre	3,271,226	6,375,750
Rayon du centre au pôle, ou demi-petit axe. .	3,261,432	6,356,662
L'aplatissement aux pôles, ou excès du rayon équatorial sur le rayon polaire	9,794	19,088
Rayon de la terre supposées sphérique	3,266,329	6,366,206
Circonférence de l'ellipsoïde sous l'équateur. .	20,553,717	40,059,948
Circonférence de l'ellipsoïde sous le méridien de Paris	20,522,960	39,999,867

CHAPITRE DEUXIÈME.

Des globes terrestres et des cartes géographiques.

Pour bien fixer dans l'esprit les diverses connaissances qui forment la géographie, il a fallu avoir sous les yeux une image raccourcie de notre terre et de ses parties. La plus simple de ces représentations est le *globe terrestre artificiel*; c'est le relief de la terre en petit avec ses mers, ses continents et ses îles. On y indique aussi les montagnes, rivières et villes principales. Tous ces points ont sur le globe artificiel leur *véritable position*; ils sont représentés, dans leur ensemble et entre eux, comme ils se trouvent sur la terre même, d'après les observations astronomiques et les mesures géodésiques. Une carte géographique ne peut donner que des vues perspectives d'une partie du globe, dans lesquelles il entre toujours plus ou moins d'erreurs de convention.

Nous retrouvons sur le globe artificiel l'image matérielle de ces cercles mathématiques qui nous ont servi à concevoir les divers rapports de la terre avec les astres, et des lieux terrestres entre eux. Ainsi, sur la surface même du globe, on doit trouver indiqués l'équateur terrestre, les tropiques, les cercles polaires; ensuite par des lignes moins fortes, les autres parallèles à l'équateur, de 5 en 5, ou de 10 en 10 degrés, selon la grosseur du globe. On voit de même les méridiens indiqués de 5 en 5 ou de 10 en 10; ils sont numérotés à leur point d'intersection avec l'équateur. Les parallèles à l'équateur sont également numérotés à l'endroit où ils coupent celui des méridiens, qu'on aura choisi pour le premier. L'écliptique est également marqué sur les bons globes.

Les pôles sont indiqués par deux poinçons sur l'axe desquels le globe tourne. Ces deux poinçons sont fixement unis à un cercle de métal qui entoure le globe d'un pôle à l'autre, de sorte qu'en tournant le globe, chaque endroit terrestre passe sous ce cercle. Il sert donc de *méridien général*, et c'est ainsi qu'on l'appelle. Les degrés de latitude, et même, sur les grands globes, les minutes et secondes, se trouvent sur le méridien général.

Les supports ou les pieds de toute la machine soutiennent une bande circulaire en métal ou en bois. Cette bande coupe le globe, quelque position qu'on donne à celui-ci, en deux hémisphères, l'un supérieur, l'autre inférieur; elle représente ainsi l'*horizon* rationnel. Cet horizon artificiel a plusieurs cercles tracés sur sa surface; le plus intérieur marque le nombre de degrés des douze signes du zodiaque; on y lit les noms de ces signes, et les jours du mois. Un autre cercle est divisé en trente-deux parties qui représentent les rumbs de vent.

Le quart de cercle pour prendre les hauteurs est destiné à remplacer le compas dans différentes recherches. C'est une petite lame de cuivre attachée au méridien général, et divisée en 90 degrés, qui sert à mesurer la distance et le gisement des lieux sans compas. *Le cercle horaire* est fixé sur le pôle nord; il est divisé en 24 heures, et porte une aiguille mobile qui tourne autour de l'axe du globe. On met encore au pied du globe une *boussole*, qui doit être fixée dans la parallèle et la méridienne de l'horizon.

La numération des latitudes commence à l'équateur; elle a par conséquent une origine déterminée par les circonstances mêmes du mouvement de la terre; il n'en est pas ainsi de la longitude, car tous les méridiens étant de grands cercles, la nature ne fournit aucun motif pour en choisir un préférablement à tout autre, comme terme d'où on compte la longitude, ou comme *premier méridien*; aussi les géographes des diverses nations ont-ils beaucoup varié dans ce choix.

Ptolémée a placé son premier méridien aux îles Fortunées (Canaries), parce que c'était la limite la plus occidentale des pays connus alors; et comme leur étendue d'orient en occident était plus considérable que du midi au nord, la première reçut le nom de longitude (ou longueur), et la seconde celui de latitude (ou largeur) qu'elles portent encore aujourd'hui.

Pour rendre uniforme la manière d'exprimer les longitudes dans les géographies françaises, Louis XIII ordonna de placer le premier méridien à l'*île de Fer*, la plus occidentale des *Canaries*. Delille fixa la longitude de Paris à 20 degrés à l'est de ce méridien. Des observations plus exactes encore ayant appris que la différence de longitude entre Paris et le bourg principal de l'île de Fer était de 20° 5′ 50″, il a fallu avancer le premier méridien de 5′ 50″ à l'orient de ce point; en sorte qu'il n'est plus qu'un cercle de convention qui ne passe par aucun lieu remarquable.

Les Hollandais avaient fixé leur premier méridien au *Pic* de Ténériffe, montagne située dans l'île de ce nom, et qu'on regardait alors comme la plus élevée du globe.

Gérard Mercator, fameux géographe du XVIe siècle, a choisi le méridien qui passe par l'île *Del Corvo*, une des Açores, parce que, dans son temps, c'était la ligne sur laquelle l'aiguille aimantée ne souffrait aucune variation. Il faut avouer que c'est le point de départ le plus naturel et le plus commode, par rapport aux mappemondes.

Les géographes commencent à compter les longitudes du côté oriental du premier méridien qu'ils ont choisi, et poursuivent dans le même sens, sur toute la circonférence de l'équateur, jusqu'à ce qu'ils soient revenus au côté occidental du méridien. Par cette manière de compter, les longitudes peuvent s'élever jusqu'à 360°.

Ces conventions ont été changées par les marins, surtout depuis que les observations astronomiques sont devenues d'un usage général dans la navigation; les tables qui indiquent l'heure des phénomènes célestes et la position des astres à diverses époques, étant toujours calculées pour le méridien de l'observatoire principal de chaque nation, les navigateurs ont trouvé plus simple de rapporter à ce méridien les points des routes qu'ils parcourent. Ainsi, les marins français comptent du méridien de l'observatoire de Paris, et les Anglais de Greenwich. Observons, en outre, que les marins concluent la longitude de la différence du temps qui s'écoule entre le passage des méridiens par un même astre ou de la différence des heures que l'on compte au même instant en deux lieux différents. Si on s'est avancé vers l'orient, on compte plus que sous le méridien d'où l'on est parti; le contraire a lieu quand on s'avance vers l'ouest. D'après ces considérations il est nécessaire, quand on convertit une différence de temps en une différence de longitude, d'indiquer si elle est *orientale* ou *occidentale*. Dans cette manière de compter, on marque toujours la longitude par le côté le plus près du premier méridien, en sorte que les longitudes n'embrassent que la demi-circonférence ou ne s'élèvent pas au delà de 180°, et que le globe se trouve partagé en deux hémisphères par rapport au premier méridien; dans l'hémisphère situé à l'ouest, les longitudes ont la dénomination d'*occidentales;* elles sont *orientales* dans l'autre. Toutes les cartes marines sont établies d'après ce système de numération.

Ces diversités dans la manière de compter la longitude nécessitent des calculs de réduction, et, l'on est obligé, avant de se servir d'une carte, d'examiner quel est le méridien adopté par le géographe.

Lorsqu'il s'agit de longitudes comptées d'après la méthode des géographes, c'est-à-dire en faisant le tour entier du globe par l'Orient, il faut prendre la différence de longitude des deux méridiens que l'on compare; et si le méridien duquel on veut partir est à l'occident de l'autre, on doit ajouter cette différence à toutes les longitudes comptées de cet autre; dans le cas contraire, on la retranchera. Par exemple, Moscou est à 35 degrés 12 minutes 45 secondes du méridien de Paris; à combien est-il de celui de Greenwich? Ajoutez la différence, qui est 2 degrés 20 minutes 15 secondes, et vous aurez 37 degrés 33 minutes. En voici un autre : Paris est à 20 degrés du méridien de l'île de Fer; à combien est-il du méridien de Ténériffe? Ce méridien étant à un degré plus à l'orient que l'autre, retranchez 1 de la longitude donnée, et vous aurez 19. Il arrive dans ce calcul deux cas particuliers. Le résultat par addition peut surpasser 360 degrés; par exemple, Madrid est à 353° 37' 40" de Paris, en comptant à la manière des géographes : à combien de l'île de Fer? Vous trouvez, en ajoutant la différence des méridiens, 373 degrés 57' 40", mais comme cette somme surpasse la valeur du cercle entier, vous voyez que vous avez repassé une seconde fois par le méridien de l'île de Fer; il faut donc en retrancher 360°, et vous aurez 13° 57' 40". De même il arrive que la longitude donnée est moindre que la différence des méridiens qu'on doit en retrancher; dans ce cas, on ajoute 360° à la longitude, puis on en retranche la différence, et on trouve la somme cherchée. Par exemple, l'île Gomère est à 32' de l'île de Fer; vous demandez à combien elle est du méridien de Ténériffe? Ajoutez 360° à 32', retranchez la différence et vous aurez 359° 32' qui est la longitude demandée. On aperçoit la raison de ces opérations en les répétant sur un globe.

La réduction des longitudes comptées à la manière des navigateurs, est de bien plus d'usage. Si on part du même méridien, toutes les longitudes marines orientales jusqu'à 180°, sont les mêmes que dans la manière de compter des géographes; à l'égard des longitudes marines occidentales, il suffit de les retrancher de 360° pour les ramener à la numération des géographes. La baie d'Otaïtipiha, dans l'île d'Otaïti, a été déterminée par les navigateurs à 151° 55' 45" de longitude occidentale du méridien de Paris ; si de 360° on retranche 151° 55' 45", la différence, qui est 208° 4' 15", sera la longitude comptée à la manière des géographes. Il est évident que par une opération inverse, on peut transformer en longitudes nautiques les longitudes géographiques au-dessus de 180 degrés, en les retranchant de 360°.

Si on part de deux méridiens différents, il faut remarquer de quel côté le méridien auquel on veut rapporter les longitudes, est placé par rapport à l'autre, pour retrancher leur différence de toutes les longitudes de même dénomination que ce côté, et l'ajouter à toutes celles de dénomination contraire. Un exemple fera mieux comprendre cette règle. Le méridien de l'observatoire de Paris étant de 2° 20' 15" à l'orient de celui de Greenwich, toutes les longitudes orientales par rapport à Greenwich, doivent être diminuées de cette quantité pour se rapporter au méridien de Paris, et les longitudes occidentales doivent être augmentées de cette quantité. C'est ainsi que la longitude du cap de Bonne-Espérance, étant de 18° 23' 15" à l'est du méridien de Greenwich, devient de 16° 3' à l'est de celui de Paris ; au contraire, le cap Horn, placé par les Anglais à 67° 21' 15" à l'ouest de Greenwich, se trouve à 69° 41' 30" à l'ouest de Paris.

Dans ces réductions comme dans celles des longitudes géographiques, il peut arriver que les points à réduire tombent entre ces deux méridiens, ou entre leurs méridiens opposés. Le lieu qui est oriental par rapport à l'un, devient alors occidental à l'égard de l'autre. Dans le premier cas, on ne peut plus retrancher de la longitude à réduire la différence des deux méridiens proposés; il faut faire le contraire, et changer la dénomination. Dans le second cas, le nombre qui résulte de l'addition de la différence des méridiens avec la longitude comptée du méridien qu'on veut changer, surpasse 180°, parce qu'il se trouve au delà du méridien opposé à celui auquel on rapporte les longitudes; il faut la retrancher de 360° ou de la circonférence entière, pour la faire partir d'un côté contraire au même méridien : la longitude change par conséquent encore de dénomination. Douvres, par exemple, est à 1° 18'

30" à l'*orient* de Greenwich; en retranchant cette longitude de la différence des méridiens, 2° 20' 15", il restera 1° 1' 45", ce qui est la longitude *occidentale* de Douvres à l'égard du méridien de Paris. Voici un exemple du deuxième cas : à l'île de la Tortue, située dans la mer Pacifique, les Anglais comptent 177° 57' ouest de longitude ; en y ajoutant 2° 20', on trouve 180° 17' : ce lieu est donc 17' au delà du méridien opposé à celui de Paris; et en retranchant 180° 17' de 360°, on 179° 43' de longitude est, à l'égard du méridien de Paris.

Le premier usage qu'on peut faire du globe, c'est de déterminer la distance d'un lieu à un autre. La plus courte distance de deux points sur la sphère se mesure par l'arc du grand cercle qui les joint; et comme tous les grands cercles sont égaux, les degrés d'un grand cercle quelconque contiennent le même nombre de mesures itinéraires que celles du méridien : on prend donc avec un compas l'ouverture de l'arc compris entre les points proposés, pour la porter sur le méridien ou sur l'équateur qui sont gradués.

Si, par exemple, l'arc compris entre deux lieux marqués sur le globe, et rapporté sur le méridien, contient 2° 45', on aura la plus courte distance de ces points en mesures itinéraires, en convertissant les degrés et minutes en lieues marines à raison de 20 au degré; on obtiendra d'abord 400 lieues pour les 20°, et chaque minute valant un tiers de lieue, les 45' donneront 15 lieues; ainsi le résultat total sera de 415 lieues marines.

Lorsque les lieux dont on veut déterminer la distance sont sous le même méridien, il suffit de prendre la différence de leurs latitudes et de la convertir en mesures itinéraires. Une différence de quelques minutes en longitude n'a pas un effet sensible sur le résultat; ainsi on ne se tromperait guère d'une lieue en mesurant la distance de Paris à Alger sur le méridien de Paris, quoiqu'il soit à 41' plus à l'occident que celui d'Alger.

On doit se garder de prendre la différence de longitude en degrés de deux points situés sur le même parallèle pour la mesure de leur distance; cela ne peut se faire qu'à l'égard des points de l'équateur, qui est un grand cercle; mais ses parallèles étant de petits cercles dont le rayon diminue à mesure qu'on s'approche des pôles, la longueur absolue de leurs arcs ne donne point la véritable mesure de la plus courte distance des extrémités de ces arcs; cette distance ne saurait être mesurée que par un grand cercle passant par les deux points extrêmes. En effet, le rayon du parallèle étant plus court que celui du grand cercle, l'arc du parallèle a plus de courbure que celui du grand cercle compris entre les mêmes points, et est par conséquent plus long. En voici un exemple. Pétersbourg est presque sous la même latitude que l'île de Kodiak, dans l'Amérique russe; la différence en longitude est d'environ 180 degrés, valant sous ce parallèle 1800 lieues marines; mais la plus courte distance de ces deux lieux est, en comptant sur un méridien qui leur est presque commun, 60 degrés de latitude, valant 1200 lieues. Il est vrai que pour en profiter, il faudrait passer par les glaces éternelles du pôle. Ainsi, en géographie comme ailleurs, le chemin droit n'est pas toujours le plus avantageux. Il est donc nécessaire, dans beaucoup de cas, de mesurer les distances sur les parallèles, et, par conséquent, de savoir exactement la valeur des degrés de longitude marqués sur les cercles parallèles. Le globe rend sensible aux yeux la diminution de ces degrés vers les pôles.

Nous avons considéré le globe sous ses principaux rapports géométriques; il nous reste 11, d'après l'antique usage des géographes, à enseigner comment on résout, au moyen du globe artificiel, diverses questions élémentaires.

On *trouve la latitude d'un lieu* terrestre quelconque en faisant tourner le globe jusqu'à ce que le lieu soit sous le méridien fixe, et en lisant le degré marqué alors sur ce lieu. La *longitude* du même lieu se lit sur l'équateur au point sur lequel passe le méridien. Réciproquement la *position* d'un lieu dont on connaît la longitude et la latitude, se trouve en amenant sous le méridien le point de l'équateur qui a cette longitude, et en comptant sur le méridien la latitude donnée avec sa dénomination; le point où elle se détermine répond sur le globe à celui qu'on cherche.

L'heure que l'on compte dans un pays, lorsqu'il est midi dans un autre, s'obtient en plaçant ce dernier sous le méridien, et en fixant sur 12 heures l'aiguille du cadran qui environne le pôle, puis en faisant tourner le globe jusqu'à ce que le lieu dont on cherche l'heure soit arrivé sous le méridien; l'aiguille marque alors sur le cadran l'heure demandée : elle est *après midi*, si l'on a fait tourner le globe à l'Orient, et *avant midi* dans le cas contraire.

Si on veut connaître la *longueur du plus grand jour* pour tous les points d'un hémisphère, soit du septentrional, par exemple, on n'a qu'à placer le méridien de manière que le bord du cercle polaire arctique rase l'horizon du globe; cet horizon représentera alors le cercle d'illumination. Si l'on amène dans le méridien un point quelconque de l'hémisphère proposé, qu'ensuite on fixe l'aiguille du cadran polaire sur 12 heures, et qu'on fasse tourner le globe vers l'Orient jusqu'à ce que le point remarqué entre dans l'horizon, l'aiguille s'arrêtera sur l'heure à laquelle ce point passe de la partie éclairée à la partie obscure, qui est celle du coucher du soleil. Le nombre d'heures parcourues sur le cadran sera la moitié de la durée du jour cherché. En plaçant le pôle plus près de l'horizon, on donnera à ce cercle la position que prend le cercle d'illumination dans les temps qui précèdent et qui suivent les solstices, et on connaîtra, comme ci-dessus, la longueur du jour dans chaque pays. Dans cette position du globe, tous les points qui se trouvent en même temps sur le bord occidental de l'horizon sont ceux qui, passant à la fois de la partie obscure dans la partie éclairée, voient le soleil se lever au même moment. Ceux qui sont sur le bord oriental le voient coucher à ce moment; et il passe alors au méridien pour tous ceux qui sont placés sur ce dernier cercle.

On marque ordinairement sur l'horizon des globes les directions des vents, à l'égard de la ligne méridienne, et les noms qu'on leur assigne; on peut par conséquent connaître la *position d'un lieu à l'égard du soleil*, au moment où cet astre paraît se lever ou se coucher, en observant par quel point de l'horizon le lieu proposé passe de la partie obscure dans la partie éclairée, ou de celle-ci dans l'autre. Le globe, ainsi tourné, fournit le moyen de représenter physiquement tous les phénomènes du mouvement annuel de la terre. Il suffit de le placer dans l'obscurité et de l'éclairer par une forte lumière, répondant perpendiculairement au centre de l'horizon, et à une distance un peu considérable par rapport au diamètre du globe; on obtiendra les mêmes phénomènes que produit le soleil pendant la rotation de la terre, relativement aux positions que prend l'axe de la terre à l'égard de cet astre.

On *mesure la distance de deux lieux* en plaçant l'un de ces points sur le méridien, puis en amenant au-dessus l'attache du cercle des hauteurs, et en faisant tourner cet arc autour de son attache jusqu'à ce qu'il passe par l'autre point proposé. Le nombre de degrés et parties de degrés marqué à ce point étant réduit en mesures itinéraires, donnera la distance demandée.

Si l'on veut connaître sur quel alignement l'un de ces lieux est situé par rapport à la méridienne de l'autre, il faut d'abord placer le globe de manière que le second point réponde au centre de l'horizon, c'est-à dire *rectifier le globe* pour ce point. On y parvient en prenant sa latitude et en faisant mouvoir le méridien dans son *encastrement* avec l'horizon, jusqu'à ce que l'élévation du pôle le plus voisin soit égale à cette latitude. L'horizon se trouve alors par rapport au globe, dans la position qu'occupe sur la terre l'horizon rationnel du lieu proposé. Le globe étant rectifié, on ramène sur le lieu en question l'attache du cercle des hauteurs qu'on fait passer ensuite par le premier point, puis on compte le nombre de degrés et parties de degrés compris sur l'horizon, depuis le cercle des hauteurs jusqu'au méridien, soit du côté du nord, soit du côté du midi, et on a la mesure de l'angle que fait avec le méridien l'arc de grand cercle qui joint, par le chemin le plus court, les deux points proposés.

Le problème de trouver la *durée du plus long jour* pour un endroit quelconque, peut encore être résolu, en substituant l'horizon rationnel de ce lieu, au cercle d'illumination que nous avons d'abord employé. Il faut, à cet effet, rectifier le globe pour le lieu en question, le placer dans le méridien, mettre l'aiguille du cadran polaire sur 12 heures, puis marquer sur le méridien le degré où tombe la déclinaison du soleil au moment proposé, et faire tourner le globe jusqu'à ce que le point qui était au méridien sous ce degré soit dans l'horizon. Le nombre d'heures que l'aiguille aura parcourues sur le cadran, sera le nombre de celles qui s'écoulent entre le passage de l'astre au méridien, et son lever ou son coucher; on conçoit que le point pris sous le méridien, à la même distance de l'équateur que le soleil, parcourt sur le globe la route apparente de cet astre. Le même procédé ferait connaître le temps qui s'écoulerait dans un lieu quelconque entre le passage au méridien et le lever ou le coucher d'un astre dont la déclinaison est donnée; il faut seulement marquer sur le méridien le point qui répond à cette déclinaison. Pour déterminer la durée du crépuscule, il faut, par le moyen du cercle des hauteurs, tracer à 18° au-dessous de l'horizon, un cercle qui lui soit parallèle, et déterminer l'instant où le point pris sur le globe pour représenter le soleil, parvient à ce cercle.

Les grands globes sont des instruments dispendieux et incommodes; les petits ne présentent pas des détails suffisants. Il a donc fallu avoir recours à des tableaux qui, sur une surface plane, donnent une représentation du globe et de ses parties. Mais la figure de la terre s'oppose à ce qu'on puisse en tracer un tableau général dans lequel les distances des lieux et l'étendue relative des régions soient conservées dans leurs rapports mutuels. La terre étant un sphéroïde, sa surface ne saurait coïncider rigoureusement avec un plan, et de là résulte l'impossibilité de marquer sur une carte, en même temps, et dans leurs rapports naturels, l'étendue des pays, les distances des lieux et la similitude des configurations. Les géographes sont obligés d'avoir recours à des constructions diverses pour représenter, au moins d'une manière approximative, chacun de ces rapports en particulier. La cartographie constituant une science toute spéciale, nous n'avons à en décrire ni la théorie ni les procédés techniques.

Les cartes géographiques embrassent ou la terre entière, ou une partie du monde, ou une seule contrée : dans le premier cas, on les appelle *mappemondes*, et, lorsqu'elles ont la forme circulaire, *planisphères*; celles de la seconde classe sont nommées *cartes générales*; les autres sont des *cartes spéciales*. Parmi les cartes spéciales il y en a qui représentent en grand une province avec tous ses endroits remarquables, ce sont des *cartes chorographiques*; si le dessinateur est entré dans tous les détails de la nature du terrain, ou s'il a même retracé les habitations isolées et la division des champs, ce sont des *cartes topographiques*. Ces sortes de cartes doivent nécessairement embrasser un petit canton, et, par une pente insensible, se rapprochent des *plans géométriques*. L'usage confond quelquefois ces dénominations.

L'impossibilité de faire entrer sur une carte, même de très-grande dimension, tous les détails relatifs à la topographie, nécessite un choix parmi ces détails, choix qu'il est impossible d'assujettir à des règles générales. Telle carte est destinée à faire connaître les limites politiques des États et la circonscription des provinces avec leurs chefs-lieux; telle autre est consacrée à retracer les chaînes des montagnes et l'embranchement des rivières; ces deux classes admettent encore des subdivisions. Une carte *militaire* n'est au fond qu'une topographie parfaite et détaillée; le guerrier doit y trouver chaque route sur laquelle il peut avancer, soit muni de son artillerie, soit à pied et armé seulement de son fusil; chaque gué qui lui permet de franchir une rivière, chaque défilé par lequel il peut tourner la position d'un ennemi moins instruit ou moins vigilant; en un mot, ces cartes doivent lui présenter toutes les localités qui peuvent influer sur ses opérations : aussi, le nombre des bonnes cartes militaires est-il très-circonscrit. C'est en grande partie à l'excellence de celles qu'a fournies le *Dépôt de la guerre* que les armées françaises doivent leurs succès. Un savant géomètre, très-versé dans l'art de la guerre, Carnot, avait fait une liste des généraux français, dans laquelle il appréciait leurs talents : on y lisait souvent, à côté des noms les plus illustres, cette note : *Il connaît bien la carte.* L'importance des études géographiques pour les chefs d'armée, avait déjà été sentie par les anciens, et les Romains n'ignoraient point que « les localités » influaient souvent plus sur le succès, que la bravoure et le nombre. »

Les autres états de la société ont également besoin de cartes spécialement consacrées à un but particulier; celles des eaux et forêts, par exemple, devraient toujours servir de fanal à une sage administration, et, sous ce rapport, les États d'Allemagne ont eu jusqu'ici des avantages sur la France. Ce que la carte militaire est pour les terres, les cartes *nautiques* le sont pour les mers; elles intéressent même le géographe-physicien en ce qu'elles représentent, quoique bien imparfaitement, les inégalités du fond de ces bassins couverts d'eau, qui occupent une si vaste portion du globe. Les rochers, les brisants, les bancs de sable, dont la mer est parsemée, sont des montagnes et des collines sous-marines, et leur connaissance complète jetterait un grand jour sur la géographie des montagnes terrestres. Malheureusement, la nature semble nous interdire l'espoir d'achever jamais cette partie de la géographie. Les cartes de rivières offrent en détail toutes les branches d'un fleuve et toutes les circonstances de son cours. Elles sont comprises avec les cartes nautiques, sous l'appellation générale d'*hydrographiques.*

Il y a encore des cartes de botanique, de minéralogie, de géologie, de zoologie même, dont le but est de montrer la distribution géographique des productions de la nature; il y en a que leurs auteurs décorent du nom d'*historiques*, et qui doivent montrer les migrations des peuples et les changements de souveraineté; enfin, il y a peu d'objets dont on n'ait tenté de réduire les rapports de localité en forme de cartes. Mais la composition de ces sortes de tables ne saurait être soumise à d'autres règles constantes que celles qui résultent des sciences étrangères à la géographie.

Toutes les cartes ne peuvent pas être destinées à faire avancer les connaissances par la publication de détails nouveaux ou plus exacts que ceux des cartes précédentes. L'instruction publique réclame des *cartes élémentaires*, dont le mérite consiste à rendre d'une manière fidèle et complète les vérités déjà connues et dans lesquelles il serait à désirer qu'on adoptât un système de gravure moins élégant et moins dispendieux que celui qu'exige le goût raffiné du public français. L'essentiel, dans un *atlas élémentaire*, ce n'est pas d'étaler en grand format des cartes très-complètes et d'une exactitude minutieuse; c'est plutôt d'offrir, dans une série de petites cartes, très-nombreuses, l'ensemble des principes de la science.

Tout le monde sait comment les distances des lieux s'évaluent sur les cartes géographiques, au moyen des *échelles* qui y sont marquées. Ce serait faire injure à l'intelligence de nos lecteurs que de nous amuser à décrire un procédé aussi simple. Nous en dirons autant des figures qu'emploient les géographes dans le dessin de leurs cartes : il suffit de les examiner un seul instant pour reconnaître comment ils désignent les routes, les fleuves, les canaux, les chemins de fer, les limites des divisions politiques, etc. En conséquence, nous nous dispenserons d'en parler.

Nous terminerons cette partie de notre précis par quelques observations sur un point dont on ne sent pas toujours assez l'importance; il s'agit de l'exactitude orthographique des noms à placer sur les cartes. Le bon sens dicte la règle d'écrire chaque nom géographique d'une manière aussi rapprochée que possible de celle qui est usitée dans le pays auquel le nom appartient et de celle qu'indique la saine étymologie. Il ne faut admettre une orthographe corrompue que dans le cas où la vraie ne serait pas entendue du plus grand nombre des lecteurs. Ainsi, on a certainement tort en écrivant *Natolie*, au lieu d'*Anatolie* exigé par l'étymologie, ou *Dannemarck* avec la consonne allemande *ck*, à la place de

Danemark qui est à la fois conforme au génie de la langue française et à celui de la langue danoise. C'est ainsi qu'on pourrait ramener à la vraie orthographe un certain nombre de dénominations géographiques. Toutefois un nombre infiniment plus considérable échapperait à jamais à cette réforme. Il serait, par exemple, facile d'introduire le nom *Ireland* au lieu d'Irlande, et on y gagnerait de ne plus confondre cette île avec l'Islande; mais on n'oserait jamais admettre *Scotland* pour Ecosse, attendu que le premier nom, quoiqu'il soit le véritable, ne serait pas intelligible pour la plupart des lecteurs. Tâchons du moins d'écrire les noms des villes qui ne sont pas encore francisés, comme les indigènes les écrivent. Il est vrai qu'il est assez difficile de pratiquer cette règle, surtout à l'égard des noms tirés des langues dans lesquelles on emploie un alphabet différent de celui qu'ont adopté les nations de l'Europe occidentale. Tel est le cas des noms russes, persans, arabes, indiens et autres; tel est encore le cas des noms polonais, attendu que les Polonais, ont eu la bizarrerie en appliquant l'alphabet romain à leur langue, d'attribuer à plusieurs lettres une valeur différente de celle que nous leur donnons. Mais ce n'est pas ici le lieu d'examiner tous les expédients qu'on pourrait tenter pour établir, une fois pour toutes, une orthographe géographique, sinon fixe, ce qui serait même inutile, du moins facile à suivre et à comprendre.

FIN DU TOME PREMIER.

TABLE DES MATIÈRES.

INTRODUCTION.

HISTOIRE DE LA GÉOGRAPHIE.

GÉOGRAPHIE MATHÉMATIQUE.

FIN DE LA TABLE DES MATIÈRES.

www.ingramcontent.com/pod-product-compliance
Lightning Source LLC
LaVergne TN
LVHW020532230826
846091LV00002B/252

9782014457797